iHuman

成
为
更
好
的
人

林语堂传——中国文化重生之道

Lin Yutang and China's Search for Modern Rebirth

钱锁桥 著

Qian Suoqiao

广西师范大学出版社
·桂林·

LIN YUTANG ZHUAN：ZHONGGUO WENHUA CHONGSHENG ZHI DAO

出 品 人：刘春荣
策划编辑：燕　舞
责任编辑：王辰旭
助理编辑：王倩云
责任技编：郭　鹏
装帧设计：彭振威
内文制作：陈基胜

图书在版编目（CIP）数据

林语堂传：中国文化重生之道 / 钱锁桥著. —桂林：广西师范大学出版社，2019.1（2019.5 重印）
ISBN 978-7-5598-1345-9

Ⅰ . ①林… Ⅱ . ①钱… Ⅲ . ①林语堂（1895-1976）—传记 Ⅳ . ①K825.6

中国版本图书馆 CIP 数据核字（2018）第 254554 号

广西师范大学出版社出版发行
（广西桂林市五里店路 9 号　邮政编码：541004）
　网址：http://www.bbtpress.com
出版人：张艺兵
全国新华书店经销
湖南省众鑫印务有限公司印刷
（长沙县榔梨镇保家村　邮政编码：410000）
开本：720 mm × 1 000 mm　1/16
印张：29.25　　　　字数：350 千字
2019 年 1 月第 1 版　　2019 年 5 月第 3 次印刷
印数：12 001~16 000 册　　定价：88.00 元
如发现印装质量问题，影响阅读，请与出版社发行部门联系调换。

目　录

第一章　**林语堂与现代中国知识思想遗产** / 001
　　纪念林语堂 / 001
　　反思鲁迅遗产 / 006
　　我们要鲁迅还是胡适 / 009
　　林语堂：面向二十一世纪中国与世界 / 016

第二章　**基督教熏陶与西式教育** / 029
　　牧师的儿子 / 029
　　最杰出的"圣约翰人" / 035
　　上北京遭遇"文化反差" / 042
　　从哈佛到莱比锡 / 048

第三章 "大革命"时代民族主义情怀 / 059
　　科学与国学 / 060
　　泰戈尔与印度 / 071
　　"费厄泼赖"还是"痛打落水狗" / 077
　　萨天师语录 / 082

第四章 从"小评论家"到"幽默大师" / 091
　　"小评论家" / 092
　　幽默作为社会批评 / 099
　　幽默作为自我释放 / 115

第五章 一个人在黑暗中吹口哨 / 127
　　与鲁迅的友谊 / 128
　　平社一员 / 139
　　中国民权保障同盟 / 147
　　暗中放冷箭 / 159

第六章 "我的中国":东方向西方倾谈 / 165
　　与赛珍珠和华尔希结缘 / 165
　　《吾国与吾民》/ 171

第七章 "中国哲学家"的诞生 / 189
  去美国 / 189
  《生活的艺术》/ 198

第八章 阐释中国为抗战发声 / 215
  战时中国前线报道 / 218
  "新中国的诞生" / 234
  战时女杰 / 241

第九章 东方智慧与世界和平 / 251
  种族与帝国:印度问题 / 255
  "革命外交" / 262
  东方智慧与现代病 / 268
  与华尔希夫妇的友谊 / 280

第十章 中国的内战与美国的智慧 / 291
  《枕戈待旦》/ 291
  打字机、苏东坡和《唐人街一家》/ 305
  美国的智慧与美国的愚蠢 / 323
  美国式友谊 / 331

第十一章　瞭望远景 / 347
　　　　《远景》/ 347
　　　　南洋大学风波 / 355
　　　　重新发现耶稣 / 364

第十二章　我话说完了，走了 / 369
　　　　回"家"定居台湾 / 369
　　　　共建人类精神家园 / 379
　　　　我走了 / 393

附录　林语堂全集书目 / 403

后记 / 459

第一章

林语堂与现代中国知识思想遗产

纪念林语堂

2012年5月1日新华网报道,福建省漳州市计划投资一亿九千万元兴建"林语堂文化园"。文化园位于林语堂故乡漳州市芗城区五里沙村,占地一千亩,包括已兴建的林语堂纪念馆及周边蕉林区域。预计三到五年建成后,将成为一个林语堂主题文化旅游景点,主要有林语堂纪念馆、林氏父母合葬墓、林语堂祖祠,以及其他娱乐设施。[1]

同年10月,另一则新闻报道更加吸引媒体眼球:同样位于漳州市的林语堂家乡平和县坂仔镇计划投资三十亿元兴建"林语堂文化博览园",要把整个镇建成像莎士比亚故居斯特拉特福那样的"世界级文学小镇"。由于中国人对"家乡/故乡"的不同理解,林语堂有两个"故

---

[1] 参见《福建漳州兴建林语堂文化园》,新华网,2012年5月1日。

里"：芗城区的五里沙村是林语堂的祖籍地，其父母葬于此，现在有（远房）亲戚仍居住于此；平和县坂仔镇则是林语堂出生地，十岁之前（1895—1905）他在此度过童年。为了争抢文化资源，像福建漳州这样两个地方同时兴建林语堂纪念性工程的例子，在当今中国并不少见。据报道，林语堂世界文学小镇总占地三千亩，前期进行了一千五百亩的规划，主要包括林语堂故居、林语堂文化馆、民俗文化广场、林语花溪大酒店、天地文泉、闽南风情商业街等等。五至八年后便会建成一个多功能的"世界级文学小镇"，在此你可以处处感触体会林语堂，比如林语堂小时候睡过的木板床，还有林语堂名著场景再造，好像林语堂就在你身边。[1]

其实要算林语堂在国内的"故居"，还有一个，已经修缮成文化景点，不过没有挂林语堂的名：重庆北碚的"老舍故居"。这栋房子是1940年抗战时林语堂回到重庆购置的，但林氏在此只是短暂居留，走时留给好友老向（1898—1968）照看，作为"中华全国文艺界抗敌协会"办公室，后来老舍先生定居其间。重庆市政府将其整修开放，命名为"老舍旧居"。位于重庆北碚区中心地带，闹中取静，一栋中西合璧的小别墅，小花园围绕，为重庆北碚增色不少。也许今后重庆想要争一份林语堂的文化资源，把该处更名为"林语堂老舍旧居"或更恰当。

国内兴建林语堂纪念场馆，其中一个很大的问题是：新建的场馆内基本上没什么林语堂生前纪念物什。这有历史原因。首先，林语堂一生迁移不断，可能在现代中国作家中最为突出。十岁离开家乡后，林语

---

[1] 参见《30亿开掘林语堂故里 重金能造"世界文学小镇"？》，中国新闻网，2012年10月4日。

堂的人生旅途可谓名副其实的全球征途：从坂仔村到厦门（1905年上美国教会学校），到上海（1911年上圣约翰大学），到北京（1916年任清华学校英语教员），到美国（1919年上哈佛大学），到法国再到德国（1923年获莱比锡大学博士学位），回到北京（1923年任北京大学英语系教授），到厦门（1926年任厦门大学文学院院长），去武汉（1927年参加"大革命"），到上海（1928—1936）；以后三十年，林语堂移居美国和法国（主要居住地分别为纽约和戛纳），而在其人生最后十年（1966—1976），林语堂又移居台湾和香港两地。其次，林语堂晚年移居台湾，去世后其居所改为"林语堂故居"开放，他的手稿、藏书、生前起居物件等都保留在那里。林语堂次女林太乙（1926—2003）在美国去世后，林家又把家藏名贵画卷和书法等（包括林语堂自己的书法、来往书信手迹）一并捐给了纽约大都会艺术博物馆——毕竟纽约才是林语堂一生居住最久之地。[1]

改革开放三十多年来，林语堂在国内的声誉大有改善。各家出版社将他的中文著述编了又编，印了又印，书店里往往还有林语堂著作专柜。现在一般公认林语堂为中国现代重要作家，地方政府和发展商也都想开发林语堂遗产的商业价值。然而遗憾的是，对林语堂一生著述的

---

[1] 参见 *Straddling East and West: Lin Yutang, a Modern Literatus: The Lin Yutang Family Collection of Chinese Painting and Calligraphy*, The Metropolitan Museum of Art, New York, 2007。

作者（右）、蔡佳芳和秦贤次（左）摄于台北林语堂故居，2010 年。

第一章 林语堂与现代中国知识思想遗产

评论传记研究还远远不够。[1] 现在林语堂已获认可，被视为现代中国重要作家，其作品可以重印出版，但最好不要讲他的政治主张与实践。因为，要对林语堂一生著述进行全面深入考察和理解，必须修正我们已经习以为常的有关现代中国的知识结构。也就是说，重新恢复对林语堂的理解恰恰处于反思现代中国知识思想史的核心地带。

本书是一部叙述林语堂跨文化之旅的智性传记，以现代中国知识思想史，尤其是中美知识交往史为背景。林语堂的跨文化心路历程不仅是现代中国文化体验的一面镜子，而且和当下中国整个现代旅程息息相关。这部林语堂智性传记旨在为现代中国知识思想史正本清源添一块砖，或许亦有助于中国和世界重启"新的文明"之探索。

二十一世纪以来，对现代中国知识思想史的反思已有长足进步。许多既定的观念、虚构的偶像正在摇晃，根基已经不太稳固。这种反思可以从对鲁迅、胡适的评论争论中窥见一斑。鲁迅、胡适当然是现代中国知识界重量级人物，两人和林语堂都很有渊源。对鲁迅和胡适的反思正可以引入我们重审林语堂在现代中国乃至世界知识思想史中的地位与意义。

---

[1] 林语堂传记到目前为止比较可读的有林太乙的《林语堂传》（中文）以及苏迪然（Diran John Sohigian）的英文博士论文：*The Life and Times of Lin Yutang* (doctoral dissertation, Columbia University, 1991)。改革开放后国内也出版了许多林语堂传记，最有代表性的是万平近的《林语堂评传》。鉴于规范限制或资料不足等各种原因，这些传记对理解林语堂所起的作用仍很有限。拙著 *Liberal Cosmopolitan: Lin Yutang and Middling Chinese Modernity* (Leiden and Boston: Brill, 2011) 并非林语堂传记，而是以林语堂著述为主要案例，围绕中国现代性之自由普世之困进行理论探索。该书所引林语堂著述在本书中已尽量避免，以免重复。

反思鲁迅遗产

　　进入二十一世纪，中国知识界对鲁迅的偶像权威挑战不断，争议频频。鲁迅自 1936 年去世以来，一直被誉为"民族魂"，代表现代中国人的良知。"文革"期间对鲁迅的歌颂近似于个人崇拜，相当"神圣"。尽管如此，改革开放年代，鲁迅研究方兴未艾，鲁迅传记一本接着一本出版，起码有三十多种。[1] 其中一本传记——林贤治的《人间鲁迅》[2] 重版之际，有学者提出了鲁迅与专制的共谋问题："为什么鲁迅以反专制为基本追求而却总是被专制利用……文革中鲁迅是他同时代知识分子中惟一一个得到肯定的知识分子，这是为什么？鲁迅是最不愿意和官员打交道的，不像胡适那样，还想过去做政府的诤友，鲁迅是最看不惯胡适这一点的。然而奇怪的是鲁迅一直得到官方的首肯，而胡适却从来都是被骂的，为什么新时代愿意用一贯反专制的鲁迅来作为自己的旗帜，却不用一直想做政府诤友的胡适呢？"[3] 这些问题引出知识界一场辩论：对当下中国来讲，作为知识思想资源，到底是鲁迅还是胡适更合适？

　　差不多同时，《北京文学》（1998 年第 10 期）给五十六位中青年作家发了一份问卷："你是否以鲁迅作为自己写作的楷模？你认为作为思想权威的鲁迅对当代中国文学有无指导意义？"杂志收到的答案几乎一致为否定，有些公然嘲讽，比如有篇文章题目叫"为二十世纪中国文学写一份悼词"，年轻作家力争摆脱鲁迅权威的企图昭昭若然。这

1　参见裴毅然《鲁迅问题》，见高旭东编《世纪末的鲁迅论争》，北京：东方出版社，2001 年 10 月，第 37 页。
2　林贤治：《人间鲁迅》，广州：花城出版社，1998 年 3 月。
3　谢泳：《鲁迅研究之谜》，见谢泳编《鲁迅还是胡适》，北京：中国工人出版社，2003 年 12 月，第 19 页。

些挑战来自较年轻的作家、批评家，另一挑战来自更为有名的文学杂志《收获》（2000年第2期），影响就更大。该专辑发表三篇讨论鲁迅的文章，其中两篇由当代知名作家操笔——冯骥才的《鲁迅的功与"过"》和王朔的《我看鲁迅》，而第三篇更有意思，是篇旧文，六十多年前鲁迅去世不久林语堂写的纪念文《悼鲁迅》。这些挑战在鲁迅研究圈乃至整个学界掀起一场不小的风波。[1]

这些挑战有三个层面：对鲁迅作品的文学美学价值进行解构式批判，对鲁迅的"国民性"话语进行后殖民式批评，对鲁迅的知识分子立场在道德上、政治上质疑。这些挑战不光涉及鲁迅研究者的职业饭碗问题，更是直接触及现代中国知识思想史上一些重大问题。需要对鲁迅同时代的知识分子进行重新审视与评价，不仅包括胡适，而且我下面要特别指出，也包括林语堂。

重新评价鲁迅其实在八十年代就开始了。鉴于"文革"中把鲁迅塑造为"旗手"形象，八十年代鲁迅研究者努力纠偏，尽量拉低其意识形态功能，重新关注其作品美学意义。李欧梵教授的鲁迅研究大受欢迎，学者的兴趣转向鲁迅的个人主义人文关怀、对革命话语的怀疑、精神上的孤独感等。这一转向使鲁迅研究从当时的意识形态挂帅中摆脱出来，同时使鲁迅在现代文学史上的权威地位得以延续。不过这种美学转向也为后来更深入的挑战铺平了道路。

如果只在美学意义上欣赏鲁迅作品，那么鲁迅有美学价值的作品

---

[1] 有关这些辩论，起码有三本集子已经出版，参见陈漱渝编《鲁迅风波》，北京：大众文艺出版社，2001年4月；陈漱渝编《谁挑战鲁迅：新时期关于鲁迅的论争》，成都：四川文艺出版社，2002年5月；以及高旭东编《世纪末的鲁迅论争》，北京：东方出版社，2001年10月。

显得相当单薄，分量不够。对解构式批评家而言，鲁迅小说只有少许可视为文学佳作。王朔一向以解构嘲弄作风著称，他对鲁迅的批评还算手下留情，承认鲁迅有些小说写得不错，但他的批评仍很犀利辛辣。鲁迅一直被公认为白话文文学第一人，王朔直指鲁迅的白话文不怎么样，很幼稚不老练。说到鲁迅最有名的中篇小说《阿Q正传》，王朔认为是一部类型化小说；虽然类型化手法有利于鲁迅要做的"国民性"批判，但就小说美学观来看，类型化手法是失败的。[1] 而在冯骥才看来，鲁迅的"国民性"批判正是问题所在。冯氏批评从后殖民理论出发，指出鲁迅的"国民性"批判源自西方传教士的话语。西方传教士首先提出所谓"中国国民性"的命题，以揭示中国人性格的缺陷，以便为在中国传教寻找理据。鲁迅对"中国国民性"的批判正是受到明恩溥《中国人的特性》一书启发，临终前仍念念不忘叮嘱中国人要翻译研读此书。[2] 冯骥才当然明白鲁迅和明恩溥对中国国民性批判的用意不同，但鲁迅没有指出这种国民性批判话语的帝国主义性质，因而对这种东方主义色彩的中国凝视，实际上起到了推波助澜的作用。无论如何，鲁迅的国民性批判一直被奉为鲁迅最深刻的"思想"，现在亦被揭示为"舶来品"，又如何谈得上"深刻"？[3]

---

[1] 王朔：《我看鲁迅》，见陈漱渝编《鲁迅风波》，北京：大众文艺出版社，2001年4月，第132—142页。

[2] 参见 Lydia H. Liu, *Translingual Practice: Literature, National Culture, and Translated Modernity-China, 1900-1937*, Stanford: Stanford University Press, 1995；Jing Tsu, *Failure, Nationalism, and Literature: The Making of Modern Chinese Identity, 1895-1937*, Stanford: Stanford University Press, 2005；Qian Suoqiao, *Liberal Cosmopolitan: Lin Yutang and Middling Chinese Modernity*, Leiden and Boston: Brill, 2011。

[3] 冯骥才：《鲁迅的功与"过"》，见陈漱渝编《鲁迅风波》，北京：大众文艺出版社，2001年4月，第125—131页。

《收获》专辑出版以后,鲁迅故乡绍兴市作协主席朱振国给中国作协发了一封公开信,对该杂志发表这三篇文章表示惊讶和愤怒。朱振国表示,鲁迅在现代中国文坛的经典地位早已确定,但按照这三篇文章的说法,鲁迅没什么"伟大"可言,其权威性"早该掼到太平洋里去"。鲁迅作为伟大的思想家、文学家、革命家的标杆当然就撑不住了。[1]

当然,鲁迅辩护者多了去了。也不是每个人都像朱振国那样,可他们一点都没有让步的意思。对王朔的解构式挑战,他们回应的方式基本上是采取轻蔑的忽视,似乎严肃的鲁迅研究者不应压低自己的身价来理睬这种虚妄的反偶像姿态。或者,有如一位学者指出,用解构策略来挑战鲁迅忘了一个重要历史事实:鲁迅自己就是现代中国最杰出的解构主义者。鲁迅一生都在解构中国传统文化的"铁屋",而这正是"鲁迅的精神"。"因此,用解构主义来消解鲁迅,不是很可笑吗?"[2]

我们要鲁迅还是胡适

针对后殖民主义批评的挑战,辩护者可以置之不理,因为他们只需强调鲁迅的中国本位立场及其力图改变中国的崇高意愿。可是,有关

---

[1] 朱振国:《贬损鲁迅,意欲何为》,见陈漱渝编《鲁迅风波》,北京:大众文艺出版社,2001年4月,第146—150页。这不禁让人联想起"子见南子"事件。1929年,林语堂《子见南子》一剧由曲阜二师进步学生搬上舞台,当地孔门族裔认为有损孔子神圣形象,给教育部写公开信抗议。当年鲁迅和林语堂曾站在同一战线抵抗。参见 Diran John Sohigian, "Confucius and the Lady in Question: Power Politics, Cultural Production and the Performance of *Confucius Saw Nanzi* in China in 1929", *Twentieth-Century China* 36.1 (January, 2011): 23–43。

[2] 高旭东:《走向二十一世纪的鲁迅》,见陈漱渝编《鲁迅风波》,北京:大众文艺出版社,2001年4月,第217页。

鲁迅的政治道德和知识立场问题，辩论也很激烈。我们今天是要胡适还是要鲁迅，这一问题不仅关乎鲁迅及其辩护者的个人尊严问题，对我们今天的知识思想生活亦至关重要。在政治道德领域，鲁迅辩护者似乎能轻易找到历史资源与理据。鲁迅受到尊敬，正是因其所谓"硬骨头"精神：从来不向社会上各种黑势力让步，也从来不向任何政治权威低头。他在二十世纪三十年代转向与中国共产党合作，这也很容易解释：首先，中共和左联当时代表进步势力，受到国民政府迫害；其次，鲁迅后来和共产党合作中闹出矛盾，亦公开批判，无所畏惧，更显示其铮铮骨气、独立人格。相比之下，胡适要与政府做"诤友"的态度就差远了，显得既不高尚，也缺乏吸引人处。

当然也有很多人更喜欢胡适的自由主义立场。有学者认为胡适和鲁迅的根本区别源自两人不同的教育背景："鲁迅是明治维新后建立了极不成熟的'民主制度'的日本留学生，他在那里接受的现代化思想天然是有残缺的，后来又接受了半西方半东方的俄国的社会革命思想。而胡适则是在被马克思称做'天生的现代国家'的美国的留学生，又一贯关心政治和法律，因此他天然地站在历史的制高点上。"[1] 这段话可能略显武断，很容易遭到对手反驳，但却提到现代中国一个重要现象。现代中国知识思想史也可看作留学生史。1905 年废科举，中国青年要在社会上立足，必须远涉重洋以获取教育资历，留学地主要有日本和欧美。1916 年新文化运动兴起，即标志新一代留洋学生走上舞台。新文化运动一举把中国文化推入现代性，其成功主要靠留日和留欧美两派

---

[1] 李慎之：《回归"五四"学习民主——给舒芜谈鲁迅、胡适和启蒙的信》，见谢泳编《鲁迅还是胡适》，北京：中国工人出版社，2003 年 12 月，第 30 页。

第一章　林语堂与现代中国知识思想遗产

学人合谋促成。

当然，说留欧美派学人一定比留日派倾向自由主义，这不免偏颇。比如在北大，当时的派系状况是留英美派对留日留法派。就历史上看，以鲁迅为代表的留日派学人确实比较热衷激烈的革命途径，而留英美派比较倾向自由主义的改良进程。最近国内学人重新看重胡适，正是企图找回现代中国的自由主义传统。

然而，重审现代中国自由主义传统也就是要重审中国现代史本身，无论在文化上还是政治上。回顾现代中国自由主义传统，面临一个棘手问题：许多留英美派学人，包括胡适及其朋友圈内人士，民国时期曾仕于南京国民政府甚至北洋政府。如此，在国内许多学人（包括大多数胡适传记作者）眼中，留英美自由派学人先输了两着。假如现代中国历史被看成一部从北洋政府到南京国民政府到中华人民共和国政府的线性进步历程，在敌对政府任职当然就成为污点，甚至是"反动"经历。改革开放以来，这种重塑性历史叙述越来越缺乏公信力。但在更深层面，一个真正的自由主义者被认为必须远离权力、向权力说不、为被压迫的人民发声。正是基于此，鲁迅崇拜者坚持守护鲁迅的"民族魂"，捍卫其"硬骨头"精神。鲁迅死后被权力利用，那和鲁迅本人无关。这样，胡适（及其自由派友人）和政府的合作怎么说都无法摆脱个人机会主义色彩，而且按此逻辑，胡适战时出任驻美大使也不是什么可誉之事。

思索中国现代性不能基于重塑性历史叙述。相反，问题的提出必须基于现代中国历史经验本身。"鲁迅的困惑"，即鲁迅自己的反专制话语与实践和其死后被权力利用之间的可容性、共谋性，这正是思索中国现代性挥之不去、耐人寻味的问题。它不仅是知识姿态问题，也是思维方式问题。梳理该问题必须首先认识到没有哪个高尚而纯洁的知识分子站在权力关系之外对权力说不这回事。这倒不是要遵循尼采式道德系谱学，而是现代中国（乃至二十世纪人类）的历史经验沉甸甸凸显自身，要求我们反思。相对于鲁迅的"硬骨头"斗争精神，胡适最主要的遗产便是"容忍"二字，其生前谆谆教诲并身体力行。"然而，20世纪中国最匮乏的精神资源之一，就是容忍。20世纪是一个奉行'斗争哲学'的世纪，宽容则是这种哲学的反面，它由于被误认为是软弱、妥协和不彻底，因此，奉持这种价值的胡适自然也就成为那个时代的反面。"[1]胡适曾在给友人的一封信中劝诫不要轻易动"正义的火气"："'正义的火气'就是自己认定我自己的主张是绝对的是，而一切与我不同的见解都是错的。一切专断，武断，不容忍，摧残异己，往往都是从'正义的火气'出发的。"[2]我们履行"斗争哲学"已有一个世纪，如果继续坚守"正义的火气"的正当性，着实让人费解。

胡适和鲁迅都是新文化运动的领军人物，也是中国现代性的两个标杆。自从十九世纪中叶西方殖民主义觊觎中国沿海以来，中国文化不得不大幅调整，求生求变。十九世纪后半期，中国士人兴起所谓"自强运动"，试图引进西方科技搞洋务，同时维系儒家政教体系。这便是遵循所谓"中体西用"原则的民族主义救国方案。

然而，1895年中日甲午战争惨败，这种努力也随之破产，取而代之的是民族革命。1912年，亚洲第一个共和国"中华民国"宣告成立。但中国文化本质上是一种普世性文明，不是一个民族主义文化，并不

---

[1] 邵建：《瞧，这人：日记、书信、年谱中的胡适（1891~1927）》，桂林：广西师范大学出版社，2007年12月，第2页。

[2] 胡适：《胡适的日记》（手稿本），第十八册，引自周质平著《胡适与现代中国思潮》，南京：南京大学出版社，2002年9月，第89页，注1。

以民族国家为界限。也就是说,"西学"要算"学",不可能只因其为"西"便不能成为"本"。按中国文化本身的逻辑,中西间学问必定会互相渗透比个高低。可是对于这种挑战,晚清儒士在知识和情感上基本上都不够格。到了二十世纪初,新一代留洋受过西式教育的学人开始走上前台。他们一些人开始创办《新青年》杂志,胡适发表《文学改良刍议》,号召使用白话文,点燃了文学革命的火种,当时胡适还是哥伦比亚大学博士研究生。为了响应胡适的号召,鲁迅后来发表了第一篇白话文小说《狂人日记》,从此奠定其新文学领袖的地位。

新文化运动起初是一场文学革命,提倡白话文,以确立现代中国的标准语文。当然其意义远非仅此,它实际上是场文化革命。尼采式"重估一切价值"蔚然成风。那是个打破偶像崇拜反传统的时代。胡适、鲁迅领军新一代受过西式教育的青年对中国传统文化发起猛烈攻击。胡适和鲁迅同属反传统阵营,也都把"批评"看作现代知识分子的标志。从现代知识思想史角度看,胡适的功绩在于其为整个现代中国知识域开创了新的"典范"。此典范主要有两个层面:对传统儒家政治文化体系的批判,使其解构溃散,再也无法为"本",同时允诺通过尽可能"西化"来创建一个"新的文明"。胡适和鲁迅对此心有灵犀,不过侧重点明显不同。在现代中国知识思想史上,恐怕没有人像鲁迅那样对传统中国文化有如此尖锐与透彻的批判,而胡适为建立"新的文明"几乎在所有知识领域都有开创性贡献。面对西方现代文化的挑战,新一代中国学人勇于自我批评、拥抱他者,这种开放胸怀在人类历史上也不多见。就凭这一点,胡适和鲁迅都是中国现代性的典范人物,甚至是全球现代性的典范人物。从某种意义上说,中国现代性经验要比西方早一个世纪,亦更为丰富,因为西方还有待于真正接受他者文化,进行跨文化实践。

　　中国现代性经验已有一个多世纪，当今世界格局早已今非昔比，正如对胡适、鲁迅两位知识领袖的讨论重审一样，胡适、鲁迅所崇尚的"新的文明"新文化典范也都需要重审与调适。如果说我们要从多灾多难的二十世纪中国吸取点什么教训，起码我们得重视知识分子批评的功能与效果，警惕价值虚无的文化批评。启蒙批评在当今中国当然有其价值，甚至有紧迫性，但同时也有必要警惕以启蒙或正义之名批评的陷阱。这倒不是源自后结构主义式系谱学启示，而是中国现代经验所要求。改革开放前鲁迅能受到如此辉煌的借用，多少和鲁迅式的文化批评特性有关。反传统立场有其历史必要性，非如此恐怕无法把中国推进现代文明。但鲁迅的文化批评，借助尼采式的"权力意志"，对中国文化一味采取解剖式的嘲弄与解构，除此之外几乎没有什么建设性导向。鲁迅对中国"国民性"的批判是要用来敲开中国传统文化这栋窒息的"铁屋"的，现代青年备受鼓舞，挣脱传统枷锁，探寻"新的文明"。可是，当人们看到这种批评也可以轻易被用来为"文革"的疯狂添砖加瓦，当然值得深思。问题不在于鲁迅式批评和殖民传教士话语的共谋性。鲁迅当然清楚传教士的意图（有论者认为，假如鲁迅的批评话语带点宗教性，那倒又可刮目相看）。相比而言，胡适就很难被意识形态所借用，因为胡适的文化批评有破有立，确实有很强的建设性导向。鲁迅的批评者会纳闷：鲁迅怎么能算是个伟大的"思想家"？他真说不上有什么自己的系统"思想"。

　　其实，胡适也一样，也说不上有什么自己的思想系统。他和鲁迅的信仰类似，只有一点重要区别：他对美国生活的方方面面毫不掩饰的赞赏，这出自其美国留学期间的切身体验。但这正是胡适长处所在：他是位典范转换者，不是系统思想家。胡适就像后世的伏尔泰。伏尔泰借用儒家文化开启启蒙运动，使西方走上世俗现代性之路。胡适坚信其美国所见所闻之进步性，要儒家文化让位于现代知识，使中国走上创建"新的文明"之程。胡适的著述涉及现代知识方方面面，而且是用看似极为简明通顺的语言，很难具体说明他的"思想"是什么。最根本上说，胡适是五四"德先生"和"赛先生"最佳的阐释者和实践者。鉴于胡适对西方现代文化娴熟通透，他把"科学的方法"引入中国，不仅要其适用中国学问，而且要在中国人生活各个方面都用"科学的方法"。胡适一辈子都孜孜不倦提倡中国要"西化"，总是担心儒家保守势力太顽固，时时妨碍中国的现代化。

然而，中国现代性经验一个多世纪以后，这两个坐标都需要被重新反思。包罗万象的"科学的方法"很接近科学主义，既傲慢又危险，人类生命的意义好像只剩下实验与证明。在科学主义的凝视下，中国文化传统只剩下历史价值，作为博物馆物件被考察、区分甚或欣赏。胡适提倡的"全盘西化"（后来修改为"充分西化"）在现代中国一直受到各种怀疑与抵制。假如按后殖民式批评家的说法，鲁迅对西方传教士话语的霸权性质"视而不见"，胡适从来就不承认有殖民主义这回事。他一直认为所谓西方帝国主义话语只是反映中国自己缺乏自信，拒绝从内部改变自己，因而有碍普世式跨文化相互学习以创建"新的文明"。

林语堂：面向二十一世纪中国与世界

　　林语堂和胡适、鲁迅私人关系都不错。在二十世纪三十年代，胡适和林语堂便被公认为受西式教育的中国现代知识分子的两位代表人物。区别在于林语堂的西式教育更有本土色彩，同时更彻底。胡适童年受过传统中式教育熏陶，大学本科和研究生赴美就读，而林语堂生于中国的基督徒家庭，从小上教会学堂，大学本科毕业于上海的圣约翰大学。1917年胡适回国即成为一场势卷全国的文化革命的领袖人物，林语堂当时担任清华学堂的英语教员，自己准备赴美留学（后于德国完成博士学业）。当时胡适慧眼识英才，认定林语堂今后前途无量，亲自允诺林语堂学成回国担任北大英语教授。林语堂留学期间经济上遇到困难，胡适还亲自掏腰包接济，对此林语堂终身感恩不尽。

　　林语堂一辈子始终尊敬胡适，保持绅士般友情。但林语堂留学回国后，二十年代在北京，三十年代在上海，乃至以后在美国的岁月，和胡适的关系一直都算不上亲密，不在后者至交圈内。胡、林始终友好，但也有点竞争的味道。两位的英文造诣都极高，都能用英文写作，不过就其英文创作所获国际声誉而言，林语堂远远超过了胡适。

　　林语堂回国后倒是和鲁迅发展出亲密的关系。众所周知，胡适一辈子交友甚广，朋友遍布各行各业。而鲁迅不擅交友，亲密朋友屈指可数（和亲兄弟也闹翻，一辈子不见面不说话）。鲁迅和林语堂二十年代的亲密关系显得有点特别。三十年代鲁迅加入左联，为其盟主，和林语堂关系开始趋淡，但还有合作，直至两派公开论战。

　　就其思想认识、知识分子立场而论，林语堂一生言行及其著述和胡适及鲁迅既有交融又有超越，从而给我们展示出另一景观，为中国于全球时代现代性之路铺垫新的范式。相比鲁迅和胡适的知识遗产，林语堂的心路历程在以下三个层面尤为突出。首先，和胡适、鲁迅一样，林语堂视"批评"为现代知识分子标识。但作为一个自由主义批评家，林语堂捍卫"德先生"最为得力、最为坚定、最为雄辩，特别是针对专制蹂躏人权，林语堂的批评最为犀利、毫不留情。再者，作为新文化运动倡导者之一，林语堂远没有像胡适、鲁迅那样反传统。林语堂虽然也批评传统文化，但他的态度修正了许多新文化运动激烈反传统的论调。林语堂重新发掘中国传统文化资源，发展出一套"抒情哲学"，并推向世界大获成功，从而证明中国传统文化对中国现代性之路而言仍具备可用资源与活力。最后，有别于胡适和鲁迅，无论从人生经历还是批评范畴来看，林语堂的跨文化之旅更凸显其跨国性、全球性。这不仅是所谓把中国文化译介／推向世界的问题，而是说，在此跨文化翻译行为中，林语堂承担了普世式批评家的角色，批评视野面向整个现代文明（中国现代性问题为其一部分），而不是单从中国民族主义的视角与关怀来评论"宇宙文章"。以下概述这三个层面，试为全书提纲挈领。

自由主义批评家

林语堂从小上教会学堂长大。上海圣约翰大学毕业后来到北京，即刻卷入新文化运动，对各种新思潮赋予"本能的同情"。再经过哈佛大学、莱比锡大学留洋求学生涯，林语堂二十年代回到北京时已经确定信念：中国的未来在于向现代性迈进，而其首要标志便是引进"德先生"——新文化运动两个诉求之一。和胡适一样，林语堂一辈子都是自由主义批评家。林氏自由主义的核心是其通过对中国传统文化的创造性阐释而发展出来的容忍哲理。林语堂阐发的"抒情哲学"有如下概述:"中国文化的最高理想一向都是达观之士,对人生采取智慧型祛魅态度,由达观而旷怀,以容忍反讽姿态面对人生。"[1]换句话说,在现代社会,这种理想的最佳人格代表应该是"浪人"——"或许只有这种最为高尚的人"才能坚守人类尊严:"面临我们这个时代对民主和个人自由的诸多威胁,也许只有浪人和浪人精神才能拯救我们,以免人类都变成编列成码、循规守矩、顺从驯良、身穿制服、脚步齐整的苦力。"[2]

现代中国自由主义在新文化运动中高举"德先生"的旗帜,但到二十年代便遭到挑战。苏俄共产主义被引入中国,融入中国民族革命浪潮,新文化阵营知识分子面临分裂。虽然北洋政府军阀纷争,和理想的民主政府差距甚远,但胡适宁愿给襁褓中的共和国一个机会,以便从实践中逐步提高民主素养,而不是再搞一次民族主义革命。林语堂此时态度相反。留洋一回国,林语堂便融入了以周氏兄弟为首的"语丝"派文人阵营,在政治上倾向全力克服中国的惰性,迅速进入现代性。林语堂曾对1927年的国民革命抱有很大希望,期待一个基于孙中山所倡导的"三民主义""新中国"的诞生。但现实很快使他失望:国共两党内讧变得血腥,理想主义也随之被扼杀。

二十年代末三十年代初,南京国民政府治下的"新中国"很多方面看起来都很"旧"。单就人权保障而论,远不如被其推翻的北洋政府时期,此乃革命的后遗症使然。正当新的国民政府试图加紧掌控巩固权

---

[1] Lin Yutang, *The Importance of Living*, New York: John Day, 1937, pp. 1–2. 除非另有注明,本书所引英文原文都为作者自译。

[2] Lin Yutang, *The Importance of Living*, p. 12.

力之时，胡适站了起来挑战新政权，写了一系列文章质问政府对公民自由问题的立场，点燃了一场"人权运动"。胡适当时在上海，林语堂也到了上海，并参加了胡适组织的"平社"活动。在三十年代，胡、林便是知识界公认的自由派知识分子领军人物。在三十年代做一个自由主义批评家并不是简单地"向权力言说真理"。国共党争背后是荷枪实弹的武装对峙。林语堂、胡适、鲁迅都参与了中国民权保障同盟的活动，这次合作本来出发点就不同，导致后来相当尴尬，不欢而散，证明现代自由主义在中国的困难境遇，同时也坚定了林语堂的信念：要争取看到一个民主自由的中国，必须警惕极左、极右两方面的危险。

林语堂的成长与教育浸染于自由民主理念，一辈子从来没有被流行的马克思主义革命观所吸引。三十年代早期，林语堂的批评对象是执政的国民党政权，但这不等于说其批评立场和共产党的武装革命路线有任何共同点，中国民权保障同盟的散伙充分说明了这一点。当共产党领导的左翼阵营决定对林系杂志展开全面围剿讨伐时，林语堂没有让步，而是绝地反击。这场论战为现代中国知识思想史留下了宝贵的政治文化遗产。

林语堂与时势的抗争主要发生在他的后半生，即1936年赴美以后，并上演于国际舞台。抗战起初阶段，国共两党又开始合作，林语堂又很兴奋，对中国前途充满期待，认为中国各党派放下分歧组成联合战线，通过全民抗战，一个新中国必将凤凰涅槃，浴火重生。然而，抗战后期及胜利后，林语堂却没能再踏足故乡的土地。

抒情哲学家

　　林语堂致力于对中国传统文化（无论儒或道）的现代化阐释，这一态度和胡适、鲁迅反传统姿态大异其趣。说来奇怪，这首先缘于林语堂的基督徒家庭背景。林语堂出生于基督徒家庭，中国文化对他既是本土的，又是异化的。在闽南大山里长大，看纽约的摩天大楼也没什么了不起，林语堂回忆故乡时如是说。十岁离家上厦门教会学堂，很早便开始接触外面的世界。上海圣约翰大学毕业时，林语堂已被培养成西式绅士，不仅能说流利英语，还擅长英文文学创作。这时新文化运动方兴未艾，陈独秀、胡适号召青年"重估一切价值"、对中国传统文化发起全面攻击。林语堂发现自己和这种反传统风气很难对接，因为自己是教会学校毕业，传统文化知识有很大漏洞。林语堂觉得自己的首要问题不是"反传统"，而是恶补教会学校教育所忽视的传统文化知识，以便融入当时中国的知识氛围。终其一生，林语堂一直不忘批评传教事业在中国基督徒和非基督徒之间筑了一堵墙。然而，在反传统的新文化运动高潮时期埋头恶补中国文化知识，这使林语堂对传统文化的态度别具一格：比较超脱、客观，更富于理解。1923年林语堂留洋归国，此时他二十八岁，但是中西文化已经走通一遍，不仅拓展了对西方文化知识的体验与了解，同时也进修成了中国文化知识的专家。此后林语堂尽其毕生努力，对中国语言、文学及文化悉心探索具体的现代化改良手段并付诸实践，使其融入现代文化、最终成为世界文明一部分而有所贡献。

　　林语堂用德语撰写的博士论文探讨中国古代音韵学，这属于小学的范畴，需要相当的国学功夫。之后他一生都没有停止过研究汉语、探寻其现代化途径。二十年代留学归国后，林语堂作为受过科学训练的语言学家，参与了率先由胡适提倡的"整理国故"工程。林语堂大力提倡在汉语研究中运用科学方法，比如提倡方言调查，从而大大拓展了由晚清著名学者章太炎所代表的传统语文学视角。他欣赏瑞典汉学家高本汉对古代中国音韵学的研究，把高本汉的研究推荐给中国学界。林语堂对改良中国语言文字持现实主义态度。他反对当时盛行的激进观点，即要求彻底废弃汉字，用音符取而代之。林语堂认为，这不是说从科学上做不到，而是说从社会政治上不可行，也不需要。正确的途径应该是对汉字重新进行系统化处理并简化之。同时，林语堂支持赵元任的汉语拼音罗马化方案，并强调新的音符应该尽量遵循现有的国际惯例。

三十年代在上海以及赴美以后，林语堂的著述转向文学与文化，但仍持续关注汉语的现代化问题，发明中文打字机凝聚他毕生心血。重新系统化整理汉字的关键在于如何索引汉字，早在1918年林语堂便撰文提出汉字索引新方案。三十年代早期，林语堂开始设计中文打字机，最终于1946年在美国发明了"明快中文打字机"。由于各种原因，打字机没能批量生产，而且林语堂凭一己之力搞发明创造，结果负债累累，但是明快打字机的发明本身是汉语功能性现代化里程碑式的成果。林语堂晚年移居港台，又是凭一己之力完成了另一项巨大工程：编纂《林语堂当代汉英词典》。另外，尽管林语堂和国内政权政见迥异，但在中国文化现代化事务上并没有事事以政治挂帅。当时大陆已经推行简体字，林语堂虽然不完全赞同大陆推行的简体字方案，但表示此举值得肯定，并一再强调重新系统化整理汉字和简化汉字的必要性与紧迫性。

林语堂首先作为"语丝"成员在二十年代踏上中国文坛，三十年代成为"论语"派领袖人物，创办《论语》《人间世》《宇宙风》等一系列文学杂志，以独具一格的幽默风格引领新文学散文创作。1930年，林语堂在英文《中国评论》周报开辟"小评论"专栏。每周为"小评论"专栏撰文，是林语堂文学生涯的重要一步。林语堂后来写的许多中文小品文，其实先有英文，发于"小评论"专栏，再自己转译成中文发表于林系中文杂志。

在中国现代作家中，林语堂作为中英文双语作家，而且处女作也是英文作品（发表于圣约翰大学学生刊物《回声》上的一篇小说），应该是独一无二的了。林语堂对现代中国文学的主要贡献在于引进西方文化的"幽默"概念。"幽默"这一现代汉语新词，正是由林语堂敲定，现在已成为现代汉语常用词。"幽默"是西方文化主要特征之一，林语堂选定"幽默"进行跨文化翻译，当然有赖于其对西方文化深厚的功底与敏锐的洞察力。林语堂此举旨在使传统文化摆脱宋明理学的教条与束缚，让中国文学与文化实现现代化转型。提倡生动活泼、平易近人的文体，旨在引入新的世界观。这种对中国文学文化的现代化策略亦贯穿于林氏大量英文著述中。林语堂的英文创作，其对象当然是西方读者，但其主要观点及其文化策略和其三十年代在上海创作的中英文著述一脉相承，没有本质区别。不同的是，林语堂这套跨文化话语在三十年代的中国备受争议，甚至遭到批评围剿，但到美国却大受欢迎，雅俗共赏，他被奉以"中国哲学家"美誉，畅销书一本接着一本。林语堂在美国的创作大部分可看作跨文化"翻译"，例如"重写"中国小说、转述中国文学艺术思想、重释中国哲理智慧等。[1] 在《生活的艺

---

[1] 有关林语堂翻译中国小说《杜十娘》所采用的现代化策略，可参见 Fang Lu, "Reconstructing the Image of a Chinese Courtesan for Western Readers: Lin Yutang's *Miss Tu* and His Cross-Cultural Rewriting Strategies", in Qian Suoqiao ed. *The Cross-cultural Legacy of Lin Yutang: Critical Perspectives*, Berkeley, CA: Institute of East Asian Studies, UC Berkeley, 2015。

术》《中国印度之智慧》《孔子的智慧》《老子的智慧》等书中，林语堂把中国文化"智慧"介绍给英语读者，而不是"学术"性地试图把中国文化的"原汁原味"呈现给西方读者。以"原汁原味"为衡量标准来阅读林氏"智慧"或许就落入所谓"本质主义"或"东方主义"模式，反正不对林语堂的套路。林语堂的"智慧"必须有销量，旨在产生功效，对中西方现当代文化有所贡献。

林语堂晚年移居台湾，重新开始中文创作。此时林语堂着重关注的文化议题之一，是纠正新文化运动某些激进反传统思潮，比如"疑古"风气。林语堂对中国文化现代化转型不是只说不做。语言学上，林语堂发明打字机；文学上，林语堂翻译《红楼梦》（虽然没有出版）。在翻译实践中，林语堂对红学界的"疑古"风气颇不以为然，认为后四十回与前八十回基本一致。林语堂警告"疑古"若过火，传统文本很容易轻率地被怀疑掉，还假借"科学方法"的名义。林语堂的态度很有启示意义。他的目的是要让中国文学文化实现现代化转型，成为现代人类文明重要的、具有启示功能的资源。如果对传统文本采取虚无主义式任意"怀疑"的态度，传统文化便只剩废墟一片。晚年林语堂在港台和国学大师钱穆发展出暮年之交，这也很有意思。钱穆从没留过洋，一辈子专治传统文化，呼唤传统文化复兴。试想，鲁迅或者胡适有可能和钱穆结交吗？

普世派批评家

就跨文化评论来讲，林语堂的态度亦异于胡适或鲁迅。林氏批评具有真正的全球性普世关怀，使中国现代性关怀与世界文明走势密不可分。就文化素养而论，鲁迅是单一文化的，虽然他有留日经验，并且渴望新知识。鲁迅成长于没落的江南乡绅家庭，整个教养都是典型中国式的，虽然鲁迅自己恨之入骨，渴望"真的人"来推翻中国这个"铁屋"。相比之下，胡适是双文化的，中英文一样熟练，在中美两国生活都怡然自得。但同大多数留英美派学人一样，胡适的行为处事关怀主要还是在中文世界。他确信中国的现代性有赖于通过西化引入一个"新的文明"。正因如此，胡适不为西方世界认可，也不足为奇。五十年代胡适滞留美国，有如难民，仅在普林斯顿大学东方图书馆谋得一职，好不凄凉。林语堂则不同，不仅双语双文化，而且无论是生活模式还是行为模式，都是实实在在身处两个世界。林语堂对"新的文明"的探索不仅仅在于中国的复兴，还包括对整个世界范围现代性的反思。林语堂的双语双文化素养赋予他非同寻常的比较批评视野来洞察现代世界。在林语堂看来，中国现代性有赖于整个世界现代文化走向何方，而未来的世界文明必须借助东西方智慧共同来创建。

大多数现代精英学人一般都是从小接受传统中式教育，青年时期留洋接受西式教育，回国后试图用新知识改良中国。林语堂则多次穿梭于中西文化之间。他毕生致力于推进中国与世界的跨文化沟通与理解。三十年代上海有英租界和法租界，是个半殖民地多元化都会，但华人和洋人并无多少沟通。林语堂和《中国评论》周报的一些朋友创设了一个"自由主义普世派俱乐部"，"目的是要把国籍虽不同、普世精神理念却相同的上海居民聚合起来，增加互通与了解"[1]。俱乐部首次聚会于

---

1 *The China Weekly Review*, December 6, 1930, p. 28.

第一章　林语堂与现代中国知识思想遗产

1930 年 12 月 18 日举办，林语堂被选为俱乐部主席。[1] 俱乐部每月举办例会，1931 年 3 月 4 日的例会有四十多位会员参加，林语堂在会上发表《什么叫自由主义》的演讲，把"自由主义"定义为能欣赏和容忍他者。林语堂说，自由主义就是"一种态度，一种思维方式"，用一种开放的态度去拥抱他者，而不是遵循"野蛮人的部族本能"，只知道自己的一切都是对的。"外国人的风俗、法律和宗教乍一看上去毫无道理，但是新的自由主义的态度就是要努力在这种无理中找出道理，这种态度是人类历史上新近的发展，毫无自然本能来维系之。只有通过正确的教育，拥有强大的包容心，再加上精神上的努力，我们才会对外国人的习俗培养出一种自由主义的态度。"[2]

当然，和其他现代知识学人相比，林语堂最不同之处在于 1936 年至 1966 年移居美（欧）三十年，而且以英文创作、演说、参加各种社会活动。赛珍珠的小说《大地》在美国大获成功，林语堂受到启发，欲著书阐述自己对中国和中国文化的看法。这个想法得到赛珍珠和庄台公司（John Day Company）老板华尔希（当时是赛珍珠的未婚夫）的大力支持，《吾国与吾民》得以产生。当时中国的政治文化氛围越来越激进，左右势不两立，林语堂这本有关"中国国民性"的英文书却在美国一炮打响，随后他在赛珍珠和华尔希的催促下移居美国。林语堂的第二本书《生活的艺术》按照林语堂自己对中国文化的独特理解，阐述一种跨文化人生哲学，出版后成为 1938 年美国非小说类畅销书榜第一名。一个华人作家取得如此成绩，可谓前无古人后无来者，这也确立了

1　*The China Weekly Review*, January 24, 1931, p. 294.
2　Lin Yutang, "What Liberalism Means", *The China Critic* (March 12, 1931), p. 252.

林语堂在美国文化界、知识界的中国发言人地位。林语堂对中国文化的译介既不同于传教士的话语，也不同于鲁迅对中国国民性的批评。中国人和中国文化第一次在西方人眼里显得很有魅力，甚至受到追捧。

林语堂在美国被奉为"中国哲学家"，这项桂冠也有负担，因为公众舆论把他塑造成一个"温良恭逊的东方智者"。其实作为自由主义批评家，林语堂也是现代中国直率敢言的后殖民批评家，比如可以看看他对印度问题的介入。二十年代泰戈尔访华，林语堂对一个被殖民国家的诗人受到宗主国大肆追捧不以为然。四十年代在美国，林语堂作为国际舞台知名人士，积极参与各种社会活动、发表演讲，为印度独立事业不辞辛劳。他对二战时期弥漫西方的种族主义、帝国主义情结毫不留情予以痛批，要让西方政客、民众明白：战后的新世界再也没有英帝国主义或任何西方帝国主义的市场。现代文明太过执迷于物质主义和强权政治，林语堂对此深感沮丧，他把中国和印度的智慧译介给西方，憧憬战后新的世界文明可以由东西方的智慧来共同创建。

林语堂这方面的批评在美国公共舆论中基本没有受到重视。但他没有放弃。林语堂的小说《远景》发表于 1955 年，是一部政治性乌托邦式隐喻小说，出版后没引起什么反响，和以前的畅销书不可同日而语。书中林语堂预测在当时世界的两极对抗中"美国式和平"必将胜出，但林语堂对这种"美国式和平"所代表的现代文明非常失望，极尽讽刺挖苦之能事。在林语堂看来，这种"美国式和平"不会带来真正的和平，更不用说给人类生活带来意义和幸福。西方现代性从本质上出了问题，因为我们的思维模式仅仅是科学物质主义的，缺乏宗教或道德维度。林语堂晚年公开宣布自己重新回到基督的怀抱，期盼能够依赖（西方以及中国的）宗教资源来抵抗并修正现代性的庸俗。应该指出的是，无论鲁迅或胡适的知识遗产都没有任何宗教的维度。

　　作为结语,或作为引言,我们可以说林语堂、胡适、鲁迅代表中国现代知识思想的三个坐标。他们的遗产都是二十世纪中国的重要知识思想资源。但我有预感,在二十一世纪,中国必将崛起成为世界强势大国,而林语堂的"遗产"会对二十一世纪的中国乃至世界特别有用,更有启发。

　　让我们一起走入了解林语堂人生的旅程。

第二章

基督教熏陶与西式教育

牧师的儿子

福建漳州坂仔是个小山村，离厦门约一百一十二公里。1905年，村里建了一个新教堂，本来是个泥砖建筑，屋顶不够牢靠。负责该教区的美国牧师苑礼文（A. L. Warnshuis）从美国订购了一批钢筋，给教堂屋顶做梁。同时，美国传教团体还给新教堂赠送了一口钟，和钢筋一块运了过来。一座十五米高的钟塔赫然矗立于新教堂门口。新建的教堂俨然成了村里最受瞩目的建筑，再加上美国的支援，让当地基督徒倍感鼓舞。然而，也有村民不太高兴。有个乡绅向村民募捐，在新教堂正对街建了一座佛庙，门口放了一只大鼓。只要教堂里的钟一响，这边的鼓就打起。这种对垒让教堂里的一帮孩子特别来劲，他们争先恐后去拉钟绳敲钟，一定要赢。这场较劲延续了几个月，后来被教堂牧师叫停。不过最终佛庙关了，鼓也没了，而这个小教堂至今还在。[1]

参与这场"宗教竞争"的有个名叫"和乐"的孩子，时年十岁，他父亲林志诚就是负责修建该教堂的牧师。林语堂后来喜称自己为"山里的孩子"，一辈子受惠于闽南家乡俊山秀水的滋润。这当然不错。但影响其一生更重要的因素是其家庭宗教背景：他从小是位"教童"。

林语堂于1895年10月10日出生于福建漳州坂仔村。1895年在中国现代史上是个分水岭。是年，中日甲午战争结束，中国惨败，签署丧权辱国的《马关条约》，割地赔款。更重要的是，甲午之败让中国士人心理大受打击。日本昔日也就是个远藩，经过明治维新，效法西方，一跃变成列强之一。这一仗把中国士人一夜打醒，宣告洋务运动破产，"中学为体，西学为用"的方案难以为继。从此以后，中国义无反顾踏入现代化进程，而且求新求变心态越来越激烈，没有什么可以阻挡：文化上阻碍，那就"全盘西化"；政治上阻碍，那就搞革命推翻政权。总之，1895年以后，沿用两千多年的政治文化体系正式宣告破产，中国踏上了现代化进程的不归路，尽管路途坎坷，充满焦虑与激昂、冲突与纷争、革命与流血、牺牲与出卖。

在此意义上讲，林语堂可谓与中国现代性共生。成年后他将积极参与塑造中国现代性这项艰巨而复杂的事业，其跨文化旅程为我们留下宝贵的遗产。而他童年的发展则要归于基督教在华传教事业的纵深推广——这正是现代性在中国推进的一种特殊形式。林语堂出生时，基督教在华传教事业已经开展半个多世纪，成功渗透到像坂仔这样的偏

1　Lin Yutang, *From Pagan to Christian*, Cleveland: The World Publishing Company, 1959, pp. 22–23, 38–39.

第二章　基督教熏陶与西式教育

僻山村。林语堂已是第三代华人基督徒。他祖父曾参加太平天国运动，造反失败后便失踪了。[1]他的父亲躲在床下逃过劫难，后成为虔诚而勤奋的乡村牧师。派驻该区的美国牧师苑礼文博士很器重林志诚，觉得他既聪明能干又任劳任怨，两人很快成为朋友。用林语堂的话说，他父亲"是他那个时代的先进楷模。他执着而有理想，富于想象，很有幽默感，永远都有干不完的事。我们孩子耳濡目染，受他影响，对一切新的现代事务、对西方世界的知识都近乎如痴如狂"[2]。

在基督教家庭长大，父亲就是本村牧师，这在二十世纪初之中国，相对山村其他孩子，林语堂享有巨大的教育优势。

林母生了六个儿子、两个女儿，林语堂排倒数第二。这是个典型的中国大家庭，同时又是个虔诚的基督徒家庭，一大家人和睦相处，互敬互爱，兄弟姊妹各尽其职，基本上从无争吵。林语堂长大时，他两个姐姐已经操持家务，男孩也要挑水干活。林父是村里的牧师，也是村里基督徒家庭孩子的教师，林家孩子和村里其他孩子每天就在林家上课。每天晚上睡觉前全家都要聚在一起做祷告。从小生长于平和、虔诚的基督教家庭显然对林语堂今后的人格成长影响深远。

林语堂父亲是个基督教牧师，但也是中国人，他的家庭教育当然也要教中文和中国文化经典，比如《诗经》。八岁时，林语堂按《三字经》格式，自己编写以下范句：

1　后来林语堂在法国基督教青年会任职时曾试图寻找祖父的踪迹，最终不果。参见 Lin Yutang, *Memoirs of an Octogenarian*, Taipei: Mei Ya Publications, Inc., 1975, pp. 48–49。
2　Lin Yutang, *From Pagan to Christian*, p. 21.

> 人自高
> 终必败
> 持战甲
> 靠弓矢
> 而不知
> 他人强
> 他人力
> 千百倍[1]

　　林语堂的兄弟姐妹发现小和乐的创作,争相传阅,弄得和乐很不好意思。林氏的创作才华很早就露出苗头。

　　然而,身为牧师的儿子,对童年和乐影响最深的还是传教事业带来的西方文明点滴。除了《圣经》,传教士还带来了西方生活方式和新知识。林语堂与西方文明的第一次接触是苑礼文牧师在林家寄宿后落在家里的领扣,小和乐拿来玩,非常好奇,不知道是用来做什么的。林语堂还记得,苑礼文牧师离开后,他住的房间有一股浓重的黄油味,姐姐得把窗户都打开去味。建新教堂时,苑礼文牧师还带了一盒木工工具箱,包括一个钻空器,让小和乐敬佩不已。林语堂童年获益最多的是苑礼文牧师带来的基督教周刊《通问报》,[2]它给林语堂一家打开了西方知识的大门。林志诚从该报上了解到西方的科学与发明,还得知西方最好的大学如牛津大学、柏林大学,幻想自己的儿子有朝

---

[1] Lin Yutang, *Memoirs of an Octogenarian*, pp. 16–17.
[2] 参见杨柳《身份的寻索:林语堂与基督教关系研究》,香港中文大学博士论文,2013年,第28页,注132。

第二章 基督教熏陶与西式教育

一日也能上这样的大学。

林语堂十岁便离家去厦门鼓浪屿上教会学堂。第一次鸦片战争以后厦门成为第一批沿海通商口岸，鼓浪屿是洋人聚居区，建有教会学校——寻源堂。[1]作为牧师的儿子，林语堂可以免费上学。1905年至1911年，林语堂在寻源堂上的课程有英语、中文、算术、几何、天文、物理、生理和历史。按照校长毕腓力（Philip Wilson Pitcher）牧师的说法，学校上的知识课"都是次要的，教会学校主要目标在于培养有基督教信仰的年轻人……以便将来为圣神的教会事务尽职"。[2]林语堂对苑礼文牧师印象很好，晚年回忆时还充满温馨，可对毕腓力牧师印象很差。这位校长"很贪婪"，整天忙于鼓浪屿火热的地产事务，办公室不断传出"算盘的嘀嗒响声"。毕腓力太太倒是"一位和蔼可亲的英国女士，她的声音甜美柔和。女性传教士合唱团优美的声音真好，给我印象深刻"。[3]

一个山村来的孩子到通商口岸教会学堂上学，不光得到课本知识，眼界也开阔不少。在鼓浪屿，林语堂第一次看到蒸汽发动机，既惊诧又好奇。鼓浪屿街上还经常看到法国和美国水手，往往醉醺醺地游逛。有一次英国足球队到鼓浪屿比赛，让教会学堂的学生去做服务生，端茶送水。鼓浪屿有球类俱乐部，洋人男男女女在此社交，相互拥抱，林语堂和其他学生会趴在窗口偷看。1907年，美国总统罗斯福派美国军舰到访厦门，林语堂和其他教会学堂学生也有机会参与接待。军舰展示了西

---

1 杨柳：《身份的寻索：林语堂与基督教关系研究》，第29页，注142。
2 P. W. Pitcher, "Other Educational Work", in *Annual Report of the Board of Foreign Missions of the Reformed Church in America* (1890), quoted in Diran John Sohigian, *The Life and Times of Lin Yutang*, Doctoral Dissertation, Columbia University, 1991, p. 104.
3 Lin Yutang, *Memoirs of an Octogenarian*, p. 25.

方的强盛,林语堂领会到了,从而更加深了对西方知识的渴望。

1911年,林语堂毕业于寻源堂,同年辛亥革命爆发,推翻了中国历史上最后一个王朝,建立了亚洲第一个共和国。是年对林语堂重要的不是国家大事,而是林家作了一个重大决定:送林语堂去上海圣约翰大学。一个乡村牧师做这个决定不容易,虽然这是圣公会办的教会大学,不用学费,但赴上海的盘缠及生活费都是很大的负担,还好林语堂的二哥刚要从圣约翰毕业,[1] 可以接济林语堂的生活费,他父亲又向挚友借了一百元送林语堂赴上海。最终,林志诚送了三个儿子就读圣约翰大学:林语堂二哥林玉霖、林语堂,以及林语堂的幺弟林幽。

成名后,林语堂经常会动情地讲述他二姐美宫如何牺牲自己以成全他上大学的故事。[2] 美宫比林语堂大四岁,兄弟姐妹中林语堂和她最亲近。美宫也到厦门上了教会学堂,资质聪慧,学习用功,特别喜欢林纾翻译的西方小说。林纾也是福建人,林译小说在现代文化史上是个传奇,本人一个英文字不识,却在助手帮助下几乎译遍西方小说,其文言译文优雅动听,让一代人倾倒。特别是林译《茶花女》风靡一时,美宫和小和乐都特别喜欢。他们还一块读林译福尔摩斯侦探小说,完了自己再添油加醋编撰一些惊险情节讲给母亲听,让老人家听得心惊肉跳。教会学堂毕业后,美宫特别想继续上大学,死活不愿立刻嫁人,向家人求情、发脾气,但最终也没有办法。要让女儿也上大学,实在超出了乡村牧师的能力。

其实症结不在学费,学费是可以免的,只是旅行盘缠和生活费没

---

1 Lin Yutang, *From Pagan to Christian*, p. 27.
2 Lin Yutang, "A Sister's Dream Came True", *The Rotarian* (August, 1941). Also, *From Pagan to Christian*, pp. 25–29; *Memoirs of an Octogenarian*, pp. 18–19.

有来源。当林家决定只能送林语堂赴上海上大学时，美宫不得不嫁人了。美宫也特别喜欢小弟弟和乐，从小既调皮又聪颖。1911年，林家乘船出发，先送美宫到邻村嫁人，然后再送林语堂到厦门去上海。结婚仪式完了以后，美宫把林语堂叫到一边，从自己口袋里拿出四角钱塞给小弟弟，含泪说道："和乐，你现在有机会去上大学了。你姐姐是个女孩，上不了大学。千万不要浪费你的前途，要做一个善良的人，一个有用的人，要做一个名人。"[1] 两年以后，林语堂得知他亲爱的二姐美宫得瘟疫去世，她的临别赠言则陪伴了他一生。

最杰出的"圣约翰人"

圣约翰大学创建于1879年，虽然是圣公会主办的教会学校，办学方针则特出西式（世俗化）教育。林语堂1911年入校时，圣约翰大学已是在华最大、最有名的教会大学，尤其以培养受西式教育、能说流利英语的毕业生而著名。圣约翰大学培养了一批最早的外交家，如驻德大使颜惠庆、驻英大使施肇基、驻美大使顾维钧等。[2] 因为精通英语，大多数圣约翰毕业生成为上海商场的买办。[3] 经过校长卜舫济博士（F. L. Hawks Pott）五十多年的辛勤耕耘，圣约翰大学从一个小型教会学校

1　Lin Yutang, *From Pagan to Christian*, p. 28.
2　其他圣约翰名人还有清华大学校长周诒春、基督教青年会秘书长余日章等，参见 Diran John Sohigian, *The Life and Times of Lin Yutang*, p. 137。圣约翰大学校园为今天华东政法大学所在地，校园里有邹韬奋（1895—1944）的雕像。邹韬奋是现代中国著名记者，也是"圣约翰人"。
3　有关圣约翰大学使用英语教学的情况，可参见 Wen-hsin Yeh, *The Alienated Academy: Culture and Politics in Republican China, 1919-1937*, Cambridge: Council on East Asian Publications, Havard University Press, 1990, pp. 7–22。

扩展为一所全国闻名、以英语授课的综合型大学，学生不仅有基督徒背景的教会学校学生，也有来自官员、商人及其他家庭背景的非基督徒学生。卜舫济博士毕业于纽约哥伦比亚大学和总神学院，1886 开始担任圣约翰大学校长，非常能干，"据说，卜舫济博士每次赴美回来，口袋里都装满了造一栋新楼的钱"[1]。处理校务，卜舫济博士也是亲力亲为，认真负责。1916 年，圣约翰大学的年鉴《圣约翰人》献给这位校长：

> 卜舫济博士
> 我们的校长
> 老师、导师、帮手
> 他的人格
> 在我们生活中作为指导因素
> 我们将铭记不忘。[2]

在圣约翰大学求学期间，林语堂从任何意义上说都是一个出类拔萃的尖子生，身心都得到全面发展。

洋人办的教会大学，其"现代"特色之一便是特别注重体育，体育课是大学教程的重要部分。林语堂后来回忆到，要说圣约翰大学的好处，起码有一点：通过参加各种体育活动，他的胸腔得到很好发育。他在圣约翰学会了打网球和篮球。他参加了学校足球队，还担任划船队队长。他是 1915 年和 1916 年学校田径队成员，创造了学校一英里跑步纪

---

[1] Diran John Sohigian, *The Life and Times of Lin Yutang*, p. 137.
[2] *The Johannean 1916*, Vol. II, 1915–1916. 每年由圣约翰学生负责编辑出版圣约翰大学年鉴。在此感谢秦贤次先生和我分享 1916 年《圣约翰人》这份宝贵资料。

林语堂，1916 年级学生会主席，《圣约翰人 1916》。

孟宪承，1916 年级学生会副主席，《圣约翰人 1916》。

录，还代表学校参加了远东奥林匹克运动会。他父亲曾到上海访问，看到他参加运动会跑步很起劲，颇不以为然，觉得他应该更专注于学习功课。[1]

其实林语堂的功课一点也不差，特别是他的英语能力和文学才华，在圣约翰绝对是顶尖水平。大学期间林语堂获得许多奖状和荣誉：他是 1916 年级学生会主席、年级英语辩论组组长、英语文学和辩论社主

---

[1] Lin Yutang, *Memoirs of an Octogenarian*, p. 30.

席、英语小说创作和英语朗诵得奖者、圣约翰学生刊物《回音》英语编辑、圣约翰大学年鉴《圣约翰人》主编。他曾被学生投票选为"最杰出的学生""最佳英语作家""最佳英语口语演讲者""最佳英语辩论家"。[1]

不难看出,圣约翰给林语堂的英语训练提供了最佳氛围,为他以后的跨文化旅程奠定了扎实的基础。在圣约翰,林语堂"学习英语如鱼得水",一年半预科结束时,他已基本掌握了英语的所有技能。[2]他的秘诀是一本袖珍牛津字典,走到哪儿都带着,随时翻阅领会英语的词汇及其用法。上一年级时,林语堂便被选为圣约翰学生刊物(英文)《回音》的编委。林语堂的处女作是一部英文小说《南方小村生活》,发表于1914年10月号《回音》。这和其他现代作家的起步截然不同。

小说的时间定在1887年,南方小村的场景描写显然有自传色彩。小说开头描写南方小村美丽的自然风光,其实就是林语堂家乡的风景:"福建南方有一大片肥沃富饶的土地,河流绵延纵深,形成良好的灌溉系统,逶迤向东流向美丽的厦门港湾。秀丽壮观的自然风光处处映入眼帘。气候温润宜人,只有夏天短暂时间较热。一年四季满山遍野都是鲜花果树,野花飘香,鲜果甜美。"[3]林语堂当时身处都会城市上海,心里想起家乡的山村生活。他日后会称自己是"山里来的孩子"。家乡的自然美景显然给林语堂留下深刻烙印。自然的魅力也是林语堂灵感的源泉。山里长大的孩子胸怀宽广,知道什么叫"大",对一切人为的"伟

---

1 *The Johannean 1916*, Vol. II, 1915–1916.
2 Lin Yutang, *Memoirs of an Octogenarian*, pp. 27–28.
3 Lin Yutang, "A Life in a Southern Village", *The St. John's Echo* (October, 1914), p. 20.

大"会与大自然参照对比,即使对大城市的摩天大楼,也不会顶礼膜拜。

该小说对自然景观的素描把读者带进天真纯净的乡村生活,从而带出小说的主题:青年林语堂对宗教信仰的执着与拷问。1887年夏,小说主人公汉乐[1]从厦门教会学校回到山村家乡度暑假。汉乐一家有父母曹先生曹夫人,还有姐姐曹清在离家二十英里的女子学校上学,全家和睦温馨,相互关爱。汉乐的未婚妻奇瑶也和父母住在一起,照顾老人。奇瑶性格温柔,"人善良,有耐心,善解人意,会照顾人……比她同龄人聪明、贤惠"[2]。然而不知怎么奇瑶有点不对劲,情绪消沉,却对谁也不说是怎么回事,弄得全家都忐忑不安。其实是奇瑶发现汉乐信仰有所动摇开始怀疑上帝,但又不好劝说。后来汉乐到美国留学收到奇瑶一封信,才知道奇瑶是为他的信仰动摇而茫然不知所措。此时汉乐已认识到自己的偏差,决定皈依宗教信仰,并申请担任牧师。小说以大团圆结尾:汉乐从美国回到家乡,"小两口过着幸福美满的生活,不仅以言词,而且以夫妻俩恩爱善良的生活为典范,向村民传播上帝的福音"。[3]

林语堂在《回音》还发表了另外两篇小说:《善波》(1915年10月)和《昭丽:宿命之女》(1916年3月),都带有宗教色彩。这两篇和第一篇旨趣有所不同,探讨宗教执着的阴暗面,故事结尾都很阴冷。"善波"是小说主人公的名字,是个单纯、善良又可爱的女孩。小说第一人称叙述者"我"住在南方某个小村,某天从河南来了一帮浪人,穿得破破烂烂,沿街乞讨。其实他们都来自富裕家庭,但他们相信瘟疫注定要降临他们村庄,要避免瘟疫降临的唯一办法是:村里人必须出远

---

1 英文名为"Han-lock",林语堂的小名叫"和乐",按老式拼法为"Ho-lock"。
2 Lin Yutang, "A Life in a Southern Village", p. 22.
3 Lin Yutang, "A Life in a Southern Village", p. 28.

门流浪一年，穿破衣，吃乞讨之食。这群人来到南方小村时，"我"爱上了纯洁可爱的善波，请求让她留在村里，等他们回程路过时再把她带走。善波留下后，"我"劝她穿了一件像样的黑衣服，但这违反了浪人的戒律。他们转回来发现后，毅然抛弃了善波，弃她而去。最终善波担惊受怕，抑郁而死，"我"亦追悔莫及，极度悲痛。《昭丽：宿命之女》描写主人公昭丽的凄惨命运。昭丽是村里一望族家庭的私生女。父母在世时，有人瞒着他们把昭丽卖到一户吝啬刻薄人家。父亲死前立下遗嘱，昭丽一找到，家产便都由昭丽继承，但为了保护家族声望，昭丽不能认亲。如此，昭丽生来就是受苦，而她苦难的终点小说结尾这样安排：昭丽被活埋，为她的主人陪葬。[1]

  这两部小说背景都是中国农村，讲的也都是中国宗教习俗，但不难看出，青年林语堂以其崭露头角的文学才华探究基督教原罪概念。在圣约翰，林语堂一开始是选的神学院，但不久发现教条的经解很不对胃口，按他自己的话说："神学那套玩意对我的智力是种侮辱。我没办法心服口服地接受那套教条。"[2] 那年暑假回家，他父亲要他在村里教堂做一次布道。林语堂选择的题目是"《圣经》当作文学的读法"，给村里教徒高谈阔论道："耶和华严格来讲只是一个部落神，他帮助约书亚打败了亚玛力人和基遍人。上帝的概念是从一个部落神逐步变成一个全人类所有民族的单一神，这是一个进化过程，没什么人是上帝特别'选定的'。"[3] 这场布道让林的牧师父亲非常尴尬，也特别担心：这个小和乐

---

[1] 参见 Lin Yutang, "San-po", *The St. John's Echo* (October, 1915) 和 Lin Yutang, "Chaou-li, the Daughter of Fate", *The St. John's Echo* (March, 1916)。

[2] Lin Yutang, *From Pagan to Christian*, p. 32.

[3] Lin Yutang, *From Pagan to Christian*, p. 30.

长大成人了，却要变成一个"英语造诣出众的无神论者"。林语堂后来确实离开了神学院，着重自己的英语训练，如饥似渴地吸收圣约翰所能提供的人文知识。圣约翰图书馆有五千本书，林语堂为之做了一个总目录，也是一个不小的创举，广为人知。

大学最后一年，林语堂被选为圣约翰1916年年鉴《圣约翰人》的总编。年鉴中同学们称林语堂是个"精明能干的年轻人，能说会道，文笔优雅，穿着时尚"[1]。1916年《圣约翰人》"文学篇"载有一篇短小说《圣约翰人的偏执》，也是林语堂的手笔。小说借"我"探访一位住院的"狂人"，揭示"圣约翰人"特有的秉性，因为该"狂人"虽然行为怪异，但他所凸显的个性如独立自我、才智出众、有理想有抱负，却正是"圣约翰人"的写照。青年林语堂勾勒的"圣约翰人"形象颇具尼采风格。[2] 有趣的是，圣约翰大学虽是教会学校，"我"却让"狂人"吼出爱国强音（又不无幽默）："醒来吧！醒来吧！中国的青年！道德要高尚，智力要发达，身体要强壮。睡眠有益健康，所以大家晚上十一点准时熄灯，把中国建成世界上最伟大的国家！"[3]

---

1 *The Johannean 1916*, p. 33. 林语堂后来有几次声称自己"总是得第二名，因为有个傻瓜整天只知道用功读书，（我考试前经常去苏州河钓鱼）所以他得第一名"。（*From Pagan to Christian*, p. 31）查阅《圣约翰人》，没有谁得第一名第二名一说。考试前林语堂也许去钓鱼，但他说的"第二名"也许更多是道家哲学意义上的"不为先"。按1916年《圣约翰人》记载，林语堂被全年级投票选为"最杰出的圣约翰人"。起码在英语水平和文学造诣上讲，林语堂应该是名副其实的"第一名"。

2 比较一下尼采对青年鲁迅和青年林语堂的影响，应该很有意思。林语堂这篇小说用"狂人"作主题，几年后鲁迅的《狂人日记》开创中国现代白话文小说先河。

3 Lin Yutang, "A Case of Johanitis", *The Johannean 1916*, p. 116.

上北京遭遇"文化反差"

  林语堂1916年毕业于圣约翰大学,俨然一个洋派十足的青年,能说一流英语,浸染西方知识。毕业后,林语堂上北京任清华大学英语教员。清华当时还是赴美留学生的预科学校,由美国退还部分庚子赔款而兴建,亦逐渐成为提倡西学的中心。1916年至1919年清华任教期间,林语堂经历了一次"文化反差",反省自己的西学背景,探寻自己作为中国学人的文化根源,使自己的教会西学背景扎根于中国文化土壤,而林语堂自身的跨文化心理重整伴随着全国上下方兴未艾的、旨在摆脱中国传统文化束缚的新文化运动。

  二十世纪初,一场文化风暴席卷中国大地。1895年甲午惨败以后,中国知识界对晚清士人"中体西用"的改良方案普遍失去信心,革命呼声敲响了清王朝的丧钟。皇室当然不愿自己放弃自己的家天下,不得不推出一系列重大改革措施。比如,1905年宣布废除实行千年之久的科举制,彻底改变了现代中国的知识/权力结构。从此以后,大量青年远赴日本和欧美留学。但是革命还是来了,中国最后一个王朝被推翻,亚洲第一个共和国于1912年宣告成立。革命后的权力博弈使军头袁世凯上位。1916年袁世凯谋划复辟帝制,惨遭失败,还搭上自己的性命。新建的共和国进入军阀混战局面。

  同时,新一代留洋学人已经逐渐成熟,开始走上历史舞台。留日派和留欧美派两路学人携手共进,创办《新青年》杂志,痛斥中国传统文化,号召全盘西化,以期中国文化的复兴。此时北京大学由蔡元培掌舵,成为这场新文化运动的堡垒。北大文科院长陈独秀激扬文字,在《新青年》连续发表声讨中国传统文化的檄文。胡适在美国遥相呼应,提倡用白话文取代文言文，发出文学革命的呼声。新文化运动要对所有中国传统文化的价值进行重估，并坚信唯有如此，中国才能得救而重生。

林语堂在京三年，正是新文化运动方兴未艾之时。鉴于其教会教育背景，他在中国文化中心感觉颇为尴尬。一方面，从小的基督教熏陶使他与新文化运动精神一拍即合、感同身受。"作为一个基督徒长大成人，意味着你思想是西式的，肯定向往进步、赞同新学；总体上能接受西方来的新鲜事物，特别对西方的显微镜和医学手术由衷钦佩。"[1] 比如，新文化运动谴责裹足、纳妾，号召妇女受教育，但中国基督徒早就已经接受这些价值观，并付诸实施。比如使用白话，林语堂家乡的传教士走得更远：他们直接为闽南方言设计了罗马拼音文字，以便传教工作。据林语堂透露，他母亲不识汉字，但能用这种传教士创设的拼音文字阅读《圣经》，还可以给他写信。所以后来在谈到汉字拉丁化问题时，林语堂曾表示："不是说罗马化不可行，而是从心理上讲我们不会接受。"[2]

另一方面，林语堂自己的心理在此期间发生重大变化，民族意识大大加强。新文化运动号召和传统决裂，堪称革命性的文化大变革，然而背后蕴含强烈的民族主义欲望，要使中国走向进步，得以"复兴"，重塑辉煌。白话文的推广得以成功，是因为它不是一夜凭空造出来的，而是有其传统根基，已经流行好几个世纪，只是没有被精英文化认同而已。然而，假如要用罗马拼音文字整个代替汉字，这将宣布汉字的死亡。如此举措很难说是中国文化的"复兴"，显然有违民族情感。正是

---

[1] Lin Yutang, *From Pagan to Christian*, p. 34.
[2] Lin Yutang, *From Pagan to Christian*, p. 34.

由于其基督教教会教育背景,林语堂这个"圣约翰人"在清华做英语教员时,很难认同新文化那种激进反传统风气。他意识到自己的基督教教育背景已经使他和中国文化知识产生断层。林语堂不需要去听新文化运动慷慨激昂的反传统宣言,与传统告别,因为基督教教育已经为他做到了。反传统的新文化运动反而激起林语堂的民族情怀,促使他对自己的基督教教育背景进行重审、反叛。

林语堂身处新文化漩涡中心,虽然跻身于新文化精英群体,虽然本能上倾向于"新",但缺乏中国文化知识的底蕴,无法像其他精英那样既浸染其中,又能信手拈来加以批判,甚至对于文化争论的焦点也不甚明了。基督徒家庭出身的林语堂,一路接受教会教育,对中国本土的主流文化却产生了相当的隔阂。在北京,他开始质疑自己的传统基督教信仰和教育。基督教熏陶让他对西方文化熟悉而向往,但对自己的本土文化传统却相当生疏。比如,中国人祭祖的习俗林语堂小时候是被禁止参与的。村里有什么庙会、唱戏之类的活动,基督徒小孩也是不准参加的。用林语堂自己的话说:"《三国演义》里面的英雄好汉故事,任何一个中国洗衣店的员工都比当时的我熟悉。我从小就知道约书亚用羊角吹垮了耶利哥的城墙。当我听说孟姜女哭长城的故事,我羞愧愤怒之极。我生活在自己国家却被剥离了自己的文化传统。当时教会学堂出来的孩子都会遭遇这种尴尬。我下定决心投身于民族觉醒的大潮流之中。"[1]

林语堂小时候浸染于基督教文化而疏离中国本土文化,这是一种无意识的潜移默化,但上圣约翰大学时专注英文而忽略中文,自己心

---

[1] Lin Yutang, *From Pagan to Christian*, p. 35.

里也是有数的。到了清华，林语堂当时是公认的"虔诚清教徒"。当时京城文化圈内很多精英人士周末到八大胡同消遣，林语堂却在清华校园组织了一个"星期日读经班"——读《圣经》。林老师当时被戏称为"清教徒""处男"，而事实也如此。[1] 同时，林语堂内心的民族意识不断增强，并反省自己的宗教熏陶，进而终止每周上教堂做礼拜，公然宣称自己为"异教徒"。[2] 为了弥补自己中国文化知识方面的缺陷，林语堂在清华时一面组织"星期日读经班"，一面埋头钻研国学文史哲知识。因为害怕被清华同事嘲笑，林语堂恶补国学知识全靠自修，多少带着羞耻感发奋自学。别人去八大胡同消遣，林语堂则经常光顾琉璃厂，向店铺掌柜请教各种古书的版本学问。

1917年，林语堂在英文期刊《中国社会与政治学评论》发表长文《礼：中国社会管控组织原则》，这可看作其钻研中国文化知识的首项成果。鉴于当时新文化运动的反传统氛围，林语堂该文采取跨文化审视角度，对中国文化的态度可谓大异其趣。新文化运动批判传统文化，正是冲着所谓"礼教"而来，鲁迅旗帜鲜明怒斥"吃人的礼教"，突显"礼"的非"人"性。作为受基督教熏陶成长起来的、已经相当西化的知识

---

[1] 对于这一点，林氏自嘲道："所以我特别喜欢看巴黎夜总会的裸体舞表演。没有人比虔诚的清教徒更能欣赏裸体舞表演。"参见 Lin Yutang, *From Pagan to Christian*, p. 42。

[2] 相反，林语堂在圣约翰的好友孟宪承，毕业后和林语堂一同赴清华任教，就住林语堂宿舍对门。他当时正变成虔诚的基督徒，因为有个善良的美国女士对他和中国学生特别关爱，以身教感动了他，让他感受基督爱的真谛。孟宪承是林语堂圣约翰的同届同学，林语堂担任该年级学生主席，孟宪承为副主席，其家庭背景为江南传统乡绅，中国文化底蕴深厚，"四年大学期间连续获得翻译奖状，独一无二"。参见 *The Johannean 1916*, p. 34；另参见 Lin Yutang, *From Pagan to Christian*, pp. 232–233。孟宪承1952年至1966年出任华东师范大学首任校长。林语堂在该书没有披露"孟宪承"全名，应该是担心回忆孟宪承的"基督徒身份"会给昔日好友带来麻烦。

青年，林语堂正在努力唤醒自己的民族意识，对"礼"的理解反而相当客观、富于同情。有别于汉学家旁观者的角度，林语堂试图从中国内部解释自己的文化传统："礼是一种姿态与尺度，它赋予中国社会体系各要素某种和谐道德秩序。"[1] 要让社会保持良序，儒家设计了一套繁复的社会等级秩序，各种社会关系遵从有别，称之为"礼"。林语堂指出，中国社会重视各种社会关系的和谐，从来都把它看得比个人成就更重。"礼"要在社会生活各个层面提供道德指引，以维系社会秩序。鉴于"礼"渗透中国社会生活方方面面，中国又被称为"礼仪之邦"。罗马帝国由罗马法典维系，"中国也因对秩序的执着与敬畏而源远流长，立于不败"[2]。至于对儒家学说的现代挑战，林语堂的态度相当克制。新文化运动谴责"礼教"的虚伪，号召推翻儒家文化体系，重估一切价值，林语堂则希望传统和现代价值之间能够相互妥协融合。既然"礼"建基于家庭体系，必然和强调个人主义的西方体系相对立，"但是，也许真正的解决办法在于找到能兼顾两种原则并使其得到良性发展的途径"[3]。林语堂认为，某些行为与价值观已经渗透中国人的心灵，比如"严肃态度、责任感、崇尚稳定秩序、尊重长者、尊重权威"，这些东西要想彻底取缔是不现实的。"有些东西在现代环境下已经日趋衰微，希望这种现象只是暂时性的，长远看来，青年中国会重归理智，重新尊重古老的美德。"[4]

林语堂的英文论文显示他对中国文化传统的同情理解，和新文化

1　Lin Yutang, "Li: The Chinese Principle of Social Control and Organization", *The Chinese Social and Political Science Review* II (March 1917), p. 109. 林语堂时任该期刊助理编辑。

2　Lin Yutang, "Li: The Chinese Principle of Social Control and Organization", p. 116.

3　Lin Yutang, "Li: The Chinese Principle of Social Control and Organization", p. 117.

4　Lin Yutang, "Li: The Chinese Principle of Social Control and Organization", p. 118.

运动的主调格格不入，但他最早的两篇中文文章却和新文化运动的基调遥相呼应。胡适1917年离美回国，受到英雄式欢迎，被奉为新文化运动领袖。林语堂在清华参与了欢迎胡适回国的活动，晚年回忆自己的知识旅程，仍视胡适为对其影响最大的人士之一。也正是通过给《新青年》投稿，林语堂引起胡适的关注与赏识，两位现代中国卓越的自由派知识分子开始结下终身的友谊。

《汉字索引制说明》发表于1918年2月15日《新青年》杂志，标志着林语堂进入新文化运动精英知识界的核心圈。林语堂显然是受到英文字母索引制的启发，试图创设一个类似的中文索引系统，办法是把所有汉字归纳为前三个基本笔画。这是个大胆而富有创意的设想，以后林语堂终身都在为汉字的有效编序而努力。林语堂的创意设想得到蔡元培的大力嘉许，盛赞其创制"明白简易……苟以之应用于字典，辞书，及图书名姓之记录，其足以节省吾人检字之时间，而增诸求学与治事者，其功效何可量耶！"[1]

汉语改良和文学革命相互关联，文学革命的关键在于提倡和提拔白话文。林语堂有关汉字索引制的创意开启了汉语改良的尝试，而另一篇刊载于《新青年》的文章对现代文学的发展阐述自己的见解，特别是对白话文学的语体有独到见地。林语堂认为，文学革命不能只强调用白话文来代替文言文，而是应该花更多精力探讨应该用什么样的白话文。林语堂指出，白话文"最易泛滥，最易说一大场无关着落似是而非的老婆话"，因此，我们提倡的白话文学应该注重义理修辞，强调

---

[1] 林玉堂:《汉字索引制说明》（附蔡孑民先生序），《新青年》第四卷第二号，1918年2月15日，第132页。

"Lucidity（清顺），Perspicuity（明了），Cogency of thought（构思精密），truth and appropriateness of expression（用字精当措词严谨）"。[1] 白话文须有适当的语体承载，这一主题林语堂三十年代提倡"语录体"时将有更多发挥阐述。

1916年至1919年正是新文化运动方兴未艾之时，林语堂身处文化浪潮中心，自身心灵经历了一次民族意识被唤起的洗礼，这可以看成林语堂整个跨文化之旅的第一个回合。同时，在清华任教三年，林语堂获得政府"半奖学金"资助赴美留学。就在新文化运动达到高潮，五四运动如火如荼之时，林语堂登上了赴美的洋轮。

从哈佛到莱比锡

赴美留学之前，林语堂和廖翠凤先结了婚。廖氏也是基督徒家庭，厦门商户人家，家境比林家好多了。廖翠凤毕业于和圣约翰大学齐名的上海女子教会大学圣玛丽大学，英语水平也是一流的，以后和友人通信也都是用英文（署名：Hong，应该是"凤"的闽南语发音）。两人性格互补，婚后生活相当美满，相伴度过余生。[2]

1919年8月17日，新郎新娘登上赴美洋轮，坐的是一等舱，船上

---

[1] 林玉堂：《论汉字索引制及西洋文学》，《新青年》第四卷第四号，1918年，第367页。林语堂在该文声称已经写完一本有关汉字索引制的书，即将出版。到哈佛大学申请读硕士学位时，林氏亦列出自己的出版作品包括有 *An Index System for Chinese Characters and Vocabulary* 为书名的书。我只能查到林语堂最早的中文出版作品为刊于《科学》（1917年10月第三卷第十期）的《创设汉字索引制议》。

[2] 按林太乙说法，林语堂初恋是厦门富商女陈锦端，虽然林语堂自己没怎么说过此事。就个人生活来讲，林语堂也和许多现代作家不同，他是基督徒，家庭生活和谐美满，一辈子没什么桃色花边故事。参见林太乙《林语堂传》第二章，台北：联经出版事业公司，1989年。

共有一百四十六名中国学生。清华给的政府半奖每月有四十美元，此外，林语堂期望能从北大得到部分资助。林语堂答应学成后回北大任教，以期北大能提供部分留学资费。但这只是胡适和林语堂之间的口头协议，林语堂登上洋轮时还没有得到北大正式核准。上船第二天，林语堂即去信胡适，告诉他自己走得匆忙，林夫人也随船同行，他打算让夫人上拉德克利夫学院（哈佛附属女子学院）读一些"家政学"的课。这样安排也反映了林语堂对妇女在社会上所扮演角色的看法。信中林语堂表示，现在社会风气对家庭生活有偏见，妇女往往羞于相夫教子，而林语堂认为妇女的首要职责是要"make a good home 做成好的家庭"："现在大家看轻家庭生养的职务，女人也××以为耻。但是等到社会能够看重生养儿子，看重家庭，看重使人类快乐的义务，社会总有未安之处。"[1] 林语堂催促胡适敲定他和北大的雇佣协议，并期待学成回国到北大和胡适携手推动现代中国文化的改良事业。

1919 年 9 月 11 日，林氏夫妇到达三藩市，入住华盛顿酒店。初次踏上美国的土地，林语堂很兴奋，吃了很多冰淇淋，也很享受酒店仆人的服务。他也非常享受新婚生活，一路上被夫人照顾有加。在三藩市待了两天后，他们便乘跨大陆火车直至波士顿，刚好赶上哈佛大学新学期开课时间。林氏夫妇首先在剑桥特罗布里奇街（Trowbridge Street）八十五号住下。9 月 20 日，林语堂向哈佛大学递上"就读文科学位申请书"，申请书列明自己的资历如下：圣约翰预科，1911—1912；圣约翰大学，1912—1916，优秀生毕业，获学士学位；在圣约翰所学课程包

---

[1] 《林语堂（玉堂）信二十八通》，见耿云志编《胡适遗稿及秘藏书信》第二十九册，合肥：黄山书社，1994 年 12 月，第 293 页。"××"表示原手稿字迹不清。感谢周质平先生告知这批林语堂早期书信，本节有关细节都是基于这批书信资料。

括英语写作，英语文学，德语，法语，历史，经济，社会学，哲学，教育学，数学，天文学，物理，化学，生物，地质学，以及四至五门神学，能说流利法语，德语不流利；1916—1919，任清华英语教师，以及担任英文期刊《中国社会与政治学评论》助理编辑；中英文都有文章发表，另外有一本书出版：*An Index System for Chinese Characters and Vocabulary*。林语堂申请所学专业为：现代文学（欧洲），主要是比较文学；林语堂表明期望尽快能得到硕士学位并于1922年夏天获得博士学位。[1] 哈佛读硕士一般需要两年，鉴于林语堂资历优秀，校方同意林语堂可以读完一年硕士课程，只要所有课程（除德语外）都得 A，再加一门夏季课程，并满足拉丁语要求，便可获得硕士学位。院长的批注还特别标明，这是特例，不应被看成今后圣约翰学生的先例。林语堂在哈佛选的课程有：比较文学（浪漫主义运动），比较文学（小说），法语（文学批评），以及德语、斯拉夫语和英语。

在哈佛，林语堂如饥似渴，一头扎进知识的海洋。他写给胡适的信中披露，他每天上午都去上课，下午就待在图书馆。他发现哈佛的课程要求很高，还开玩笑道：一旦到了哈佛，就得做个"约翰·哈佛"。他还发现哈佛比较注重理论和哲理思维。

林语堂在哈佛上的两门比较文学课，都是由欧文·白璧德教授授课。[2] 白璧德教授当时在哈佛很有名望，还收了一批中国学生，后来白璧德的中国门徒组成"学衡派"，和新文化运动唱对台戏，对现代中国

---

[1] 哈佛大学教务处，林语堂档案。感谢伊藤德也先生给我指出林语堂在哈佛大学教务处的档案资料。从林语堂的申请日期（1919年9月20日）看，林语堂应该是到了哈佛即时申请，当场被批准入学。

[2] 《林语堂（玉堂）信二十八通》，第301页。

文化产生深远影响。白璧德在中国留学生创办的英文刊物《中国留学生月刊》曾撰文《人文教育在中国和西方》，表明反对和传统切割的态度，无论在西方还是在东方。白璧德对西方现代性的发展提出尖锐批判。他认为，西方自文艺复兴以来，和自己的传统割裂，造成道德空虚和精神危机；随着物理科学不断扩展，科学发现催生一种基于"进步"观念的实用性、浪漫式假道德。如果中国要推动文学革命、彻底抛弃传统，那么中国一定会像西方一样，遭遇道德空虚。因此，白璧德劝诫中国"不要以进步的名义丢掉自己的文化根基，同时也要更深入地了解西方自希腊以降的文化根基。这样你会发现，两个文化传统在人文层面互相印证，共同构成人类的永恒智慧"[1]。

林语堂的后半生将成为世界上最知名的中国学人，为西方译介阐释"东方智慧"，为白璧德所勾勒的"国际人文主义"理想[2]添砖加瓦，而林语堂对中国智慧的理解和白璧德的人文关怀亦是息息相通。[3]照理说，林语堂在哈佛上了两门白璧德的课，应该是白璧德的门徒。但事实上，林语堂是当时白璧德的中国学生中唯一一个异类。当时林语堂坚定支持新文化运动，支持胡适。在给胡适的信中，林语堂告知他和白璧德谈过胡适提倡白话文一事，觉得白璧德对中国的文学革命有误解。[4]而

---

[1] Irving Babbitt, "Humanistic Education in China and the West", *The Chinese Students' Monthly* Vol. 17, No. 2 (1921), p. 91.
[2] 白璧德勾勒出"国际人文主义"理想来推动"东西方知识领袖间真正的了解"，包括邀请中国学者到美国大学教授中国历史和哲学。参见 Irving Babbitt, "Humanistic Education in China and the West", p. 91。
[3] A. Owen Aldridge 目光独到，已看到白璧德和林语堂的相同处，并指出林语堂是白璧德第二个最有名的学生（仅次于大诗人 T. S. 艾略特）。参见 A. Owen Aldridge, "Irving Babbitt and Lin Yutang", *Modern Age*, Fall 99, Vol. 41, Issue 4 (September 1999), p. 318。
[4] 《林语堂（玉堂）信二十八通》，第 314 页。

且，林语堂发现在美留学生中反对文学革命的不在少数。于是他提笔捍卫胡适和新文化运动，给《中国留学生月刊》投了两篇文章，为文学革命的合理性一辩。

林语堂认为白璧德对中国文学革命有误解，不是说白璧德对"进步"观念的批判不能接受，而是说白璧德的批判对当下中国的知识状态不甚恰当。白璧德的中国门徒反对文学革命主要基于两个理由，一个是出于爱国立场，一个是出于美学考量。他们认为，中国的文学语言（文言）乃中华民族的瑰宝，用俗话（白话）取而代之，必定意味着民族奇葩之丧失。但林语堂反驳道，世间有两种爱国主义，一是狭隘爱国主义，一是自由开放的爱国主义。狭隘爱国主义只知道保存、坚守自己的理想与标准，以防异类文化入侵，"但是我们能不能设想另一种爱国主义，它考虑的是这个国家能够变成怎样，能够拥有什么，能够取得什么成果……一个人只会追忆尧舜盛世，另一个人勇于探讨一个国家的潜在可能性，谁更爱国呢？"[1] 林语堂进而强调："如今的世界，文学和思想互相交流，大同共进，一个国家非要独树一帜，坚守自己的一套文学标准，乃过时的偏见，我们应该旗帜鲜明地反对之。"[2] 至于美学考量，林语堂明确指出，中国文学革命的意义在于大大提高了我们对文学概念的理解。中国文化历史往往把文学精髓看成是修辞学或语体学上的精美技艺，然而"我们现在（从西方）看到一种全新的文学概念，它是一种人生批评，立足点远远高于文辞学家的技巧术。这种新的文学概

---

[1] Lin Yutang, "Literary Revolution, Patriotism, and the Democratic Bias", *The Chinese Students' Monthly* Vol. 15, No. 8 (June 1920), p. 37.

[2] Lin Yutang, "The Literary Revolution and What Is Literature", *The Chinese Students' Monthly* Vol. 15, No. 4 (February 1920), p. 25. 这篇论文获得当年《中国留学生月刊》11月论文竞赛一等奖。

念是：所有伟大文学旨在稳健、全面地洞察生活，文学要为我们扮演生活阐释者的角色，一个伟大作家的首要资格在于对人性具有独到的见识，对人生的悲剧意识感悟致切，对整个宇宙世界何去何从具有清晰的视野"[1]。这样，林语堂就爱国主义和美学准则都提出了新的标准。针对对手指责白话文学必定空洞粗俗，林语堂亦辩护道：白话通俗文学并不一定是怎么说就怎么写。用欧洲文学史作证，俗语文学同古典希腊文和拉丁文一样能够讲究选词用句、渲染气势、表达精美。推广白话文学正可以顺势提倡更高的美学境界："在文学中创造更为重要的逻辑思维之美、想象之美和文化之美。"[2] 林语堂这两篇论文应该是最早的中国现代文学批评英文文献，对现代文学文化的发展具有特殊意义。他在哈佛亲自聆听白璧德的宏论，却并没有成为学衡派一员，林语堂的跨文化之旅有其独特的轨迹。

林氏夫妇到剑桥一个月后，又搬家搬到芒特奥本街（Mount Auburn Street）五十一号。新环境一切都很新奇，两人日子过得很愉快，只是发现生活消费很高。"东西非常的贵，有平常的加倍三倍不一定。每个东西买卖有百分之五至百分之十的税。工人有一天赚八九块的。罢工的事，无处不有。"[3] 林语堂埋头功课，廖翠凤在家有点孤独，准备春季到拉德克利夫学院上课。但是一月份廖翠凤得了急性阑尾炎，需要住院治疗。这一下子让两人财政出现危机。林语堂一直在等胡适的回复，核准与北大的合同，这样可以获得一笔北大的预支款项。他1920年1月6日又去信胡适，胡适即复，并自己掏腰包附上三百元美

1　Lin Yutang, "The Literary Revolution and What Is Literature", p. 28.
2　Lin Yutang, "Literary Revolution, Patriotism, and the Democratic Bias", p. 41.
3　《林语堂（玉堂）信二十八通》，第302页。

金，因为学校正式合同还没正式批复。1920年3月14日，林语堂又收到从北大寄来的美金四百八十元，用来资助其留学费用。[1]这些资助有如雪中送炭，让林语堂得以完成在哈佛第一学年的学业。但到1920年6月，清华的政府半奖突然被终止。这是林语堂留学生涯的转折点。[2]

林语堂得马上找一份暑期工。他一面写信给胡适，要确保北大能有后续资助，一面找到一份救急的工作——到法国基督教青年会担任秘书。[3]林语堂决定去法国半年，可以赚够学费，同时还可看看欧洲，1921年春季再回哈佛继续学业。他写信给胡适说，他到法国会看看有没有机会做中国文学史的研究，他想用现代/西方方法来研究中国文学史，这样也许回国十年后他能教中国文学，而不是只教卢梭和托尔斯泰。[4]

按照入学时的协议，林语堂在哈佛一年，已经完成了所有硕士学位的要求，只欠一项：要修一门夏季课。除了德语得了C+，其他课程

---

1 参见《林语堂（玉堂）信二十八通》，第303—304、305—306、310—311、320—325页。有关此事的详细讨论，可参见吴元康《五四时期胡适自费资助林语堂留学考》，《安徽史学》2009年第5期，第72—80页。林语堂当时很清楚有部分钱是胡适自己私人的。这和他晚年的回忆（北大预支他两千元美金而他不知是胡适自己掏钱）有出入。参见林语堂《我最难忘的人物：胡适博士》；*Memoirs of an Octogenarian*, p. 41；以及林太乙《林语堂传》，第55页。有可能事隔久远，记忆有误，也可能林语堂故意渲染此事，稍有夸张，因为当时胡适在大陆遭到猛批，林语堂要捍卫胡适的人格。
2 林语堂和清华的约定究竟如何，为何终止，不太清楚。在给胡适的信中，林语堂本以为按常规他的半奖应该得到延续，但在华盛顿的中国官员引用一项特殊条款拒绝延续。参见《林语堂（玉堂）信二十八通》，第316页。
3 林语堂这份工作的头衔是基督教青年会"秘书"，工作包括晚上布道或演讲，教中文、英文和法文，以及其他青年会所需的秘书杂务。这和林太乙所说给赴法中国劳工教中文不尽相同。参见林太乙《林语堂传》，第50页；《林语堂（玉堂）信二十八通》，第320—325、326—327页。
4 参见《林语堂（玉堂）信二十八通》，第310—311、320—325页。

都是 A 或 A-。于是校方同意林语堂可以用巴黎大学核准的课程来代替本来要在哈佛修的夏季课程。[1]林语堂夫妇于1920年6月末离开剑桥，先到纽约待了三个星期，7月9日在纽约中餐馆庆祝他们结婚周年。[2]林氏夫妇离开纽约来到法国南部小镇勒克勒佐（Le Creusot）。基督教青年会的工作很繁忙，林语堂根本没时间选修巴黎大学的课。1921年2月11日，林语堂又搬到德国耶拿（Jena），决定在德国继续学业，因为战后德国的物价很便宜，大约是美国剑桥的一半。于是林语堂又给哈佛哈斯金斯院长写信解释自己的情况，院长回复表示，哈佛可以接受"用半年在法国或德国某大学核准的功课来代替原本规定在哈佛上的夏季课程"。[3]1921年春季，林语堂入学德国耶拿大学，选了三门课：英语之历史与文化背景、中古英语入门、英语小说。[4]1921年7月，林语堂把三门课结业证明寄给哈佛，哈佛大学于1922年2月授予林语堂硕士学位。

林语堂现在知道自己一定能获得哈佛大学硕士学位，反而开始犹豫，是否就直接回北大，投身于改良中国文学与思想的伟大事业。他当然清楚，有个博士学位更能胜任北大教职，但要继续学业，经济还是相当拮据。从林语堂和胡适通信中，我们可以确认，林语堂至少又收到北大三笔汇款，两次各四百八十美元，另一笔一百英镑。[5]同时，他发现

1　Dean Haskins' letters to Lin Yutang, Lin Yutang file, The Registrar's Office, Harvard University, July 1, 1920.
2　《林语堂（玉堂）信二十八通》，第326页。
3　Dean Haskins' letter to Lin Yutang, January 1, 1921.
4　Lin Yutang file, Harvard University.
5　参见林语堂于1921年2月18日、1922年5月31日所签的收据。一百英镑是用来支付从德国返回的路费。《林语堂（玉堂）信二十八通》，第341、348页。

莱比锡大学很强，特别是汉学和语文学都属一流，莱比锡的中文书籍甚至比哈佛还多。于是林语堂决定1921年秋季离开耶拿上莱比锡大学，师从著名汉学家孔好古（August Conrady），研习中国语言文学。林语堂很佩服孔好古的汉学知识，课上有些问题他以前想都没想过。起初，林语堂的博士论文想做白话文的语法研究。[1]但他很快便进入汉学世界，潜心钻研中国古音韵学。林语堂受惠于莱比锡的研究长项，非常欣赏西方研究语言学的方法，以期借此方法来重新审视中国语文传统，从而获得全新理解。

林氏夫妇在德国两年过得很愉快。两人会手牵手一起去听讲座，周末一起郊游。他们去了欧洲很多地方，很喜欢欧洲的古色古香。在美国，现代化城市大同小异，柏油马路加邮局，"欧洲就不同，有古老的城堡，还有卢瓦尔河谷狭隘的街道，有布鲁塞尔的老教堂，也有列日的繁华街市，还有从圣莫里茨到因特拉肯一路的美景"[2]。耶拿是歌德的故乡，林语堂参观歌德故居，看到歌德收集的物种进化样本，很是佩服。在耶拿没有自来水，洗澡得用勺子舀水，林语堂借题发挥：歌德也是这样洗澡的，一样写出伟大的诗篇。林语堂很喜欢歌德的名著《少年维特之烦恼》和《诗与真》。[3]但林语堂最喜欢的德国作家是海涅，不光欣赏他的诗作，也欣赏他的政论文章。在耶拿和莱比锡，林语堂课余时间翻译了一本海涅诗集，寄给孟宪承，嘱其转交胡适。[4]林语堂和海涅的神交将陪伴他一辈子。

---

1 参见《林语堂（玉堂）信二十八通》，第346页。
2 Lin Yutang, *Memoirs of an Octogenarian*, p. 51.
3 Lin Yutang, *Memoirs of an Octogenarian*, pp. 50–51.
4 参见《林语堂（玉堂）信二十八通》，第347页。

欧洲风貌古色古香，林语堂也只能课余欣赏，学业上林语堂专注研究古汉语的韵味。受惠于德国汉学的指导，得益于莱比锡一流的图书馆资料，林语堂用德语写成博士论文《中国古代音韵学》。林语堂的跨文化知识结构中有这段汉学训练经验很重要。林语堂在莱比锡钻研的正是国学小学功夫，他的阅读书单集中在《皇清经解》和《汉学师承记》，都是清朝学术的桂冠著述。林语堂在传统国学方面的训练是其知识结构的重要部分，对其今后的跨文化之旅将产生重要影响。从某种意义上讲，中国现代性开启于对儒家经典诠释的反叛。新文化运动时期，"疑古"风气盛行。只有对经典的权威性质疑，才能重估一切固有价值，为现代中国开创一个新的文明。但是"怀疑"风气很容易泛滥，也是现代学人激进化的标志之一。林语堂在汉学领域的训练，不仅使他在国学涵养方面游刃有余，而且赋予他较为公允的角度，体现出林语堂对中国文化传统的整体姿态。

1923年2月中旬，林语堂交上论文便离开莱比锡。林氏夫妇到意大利登上海轮，这次坐的是三等舱，以便能省钱好还债给胡适。[1]那时，廖翠凤已经怀孕好几个月了。三年半为学业辗转美欧，林语堂不仅获得西方生活的切身体验，知识上又经过一次东西方学术洗礼，知识理念已经成熟，俨然一个含苞待放之青年博士。林语堂期待成为北大的一员，为中国文化改良事业大干一番。

1　参见《林语堂（玉堂）信二十八通》，第349—350页。

第三章

"大革命"时代民族主义情怀

　　1923年春，林语堂和夫人廖翠凤乘船返回故乡厦门。返乡后不久，他们的长女林如斯（英文名Adet Lin）于5月6日出世。当年秋季，林语堂赴北京大学就职，担任英文系教授。北京大学是新文化运动的摇篮，年仅二十八岁的林语堂博士从此跻身于青年中国的知识精英阶层。

　　林语堂返京后，五四运动已经退潮。但二十年代又是一个"大革命"时代。国民党领导的民族主义革命运动风起云涌；同时，中国共产党成立，并在革命浪潮中迅速发展壮大。在"联俄、联共"策略下，1927年国民革命爆发，最终北洋政府被推翻，蒋介石率国民党登台执政，定都南京。但北伐途中国共两党内讧，国民党对自己的盟友共产党进行血腥清党，由此开启长达数十年的国共党争。

　　对林语堂来说，二十年代是他一生跨文化旅程中重要的成长期。在这一阶段，他以海归语言学家的身份，对开创现代语言学卓有贡献，而且在文学领域初露头角，同时还身兼北大英文系教授。刚刚留洋归国的林语堂,踌躇满志,激扬文字,一心投入中国现代化振兴的宏伟大业。和当时诸多进步知识分子一样,林语堂不满北洋政府治下的"共和",拥护国民革命,甚至直接参与其中,期盼一个"新中国"的诞生。但同时对"大革命"的进程和结局非常失望。但也正是在此动荡年代,我们看到一个进步的、充满民族主义情怀的林语堂在现代中国文坛、学界脱颖而出,走向成熟。

科学与国学

毋庸置疑,北京大学可以说是中国现代文化的摇篮。胡适1917年从美国回到中国,立即成为新一代受西式教育的知识阶层的领军人物。是年胡适二十六岁,引领新文化运动,为重建中国的现代文化开疆辟土。胡适出任北大英文系主任后,在其周围陆续汇集了一群有名望的英文教授,包括著名诗人徐志摩、散文家陈源、法律专家温源宁等人,后来他们成为现代文坛的"新月派"。林语堂也属于胡适"招募"的一员。按教育背景和人际关系来说,林语堂也应该属于这一群体。然而,在北大的岁月里,林语堂却和中文系的一群学者越走越近,包括周作人、鲁迅、钱玄同、刘半农、沈兼士等人。这群学者以周氏兄弟为首,大多留学日本,也是新文化运动的主力,后来组成"语丝派"。从学术传统而言,这群旅日学者都是章太炎的弟子。章太炎不仅是晚清著名革命家,也是中国传统语文学大家。林语堂之所以成为语丝派一员,部分原因是出于他和章氏门徒对中国语文学研究的共同兴趣。

作为一名英文教授,林语堂所教课程包括"基本英文""英语作文""英语教学""英语史"和"语言学"。很快他便成为北大最受欢迎

第三章 "大革命"时代民族主义情怀

的一名教授。他的"基本英文"课深受喜爱,听众爆满,导致学校不得不限制旁听人数。[1] 然而林语堂的研究兴趣却在中国语言文字的研究,而北大研究中国语言文字的都在中文系。林语堂积极参与并推动现代国语运动,创建并主持了方言研究会。在二十年代,中国语文学研究是新国学运动的重要部分。

所谓"国学",乃中国现代性问题中最重要的思想议题之一。十九世纪中期,西方殖民势力侵入中国,中国士人逐渐意识到中国文化根基正在面临一场前所未有的危机。晚清士人提出"中体西用"的民族主义应对策略,试图在巩固儒家经典地位的同时调解中西文化冲突。[2] 现代国学的兴起可分为两个阶段,第一阶段为晚清时期,以张之洞、康有为、梁启超、章太炎、刘师培等人为代表,第二阶段为新文化运动时期,由胡适引领的新一代留洋学人为主干。[3]

众所周知,新文化话语本质上是反传统的。新文化时期的国学当然也要和新文化运动的反传统话语保持一致。换言之,此时的国学研究被称为"整理国故",它的任务非但不是要巩固传统文化价值之本,相反,它是整个新文化运动解构传统文化的一部分。1923年1月,《国学季刊》创刊,胡适为其撰写创刊宣言,描绘了他对新时期国学研究的展望。[4] 胡适首先对三个世纪的"清学"给予应有的肯定,尤其是校勘和

---

[1] 参见万平近《林语堂评传》,重庆:重庆出版社,1996年2月,第21页。
[2] 关于晚清国学的探讨,参见罗志田《国家与学术:清季民初关于"国学"的思想论争》,北京:生活·读书·新知三联书店,2003年1月。
[3] 参见徐雁平对钱玄同关于两个时间阶段划分的引用。徐雁平:《胡适与整理国故考论:以中国文学史研究为中心》,合肥:安徽教育出版社,2003年6月,第9页。
[4] 参见胡适《〈国学季刊〉发刊宣言》,载欧阳哲生编《胡适文集》第三册,北京:北京大学出版社,1998年11月,第5—17页。

训诂学研究。但胡适的重点是要指出清学研究的三大弊端：研究范围太狭窄，太注重功力而缺乏理解，缺少参考比较材料。关键问题在于，清代学者眼里只有几本儒家经典。

对胡适而言，新国学的研究视野应该超越儒家经典，所谓"国学"，也就是"国故学"的简称，即对整个传统中国文化和历史的研究。表面上看"国学"是一个中性的词汇，可以同时指"国粹"和"国渣"。这种界定好像让人觉得，胡适还是承认国学中是有"精粹"的。其实不然，胡适不仅不再认可儒家的经典地位，也不再假定中国文化及历史中一定存有任何"精粹"。相反，新的国学研究作为新文化运动的重要战略部署，其主旨是要为中国传统文化"去魅"。

胡适针对清学三大弊病，指出了国学研究三大方向：扩大研究范围（需包括中国过去所有文化历史）；注意系统整理；博采参考比较的资料。最后一点至关重要，他呼吁中国学者从国际化的视角出发进行研究。换言之，在新时期，今后关于中国过去的文化历史研究必须加入来自西方的研究方法和资料，不仅包括西方汉学著作，还要包括对西方文化历史的相关研究。简言之，中国国学研究必须同时是比较和跨文化研究。

胡适关于国学话语的这一范式转变意义重大，不可轻视。胡适之后的国学研究必须放置于新文化运动的背景中理解，是新文化事业的一部分。在《新思潮的意义》一文中，胡适清楚地说明：新文化运动所打出的"德先生"和"赛先生"两大旗帜之根本意义在于"批判的态度"，即用尼采的话说，叫"重新估定一切价值"。他勾勒出新文化事业的四大组成部分：研究问题，输入学理，整理国故，再造文明。这四部分当然相互关联。所谓研究问题，就是看到清学只注重儒家经典的研究其实很狭隘，为了寻找突破，则必须从西方引进新的思想，即现代科学方法，来重新考察中国过去的文化和历史。[1]

对胡适而言，从事国学研究基本上是指有系统地整理旧知识，在《宣言》中他阐述了三个方面的工作：将中国书籍做索引式的整理，对以往的学术研究做结账式的整理，为中国语言、文学、经济、民俗等具体学科撰写学科史。我们可以问："整理国故"和"再造文明"能有什么关系？答案是：不是说国学本身——即使是被整理过的旧知识——可以为"再造文明"添砖加瓦，而是说整理国故所使用的新的科学分类整理方法——索引、结账和系统史学方法——才是"再造文明"的根本元素。新文化时期的国学已经被客体化。在整理国故的事业中，胡适所着重的正是科学的方法和态度，即批评的态度。[2]诚然，国学作为科学方法的客体几乎可以忽略不计，推广赛先生并不真正需要使用中国旧学问本身。但是，整理国故之所以成为新文化大业的一部分，是因为当时国学研究在士人精英阶层仍有一定地位，胡适需要在国学领域展示他的思想力度，在中国知识界内将西学合法化。仅仅展示中国传统知识的学术能力，犹如竞技体育一样。当然，这么说对胡适可能有些苛刻。胡适可能觉得传统文化某些元素与"再造文明"还是有关系的，比如，儒家和道家学说有些元素可以经过阐释和理解，为历史的进化发展论提供理论资源。但即便如此，起码胡适在这一层面不愿多说。

尽管胡适的"整理国故"具有解构国学的意义，这一计划仍然

---

1 参见胡适《新思潮的意义》，载欧阳哲生编《胡适文集》第二册，北京：北京大学出版社，1998年11月，第551—558页。
2 周质平也强调过胡适"整理国故"中引进科学方法的重要性。参见周质平《胡适与现代中国思潮》，南京：南京大学出版社，2002年9月，第206—228页。

遭到新文化阵营中其他激进派的尖刻批评，例如激进革命派人物吴稚晖。对吴稚晖这样的反传统人士来说，无论如何定义"国学"，仅是把它归入新文化事业大纲之内，就是一种"罪"，因为年轻人要学的是科技知识、如何造"机关枪"。当时胡适和梁启超被邀为清华大学预备留洋学生各自开出一份国学必读书单，吴稚晖于《晨报副镌》发表文章，强力抨击这种指引误导贻害年轻人，并称儒学经典应该"扔进茅厕三十年"。

　　刚刚从海外学成归来、重返北京知识界的林语堂加入了这场辩论。他在《晨报副镌》发表了《科学与经书》一文。这篇文章不仅标志着林语堂登上中国思想界舞台，且文中所持观点将一直影响到他未来纵论中西文化之基本态度。林语堂在该文提出了"科学的国学"之概念，一方面进一步强化了胡适"整理国故"的理念，同时又批判科学的工具理性论，以充实国学研究的合法性。林语堂在文中回应胡适的《宣言》，声称这是新时期开展国学研究最好的大纲，是一份"创世纪"的宣言。有了新的科学思想作为装备，国学研究将会以前所未有的规模开拓新的前景。林语堂完全赞同胡适的观点：新的国学不能只拘泥于研究儒家经典。所以从这个意义上讲，林语堂这篇文章应叫"科学与古书"更为合适。林语堂认为科学的国学不应跟着清代的训诂学走，而应把训诂看作是新国学的注脚，通过科学的滤镜重新审视传统知识，将其囊括成为新国学的一部分。同时他也认同胡适的观点，认为科学的视野可以为国学研究开创广阔的前景，例如像语言、哲学、文学、艺术、宗教等许多领域和学科都可以有自身史学，前人的学术研究对此想都不敢想。在林语堂专长的语文学研究方面，他指出过去的学者只知道如何研究文字，而当代的学者都知道也应该研究言语（parole）。清代学者已经开始了解音韵学的意义,但他们还没有把言语当成独立的研究对象,并辅之于文字研究。

另外,林语堂也十分赞同胡适为国学研究提出的国际性、比较的方向。"科学"在此即意为一种更广阔的跨文化视角,可将西方最先进的学说吸收进来。林语堂赞扬胡适在墨子研究方面取得的成就具有典范性意义,因为其研究汲取了印度及西方哲学的比较资源。以现代西方知识作为参照点,许多国学研究中遇到的障碍都可以迎刃而解。举林语堂所专长的语音学一例,传统中国学者从未能真正理解"转注"现象。近代学者像梁启超和章太炎,因为开始熟悉西方知识,才慢慢懂得个中因缘。如今我们知道音位转换是一种跨语言、跨文化存在的普遍的语言现象(如英文单词 wreak 和 wreck 所示)。

胡适整理国故的计划强调了科学精神和包括索引、统计与史料学等实证方法的重要性。林语堂的汉字索引方案在这方面已开风气之先。然而在这篇文章里,他提出了"科学的思想"(wissenschaftliches Denken)与"科学的手术"(wissenschaftliches Technik)这一对概念。[1] 林语堂赞同胡适的观点,认为清代的考证颇具科学精神,有质疑的态度,也有翔实的实证。但以"手术"技法而论,中国学人和现代西方学人差距甚大。比如,中国学人可以画一幅相当可靠的地图,可就是画不出西人所绘的那种地图。林语堂还特别强调做脚注的重要性。中国学者也有注引,但往往稀松模糊。"中国的学术文的原理好像说:作者是很淹博,读者也很淹博,作者无所不知而读者无所不懂。"[2] 林语堂指

---

[1] 林语堂:《科学与经书》,《晨报副镌》(五周年纪念增刊),1923 年 12 月 1 日,第 23 页。原文即使用这些德文词汇。

[2] 林语堂:《科学与经书》,第 24 页。

出，西谚说魔鬼往往在于细节，有系统地做脚注看似小事，其实象征现代学术之精髓，因为现代学术已经不是个人行为，而是需要大规模地不断积累才能出成果。

另一方面，林语堂对胡适的整理国故计划有较大的修正和改进。林语堂的计划没有对国学的解构性客体化处置，而是赋予中国文化和历史新的意义，因为林语堂期盼的是扎根于中国土壤的、以中国为中心的"科学的国学"。林语堂虽然附和胡适的新国学宣言，但同时也指出胡适的愿景还有许多方面有待探讨，最重要的一点就是对待传统学识的姿态问题。林语堂该文正是要挑战和纠正像吴稚晖所表达的那种对"古书"的虚无主义态度。林语堂解释说，他把文章拟题为"科学与经书"（虽然他实际指的是所有中国古书），正是因为儒学经典被大加挞伐，好像一钱不值，要是儒家经书也还有用处，那其他中国古书也就好说。作为一个受西式教育的博士，林语堂对"五四"以后的科学崇拜深不以为然："有一样很稀奇的：我国人现在心理，凡中国古代的东西，不问是非，便加以迂腐名称，西洋学问中最迂腐的也不敢加以迂腐的罪名。"[1]

林语堂提出"科学的国学"的概念，其主要特色在于按德国惯例把科学分为"自然科学"（Naturwissenschaften）和"精神科学"（Geisteswissenschaften）。国学研究对自然科学也许无关紧要。但林语堂指出，即使在自然科学领域，国学也不是完全不沾边。比如说生物学吧，中国学生不能只满足于从西洋教科书中学到"双子叶植物"（dicotyledon）和"单子叶植物"（monocotyledon）这些术语，他们还

---

[1] 林语堂:《科学与经书》，第22页。

可以从《诗经》中记录的草木鸟兽虫鱼受到启发作深入研究。关键问题是中国学生应该培养创新能力："若中国科学界不能自为考证发明，而永远要靠着搬运西洋'最新''最近'的发明为能事，中国将来的学术界一定是糟的。"[1]只靠模仿和搬运西方的发明不会给中国带来"机关枪"。而且，林语堂还在更深层次上挑战吴稚晖：即使中国成功培养出新一代学人，没有任何国学知识，但能像西人一样说"S-damn you"、一样打"机关枪"，难道这就是我们期盼的未来中国吗？

这就是一个"精神科学"层面的问题了。林语堂告诫道，中国的"精神科学"问题还大有探究的必要，但有一点是肯定的，在"精神科学"领域，国学是不可或缺的，而且具有新的意义。在林语堂看来，假如中国学生西学训练有素，而他做的是柏格森（Henri Bergson）研究，那他回国后肯定得读王阳明；如果他做叔本华研究，那他肯定得读佛教经典。如果他看不到两者之间的关系，那肯定是见鬼了。搞自然科学的回国后一般都成为专业人士诸如医生、工程师等，而精神科学领域的回国后一般都成为教师。在林语堂看来，一个研究心理学、哲学或社会学的学生，假如回国后只会照搬西方教科书知识灌输给学生，那是一种失败。相反，他们应该具备创新能力，使中国固有的学问焕然一新，从而"再造文明"。以此为目标，那么国学知识乃不可或缺。林语堂列举了一系列德国精神科学领域的大家，如韦伯、冯特（Wilhelm Wundt）、巴特（Karl Barth），盛赞他们给德国精神科学所带来的活力及卓越贡献。中国学生能把韦伯、冯特、巴特的作品译介到中国当然很好，但若能出一个中国的韦伯、中国的冯特、中国的巴特，那肯定更好。要达到这一目

---

[1] 林语堂:《科学与经书》，第21页。

标，就必须有置身于中国文化历史、以中国为中心的"精神科学"。中国古书，包括儒家经典，不仅能给中国学者提供丰富的比较资源，而且为产生世界一流的中国学者提供必要条件——毕竟，韦伯、冯特、巴特对中国的国学可是一无所知。这样看来，林语堂反驳道，儒家经书非但不应被"扔进茅厕三十年"，相反，"科学的国学"可以在未来三十内得到前所未有的蓬勃发展。

从林语堂对"科学的国学"的阐述中，我们可以看到他整个生涯所采取的跨文化态度，这甚至影响到他以后在美国阐释中国文化与哲学的成功。在他的北京岁月以及上海岁月初期，这主要反映在他的语言学研究及其所参与的国语改良运动。留学哈佛、莱比锡归国后，林语堂很快成为现代学术圈的顶级语言学家，在二十年代及三十年代早期发表了一系列有关中国古音韵学和语文学的论文，后编入《语言学论丛》一书。他还担任北大研究所国学门方言调查会主席，他为该会撰写的"宣言书"体现了他提倡的"科学的国学"之愿景。"宣言书"开头便称，北大歌谣研究会成立以后，国人开始意识到民间文艺乃中国文化之宝藏，非常值得研究，而中国各地方言也是一块处女地，有待开拓与探究。章太炎的《新方言》已经树立了一个榜样，新的方言研究必须超越清学的一味注重词源考订，大大扩展其研究范围和目的。

"宣言书"为方言调查会设计了七项任务：一、制成方音地图；二、考定方言音声，及规定标音字母；三、调查殖民历史；四、考定苗夷异种的语言；五、依据方言的材料反证古音；六、杨雄式的词汇调查；七、方言语法的研究。[1] 这份计划雄心勃勃，为中国现代语言学未来的发展定下了指导性方向。林语堂在语言学，特别是古音韵学方面取得的出色成果，也受到了胡适的认可和赞许。[2]

作为北大国学门的一个项目，方言研究进展并不顺利：一方面，研究专业化程度较高，缺乏大众吸引力；另一方面，中文系的同人都是章太炎的门徒，和林语堂的意见并不一致。他们的分歧从对待汉语改良的态度中即可见一斑。新文化运动的标志在于用白话文代替文言，并迅即取得成功。胡适号召文学革命没几年，大多数报刊以及学校都已经采用白话文。

但是汉语改良问题并没有到此为止。从进化论的观点出发，汉字普遍被认为是落后的象征。当时很多士人（尤其是像吴稚晖这样的无政府主义者）都强力主张汉字应该废弃，积极推动"汉字拉丁化"。作为折中办法，北洋政府于1918年颁布了一套注音音符系统。[3] 像钱玄同、鲁迅等许多新文化人士都主张用注音制最终取代汉字。但林语堂不以为然。他断然指出："中国不亡，必有两种文字通用，一为汉字，一为拼音字。"[4] 林语堂对汉字的现代改良正是出于此二元发展的论断。一方面讲，汉字不可废，因为它是一个国家文化属性问题。林语堂指出，期盼废弃汉字的人不懂语言文字既有"工具性"，也有"美学性"。汉字的

---

1 林语堂:《北大研究所国学门方言调查会宣言书》,《歌谣》第四十七期。在这份"宣言书"结尾，林语堂呼吁读者广泛投稿，直接将研究论文寄往他的家庭住址：北京小雅宝胡同三十九号。这应该是林语堂在北京数年的住所。
2 参见胡适1928年12月7日的日记，引自周质平《胡适与林语堂》,《鲁迅研究月刊》2010年第8期，第67页。
3 这套注音符号，目前仍在台湾地区使用。
4 林语堂:《谈注音字母及其他》,《国语周刊》第一期，收入《语言学论丛》，北京：开明书店，1933年5月，第351页。

美感足以让其生存。不过他也认同汉字必须逐步简化。事实上，林语堂在三十年代就积极推行使用简体字，他的《论语》杂志或许是中国最早试用简体字的杂志。另一方面讲，为了普及大众教育，创建一套拼音字符应该有利于儿童教育。但最重要的是，林语堂坚持认为这套拼音系统必须和国际标准尽可能一致。

然而注音系统的设计者宁愿另辟蹊径，并以科学的名义，试图在此系统中表现出具有中国特色的文化属性。但对林语堂来讲，象征中国文化属性的是汉字，拼音系统完全应该只考虑其工具性，并和西方通行的罗马字拼音接轨。其实世界上已有一套汉字–罗马字拼音系统，是由两位英国汉学家设计的，即威氏拼音（Wade-Giles）。林语堂认为拼音字符只需在威氏拼音基础上稍作修改便成。

事后看来，林语堂在简化汉字和设计拼音系统这两件事上都相当有预见之明。但是在二十年代的语言学圈子内，他却是个孤独的少数派，周围都是更为激进、更为"科学"的专家，甚至赵元任式的罗马字系统也变得越来越"科学化"和专门化（怪异化）。赵元任无疑是现代中国语言学的奠基人。林语堂和赵元任有君子之交，一辈子都是朋友。但在二十年代语言学界，两位意见不尽相同。林语堂的主张显然不受重视，他在语言学圈子内一定不甚得意。[1]

---

[1] 关于二十世纪二十年代林语堂与语言学界关系的详细研究，参见 Peng Chunlin, "Lin Yutang and the National Language Movement in Modern China", in *The Cross-cultural Legacy of Lin Yutang: Critical Perspectives*, ed. Qian Suoqiao, Institute of East Asian Studies, University of California, Berkeley, 2015。

第三章 "大革命"时代民族主义情怀

泰戈尔与印度

1913年，瑞典皇家学院将诺贝尔文学奖颁给印度诗人泰戈尔。他是第一个获此殊荣的亚洲人。这在二十世纪初的西方掀起一阵"泰戈尔热"。他本人也多次往来欧美各国巡回演讲，宣扬东方精神文明之于西方物质文明的优越性。面对一战的生灵涂炭，泰戈尔在国际舞台上宣扬东方精神文明，风靡一时。十几年后，在第二次世界大战中，林语堂将会以"中国哲人"的身份在世界舞台上阐释"东方智慧"，而他在1924年对泰戈尔访华这场中国现代思想史上充满争议的著名文化事件的反应就耐人寻味了。

新文化运动是敞开胸怀拥抱世界的，中国文化界对泰戈尔的欢迎正是其世界主义胸怀的具体表现。有意思的是，最早译介泰戈尔的是一批后来成为左翼作家甚至中共高层的知识分子。比如，陈独秀首先将泰戈尔的《吉檀迦利》翻译成文言文，发表于1915年的《青年杂志》[1]。郭沫若也翻译过泰戈尔的文学作品。他曾于1917年编译泰戈尔诗集，但是未能找到出版社出版。而张闻天是第一个介绍泰戈尔哲学到中国的。1921年之后，茅盾主编的《小说月报》在介绍泰戈尔方面起了重要作用。[2]

在结束了欧美巡回演讲之后，泰戈尔于1923年派使者至北京大学询问可否受邀组织访问中国。他的想法得到徐志摩的热情支持。徐志摩

---

[1] 《青年杂志》即新文化运动的标志性刊物《新青年》。自一九一六年第二卷起，《青年杂志》更名为《新青年》。
[2] 关于泰戈尔在华所受招待的详细讨论，参见孙宜学《泰戈尔与中国》，桂林：广西师范大学出版社，2005年7月。

立即安排由讲学社负责泰戈尔一行。讲学社是以梁启超为首的一个非官方士人组织。泰戈尔于1924年4月访问中国，而在此之前的一年，中国已经兴起一股"泰戈尔热"，各种报刊上铺天盖地登载与泰戈尔相关的报道以及介绍、翻译泰戈尔的作品。这股热潮在1924年5月8日庆祝泰戈尔生日这天达到顶峰。当晚，北京精英圈子里的名流人士受邀出席晚宴。梁启超与胡适均致欢迎辞。梁启超还赠予远方的客人一个中文名"竺震旦"。该晚的高潮是一场精彩的英语话剧，由新月社表演泰戈尔著名诗剧《齐德拉》，主演为现代"才子佳人"组合：徐志摩和林徽因。

然而，泰戈尔在中国的待遇并非一片欢颂。事实上，他的来访引发了一场争论，从中我们可以看到二十年代的政治气候以及知识分子各派之间错综复杂的局面。泰戈尔访华全程由徐志摩翻译和陪同，他们从早到晚在一起，发展出一种形同父子的亲密关系。在接待泰戈尔与排演话剧《齐德拉》的过程中，徐志摩周围聚集了一批留英美派精英，都是北大英语系的同事，包括胡适、陈源和温源宁等。这些人在一起组成了新月社。梁启超是泰戈尔访华的另一位重要支持者。梁启超晚年欧游回国后，看到第一次世界大战给欧洲带来满目疮痍，转而对西方文明持批判态度，把泰戈尔视为批评西方"物质文明"的重要盟友。在泰戈尔访华期间，知识界的"科学与玄学之争"在中国已经上演一年。张君劢认为"科学"无法解决人生观问题，而他的对手丁文江和胡适则坚持认为"科学"在日常生活中亦普遍适用。泰戈尔对西方物质文明沉疴的批判给张君劢和其他反对科学主义、捍卫东方文明的中国学者提供了支持。同时，有关国学的讨论也被拖入这场辩论。

从意识形态上说，胡适应该是站在"科学"这一边的。事实上，他对泰戈尔的"东方精神文明"颇不以为然。但胡适性格儒雅,乐意为北大英文系里这些为泰戈尔着迷的同事出面迎接印度来的贵客。有听众在泰戈尔演讲时发放印有"为何我们反对泰戈尔"的小册子表示抗议,被胡适制止了。而吴稚晖则没有表现得那么礼貌,他嘲讽泰戈尔的追随者说:支持泰戈尔就好像在城墙上贴上佛教诗歌来抵抗敌人的机关枪。[1]然而对泰戈尔最集中、最有组织的攻击则来自左翼作家,其实他们很多人在数年前曾率先翻译过泰戈尔的作品。这反映了1924年中国政治气候的变化。1921年,中国共产党成立,新文化运动领袖陈独秀成为第一任总书记。之后孙中山改组国民党,"联俄、联共",与共产党结成统一战线,准备北伐,推翻北洋政府。一场以广东为根据地、席卷全国的革命风暴正在酝酿当中。"革命作家"又如何能容忍泰戈尔的文化政治理论和立场?

在国学的辩论中,林语堂对吴稚晖的"机关枪"逻辑持批判态度,他更强调精神科学的重要性。在泰戈尔访华期间,作为东道主负责接待的都是林语堂在北大英文系的同事。然而在这场争议中,林语堂则站在了吴稚晖和其他左翼批评家的一边,尽管是匿名的。[2]关于泰戈尔的争议在泰戈尔1924年5月30日离开中国后还在继续。北京大学比较宗教学者江绍原在《晨报副镌》5月18日、6月4日、6月13日和7月

---

[1] 参见吴稚晖《婉告太戈尔》,见孙宜学编著《泰戈尔与中国》,石家庄:河北人民出版社,2001年1月,第255—258页。

[2] 林语堂于《晨报副镌》发表三篇文章:《一个研究文学史的人对于贵推该怎样想呢?》《吃牛肉茶的泰戈尔——答江绍原先生》《问竺震旦将何以答萧伯讷?》。三篇文章均以"东君"署名。第一篇文章之后更名为《论泰戈尔的政治思想》收录于《翦拂集》。之后林语堂再也没有使用过任何假名或者笔名,尽管当时这种现象极为普遍,尤其是左翼阵营中。或许林语堂觉得和英文系同事热衷的事情唱反调,不免尴尬,故用笔名。

2日连载文章，讨论泰戈尔的政治态度，并将之与基督教的和平主义相比较。江绍原认为泰戈尔热爱他的国家和人民，他引了一段泰戈尔自己的英文原文来解释其政治立场的独特性："英国人最近从西方来到印度，在印度的历史上占据了重要的位置。这一事件并非偶然。没有和西方的接触，印度也不会达致圆满……现在终于轮到英国人在印度开花结果，我们既没有权利也没有能力不让他们为创建印度的命运做完他们的工作。"[1] 林语堂是个基督徒，或许江绍原引用耶稣的对比触动了林语堂心中的某根神经，他完全无法接受，对江绍原这篇文章作了十分严厉的回应。

林语堂承认，他对泰戈尔的作品没什么感觉，他读过几首泰戈尔的诗，也觉得不对胃口。泰戈尔的生日晚宴林语堂也受邀参加了，也看了英文剧《齐德拉》，然而他只是跟着看热闹去了，并没有觉得有什么了不起的文学价值，反而觉得太矫情做作。当然，美学上的品味可算作个人偏好，林语堂的批评集中于泰戈尔的政治表述，因为这也是江绍原一文的重点。林语堂认为，泰戈尔作为一个被殖民国家的诗人受到殖民者的热情赞颂颇具讽刺意味。泰戈尔认为印度不需要寻求独立解放，认为英国对印度的统治就像上帝的旨意一样，印度人无权拒绝，认为英国的殖民统治是世界上最好的，认为印度人甚至没有独立和自治的资格，这种言辞真是荒唐可笑、不知羞耻，起码是很糟糕的政治言辞。林语堂宁可把这些话看作是泰戈尔的遁词，因为他不想冒犯宗主国，毕竟泰戈尔是他们喜爱的诗人。这样的话，泰戈尔关于"内心纯洁""与宇宙和

---

[1] 参见江绍原《一个研究宗教史的人对于太戈尔该怎样想呢》，见孙宜学编著《泰戈尔与中国》，第266—267页。

第三章 "大革命"时代民族主义情怀

谐"之类的说法,说印度人追寻真正内在自由比要求政治独立更重要诸如此类,那就都是"精神自慰",还挺幽默的。至于说有什么"哲学性",也就无从谈起了。

林语堂还引用了西方两位著名作家的例子来佐证其观点。一位是德国作家歌德。拿破仑非常喜爱歌德的文学作品,曾经反复阅读他的《少年维特之烦恼》。当拿破仑的军队侵占魏玛,歌德曾向他的朋友们表达了失败主义论调,说拿破仑的军队是战无不胜的。之后当战局反转,歌德只得承认:"在一民族的生活上有一种时候,智者反为愚,而愚者反为智。"[1] 林语堂认为歌德的爱国情怀无庸置疑,但是在国家被占领的时候,哪怕只有很短一段时间,歌德依然是个失败主义者。同样地,在一个被殖民国家的环境下,泰戈尔关于"内心纯洁""与宇宙和谐"之类的话语也是失败主义的政治思想。

林语堂还引用了爱尔兰剧作家萧伯纳的例子。1904年,萧伯纳发表戏剧《英国佬的另一个岛》,其中作者对爱尔兰人的某些陋习讽刺挖苦,没留情面。此剧一出,在英格兰好评如潮。萧伯纳随即写了一篇长长的《为政客所做之前言》,声明他坚定的政治立场。林语堂引述了萧伯纳的几段文字:"在印度的英人大意好像说……最后一样,对于你们的生计利害我也是公道的,因为你们双方的生计利害都是跟我的生计利害相反的,我所计虑的是怎么使你们双方都无力抵抗我,使我可以聚敛你们的钱来支给我与我的英国同伙的薪水及养老费,来做你们的长

---

[1] 林语堂:《一个研究文学史的人对于贵推该怎样想呢?》,《晨报副镌》,1924年6月16日。贵推,即歌德(Goethe)。林语堂在文中引用了比尔绍夫斯基(Bielschowsky)的话:"Es gibt im Voelkerleben Augenblicke, wo die Weisen Toren sind, und die Toren Weise"(在一民族的生活上有一种时候,智者反为愚,而愚者反为智)。

官审判员。"[1] 萧伯纳是爱尔兰人，泰戈尔是印度人，两国人民都受英国殖民统治。林语堂用如下引文来对比两人对英国殖民统治的态度："就使哀尔兰自治是像英人所吃的那样不合卫生，像英人喝酒的那样放肆无度，像他吃烟的那样肮脏，像他家庭生活的那样放乱，像他选举的那样腐败，像他的生意的贪欲吃人，像他监狱的残酷，像他的街道的不饶人，哀尔兰自治的权利还是同英人的自治权利一样正当。"[2] 萧伯纳对英国人的崇高品质如是说："……使人家起一种观念，以为英国人有什么秘异神圣天然的特质，使一个人具有做马夫还领不到马夫照的本领居然在外可以做将军打胜仗，使一个受过娘姨教育具有乡下律师阅历眼光的议员居然可以升为首相……"[3]

如今回望关于泰戈尔的辩论，林语堂对泰戈尔的攻击可谓咄咄逼人。在林语堂的后半生，当他成为享誉世界的"中国哲学家"时，他是否会给泰戈尔对西方物质主义的跨文化批判多些肯定，我们不得而知。但我们知道，在他一生之中，尤其后来二战期间在美国时，林语堂一直支持印度独立，并为之奔波呼吁。从这方面讲，林语堂一直是一名世界主义暨民族主义知识分子。在二十年代的中国政治背景下，林语堂首先是一位民族主义者，他本人也直接卷入到了国民革命的旋涡之中。

1　George Bernard Shaw, *John Bull's Other Island*, Penguin Books, 1994, pp. 24–25；亦参见林语堂《问竺震旦将何以答萧伯讷？》，《晨报副镌》，1924 年 7 月 15 日，第 3—4 版（署名：东君）。

2　George Bernard Shaw, *John Bull's Other Island*, p.33.

3　George Bernard Shaw, *John Bull's Other Island*, p.15. 译文中所谓"马夫""马夫照"，现译为"车夫""驾照"。

第三章 "大革命"时代民族主义情怀

"费厄泼赖"还是"痛打落水狗"

1926年1月10日，鲁迅在他主创的激进文学期刊《莽原》创刊号上发表其著名文章《论"费厄泼赖"应该缓行》，提出"痛打落水狗"的思想。这篇文章被视为鲁迅杂文的经典例子，在国内长期被选入中学教科书，因为该文突显了鲁迅对中国"国民性"的理解之深刻及其"一个都不放过"的彻底的革命战斗精神。[1] 鲁迅在文中道明，该文是回应林语堂所谓文人意见不合公开争辩应奉"费厄泼赖"之原则而作。是要"费厄泼赖"还是应该"痛打落水狗"，遂成为中国现代知识思想史上的一个著名案例。然而，该案之含义及其在现代知识思想史上之深远影响，仍有待充分发掘和反思。

其实，首先提出"费厄泼赖"一词的是周作人，用来说明《语丝》杂志应该提倡的文风，以及语丝派作家在论战中应该践行的原则。林语堂提议《语丝》应该将其话题范围扩大至政治评论，周作人回应道，该杂志从未叫人不谈政治，"除了政党的政论以外，大家要说什么都是随意，唯一的条件是大胆与诚意，或如洋绅士所高唱的所谓'费厄泼赖'（fair play）……我们有这样的精神，便有自由言论之资格；办一个小小周刊，不用别人的钱，不说别人的话，本不是什么为世希有的事，但在中国恐怕不能不算是一种特色了罢？"[2] 周作人的态度受到林语堂高度赞扬，他回复道："启明所谓'费厄泼赖'……精神在中国最不易得，

---

1 在"文化大革命"时期，这篇文章作为支持毛泽东"无产阶级专政下继续革命"理论的重要"文献"被重印。参见董大中《鲁迅与林语堂》，石家庄：河北人民出版社，2003年12月，第19页。"费厄泼赖"是英文fair play（公平游戏）的中文音译。
2 参见周作人《答伏园论"语丝的文体"》，《语丝》第五十四期，1925年11月23日，第38页。

我们也只好努力鼓励，中国'泼赖'的精神就很少，更谈不到'费厄'惟有时所谓不肯'下井投石'即带有此义。"[1]

鲁迅在他的杂文中将此隐喻转为是否应该"痛打落水狗"。在他看来，人们对"落水狗"不仅应该警醒（因为狗会浮水），更应该将它们痛打一番，直到它们无法浮上来再咬人才是。鲁迅认为，中国的现状是，"落水狗"并不会欣赏什么"费厄泼赖"，一旦他们从劣势反转，便会再次咬人。在中国宣扬"费厄泼赖"只会姑息对手，而让"老实人"最终受害。鲁迅为了说明自己的观点，举了历史上顽固派调转枪口重创革命党人的悲剧例子。[2] 鲁迅"痛打落水狗"成了一句名言，为二十世纪中国的"斗争哲学"落下重重一笔。

周氏兄弟以及林语堂之间的歧异不能仅从文字上面做文章，而要置于二十年代中国社会政治及思想背景中去理解。1924年1月，孙中山在苏俄帮助下成功改组国民党，并联合新成立的中国共产党，以中国南方为大本营，试图发起新一轮国民革命——北伐。1925年3月12日，与北洋政府谈判失败，孙中山病逝于北京。然而他的早逝进一步增加了革命军的激情。1925年春，上海日本工厂的纺织工人举行罢工，他们的组织者之一共产党员顾正红被日本人射杀。5月30日，数千名上海学生、工人及市民上街游行，抗议殖民主义和帝国主义。十三名游行者被英国警察射杀。该事件引发全国范围的反殖民主义抗议，进一步增强了反殖民主义的国民革命势头。

在此背景下，《语丝》和《现代评论》两份杂志分别于1924年11

---

[1] 林语堂：《插论语丝的文体——稳健，骂人，及费厄泼赖》，《语丝》第五十七期，1925年12月14日，第5页。
[2] 参见鲁迅《论"费厄泼赖"应该缓行》，《莽原》第一期，1926年1月10日，第5—16页。

第三章 "大革命"时代民族主义情怀

月 17 日和 12 月 13 日发刊。《语丝》以周作人和鲁迅为首,骨干成员主要来自北大中文系。[1]《现代评论》以胡适、徐志摩、陈源等人为首,都是北大英文系的同事。林语堂则加入了《语丝》,助周氏兄弟一臂之力。正如上文所示,对泰戈尔访华的不同态度体现出新文化阵营内的分歧。其实这两本杂志发行初期,原本并非针锋相对。例如,林语堂还在《现代评论》创刊号上发表《谈理想教育》一文。但由于两本杂志不同的政治倾向,他们注定走向对立。

胡适一直期盼通过"充分西化"将中国同世界接轨,可面对席卷全国的反帝热潮,感觉相当无奈,相当边缘化。有一次和陈独秀谈及反帝话题,一向温和的胡适突然变得非常激动,和陈独秀大吵一场,因为胡适根本不愿在中国讲帝国主义这帝国主义那的。[2] 另一方面,徐志摩担任《晨报副刊》主编之后,曾于 1925 年 10 月和 11 月组织专栏讨论苏俄的性质,明确批判新的苏维埃体制的独裁本质。这些举动均和当时民族主义/共产主义革命大潮背道而驰。革命大潮下,学生运动也是此起彼伏。围绕北京女师大事件,《语丝》和《现代评论》两家(主要是鲁迅和陈源之间)越吵越凶,不可收拾。

二十年代社会动荡,学生运动是革命派掀起风浪的前哨阵地,因为此时的学生运动和五四运动时期自发的学生抗议游行不同,背后都有国民党/共产党的组织支持。北京女子师范大学的学潮运动正是如此。1924 年 2 月,杨荫榆担任北京女子师范大学校长,成为中国现代

---

1 此时周氏兄弟已因家庭原因闹决裂,之后二人不见面、不说话,尽管二十年代他们还一起合作经营《语丝》杂志。参见钱理群《周作人传》,北京:北京十月文艺出版社,1990 年 9 月;倪墨炎《苦雨斋主人周作人》,上海:上海人民出版社,2003 年 8 月。
2 参见邵建《瞧,这人:日记、书信、年谱中的胡适(1891~1927)》,第 299—300 页。

历史上首位女性大学校长。杨荫榆毕业于美国哥伦比亚大学，坚信女子应上大学，并接受一流的教育，但她反对学生参加政治游行活动。当时青年学生受革命热潮鼓动，觉得她的管理风格和教育理念"古板"。杨校长一上任便受到一群激进学生的抵制，他们背后有鲁迅为首的语丝派教授支持。其中一位学生领袖名叫许广平，当时已是一名国民党地下党员，数年后与鲁迅同居。[1] 另一方面，一些现代评论派的教授，尤其是陈源，更倾向于支持大学教育的正常秩序。他们对学生大量参加政治运动持怀疑态度。鲁迅和陈源之间的笔战越打越凶，个人人身攻击越多，积怨也就积得越深。这场名义上围绕着北京女师大展开的斗争持续了三年之久，事实上它和革命政治密不可分。

为了配合全国范围的反帝游行，国共两党合作，于1925年年底策划了"首都革命"，鼓动学生上街示威游行，意图瘫痪或推翻北洋政府。林语堂后来回忆：他当时积极参加了游行，举标语，喊口号，还向警察扔了石头。11月28日，示威者放火烧了当时教育部部长章士钊的房子。次日，他们又放火烧了《晨报副刊》办公室——当时主编为徐志摩，且对苏俄持批判态度。胡适对此极为愤慨，认为这种行为粗暴地违背了新文化知识分子应该持有的自由主义原则。[2] 但是，民族主义的革命热浪淹没了胡适的孤独吼声。尽管学生示威者没能实现推翻北洋政府的最终目的，他们还是获得了一些具体成果：教育部部长被迫逃亡，由一名国民党党员取而代之，而杨荫榆也不得不卸任北京女师大校长一职。

---

[1] 1926年鲁迅与许广平逃离北京时，许广平的箱子里还带着她不为人知的国民党党员证。参见倪墨炎《鲁迅的社会活动》，上海：上海人民出版社，2006年1月，第109页。
[2] 参见邵建《瞧，这人：日记、书信、年谱中的胡适（1891~1927）》，第312—323页。

第三章 "大革命"时代民族主义情怀

正是在这个时候,林语堂和周作人提出"费厄泼赖"的概念,作为《语丝》的文风,同时也是一种政治姿态,体现了某种自由主义的最低标准。鲁迅当然明白这种政治姿态的含义,非常不以为然,遂提倡"打狗主义"。林语堂看到鲁迅的文章后,立即画了一幅《鲁迅先生打叭儿狗图》,以示附和。这一举动曾被无限放大,用来说明林语堂如何紧跟鲁迅。其实林语堂从未真正放弃"费厄泼赖"的信念。这段时间内,林语堂确实写了一系列笔战杂文,为语丝派打头阵,完全卷入政治论战之中。[1]但是,这些文章毕竟出自"大革命"时代,当时林语堂乃初出茅庐不怕虎,思想和行为上都是一位民族主义者,期盼民族主义国民革命会带来一个"新中国"。革命浪潮过后,林语堂亦会从激进的革命立场矫枉过正。他要坚持秉承的恰好是《语丝》所提倡之自由、率性的风格,也就是"费厄泼赖"的精神,尽管鲁迅始终反对。在美学趣味和原则方面,林语堂更接近周作人。《语丝》提倡说自己的话,至于"骂人",也按个人自愿,只要"骂的有艺术勿太粗笨",同时要讲"费厄泼赖"的原则。林语堂有关作家应该自由直白表达自己的主张,在他二十年代末三十年代初翻译克罗齐表现主义理论的时候逐渐形成了一套更为连贯的理论。

其实,"费厄泼赖"原则与"打狗"精神之争最初起源于林语堂提倡国民应该"谈政治":"凡健全的国民不可不谈政治,凡健全的国民都有谈政治的天职。"[2]参与政治是普通人的权利,而不是官僚精英的特

---

[1] 在鲁迅和陈源那场笔战中,林语堂支持鲁迅,数次撰文攻击陈源。不知道林语堂以后是否会后悔,因为多年后林语堂有难之时,陈源仍是一位真正的绅士,施以援手。参见本书第十章。
[2] 林语堂:《谬论的谬论》,《语丝》第五十二期,1925年11月9日,第6页。

权,这一立场将伴随他一生。

萨天师语录

国民党接管教育部及北京女师大校务之后,林语堂被委任为该校教务主任,但为时不长。1926年3月18日,又一轮学生反帝示威游行以流血告终,四十七名游行者被警察射杀,史称"三一八惨案"。事发后,林语堂不得不代表校方到警局领回学生们的尸体。林语堂和鲁迅均撰文缅怀牺牲的学生。[1] 当时有传言说北洋政府准备同时镇压学生运动背后的激进教授,林语堂也在传说中的黑名单上。然而,北洋政府还没来得及采取任何行动,自己先垮了。由日本人支持的奉系军阀张作霖攻占北京。张作霖对革命者的镇压可是毫不留情,刚刚占领首都,就逮捕处决了《京报》主编邵飘萍。在此时局下,大批在京教授撤离首都向南避祸,向国民革命的大本营转移。

林语堂携家人于1926年5月底离开北京前往厦门,出任厦门大学人文学院院长一职。对于林语堂来说,这倒是一种回家的方式,他准备在厦门大学建立一个一流的国学中心。他邀请了许多北大同事加入厦大,包括鲁迅和顾颉刚。后者当然也是新文化运动催生的明星学者,以其"疑古"的反传统思想闻名。但是最终林语堂在厦门大学也只是匆匆驻足而已。厦门大学当时是一所由南洋商人募捐建立的新学校,时任校长对国学并不是很上心,现在从北京突然南下来了一群全国闻名

---

[1] 惨案发生三日后,林语堂作《悼刘和珍杨德群女士》。1926年4月1日,鲁迅作《记念刘和珍君》。在惨案发生当日,鲁迅劝说许广平不要去参加示威集会。

的学者，厦大的庙太小了。更糟糕的是，知名学者内部先打了起来，鲁迅将胡适的门徒顾颉刚视为现代评论派，两人很快结了梁子，成了死对头。这年年底，鲁迅离开厦门。这下厦大学生不干了，认为厦门大学赶走了大师，于是抗议、骚乱。1927年3月，林语堂也离职，直接赶赴国民革命中心武汉。

1927年春，林语堂应武汉国民政府外交部部长陈友仁之邀前往武汉。陈友仁是一名生于英属殖民地特立尼达的华裔，他追随孙中山，在1927年"大革命"期间成为中国的"代言人"，以民族主义激情批判西方帝国主义。[1] 陈友仁的英文檄文犀利而睿智，林语堂早就十分敬仰，二人在北京时就应该有交往。然而当林语堂抵达武汉之时，国民党右派、国民党左派和共产党之间内讧正酣，最终导致蒋介石对共产党人的血腥清洗，国共两党决裂。宋庆龄逃往俄国之后，陈友仁也被迫于七月离开武汉，林语堂于八月接任国民党左派英文报纸《国民新报》（*The People's Tribune*）主编，月底亦离开武汉前往上海，因为"宁汉合流"，南京国民政府宣告成立。

尽管林语堂涉足武汉国民政府不久，但他在八月主持《国民新报》期间所写的英文文章（之后收录于英文集《林语堂时事述译汇刊》）很有历史价值，因为从中我们可以清晰看出林语堂的政治倾向，这一点我将在下一章详加探讨。另外，如果我们把这批英文文章和他在同时期所写中文文章——特别是几篇题为"萨天师语录"的散文——结合来读，我们可以看到，二十年代是林氏中西跨文化之旅中民族主义倾向颇为突出的一段时期。

---

[1] 参见钱玉莉《陈友仁传》，石家庄：河北人民出版社，1999年12月。

在《林语堂时事述译汇刊》前言中，林语堂写道："国民革命的胜利是一种精神上的盛举。一个年轻的民族脱颖而出，他们组织起来，共同表达了一个坚定的愿望：必须砸烂封建军阀以及封建官僚的束缚，重新建立一个新的、现代的中国。"[1] 林语堂这时期的文章聚焦于中国文化及其国民性的批判，而其出发点正是要呼唤一个新的、现代的中国之重生。林语堂发表于《语丝》的第一篇文章就痛批中国旧势力之顽固，将之喻为北京哈德门街上的"土气"，随风扬起，横扫北京的大街小巷，足以吞噬留洋归国学子心中任何进步革新的想法。[2] 孙中山先生逝世之际，林语堂亦撰文纪念，称孙中山最为杰出的地方就在于他的性情不像中国人。孙中山是个急性子，容易被激怒，这一点和讲究中庸之道的中国传统正好相反。这种中庸哲学已经蜕化滋生成一种惰性，只顾安身立命，无视进步和改变。这就是为什么孙中山这个西化的革命者在中国搞国民革命处处碰壁，屡屡失败，革命尚未成功便撒手人寰。若想将中国从这种惰性中挽救回来，林语堂认为，中国最需要的不是鲁迅提出的"思想革命"，而是先要进行"性之改造"，只有性情的转变才能从根本上为中国人的思想注入活力："要使现代惰性充盈的中国人变成有点急性的中国人是看我们能不能现代激成一个超乎'思想革命'而上的'精神复兴'运动。"[3]

《给玄同的信》是林语堂这时期的一篇檄文，其重要性有两点：其

1　Lin Yutang, *Letters of a Chinese Amazon and Wartime Essays*（《林语堂时事述译汇刊》），Shanghai: The Commercial Press, 1930, p. vi.
2　林语堂：《论土气与思想界之关系》，《语丝》第三期，1924年12月1日。
3　林语堂：《论性急为中国人所恶》，见《翦拂集》，上海：北新书局，1928年12月，第19页。

一，自这篇文章起，中国文坛首次出现了"林语堂"[1]；其二，这个"语堂"一出场便语不惊人不罢休——他说，"今日中国人是根本败类的民族"。他给钱玄同的信中写道："今日谈国事所最令人作呕者，即无人肯承认今日中国人是根本败类的民族，无人肯承认吾民族精神有根本改造之必要。他们仿佛以为硬着头皮，闭着眼睛，搬运点马克斯主义，或德谟克拉西，或某某代议制，便可以救国；而不知今日之病在人非在主义，在民族非在机关。"[2] 钱玄同回应道："您说中国人是根本败类的民族，有根本改造之必要，真是一针见血之论；我底朋友中，以前只有吴稚晖、鲁迅、陈独秀三位先生讲过这样的话。"[3] 由此可见，林语堂的论断被钱玄同等同于新文化运动中最激进的反传统话语。不过，林语堂用"败类"一词批评中国人，我们在理解上也许会有出入。中文的"败类"贬义味很浓，等于是说"人渣"之类的，但是林语堂如果用的是英文"失败者"（loser）的汉译，其诅咒含义有所不同。说中国人是"失败者"当然不是一种恭维，然而"失败者"的反义词就是"胜利者"，林语堂旨在为中国国民性带来"进取性""侵略性"。从这层意思上说，只要中国人变得西化，变得像急性子的孙中山先生那样，中国精神就能得到复兴。林语堂在文中总结了中国西化的过程："三十年前中国人始承认有科学输入之必要，二十年前始承认政治政体有欧风之必要，十年前始承认文学思想有欧化之必要。精神之欧化，乃最难办到的一步。"[4] 面对毫无生气的国民精神状态，林语堂认为一个"进取而富有侵略性的"

---

1 在1925年4月20日于《语丝》发表《给玄同的信》之前，林语堂一直使用原名"林玉堂"。"语堂"显然比"玉堂"要雅。
2 林语堂：《给玄同的信》，《语丝》第二十三期，1925年4月20日，第3页。
3 钱玄同：《回语堂的信》，《语丝》第二十三期，1925年4月20日，第4页。
4 林语堂：《给玄同的信》，《语丝》第二十三期，1925年4月20日，第4页。

具有欧化精神的中国人必须做到以下六点：非中庸，非乐天知命，不让主义，不悲观，不怕洋习气，必谈政治。

林语堂借用尼采笔下的反传统大师查拉图斯特拉之口来阐述他对中国文化的批评，以此呼唤中国人之"精神复兴"。《查拉图斯特拉如是说》通常被视为尼采最难读、最飘逸的作品，但其中心思想很明确：整本书都是围绕对基督教道德的批评。[1] 林语堂则令查拉图斯特拉来到中国，砸烂中国文化的偶像，对中国文化之"土气"与惰性发起攻击。林语堂还给查拉图斯特拉起了一个中文名："萨天师"。在这位西方"超人"的凝视下，中国文明遭到辛辣的嘲讽：

> 有一天 Zarathustra 来到中国……勉强勾留了十余天，在这十余天他看了各色各样的动物常常使他叹气；他常对他的信徒叹说：中国的文明的确是世界第一——以年数而论。因为这种的民族，非四千年的文明，四千年的读经，识字，住矮小的房屋，听微小的声音，不容易得此结果……
>
> 你不看见他们多么稳重，多么识时务，多么驯养。由野狼变到家狗，四千年够吗？
>
> 你不看见他们多么中庸，多么驯服，多么小心。"小心"两字惟他们国语有的，别的语言中似不曾见得。他们的心真真小了。
>
> ……
>
> 因为我曾经看见文明（离开自然）的人，但是不曾看见这样文明的人。

---

[1] 参见 Kathleen Marie Higgins, *Nietzsche's Zarathustra*, Philadelphia: Temple University Press, 1987。

第三章 "大革命"时代民族主义情怀

……

他们的男人都有妇德；至于他们的妇人有什么德，那我就不知道了。

他们的青年是老成的。你看多么留学生，他们的胡须不是已经长得很稳健了吗？

……

我能够跟这民族做什么事呢？我的门人，除去这中国之外你们在世界无论那一国曾经听见这"少年老成"的话么？

外国的青年血气未定，他们已经血气既衰，你曾经看见中国的青年打架——真正的打架吗？哭啼，号呼却是他们的特长。[1]

林语堂笔下的"萨天师语录"，不再是西方传教士文学中流行的对中国国民性的东方主义凝视和诋毁，而是一个召唤中华文明复兴、充满革命激情的"他我"（alter ego）。事实上，林语堂的文化批判一方面指向中国文化的惰性，另一方面则直指西方对中国及中国人的偏见。《反华歧视：一种现代病》一文指出，西方列强对中国国民革命的敌视态度毫无根据："说国民革命是排外主义毫无理由，只要稍加审视，便可知这是一种基于历史偏见的错误指控。"[2] 林语堂指出，若论十九世纪末的义和团运动是一场排外运动，那现在的国民革命则完全是另一回事。在最近二十年间，新一代受过西式教育的年轻人登上中国舞台，他们出洋

---

1 林语堂：《Zarathustra 语录》，《语丝》第五十五期，1925 年 11 月 30 日，第 1—2 页。
2 Lin Yutang, "Anti-Sinoism: A Modern Disease", *The People's Tribune* (August 14, 1927).

留学、投身于拥抱世界主义的新文化运动，正是他们构成了国民革命的主力军。"恰恰相反，偏狭的排外主义和对外国人的普遍歧视正是西方的常态。美国或英国的大众，一想到'蛮荒异教的中国佬'，脑中势必会浮现出一个佝偻的身影，留着长长的辫子，嘴里叼着鸦片枪，身怀一把毒匕首（西方的卡通漫画、地理图书，以及火车站内廉价小说的封面插图都是这些形象）。"[1]林语堂进一步解释，反华种族歧视就是"一种现代病"，其原因部分起源于西方对中国的无知，但"同时也来自一部分外国传教士别出心裁的宣传。这些人在本国传教士大会上极尽所能地渲染出一幅可怖的野蛮异教徒画面，以便得到源源不断的资金，供这些白人布道者来到中国，住进绿树成荫又和外界隔绝的别墅里"。[2]

林语堂对纠正西方的反华种族歧视态度有一个具体建议：在所有通商口岸开办"伯利兹汉语学校"，开设"至少六周的中文课程"，让那些所谓的"中国通"先学点汉语再说。因为这些"中国通"被赋予了传译中国形象的使命，但他们在本国中学学到的那点汉语知识只会误人子弟。林语堂进而解释道，在西方的地理书上，"基本上所有外国人都被描绘成身着奇装异服、怪里怪气的形象。而中国人尤其古怪，穿着灯笼裤，长着歪歪斜斜的眉毛，腰间藏着匕首，嘴里蹦出单音节的语言，尤其热衷于砍外国人的头和给女人缠足。但同时，地理书对中国人也有一些美言，说他们不管怎样，还有四千年的历史，还发明了火药、纸张等等，尽管他们蹦着单音节的语言和穿着灯笼裤。总之，中国人

---

[1] Lin Yutang, "Anti-Sinoism: A Modern Disease", *The People's Tribune* (August 14, 1927).

[2] Lin Yutang, "Anti-Sinoism: A Modern Disease", *The People's Tribune* (August 14, 1927). 此段引文出现在文末，在收录进《林语堂时事述译汇刊》时被删去，也许因为林语堂不想对中国的传教士"太狠"。可以理解，林语堂作为一名"教童"，一生都试图给传教士留点"面子"，尽管有时他对他们的批判可以非常尖锐。

既聪明又愚蠢,这种奇妙的组合似乎超出了中学毕业生所能理解的范围"。[1]这些中学毕业生来到中国,在租界内住了数年,便称自己为"具有在华生活经验"的"中国通"了。可是他们对中国人生活各个方面都是一窍不通,他们对任何事情的解释都是"这种事情从未发生过,真是不可预测"。对于这样的"中国通",林语堂的建议就是他不仅应该去上一些伯利兹的汉语课,"还应该把他早先在本国重点中学学到的那种关于'宝塔之国'的固有偏见与傲慢统统去掉。那样的话,他在中国生活一年所获得的中国知识,要比在租界住二十五年获得的还更多,到时他便会发现,中国人其实并非那么'独一无二'或'非同寻常',并非那么无法理解"。[2]

在以后的岁月里,林语堂还将多次往返于中美之间,进行东西间的跨文化批评,他将会调整并丰富其批判视野与焦点。二十世纪二十年代是中国国民革命的年代,林语堂在此时浮现于中国思想界舞台,作为一名进步的民族主义者活跃于多个风口浪尖。当他1927年9月离开武汉前往上海,又一个新的人生篇章在他面前打开。但是从某种意义上说,他一生都会保留这种民族主义倾向。

1　Lin Yutang, "A Berlitz School for Chinese", *The People's Tribune* (August 13, 1927).
2　Lin Yutang, "A Berlitz School for Chinese", *The People's Tribune* (August 13, 1927).

第四章

从"小评论家"到"幽默大师"

林语堂于 1927 年 9 月抵沪。此后除了有一年（1931 年 5 月至 1932 年 5 月）旅欧，[1] 林语堂一直居住在上海，直到 1936 年 8 月 1 日离沪赴美。三十年代林语堂的上海岁月收获甚丰：不仅在国内文坛、知识界取得举足轻重的地位，而且由于《吾国与吾民》在美国出版开始在国际上崭露头角。正是在三十年代复杂艰难的社会政治环境下，林语堂脱颖而出，成为现代中国文艺界、知识界领袖人物。林语堂到上海后，先是成为英文《中国评论》周报"小评论"专栏主笔，后又推出一系列中文刊物，引领论语派作家，译介幽默，重新阐释中国文学传统中的"闲适"和"性灵"。从他二十年代提倡的"科学的国学"，再经过对幽

---

[1] 林语堂在欧洲（主要在英国）逗留长达一年，具体做了什么，现在所知很少。按林太乙披露，他在操办中文打字机事宜，但没有成功。参见林太乙《林语堂传》，第 64—66 页。另外，杨柳研究发现，这段时间林语堂曾赴美，于 1931 年 10 月 27 日在美国哥伦比亚大学发表题为"现代中国的思潮与问题"的演讲。参见杨柳《身份的寻索：林语堂与基督教关系研究》，第 116 页。

默和性灵的跨文化阐释,林语堂最终发展出一套独特的"抒情哲学",而这将为他在美国带来巨大的成功和荣誉。

"小评论家"

林语堂创建论语派提倡幽默,这是三十年代中国文坛最重要现象之一。1932 年,《论语》半月刊创刊,号召中国文化引进幽默,大获成功。用鲁迅的话说:"轰的一声,天下无不幽默和小品。"[1] 除了《论语》半月刊,同时还出现许多同类刊物,比如简又文主办《逸经》,海戈主编《谈风》,都以提倡幽默为主旨。林语堂继《论语》后又陆续推出《人间世》和《宇宙风》两种刊物。1933 年因而被称作"幽默年",林语堂被奉为"幽默大师",从而进一步巩固了其现代散文大家的地位。[2] 诚然,幽默的译介在中国文化现代性的形成中构成一道靓丽的跨文化风景。[3] 然而,我们在探讨现代中国文学文化中的幽默话语时一直忽视一点,即它是一个双语的跨文化翻译实践过程,源自林语堂担任英文《中国评论》周报"小评论"专栏主笔。

林语堂晚年曾回忆说:"六个月政府工作后,我对革命家已经厌

---

[1] 鲁迅:《一思而行》,《鲁迅全集》第五卷,北京:人民文学出版社,2005 年 11 月,第 499 页。
[2] 有关幽默现象的理论阐述,可参见 Diran John Sohigian, "Contagion of laughter: The rise of the humor phenomenon in Shanghai in the 1930s", *Positions: east asia cultures critique*, Vol. 15:1 (Spring 2007): 137–163, 以及 Qian Suoqiao, "Translating 'humor' Into Chinese culture", in *Humor: International Journal of Humor Research*, Vol. 20:3 (2007): 277–295。
[3] 林语堂不是第一个试图把 humor 译成中文的人,但是林语堂把它译成"幽默",并使之成为一个跨文化事件。王国维 1905 年曾把它译为"欧默亚"。参见 Qian Suoqiao, "Translating 'humor' Into Chinese culture", p. 293, n. 4;另可参见 Christopher G. Rea, *The Age of Irreverence: A New History of Laughter in China*, Berkeley: University of California Press, 2015。

第四章 从"小评论家"到"幽默大师"

倦，1927 年开始我就全心投入于写作了。"[1] 这个说法不完全准确。林语堂 1930 年开始担任"小评论"专栏主笔，这确实是其文学生涯一个分水岭，而 1932 年 9 月创办《论语》半月刊并担任主编，之后才可以说"全心投入于写作了"。1927 年至 1930 年则是一个很重要的转折期，在精神和物质上都是。这一时期有两点值得注意：林语堂编撰英语教科书取得成功，经济上收获颇丰；同时他从事翻译克罗齐的表现艺术理论。[2]

南京国民政府成立后，北京大学原校长蔡元培重新成为知识界领袖，不仅出任大学院院长，同时亦担任于 1928 年刚成立的中央研究院院长。林语堂到上海不久，蔡元培便委任他为英文秘书暨中研院英文主编。林语堂继续从事语言学研究，发表了一系列英文或中文语言学论文，同时领取中研院的职位月薪三百元，这和大学教授薪金相当，在当时是个很高的标准。可以说，林语堂的生活在经济上是有保障的，属于受过西式教育的专业人士阶层，而不像当时大多数青年作家，来到上海这个大世界发现无事可做，只能靠卖文为生。

不仅如此，林语堂还成功把自己的语言学专长转化为商业利润。作为一个语言学家，又是英语教授，林语堂一直想写一本供人学习英语的教科书。到上海后他和开明书店签了合同，开始编撰《开明英文读

---

[1] Lin Yutang, *Memoirs of an octogenarian*, pp. 64–65.
[2] 参见 Benedetto Croce, *The Essence of Aesthetic*, trans. Douglas Ainslie, London: W. Heinemann, 1921。林语堂是借助美国的追随者如斯宾加恩（J. E. Spingarn）来介绍克罗齐美学。Sohigian 曾概述林译斯宾加恩论批评文章及其在林氏文学理论发展脉络中的重要性。参见 Diran John Sohigian, *The Life and Times of Lin Yutang*, pp. 240–248. 我亦曾详细讨论过林氏融合克罗齐理论和中国性灵派思想的跨文化美学。参见 Qian Suoqiao, *Liberal Cosmopolitan: Lin Yutang and Middling Chinese Modernity*, pp. 127–159.

本》。《开明英文读本》出版后销量很好，致使另一家出版社亦步亦趋，出了本类似的读本。而该出版社找了一个大学刚毕业的新手，新手缺乏经验，显然抄袭了开明读本。两家出版社把官司打上法庭，而且在上海的报纸上相互驳斥，最后由教育部编审处投票决定，确认存在抄袭，禁止发行。而报纸上对该案的报道反而给教科书做了最佳广告。[1] 据开明书店一位资深编辑回忆，林语堂的《开明英文读本》充分展示了其语言学专长，课本活泼生动，还配有著名艺术家丰子恺的素描，深受学生喜爱，成为书店的最畅销书籍。[2] 事实上，三、四十年代有成千上万的中国人是通过林语堂的课本开始学习英语的。当然，它也给林语堂带来不小的经济收入，在上海的文艺界博得个"版税大王"的称号。

　　林语堂通过编撰英语教科书取得成功，这主要归功于其西式的教育背景和训练，从上海圣约翰大学到留学美欧，再加上在北大担任英语教授的切身体验。当然，这种经济上的成功和当时许多作家靠微薄版税度日的经济状况自然已无法比拟。从精神上来讲，林语堂也和当时流行的苏俄热——普罗列塔利亚文学自行切割。"大革命"结束以后，林语堂经历了一段内心探索期。他把自己比喻为荒野中的流浪者，走自己的路，"或是观草虫，察秋毫，或是看鸟迹，观天象"，自由自在，乐在其中，"而且在这种寂寞的孤游中，是容易认识自己及认识宇宙与人生的。有时一人的转变，就是在寂寞中思索出来"。[3] 经过这段独立沉思与探索，林语堂最终成为论语派的灵魂人物，通过提倡幽默在三十年代文坛掀起一股清风，成为左翼试图霸占现代中国文艺思想界一个挥之不

1　有关该案详细叙述，可参见章克标《林语堂在上海》，《文汇月刊》1989年第10期。
2　唐锡光:《我与开明》，引自万平近《林语堂评传》，第116页。
3　林语堂:《大荒集序》，《论语》第二十五期，1933年9月16日。

去的另类。林语堂对克罗齐表现美学的翻译正是其幽默理论的铺垫。在这一段过渡期,除了继续给《语丝》杂志撰稿,林语堂着重翻译克罗齐的美学理论,最后于1930年结集出版,书名为《新的文评》。[1] 当时文艺界正热衷于翻译苏俄作品,林氏的翻译可谓别具一格。这是要告诉世人,我林语堂要在荒野中独自走下去,坚信文学应该是个性的艺术表现。这和提倡文学为革命事业之宣传工具的理念背道而驰。翻译克罗齐艺术表现论和随后对幽默的译介相结合,林语堂为现代中国文学提供了一套独特的话语体系,与左翼把文学视为意识形态宣传工具的观念分庭抗礼。

1928年,英文《中国评论》周报创刊。主办者为一群受过西式教育的专业人士,这也是第一份由中国人主办的在华英文刊物。据创刊者之一陈石孚回忆,《中国评论》周报创刊起因是1928年5月3日发生的"济南惨案",国民革命军总司令部战地政务委员会外交处主任蔡公时被日军残暴杀害。创办英文周刊主要是"对时局事务发表中国人的观点"。[2] 创办成员包括:美国密苏里大学新闻专业毕业的记者陈钦仁,上海基督教青年会秘书朱少屏,知名记者兼律师桂中枢,以及经济学家刘大钧。编委成员不同时期稍有变化,比较知名的有哲学家全增嘏,优生学家潘光旦(负责书评专栏),以及林语堂的弟弟林幽(负责海外华人专栏)。林语堂1928年便给该刊撰稿,一开始就和该刊关系密切,1930年7月3日更开出"小评论"专栏,到赴美之前一直担任专栏主笔。"小评论"专栏一出,"立刻深受读者喜爱。林博士每周一篇短文,

---

[1] 林语堂:《新的文评》,上海:北新书局,1930年1月。
[2] 参见 Durham S. F. Chen 陈石孚, "Dr. Lin as I Know Him: Some Random Recollections", *Huagang xuebao* 华岗学报 No. 9 (October 1973).

轻松潇洒，什么都谈。因为行文精彩洒脱，每周刊物一出，读者都是抢来先睹为快"。[1]

《中国评论》周报群成员虽是来自不同领域的专业人士，但他们都受过西式教育，而且都精通英语。可以说，《中国评论》周报的出现，象征着新一代受过西式教育、具有专业知识背景、英语娴熟的现代中国知识分子踏上前台。林语堂正是这一阶层人士的佼佼者。某些《中国评论》周报群的成员，特别是全增嘏、潘光旦、林幽，后来都成为论语群的核心成员。更重要的是，在《论语》杂志推广的幽默文学其实都起源于林语堂的"小评论"专栏。

"小评论"专栏第一篇文章就是解题的。所谓"小评论"，就是故意要避开大报纸头条新闻栏里像模像样的大话题，例如"伦敦海军会议"，或者"中国民族主义的进程"，等等。报道这种冠冕堂皇的大新闻，我们必须正襟危坐，戴好领带（林语堂戏称"狗领"）。关键是，时时还得警惕审查官的脾气："这事现在搞得真有点过分，戴狗领的发出几声自然的吠叫，便有专门的审查官来指令：声音不能太高，以免打扰他们上司敏感的神经，也不能在整个官员宿区的人正要上床睡觉时来吠叫。"[2] 如此一来，中国的正经大报刊"都已经失去了人类本能应有的嗷嗷叫的能力"[3]。相反，"小评论"把大议题让给大报纸，自己也就不用戴狗领。"小评论家"可以专注评论自己身边贴身事务，而且用自己的方式。假如他想要吠，那他也得吠："我们并不是说一定要叫声更高，只是要更自然人性地叫。毕竟，一个人脱掉狗领和笔挺的衬衫，回到家

---

[1] Durham S. F. Chen 陈石孚, "Dr. Lin as I Know Him", p. 256.
[2] Lin Yutang, "The Little Critic" (3 July 1930), p. 636.
[3] Lin Yutang, "The Little Critic" (3 July 1930), p. 636.

第四章　从"小评论家"到"幽默大师"

围坐炉旁,再点上一支烟,他就更像一个人。让我们在轻松自然的状态下来谈话。"[1]

几年后林语堂把"小评论"文章结集出版,在序文中林语堂表示,"小评论"专栏的文章基本上遵循了上述开篇中所定下的原则,只是上述表达犯了一个大错误:文中官腔式的"我们"应该用个人色彩的"我"。这一点当然很重要。"小评论家"正是通过个人视角透视三十年代处于现代性转型期的人生百态。林语堂晚年在回忆录中这样说:"所有的一切都源自我给'小评论'专栏撰稿。我是公认的独立评论家,不是国民党人,更不是蒋介石的人,而且评论有时毫不留情。其他评论家谨小慎微,生怕得罪人,而我就敢说。同时,我发展出一种特殊格调,就是把读者当亲密朋友,行文好像是和老朋友谈天,无拘无束。"[2]

1931年5月至1932年5月,林语堂作为中研院代表参加在瑞士举办的国联文化合作委员会年会,随后在欧洲待了一年,期间全增嘏代替担任"小评论"专栏主笔。1932年夏天回国后,国内整个政治气氛被日本侵华咄咄逼人之势所笼罩。1931年9月18日,日本关东军入侵中国东北,激起民众巨大的爱国热情,救国口号铺天盖地,舆论哗然。正是在这种高压氛围下,倡导幽默的《论语》半月刊在邵洵美家几个朋友沙龙式闲谈中诞生。

邵洵美是浪漫派诗人,也是上海有名的公子哥儿,家境富裕。[3]他是上海时代图书公司的老板,热衷交友,经常在家举办文化沙龙。有一

---

[1] Lin Yutang, "The Little Critic" (3 July 1930), p. 636.
[2] Lin Yutang, *Memoirs of an Octogenarian*, p. 69.
[3] 邵洵美浪漫生活的一个侧面就是和美国作家项美丽(Emily Hahn)公开同居,就住邵洵美家里。有关详细讨论,可参见 Leo Ou-fan Lee, *Shanghai Modern: The Flowering of a New Urban Culture in China, 1930–1945*, Cambridge: Harvard University Press, 1999。

次，林语堂、全增嘏、潘光旦、李青崖、章克标等一帮朋友聚在邵家聊天，大家都感觉当下文化气氛沉闷，不如办一个幽默杂志，大家公推林语堂来做主编。除了上海的朋友（好多本来都是《中国评论》群里的人），林语堂又邀请原来北京办《语丝》杂志群里的朋友，包括周作人、孙伏园和郁达夫，一起来投稿，于是现代中国文学所谓"论语派"就形成了。这个"派"其实只是松散的一"群"人，并没有什么宣言和既定主义，就是围绕在《论语》杂志周围的一群比较有独立见解的文人。

《论语》创刊号《编辑后记》一文如此解释刊名的由来："诸位都知道论语是孔子门人所作的一部大书，我们当然是冒牌的。但是，我们并不是这个意思，我们并不存心冒孔家店的招牌。"那到底什么意思？原来，"论语"要拆开来理解，"论"就是评论，"语"就是说话。也就是说，《论语》杂志就是一个平台，一群朋友可以在此海阔天空，就个人、社会或文化事务各抒己见，评头论足。他们的共通点就在于文风随意。其实儒家经典《论语》的编排也很随意，幽默杂志的特性也在于其言论之随意而自由，没有人属于任何政党组织，也不会受任何意识形态束缚。更何况，林语堂不无幽默地指出，儒家经典中《春秋》才是至高无上的，《论语》的经典地位要逊色许多。同理，同人办幽默杂志《论语》也就是说三道四而已，并不想为社会提供任何道德训诫以统一人们的思想。[1]

《论语》从创刊号起每期都在扉页刊有《论语社同人戒条》。如果说刊名来自对儒家经典的幽默调侃，这"戒条"一共有十戒，灵感不知是不是来自《圣经》的十诫：

---

[1] 林语堂：《编辑后记》，《论语》第一期，1932年9月16日，第46页。

一、不反革命。

二、不评论我们看不起的人，但我们所爱护的，要尽量批评（如我们的祖国，现代武人，有希望的作家，及非绝对无望的革命家）。

三、不破口骂人（要谑而不虐，尊国贼为父固不可，名之为忘八蛋也不必）。

四、不拿别人的钱，不说他人的话（不为任何方作有津贴的宣传，但可做义务的宣传，甚至反宣传）。

五、不附庸风雅，更不附庸权贵（决不捧旧剧明星，电影明星，交际明星，文艺明星，政治明星，及其他任何明星）。

六、不互相标榜，反对肉麻主义（避免一切如"学者""诗人""我的朋友胡适之"等口调）。

七、不做痰迷诗，不登香艳词。

八、不主张公道，只谈老实的私见。

九、不戒癖好（如吸烟，啜茗，看梅，读书等），并不劝人戒烟。

十、不说自己的文章不好。[1]

幽默作为社会批评

这样一种幽默杂志没想到一出版销量特好，尤其得到城市知识青

---

[1] 林语堂：《论语社同人戒条》，《论语》第一期，1932年9月16日，扉页。

年和大学生的青睐。据说当时教育部要发个通知，只要在《论语》上登个广告就行。[1] 杂志的成功要归功于林语堂所提倡并践行的幽默观，它是一种跨文化阐释，不管是用英文在"小评论"专栏创作或是用中文主编《论语》杂志，林语堂的成功秘诀就在于这种独特的幽默观。林语堂的《论幽默》[2]是《论语》杂志一篇经典的论文，通过融合英国作家麦烈蒂斯（Meredith）所谓"俳调之神"与儒家宽容和道家达观精神，阐发出一种跨文化的幽默观。在林语堂看来，幽默蕴含"俳调之神"，要比西方文学一般所理解的 Humor 高出一个档次，因为"西文所谓幽默刊物，大都是偏于粗鄙笑话的，若笨拙，生活，格调并不怎样高"。[3]而当麦烈蒂斯所谓"俳调之神"概念融合于中国文化传统，幽默则被看作"是一种从容不迫达观态度"，"是一种人生观，一种对人生的批评"。[4] 换句话说，林语堂对幽默的解释是：只有一个冷静超脱的旁观者才能对人生给予同情和理智的理解，以宽容的态度笑对人生的悖谬。在《论幽默》一文中，林语堂认为中国的"俳调之神"主要归功于道家思想的影响，并把幽默分为两种：有庄子式的议论纵横之幽默，豪放而雄性，倾心宇宙关怀；有陶潜式的诗化自适之幽默，诗意而阴性，关注个性自由。[5]

正如林语堂把中国文化所隐含的幽默分为上述两种，我们也可把

---

[1] Lin Yutang, *Memoirs of an Octogenarian*, p. 58.
[2] 该文已有英文译文，参见 Joseph C. Sample, "Contextualizing Lin Yutang's Essay 'On Humour' Introduction and Translation", in Jocelyn Chey and Jessica Milner Davis eds., *Humour in Chinese Life and Letters: Classical and Traditional Approaches*, Hong Kong: University of Hong Kong Press, 2011.
[3] 林语堂:《论幽默》,《论语》第三十五期，1934 年 2 月 16 日，第 522 页。
[4] 林语堂:《论幽默》,《论语》第三十三期，1934 年 1 月 16 日，第 434 页。
[5] 林语堂:《论幽默》,《论语》第三十三期，1934 年 1 月 16 日，第 436 页。

第四章　从"小评论家"到"幽默大师"

林语堂自己著述中所践行的幽默分为两种：作为社会批评之幽默和作为自我释放之幽默。我们先来看前者。

1930年3月13日，刚刚成立不久的南京国民政府准备迎接丹麦王储弗雷德里克正式访华。南京主干公路旁有个贫民区，里面都是农村来的移民临时搭建的棚屋，南京官员觉得要是给西方王室访客看见了有伤体面。于是在一个下雨天夜晚，神不知鬼不觉，没有预先警告，一下把所有棚屋给强拆了，也没有给居者提供其他住所。上海的《中国时报》首先报道此事，但遭到政府方面严词否认，《中国时报》不得不再发声明道歉。但正所谓纸包不住火，居然有现场拍的照片被登了出来，让政府官员十分尴尬。林语堂在英文《中国评论》周报如此评论此事："除非在中国二加二等于五，要么市长办公室发言人对外交辞令的理解有点走火入魔，要么《中国时报》记者拍的都是鬼影。我不信鬼神，所以我还是倾向于相信照片不会说谎。"[1] 在林语堂看来，这种玩笑也开得太大了，官员要遮丑，公然在图像证据前说谎。然而，幽默评论家要议论纵横，就像时刻都在走钢丝，挑战政府审查的底线。就是这篇评论文章使南京当局大为不满，以致《中国评论》周报经理朱少屏不得不连夜乘火车赶往南京道歉，答应今后绝对身为良民，以国家利益为重"[2]。

对林语堂来说，在三十年代的中国提倡幽默主要是进行社会政治批评的一种手段，也就是乔志高所谓的"抗议幽默"[3]。林语堂三十年代的政治倾向是既反右（准法西斯式的国民党统治）又反左（共产主义

---

[1] Lin Yutang, "The Danish Crown Prince Incident and Official Publicity", *The China Critic* (March 27, 1930), p. 293.

[2] Lin Yutang, *Memoirs of an Octogenarian*, p. 70.

[3] George Kao (ed.), *Chinese Wit and Humor*, New York: Coward-McCann, 1946, p. 267.

意识形态），这一点下一章另有详尽论述。然而，左右派之间不光长期内战，意识形态上的战争也是越来越激烈，自由派知识分子抗争的空间有限，往往被戴上共产党人的帽子，变成"白色恐怖"的牺牲品。因而，林语堂幽默式的社会批评不断测试国民政府所能承受的言论自由之极限。正是通过这种方式，林语堂为社会批评争取到一定空间。

在1930年10月23日"小评论"专栏中，林语堂和当时国民政府立法院院长胡汉民较上了劲。胡汉民曾声称，自南京政府成立以来还没有一个官员有滥权行为。林语堂评论道，说那种话真的要有很多勇气，要是换了他，他会把话说得谨慎一点："'自南京政府成立以来还没有一个官员被关进监狱。'那样说，我肯定百分之百站得住脚。而且谁都敢这么说，不会怕出事。"[1] 文中林语堂接着提到，蒋介石最近一次演讲号召创建一个清廉模范政府。这个号召肯定好，林语堂表示自己肯定响应，"不过，如果蒋先生能提出'我们要为政客准备更多的监狱'，那就更切中要害了"。[2] 林语堂没有驳斥蒋委员长的训令，只是用直白式幽默晒出政客言辞的空洞。至于"为政客准备更多的监狱"，林语堂可不是开玩笑。他坚信，儒家传统把政府信托给士大夫的道德，这正是当今政治病的根源。药方在于树立一种法制观念，把政客都当成潜在的贼，为他们准备好足够多的监狱。

关于中国的政治病，林语堂有很多话要说。林语堂有一篇政治讽刺小品——《论政治病》，语言犀利精彩。文中说，中国政客往往托病来说事，这是中国政治一道风景线。他们列举的病会让外国记者抓耳

---

[1] Lin Yutang, "The Little Critic" (23 October 1930), pp. 1020–1021. 该文收入 The Little Critic 文集时题为 "More Prisons for Politicians"。

[2] Lin Yutang, "The Little Critic" (23 October 1930), p. 1021.

挠腮，无法明白中国官员怎么会有这么多病："在要人下野电文中比较常见的，我们可以指出：脑部软化，血管硬化，胃弱，脾亏，肝胆生石，尿道不通，牙蛀，口臭，眼红，鼻流，耳鸣，心悸，脉跳，背痛，胸痛，盲肠炎，副睾丸炎，糖尿，便闭，痔漏，肺痨，肾亏，喇叭管炎，……还有更文雅的，如厌世，信佛，思反初服，增进学问，出洋念书，想妈妈等……总之，人间世上可有之病，五官脏腑可反之常，应有尽有了。"[1] 林语堂解释道，官员的病往往是很好的借口，有时还可以用作讨价还价的工具。比如，财政部部长预算案遇到麻烦，他可以威胁说：我心脏不好要请病假。这是一种以退为进的策略，面子上也好看。不过另一方面，有些官员的病，特别是消化系统的病，那倒是真的，因为"无论你先天赋予的脾胃怎样好，也经不起官场酬应中的糟蹋。我知道，做了官就不吃早饭，却有两顿中饭，及三四顿夜饭的饭局。平均起来，大约每星期有十四顿中饭，及廿四顿夜饭的酒席。知道此，就明白官场中肝病胃病肾病何以会这样风行一时。所以，政客食量减少消化欠佳绝不希奇。我相信凡官僚都贪食无厌；他们应该用来处理国事的精血，都挪起消化燕窝鱼翅肥鸭焖鸡了。……我总不相信，一位饮食积滞消化欠良的官僚会怎样热心办公救国救民的"。[2]

除了政府当权者，林语堂幽默式社会批评的锋芒还指向上海租界。很明显，林语堂对西人殖民心态的批判和他二十年代的民族主义姿态一脉相承。三十年代的上海是个半殖民地都市，有相当一部分洋人居住在租界区内，享受治外法权的保护。在华洋人对此特权视为当

1　林语堂：《论政治病》，《论语》第二十七期，1933年10月16日，第126页。
2　林语堂：《论政治病》，《论语》第二十七期，1933年10月16日，第127页。

然，甚至包括所谓的进步人士亦然。例如，斯诺夫人海伦承认，她听说"拥华"就意味着放弃治外法权时非常震惊。在她脑中，"要是没有治外法权，外国人在这儿怎么生活？……有了治外法权，外国人在此不必受侨居国法律限制，而只受本土国法律保护和约束。由于治外法权和'炮舰外交'，外国人在中国是神圣不可侵犯的，外国女人尤其如此。没有中国人敢碰外国女人——那是禁忌"。[1]

《给美国朋友的一封公开信》一文中，林语堂假设这个美国朋友有个侄子在上海经营鸡蛋生意。林语堂向这位美国朋友保证，只要是一个安分守己、爱好和平的美国人，就不必担心有可能取消治外法权，因为它只关涉刑事案例。他侄子要是一个遵纪守法的生意人，不可能进监狱。美国外交部如果坚持要保留治外法权的特权，他们实际上是"为那些少数潜在的'坏蛋'买保险，而要让你们百分之九十八的好人来付保费"，而这种保险根本是不需要的："我也到过贵国，美利坚合众国，甚至还在纽约住过，从来也没想过是不是应该先去搞清楚，美国法律对偷窃、盗窃、抢劫到底都是怎么区分的，以及对袭击妇女都有哪些惩罚。"[2] 要是美国朋友坚持认为治外法权是一种"现代便利"，林语堂便告诉他：这种便利只有两种人能享受——中国官员和美国公民。与其坚持要享受这种特权，他朋友的侄子还不如学几句中国话，比如"对不起"或"你好"，这给做生意肯定能带来真正的便利。林语堂这种幽默劝告锋芒所向，直指白人至上的殖民意识，连起码的待人礼节都不懂。

上文提到，"九一八"日本侵华事件后，全国哗然，抵抗呼声此起

---

[1] Helen Foster Snow, *My China Years*, New York: William Morrow and Co., 1984, p. 65.

[2] Lin Yutang, "An Open Letter to an American Friend", *The China Critic* (February 26, 1931), pp. 203–204.

第四章 从"小评论家"到"幽默大师"

彼伏,民族主义情绪高涨,整个政治社会环境非常压抑,这是幽默话语出现的客观背景。当时国民政府意识到中国根本没有充足的军事条件全面抵抗日本,于是对日采取绥靖政策,同时对内加紧整合巩固政权,不仅先要搞定各路军阀,而且必须清剿共产党在江西建立的苏维埃国中国。日本占领东北以后更是不断渗透华北,咄咄逼人,国民政府却一律禁止任何抗日宣传,舆论一片和谐,好像什么事也没有,而实际上抗日民族主义情绪越压越烈。1935年,林语堂成功躲过新闻审查,用英文发表了两篇幽默散文,宣泄自己的情绪,而且,按照《中国每周评论》的说法,这两篇文章"真把上海给逗乐了"。

第一篇文章题为"用洋泾浜英语答复广田",文中林语堂说,我们现在外交官最大的问题就是他们说的英语太漂亮,出口就是"严重关切",或者"为远东和平分享责任",这些话到底什么意思可能只有他们自己知道。英语说得太漂亮,就显得和普通老百姓有隔阂,不接地气,底气不足,难怪面对日本人咄咄逼人的要求硬不起来。林语堂建议外交官改说洋泾浜英语,并自撰以下对日本外长广田的答复(为了保留洋泾浜英语的原味,保留原文,译文附后):

> Missa Hirota, I speak to you as one small man in big country to one big man in small country. I hear you talk other day in the Imperial Diet you wanchee share responsibility for peace in Far East. I no believe you, and no wanchee believe you. Anybody got sense no wanchee believe you. Because today you talkie peace in Far East and tomorrow your soldier man bang! bang! bang! in Chahar and your air man burr! burr! burr! over the Great Wall. That

prove your talkie no good.

I no like say it, but have got to say it now, and I know you are a big man, your stomach can sail a boat, and you don't mind. You Japanee diplomats allays say thing that dont mean nothing. At League of Nations, your diplomat tell all the world you no wanchee Manchuria, and now you do wanchee Manchuria. Next you say you no wanchee Puyi and then you kidnap him from Tientsin and now you wanchee Puyi. You allays talkie peace, peace, peace, and your soldier man allays go bang, bang the very next minute. Remember your diplomat promise League of Nations no aggrivit situation and then your soldier man aggrivit situation before the League of Nations got a chance to think matter over. Now you say you no wanchee fight in Chahar and Inner Mongolia while I know all the time—I knew this long ago time—you go bang bang bang in Chahar and Inner Mongolia this spring and this summer before Europe got clear her trouble and Soviet Russia got ready in Siberia. That's how you're going to "share the responsibility for maintaining peace in the Far East." All I can say is I shall weep for the peace in the Far East.

You say the other day that you "fervently hope that China… will awake to the realization of the whole situation in east Asia and undertake to meet the genuine aspirations of" your "country." That is a whole lot, Missa Hirota. If I ever awake to the realization of the whole situation in east Asia, especially all along Vladivostok and Inner Mongolia, I shall never sleep a wink for 1935. And if I undertake to meet the genuine aspirations of your country, I shall be a very, very bad man for my country, and my father he won't call me his son. No, no, Missa, I can't do that. What you wanchee is not Pan—Asiatism but Japan—Asiatism. I like the pan, but I no like the jap about it.

I know what you going to say, Missa Hirota. You are not going to invade Chahar and Inner Mongolia unless you receive an "unprovoked attack" and forced to send a "punitive" expedition. Consequently whenever you take a slice of territory off China, you are allays in the right and China is allays in the wrong. But I ask you, is there a time when Japan took a slice of other people's territory and she don't find herself in the right? You allays have your causes belli, but there ain't a bellum and you ain't got a cause for it, and you ain't in the right. When a Chinaman kill three Japanese chickens, it is a casus belli, but when Japan take away a couple of million square miles from China, you say you are not at war with China, but call it a "local affair." Well, all I can say is that you are going to have a lot of "local affairs" this summer, you have to force yourself against your will to take Inner Mongolia and China will still be in the wrong.

Well, I know China is allays in the wrong and will allays be in the wrong until she have got a air—fleet to bomb Osaka or join hands with Russia. When she have got a big air—fleet, then she be allays in the right, and then where is you? Then I ask you, Missa Hirota, where is you?

I make sure, honourable Missa Hirota, when China have got a big air—fleet and have got join hands with Russia, then I is allays right and you am allays wrong.

So in conclusion, Missa Hirota, I have only one thing to say. I wanchee be friend with you, but no wanchee share responsibility for the maintenance of peace in the Far East with your country. I responsible, then you no responsible; you responsible, then I no responsible. I no wanchee responsible for the kind of peace you mean. You share it all yourself.[1]

广田生，我跟你讲，我是大国的小人物，你是小国的大人物。那天我听你在帝国国会演讲，说要共享远东和平责任。我可不信你，也不会信你。任何人有点理智都不会信你。因为今天你讲远东和平，明天你们的步兵就在察哈尔砰！砰！砰！你们的空军就在长城上空轰！轰！轰！这就证明你讲的话都是废话。

我本来不想说，但现在不得不说，我知道你是个大人物，肚里能撑船，你不会介意。你们日本外交官总说些没意义的话。在国联，你们外交官对全世界说你们不要"满洲国"，现在你们搞到了"满洲国"。接着你们说不要溥仪，然后你们就把他从天津绑走，现在把他搞到手了。你们老是说和平和平和平，说完你

1　Lin Yutang, "A Reply to Hirota in Pidgin", *The China Critic* (January 31, 1935), pp. 112–113.

们的兵立刻就砰砰砰。还记得你们的外交官在国联承诺不会恶化局势，然后你们的兵马上就恶化局势，国联那边都没时间想想是怎么回事。现在你们又说不想打察哈尔和内蒙，可我一直知道，早就知道，你们今年春夏，赶在欧洲还没处理好自己的麻烦、苏联在西伯利亚还没准备好之前，砰砰砰来打察哈尔和内蒙。这就是你说的"为维持远东和平共享责任"。我只能说，我得为远东的和平哭鼻子。

那天你说你"真切期望中国能清醒认识到东亚整个局势，采取行动来满足（你们国家的）实际抱负"。那可不得了，广田生。我要是清醒着想着整个东亚的局势，特别是沿着符拉迪沃斯托克和内蒙一线，我整个1935年就别想睡一觉。我如果采取行动来满足贵国的实际抱负，那我就是我国的大大的坏蛋，我爸就不会认我这个儿子。不，不，先生，我可不能那么干。你要的不是泛亚洲主义，而是日本亚洲主义。亚洲主义前面加个泛，我喜欢，前面加个日本，我不喜欢。

我知道你要说什么，广田生。你们不会入侵察哈尔和内蒙，除非你们遭到"无端挑衅"，不得不出兵进行"惩罚性"还击。这样，你们每次侵占一片中国领土，你们总是对的，中国总是错的。但我问你，有没有任何一次日本侵占别人一片土地，日本有错吗？你们总是有开战理由，但实际上你们既没理，也没由，你们就是过错方。一个中国人杀了三只日本鸡，你们说那是开战理由，但日本霸占中国好几百万平方公里土地，你们说你们没有和中国开战，只是一个"地方事务"。我只能说，今夏会有好多"地方事务"，你们会违背自己的意愿拿走内蒙，而中国仍将是过错方。

好吧，我知道中国总是错的，而她也只能是过错方，直到哪天她有一支空军纵队把炸弹扔到大阪或者和俄国联手。等到她有一支强大空军，她就永远是对的了，到那时你咋说？我问你，广田生，你咋说？

尊敬的广田生，等中国有了强大的空军并和俄国联手，我到时一定要保证我永远是对的，你永远是错的。

广田生，说来说去，我只想说一件事。我想和你做朋友，但不想和你的国家共享维护远东和平的责任。我负责，你就不负责任，你负责，我就不负责任了。我不想为你说的那种和平负责。你还是自己负责吧。

林语堂似乎特别喜欢和时任日本外长广田先生较劲。接着上面洋泾浜檄文，林语堂又写了一篇模拟广田和他儿子的对话。此文首先刊于英文《中国评论》周报（《中国每周评论》随后转载），然后自己译为《广田示儿记》，译文加了一段小序：

牛津大学 Beverley Nichols 著有 *For Adults Only* 一书，全书为母女或母子之问答。儿子大约八九岁，有孔子"每事问"之恶习，凡事寻根究底，弄得其母常常进退维谷，十分难堪。但其母亲亦非全无办法，每逢问得无话可答之时，即用教训方法，骂他手脏，或未刷牙，或扯坏衣服，以为搪塞。前为《文饭小品》译氏所作"慈善启蒙"，乘兴效法作一《广田示儿记》，登英文《中国评论周报》，兹特译成中文。

小孩：爸，今天下午请谁来喝茶？

广田：王宠惠。

小孩：王宠惠是谁？

广田：他是支那人。

小孩：爸，你也和支那人做朋友吗？你不是说支那人很不及我们日本人吗？学堂里先生天天对我们讲，支那人如何坏，如何不上进。

广田：小孩有耳无嘴。少说话！

小孩：爸，我可以不可以也来一同喝茶？我很想见见王宠惠。

广田（哄着他）：乖乖的，怎么不肯，不过你那只嘴舌太油滑了，常要问东问西，寻根究底，不知礼法。尤其是今天，我们要讲中日的邦交。你不会懂的。

小孩：中日邦交很难懂吗？

广田：很难懂。

小孩：为什么很难懂？

广田：你又来了。

小孩：爸，我真想懂一点邦交，你告诉我吧？为什么很难懂？

广田：因为我们要和支那人要好，而支那人不肯和我们要好。

小孩：为什么呢？他们恨我们吗？

广田：是的，比恨欧人还利害。

小孩：为什么特别恨我们呢？是不是我们待他们比欧人还要凶？

广田：为什么！为什么！你老是弄那条绳子，手一刻也不停。

小孩：但是我们既然对支那人很好，他们为什么恨我们呢？

广田："满洲国"。

小孩："满洲国"的土地倒底是他们的还是我们的？

广田：你瞧！老是弄那条绳子，满地毡都是线屑了！

小孩：爸，你要怎样和他们做朋友呢？

广田：我们要借他们钱，送他们顾问。

小孩：欧人不是也要借他们钱，送他们顾问吗？他们不是已经有人帮忙吗？

广田：欧人是要帮他们忙的，不过这不行。我的儿，你要知道，欧人借给他们钱，就统制支那了。

小孩：而我们借给他们钱呢？

广田：而我们借给他们钱时，是和他们亲善。

小孩：这样讲，支那人一定要跟我们而不跟欧人借钱了。

广田：那倒不然，除非我们强迫他们让我们帮忙。

小孩：支那人真岂有此理！但我们何必强迫他们让我们帮忙呢？

广田：手不要放在嘴里，不然你会发盲肠炎！大前天我就叫你去瞧牙医，到现在你还没去！

小孩：好，我明天就去，但是，爸，比方说，你是支那人，你想会爱日本人吗？

广田：我的儿，你听我说。老实说，向来我们有点欺负他们。不过现在，我们要和他们亲善了。我们要借给他们钱，送他们顾问，训练他们的巡警，替他们治安。我们要叫他们觉悟我们真实的诚意。

小孩：什么叫做我们真实的诚意？

广田：你傻极了。到现在还不明白！我今天……一定……要叫……王宠惠……相信……我们的诚意。

小孩：王宠惠是傻瓜么？

广田：胡闹！王宠惠是一位学通中外的法律名家。

小孩：爸，我长大也会像王宠惠一样有学问么？

广田：只要你在学堂肯勤苦用功。

小孩：爸，比方我此刻是王宠惠，你要怎样对我讲日本真实的诚意？

广田：儿啊，我要对你讲，我们要怎样借给你们钱，送给你们军事顾问，训练你们的巡警，剿你们的土匪，保你们的国防，替你们治安。

小孩：爸，你告诉我，到底我们何必这样多事呢？

广田：我告诉你，我们要垄断支那的贸易，把一切欧人赶出支那。我们可以卖他们许多许多东西，他们可以买我们许多许多出品。你说这大亚细亚主义不是很好吗？而且我们要跟苏俄打仗，非拉支那为援助不可。我们没有铁，没有棉，没有橡皮，一旦战争爆发，粮食还不足支持一年，所以非把支那笼入壳中不可。

小孩：你不要对王宠惠说这些话吧？

广田：啊，你生为一外交家的儿子，也得明白这一点道理。我们为国家办外交的人，口里总不说一句实话。西人有句名言叫做："外交家者，奉命替本国撒谎之老实人也。"但是这谎虽撒而实不撒，因为凡是外交老手都是聪明人，你也明白我的谎话，我也明白你的谎话，言外之意大家心领默悟就是了。王宠惠还要等我说穿吗？

小孩（赞叹的）：这样本事！但是比方今天你要怎样说法？

广田：那有什么难！我说，我们为维持东亚及世界之和平起见，要使支那日本在共存共荣之原则上，确定彼此携手之方针，以开中日亲善之新纪元，而纳世界大同之新领域。

小孩（呷一大口涎）：好啊！爸，这真好听啊，怪顺口的。爸，你那儿学来这一副本领？我们学堂里也教人这样粉饰文章吗？

广田：你真傻，学校作文就是教这一套，好话说得好听，坏话说得更加好听。不过外交手段，生而知之也，非学而知之也！

小孩：爸，我真佩服你！但是如果王宠惠是外交老手，了悟你的真意，如果支那人也都了悟你的真意，而一定不让我们帮他们的忙，那你要怎么办呢？

广田：有大日本天皇海陆空军在！

小孩：但是，爸，这不是真和他们亲善了。爸，你赞成陆军的方法吗？

广田（发急了）：快别开口！墙有耳呢！你这话给人家听见还了得。（威严的）我想你也该走出去散步散步了，顺便去找牙医，看看你的牙齿……地板上的铅笔头及线屑先检起来！

（小孩依命和顺的俯身检起铅笔头及几条线屑，放在口袋里，低着头走出去。广田喘了一大口气。）[1]

---

[1] 林语堂：《广田示儿记》，《论语》第六十五期，1935年5月16日，第822—824页。

第四章　从"小评论家"到"幽默大师"

幽默作为自我释放

爱尔兰剧作家萧伯纳1933年2月17日到访上海一天，成了三十年代中国文艺界一件大事。由于林语堂及其创办的杂志提倡幽默，1933年被称为"幽默年"，而西方文坛一位幽默大师到访，当然是年中盛事。萧伯纳由宋庆龄和中国民权保障同盟负责接待。上百名记者涌到港口迎接国际知名作家，最终却扑了一个空。萧伯纳避开了媒体追踪，被秘密接送至中央研究院直接和蔡元培会面。宋庆龄随后在自家居所设午宴款待，出席者有蔡元培、鲁迅、林语堂、伊罗生（Harold Issacs），以及史沫特莱（Agnes Smedley）。第二天，上海各大报纸都刊登了一张现代中国文化史上著名的照片：萧伯纳与宋庆龄、蔡元培、鲁迅、林语堂、伊罗生、史沫特莱在宋庆龄花园的合影。

事实上，上海各大报纸杂志对萧伯纳的短暂访问可谓如饥似渴，不放过任何细节。林语堂主编的《论语》杂志1933年3月1日也辟出萧伯纳专辑。在午宴上，因为林语堂英语最好，自然成为和萧伯纳交流的主角。谈话围绕萧伯纳的两本传记，一本由亨德森（亨德生）所著，另一本作者是哈里斯（赫理斯）。[1] 林语堂说亨德森的传记有点死板，哈里斯写的要活泼得多。萧伯纳的回应非常坦率："文章好，是的，但是赫理斯这个人真没办法。他穷极了，所以要写一本耶稣的传。书店老板不要，教他写一本萧伯纳的传。这是他作传的原因。但是他不知我的生平。他把事实都记错了。刚要脱稿时，他不幸逝世，将手稿托我出版。

1　参见 Archibald Henderson, *Contemporary Immortals*, New York, London: D. Appleton and Co., 1930, 以及 Frank Harris, *Frank Harris on Bernard Shaw: An Unauthorized Biography Based on Firsthand Information, with a Postscript by Mr. Shaw*, London: Victor Gollancz, 1931。

从右至左：鲁迅、林语堂、伊罗生、蔡元培、宋庆龄、萧伯纳、史沫特莱于上海，1933年。改革开放前，国内出版界刊登该照时林语堂和伊罗生的影像被抹去。

我足足费了三个月光阴编订纠正及增补书中所述的事实，但是赫氏的意见，我只好让他存在……有我的朋友写信给我，对书中许多奚落我的话提出抗议，说赫理斯不应该说这些话，而我不应该依他发表。其实这几段话是我自己写的。"[1]

在林语堂看来，萧伯纳那种近乎赤裸的坦率和自嘲的风度真正体现了"俳调之神"。幽默的奥秘就在于怡然自得，自己照镜子坦率面对自我，撕掉任何虚伪的面具。这需要一种豁达的胸怀，对自己的不足之处亦能坦然处之。从林语堂对萧伯纳的评论，以及从他一系列有关自我的散文（主要涉及他在上海这个半新半旧的新兴都市中的个人生活体验），我们可以窥视他所称的另一种"阴性的""诗化自适之幽默"。

三十年代的中国尽管内战连绵，日本侵华威胁不断加深，但国民政府推动现代化建设仍颇有成效，上海也出现了新兴的城市中产阶层。林语堂三十年代很多中、英文散文以自己的生活为题材，突显一种独特的现代城市生活方式，既有摩登意识，亦不乏幽默感。据林语堂友人弗里茨的说法，早在《吾国与吾民》在美国出版热销之前，林语堂已经是中国少有的几个可以光靠写作养家的作家之一。每周五，林语堂会和《中国评论》周报同事一起出去晚餐，接着一帮人会到舞厅消遣，要杯啤酒，或要壶茶。有时还会邀请舞女过来同桌闲聊，问问她们从哪儿来，在上海这个大都市做舞女生活如何。一两个小时的夜生活过后，林语堂回家得继续工作几个小时。毕竟，林语堂是个十足的家庭男，有三

---

[1] 林语堂：《水乎水乎洋洋盈乎》，《论语》第十二期，1933年3月1日，第404页。

个可爱的女儿，还有一位有教养的贤妻。[1]

林语堂到上海初期，全家住在公共租界忆定盘路四十二号。1932年9月18日，即"九一八事变"一周年，林语堂在"小评论"专栏写了一篇小品，说要搬家了。他首先承认，在这样一个国耻日，不应该写这种家庭琐事。可是既然政府已经为人民作主，必须先剿共再来处理日本人，而且要求舆论莫谈国事，那他不如就来谈谈为什么他得搬家。他不得不搬家，因为隔壁邻居买了个无线电收音机，每天强迫林语堂一家听他最爱听的音乐，比如珍妮特·麦克唐纳（Jeanette MacDonald）的《大军进行曲》，或者"苏州小调"，随便什么时候想听就打开收音机，没完没了地听。"在这种情况下，"林语堂写道，"一个英国人会走到邻居面前直接对他说：'你必须立刻停止，否则我给警署写信。'一个有教养的中国人则会准备适应新环境，做安神功夫，只当邻居不存在。"[2]而林语堂说自己是个"受过西洋教育的中国人"，只能在自家门口竖起"出租"牌子，搬到公寓去。

但在林语堂看来，住公寓不是人类该崇尚的生活方式。现代文明要算得上真正的文明，"那每一个人都应该拥有属于自己的一小块土壤，自己可以种点豌豆、西红柿什么的，孩子们可以在里面捉蟋蟀，任意玩耍，不用怕弄脏衣服"。[3]搬到新的公寓唯一让他感到宽心的是窗外的靓景：绿油油一片草坪，还有古树环绕。到1933年8月3日，我

---

1 Bernardine Szold Fritz, "Lin Yutang", an unpublished biographical sketch of Lin Yutang, the John Day Company archive, Princeton University. 林语堂在《吾国与吾民》序中曾感谢弗里茨，是她及其他几个朋友不断"缠着"他要他写《吾国与吾民》这本书。参见 Lin Yutang, *My Country and My People*, New York: John Day, 1935, p. xiv.

2 Lin Yutang, "I Moved into a Flat", *The China Critic* (September 22, 1932), pp. 991–992.

3 Lin Yutang, "I Moved into a Flat", *The China Critic* (September 22, 1932), p. 992.

们发现林语堂又搬回了自己的独立屋,"像个正常人应该生活的样子"。他又可以闻到泥土的气息,院子里能看到青蛙跳来跳去,有时还会钻出条小青蛇,还能欣赏白杨树上的蝉鸣声。住在着地的独立屋更加贴近自然。毕竟,我们夏天出去度假,不就是要逃离城市,去享受回归自然的乐趣吗?"平常人不大觉悟,避暑消夏旅行最可纪的事,都是那里曾看到一条大蛇,那里曾踏着壁虎或蝎子的尾巴。"[1]春天来临之际,屋后花园立刻充满生机。柳树嫩叶青青,花卉争妍绽放。《纪春园琐事》是林语堂散文名篇之一,描绘西人所谓"春疟",即开春时"人心之烦恼不安……这种的不安,上自人类,下至动物,都是一样的"。他的佣人阿经,厨夫,厨夫的妻周妈,都想方设法请假,不想干活,就是"小屋上的鸽子也演出一幕的悲剧":公鸽弃母鸽和小鸽而去,致使小家庭破裂,都是"春疟"作祟。[2]

住独立屋,贴近自然,当然是保持自我的一种方式,起码可以让人类记住自己的动物性。在三十年代的中国要保持自我并不容易,社会趋同性的压力非常大。作为一个留洋的"海归",如果不能适应中国传统文化一些约定俗成的规范(即使社会风气正处在现代化转型期),那会给自己带来许多麻烦。他得重新入乡随俗,做一个"中国式绅士"。什么才叫"中国式绅士"呢?在英文小品《我如何变得庄重体面》中,林语堂竭尽挖苦之能事,说他要符合三个条件:"1. 有强烈的愿望去撒谎,要用言语掩盖自己的情感;2. 要有能力像绅士一样撒谎;3. 对自

---

[1] 林语堂:《说避暑之益》,《论语》第二十三期,1933年8月16日,第839页。
[2] 林语堂:《纪春园琐事》,《人间世》第五期,1934年6月5日,第25—27页。

己和他人撒的谎要能镇定自如，富于幽默感。"[1] 当然了，要做"中国式绅士"，就得懂中国式的幽默。林语堂解释道，自己人生吃过几次亏以后，很快便严格按照"中国式绅士"的规范行事。比如，曾经有一外国友人问对蒋委员长刚刚受洗入教一事如何看，林氏的回答："啊，很好啊。又一个灵魂得到拯救了！"[2]

正是因为社会上文化上强大的趋同性压力，林语堂才坚信文学要有幽默，但当时中国的社会风气无法接受："因为按照传统习俗，在公众场合开个玩笑，那是小丑干的事。编辑或官员要是在严肃的救国文章或演讲中夹带一点幽默感，那会被认为有失体面，万万使不得。"[3] 这就容易使人变得僵硬而且虚伪，小年轻说话都像城府很深的中老年人。林语堂反其道而行之，提倡应该葆有一颗童心，比如要能够欣赏迪士尼米老鼠卡通。林语堂宣称，如果一个人连米老鼠卡通都无法欣赏，那他也不会有任何想象力和创造力。动画卡通不受时间和空间限制，让人的想象力自由驰骋，比任何其他艺术形式都有效："原来电影比台上的戏剧取材布景用人多寡就自由的多，尤其在表演群众的暴动，前线的炮攻，深林的探险，危崖的追贼，空中之袭击，都远超出戏台的范围之外了。然活动讽刺画又超出电影照相机之限制，真可叫我们神游太虚，御风而行，早发东海，暮宿南溟了。"[4]

同样，林语堂也表示，看电影流泪是很正常的人性反应，不用害

---

1 Lin Yutang, "How I Became Respectable". 该文起先刊登于《中国评论》周报，1930 年 11 月 13 日，无题，第 1094 页。

2 Lin Yutang, "How I Became Respectable". 蒋介石皈依基督教被认为带有政治动机，是要获取受过西式教育阶层人士的支持。

3 Lin Yutang, "On Mickey Mouse", *The China Critic* (September 19, 1935), p. 278.

4 林语堂：《谈米老鼠》，《论语》第七十五期，1935 年 11 月 1 日，第 130 页。

羞："因为我看电影常流泪，所以看见隔壁姑娘拿手绢醒鼻子，或是出来颊上留两条泪痕，便觉得比较喜欢她，相信她大概心肠不错。"[1] 当然，如果一个男人经常哭肯定不妥，但如果面对感人的艺术作品强压住自己的情感，肯定有违人性。生活有悲有喜，人生有笑有泪："有狂喜之泪，有沮丧之泪，有生离死别之泪，有骨肉团圆之泪……谁要哭，听他哭，因为我们本来是有情动物，偶然心动，堕一滴同情之泪，或怜爱之泪，或惊喜之泪，于他是有益的。"[2]

　　林语堂不光是在自己的散文中推崇童心不灭、自然率性，而且确实也是文如其人，自己个性使然。1935年《吾国与吾民》出版后在美国热销，其友人弗里茨写了一篇林语堂传记素描，文中写道："总而言之，语堂是个诗人。"[3] 弗里茨的意思是说，林语堂的个性很有诗意，不落俗套，更不会摆架子。比如，林语堂闲来最喜欢和孩子们放风筝，玩自创的游戏，摆弄新鲜的小玩具、小器具。有一次，林语堂一家邀请几个外籍友人参加晚宴，去一家很高档的餐厅，全家为此花了好多时间作准备，席间上了二十四道菜。晚宴上，有位客人戴了一个很奇特的指环，在北京一个民间工艺店买的。林语堂看到后，要了过来，便完全沉迷于摆弄这个小玩意，要搞清楚这小玩意的奥妙在哪儿，对摆了一桌的佳肴则完全忘了。还有一次，弗里茨和林家一块开车去杭州郊游。他们从上海出发，林语堂带他们去看中国历史上一位名妓之墓（林语堂对秦淮名妓李香君崇拜有加）。一路上，林语堂非常兴奋，对一路的风景赞不绝口，诅咒整天住在上海有多么愚蠢。到杭州后住宿一晚，准备第

1　林语堂：《论看电影流泪》，《宇宙风》第十期，1936年2月1日，第475页。
2　林语堂：《论看电影流泪》，《宇宙风》第十期，1936年2月1日，第477页。
3　Bernardine Szold Fritz, "Lin Yutang".

二天沿钱塘江走一条新建的公路穿过山峦。第二天上午,当他们开上山间公路时,大家都对沿途风景赞叹不已,可林语堂却一路埋头在看一本小说。他昨晚开始读了个头,现在没法停下来,必须读完看到结尾如何。当他最终读完小说抬起头看外面的风景时,那时风景已经很一般了。

在诗意而带有幽默感的生活方式中,林语堂对中国文化的态度不是完全负面的,尽管对其专制一统性不断进行辛辣批判。相反,林语堂很擅长从中国文化中提取现代而诗意的元素,共同建构诗意的幽默生活观。从幽默的角度看,一个受西式教育的跨文化人用现代视野反馈传统文化,有时反而会发现中国文化某些元素并不比西方某些习俗差。比如,林语堂解释道,中国古老的拱手问候方式就比西式的握手强。仅从卫生角度讲,握手的习俗很不文明。人的手经常接触钱币之类的脏东西,不知有多少细菌从一只手传到另一只手,而且握手的方式各种各样,"由青年会式以至于闺媛式,其间等差级类,变化多端……有的手未伸而先缩,未握住而先逃,若甚不自然……此中光景时新,世态毕露……何故于日常应酬,露此百般形态?"[1] 其实谁都知道,西方握手的习俗是中世纪传下来的,可是也没办法,林语堂也不得不承认,正所谓形势比人强,握手正在变成全世界的礼仪,而中国悠久的拱手正在很快消失。除此之外,林语堂还看到叩头的卫生效用。林语堂解释道,西人崇尚体育活动,中国人则讲究卫生,"卫生"的定义是"凡非运动皆卫生",它强调身体的活动需储存能量以达至身心完美和谐。中国人的"静坐""踱方步""拂袖""打千"都是这种功夫。"叩头"也一样,它体现了中国文化独特的艺术境界:"跪下时,先将胸膛挺直,双手合十,

---

[1] 林语堂:《论握手》,《论语》第七十二期,1935 年 9 月 16 日,第 1136—1137 页。

第四章 从"小评论家"到"幽默大师"

然后将手分开,向后向下作鼓动势,略如游泳之击水法,同时将上身下弯,使头额至地而止,叩三叩作捆捆声,然后运用腰力再起。如此周而复始,在每晨起床及夜间安息时行三十次,体态自然轻盈而身段自然苗条了。"[1] 林语堂另一篇有名的双语小品题为《思满大人》,西人所谓"满大人"(Mandarin,亦指"官话"),指清朝一品至九品的官吏。林语堂悲叹道,"满大人"在当今中国已经消失了,他们可"都是极文雅的先生们。他们有宏亮的声音,雍容的态度,又有一口音韵铿锵的官话,出口成文的谈吐"。[2] 清朝也许是个腐败的朝代,官员也许很贪,可"满大人"却是中国文化的极品。讲官话本身就是一种艺术,"在真正好的官话会谈,一切都有美术的调和——房中之布置,大老爷的声音,端肃的容貌,纨扇,檀香,木几,雕屏,八字须,马褂,朝珠等——一切都调和而成一艺术的单纯印象"[3],而且"满大人"对中国文学、历史、哲学都能侃侃而谈。即使他们是贪官,起码贪得很文雅。于是林语堂唏嘘不已,不胜感叹:"是的,古时的王公大人已不见了,讲官话的艺术也已荒废了。我们没有一个李鸿章,只有阿伯林大学的毕业生,我们看不见曾国藩、张之洞,只看见张宗昌汤玉麟之辈。他们的名字叫做'玉祥''福祥''振春''金珏',而他们的姨太太不是'迎春',便是'秋香'。我想这也是一种可以纪念的国耻。"[4]

弗里茨在《林语堂小传》一文中还提到一件逸事,颇能体现林语堂的艺术鉴赏观。有一次在一个朋友家(很可能是邵洵美家)晚宴聚

---

[1] 林语堂:《叩头与卫生》,《宇宙风》第十三期,1936年3月16日,第24页。
[2] 林语堂:《思满大人》,《论语》第二十期,1933年7月1日,第730页。
[3] 林语堂:《思满大人》,《论语》第二十期,1933年7月1日,第731页。
[4] 林语堂:《思满大人》,《论语》第二十期,1933年7月1日,第732页。

会，有一对刚到上海的外籍人士想尝试抽鸦片，这在当时很普遍，洋人到东方明珠来猎奇，寻求点刺激。主人很乐意提供机会，盛情款待，自己躺在鸦片床左边，女客人便躺在右边，面对主人。当其他客人都在看两人腾云驾雾抽吸时，林语堂一个人悄悄走到墙边，突然把灯灭了。弗里茨写道："这又是诗人的风度了。关灯后那种差别简直难以想象，一下子整个氛围显得既神秘又华丽，绝对超现实。一缕青烟飘过两人的脸，余光从下而上，看到两人的眼珠闪烁发光，皮肤好像涂了一层乳白色的蜡，他们眼光朝下时，看上去就像两个幻想中的天使，而当他们睁开眼睛看我们这些旁观者时，他们好像希腊神话中年轻的'萨提尔'（好色之徒）。"[1]

等他们抽完灯一开，整个感觉都没了。然后主人问谁还想来试试，所有人都开始起哄要林语堂来试一试。大家都看过他抽雪茄，但从没看到过他抽鸦片那种迷幻场景。

　　语堂边退边笑，举起双手抗议。
　　"我是牧师的儿子，"他说，"我做不到。"
　　大家一起抗议："哎呀，就这一次。你要试一试嘛，大家都试过啦。"
　　"不行，"他说，这次严肃起来，"我喜欢看别人抽。看别人抽鸦片真是很神奇，不过同时我也有一种恐怖的感觉，就像有人说看蛇也会感到恐怖一样。毫无疑问这和我的基督教成长背景有关。虽然我已不上教堂，但道德戒律还在。我知道我的手拿

---

[1] Bernardine Szold Fritz, "Lin Yutang".

第四章 从"小评论家"到"幽默大师"

不起烟筒把烟送到嘴边。"

"哎呀,就试一次也不会染上瘾。"我们的主人说道。

"啊,要是没人试第一次,还有谁能上瘾呢!你们来吧,别管我了。"他笑着躲开,"我敢保证,我抽雪茄的毛病和你们抽鸦片一样糟糕。可是圣经没有说抽雪茄不好啊!"[1]

幽默经过林语堂的东西方跨文化译介,在三十年代的中国文化界开花结果。林语堂所提倡与实践之幽默可分为两种:议论纵横之幽默和诗化自适之幽默。林语堂译介幽默主要是为文学开辟一定空间,避免让文学完全变成党派政治的意识形态工具。可是在三十年代的中国,社会批评之幽默也不可避免要陷入党派之争。林语堂不得不两头抗争,既反右也反"左"。这种环境最终促使林语堂踏上赴美旅程,而林语堂提炼的幽默姿态却让他在美国如鱼得水,大受欢迎。

---

[1] Bernardine Szold Fritz, "Lin Yutang".

第五章

一个人在黑暗中吹口哨

"南京十年"指国民政府1927年建都南京至1937年抗战全面爆发。这一阶段在现代中国历史上至关重要,尤其对知识分子来说,所处环境不断恶化,要坚守独立精神相当不易。到1927年年底,"大革命"基本取得成功,大部分西方列强强加给中国的殖民条约已经被废除,中国又统一于中央集权的南京国民政府,尽管蒋介石还得再花几年摆平各路军阀。中国似乎踏上了现代之正途。确实,在此十年,尽管内战不断、外患吃紧,中国的现代化和城镇化取得了前所未有的进步。

然而,在大多数进步知识分子眼里,"大革命"的结局相当苦涩。国共两党本来是一个战壕里的革命者,最后却分裂,还结下冤仇。军事上,共产党武装起义失败后,最终到江西汇合,建立了中华苏维埃共和国。国军首先得摆平各路残余军阀,整合党内派别,然后再围剿苏维埃共军武装。正围剿之际,1931年9月18日日本关东军突然入侵东北,不久后建立伪满洲国,一下激起全国抗日民族主义浪潮,使整个政治氛围为之一变。中国根本没准备好全面抗战，国民政府的策略是"攘外必先安内"，亦即剿共为先，可是公众舆论对此缺乏共识，并不认同。虽然剿共最终取得成果，共军不得不走上长征之路，但"九一八"以后共产党改变策略，号召中国人一致抗日，在舆论上占据了道德制高点。1930年左翼作家联盟成立，共产党在文化领域发起的意识形态战争和前线的武装斗争一样激烈。

在国内，因为鲁迅的经典地位毋庸置疑，对林语堂的政治定位就看他和鲁迅的关系：二十年代林语堂和鲁迅同处一个阵营，林语堂就是"进步的"；到了三十年代，鲁迅和林语堂关系友善时，林语堂的政治取向算是还可以接受，但到了鲁迅开始抨击林语堂时，林语堂就被认为是"反动的"。[1] 这对我们理解现代中国知识思想史没有什么帮助。林语堂三十年代的自由主义政治立场，正是现代中国知识思想史重要的遗产，而他和鲁迅的关系变化正可给我们探索此遗产之意义提供一个切入口。

与鲁迅的友谊

一九二七年十月

三日 晴。午后抵上海，寓共和旅馆。下午同广平往北新书局访李小峰、蔡漱六，柬邀三弟，晚到，往陶乐春夜餐。夜过北新店取书及期刊等数种。玉堂、伏园、春台来访，谈至夜分。

---

[1] 在国内出版的林语堂传记，这种话语程式很明显贯穿于万平近著《林语堂评传》。即使是一些看上去更有同情意味的传记，如施建伟著《林语堂传》和董大中著《鲁迅和林语堂》，也都是基于这一叙述结构。

前排左起：周建人，许广平，鲁迅；后排左起：孙春台，林语堂，孙伏园。改革开放前，国内出版物刊登该照片时林语堂和孙春台被抹去。

四日　晴。午前伏园、春台来，并邀三弟及广平至言茂源午饭，玉堂亦至。下午六人同照相。大雨。[1]

　　鲁迅在日记中说得很清楚：鲁迅从广州到达上海的当天，林语堂便和孙伏园（及其弟孙春台）到酒店拜访鲁迅，而且一直聊到深夜。第二天，鲁迅、许广平、鲁迅三弟周建人、孙伏园及其弟孙春台，以及林语堂又在一起午餐，餐后一起去照相馆拍照。另外，鲁迅抵沪后第五天，差不多同一群人又一起晚餐，餐后一起去看电影。1927年10月3日至1929年8月28日鲁迅日记中，林语堂的名字出现了四十二次。鲁迅的日记是流水账式的，记有林语堂经常到访，两人互相通信，还有频繁餐叙。林语堂到访有时自己一个人来，但更多时是和家人（林语堂妻或女，有时还有林氏亲戚如他的侄子）一起到访。晚宴等社交场合，林语堂妻廖翠凤基本上都在场，有好几次鲁迅都喝高了。[2]很明显，这一阶段鲁迅和林语堂私交相当不错，林语堂应该是鲁迅不多的几个挚友之一。

　　在北京时期，林语堂和鲁迅关系就很亲密，都属《语丝》阵营。鲁迅和《现代评论》主将陈源打笔仗，林语堂为鲁迅打擂台，写了好几篇攻击陈源的文章。其实林语堂和陈源本来都是北大英语系的同事，并没什么个人私怨。后来林语堂又邀请鲁迅赴厦门大学任教。两人不久都离开厦大，这段经历当然也加深了两人的友谊。现在两人不期都到上海，

---

[1] 鲁迅，"日记"，《鲁迅全集》第十六卷，第39页。
[2] 比如，鲁迅日记1927年12月31日记载："晚李小峰及其夫人招饮于中有天，同席郁达夫、王映霞、林和清、林语堂及其夫人、章衣萍、吴曙天、董秋芳、三弟及广平，饮后大醉，回寓呕吐。"《鲁迅全集》第十六卷，第53—54页。

自然重逢相欢。《语丝》在"大革命"时期中断,现在又在上海复刊。林语堂初到上海后几年的中文作品都刊登于鲁迅主编的两本杂志《语丝》和《奔流》,包括林语堂尼采式的"萨天师语录"系列和克罗齐表现美学译文。

鲁迅日记中特别有意思的一条是鲁迅抵沪后第二天一起去拍了张照。鲁迅研究者都知道,鲁迅和他北师大的学生许广平暗恋已久,这张照片也就是他们的"婚照",因为当时鲁迅仍然有婚在身,这张和亲戚朋友的合照实际上是把两人的关系公之于世。改革开放前鲁迅被奉为文化旗手,这张照片虽然广为流传,但是林语堂和孙春台的影像一律被抹去。更有意思的是,林语堂当时其实完全被蒙在鼓里,不知道自己在这张照片中扮演什么角色。除了孙伏园和林语堂,郁达夫也是和鲁迅有亲密交往的作家。在其回忆录中,郁达夫这样写道:

> 有一次,林语堂——当时他住在愚园路,和我静安寺路的寓居很近——和我去看鲁迅,谈了半天出来,林语堂忽然问我:
> "鲁迅和许女士,究竟是怎么回事,有没有什么关系的?"
> 我只笑着摇摇头,回问他说:
> "你和他们在厦大同过这么久的事,难道还不晓得么?我可真看不出什么来。"
> 说起林语堂,实在是一位天性纯厚的真正英美式的绅士,他决不疑心人有意说出的不关紧要的谎。
> ……
> 语堂自从那一回经我说过鲁迅和许女士中间大约并没有什么关系之后,一直到海婴(鲁迅的儿子)将要生下来的时候,

才兹恍然大悟。我对他说破了,他满脸泛着好好先生的微笑说:"你这个人真坏!"[1]

参照鲁迅日记,郁达夫说的那次两人一起访问鲁迅应该是在1929年1月24日(鲁迅的儿子海婴出生于1929年9月27日)。也就是说,是在林语堂参与鲁迅和许广平的"婚照"拍摄十六个月之后。[2]

然而,1929年8月28日的鲁迅日记却记载两人怒目相向:

二十八日 昙。上午得侍桁信。午后大雨。下午达夫来。石君、矛尘来。晚霁。小峰来,并送来纸版,由达夫、矛尘作证,计算收回费用五百四十八元五角。同赴南云楼晚餐,席上又有杨骚、语堂及其夫人、衣萍、曙天。席将终,林语堂语含讥刺,直斥之,彼亦争持,鄙相悉现。[3]

这次南云楼事件之后,林语堂的名字就从鲁迅日记中消失了,一直要到三年多以后的1933年1月11日才再次出现。到底那晚宴席间发生了什么,好几位在场者,包括林语堂本人,后来都有所说明。[4] 可以肯定,鲁迅和林语堂出现争吵是出于误会。鲁迅和其出版商李小峰(也是鲁迅以前的学生)对鲁迅的版税问题有争执,但那天下午双方达

---

1 郁达夫:《回忆鲁迅》,见吴秀明主编《郁达夫全集》第三卷,杭州:浙江大学出版社,2007年11月,第321页。
2 参见董大中《鲁迅与林语堂》,第68页。
3 鲁迅,"日记",《鲁迅全集》第十六卷,第149页。
4 参见董大中《鲁迅与林语堂》,第74—79页;以及施建伟《林语堂传》,北京:北京十月文艺出版社,1998年,第248—254页。

成协议解决了，而林语堂对此事一无所知。席间，林语堂对另一出版商表达不满，李小峰觉得就是他在搅和鲁迅和他（李小峰）之间的关系，但鲁迅觉得他和李小峰争版税合情合理，而且觉得林语堂"语含讥刺"。据郁达夫回忆，鲁迅后来其实也明白是误会一场。但"误会"不能解释事件发生后有长达三年多时间鲁迅和林语堂没有来往的原因。如果他们的争吵是偶然的，他们的断交却并不见得。其原因恐怕还要在两人当时不同的政治倾向中去探讨。

南云楼事件发生前几天，鲁迅于1929年8月19日之《语丝》发表了《关于〈子见南子〉》，收集了因林语堂《子见南子》剧本演出而产生的争议文章。《子见南子》是林语堂创作的唯一一部独幕悲喜剧，首先发表于鲁迅主编的1928年11月11日《奔流》杂志，后由社团搬上舞台而引起很大争议。[1] 鲁迅在《语丝》收集所有争议文章发表，当然是对林语堂的支持。而林语堂在上海早期的中文创作都发表于鲁迅主编的《语丝》和《奔流》杂志，也说明两人合作关系紧密，互相支持。

然而，也正是在这个时期，鲁迅被成功争取到对手阵营，象征性地成为左翼作家联盟的精神领袖。北伐和国共分裂以后，共产主义革命家在军事上遭受挫折，于是改变策略，努力在意识形态领域占领道德高地。他们以马克思主义文学理论为武器，打出"革命文学"的旗帜，以跨越新文化运动时期提出的"文学革命"。他们选中鲁迅这位"文学革

---

[1] 有关《子见南子》一剧所产生的争议，可参见 Diran John Sohigian, "Confucius and the Lady in Question"。该剧由林语堂1931年应美国哥伦比亚大学中国学生之邀自己译成英文，题为 Confucius Saw Nancy，并由哥大中国学生于1931年12月在国际学生楼演出，后来英文版收入 Confucius Saw Nancy and Essays About Nothing 一书。这也可以佐证林语堂当时在纽约。

命"的偶像人物展开了一场批判鲁迅的运动。太阳社和创造社的一批留日青年文学理论家,操着娴熟的马克思主义理论术语,分别对鲁迅的作品及其人格进行攻击。他们指责鲁迅已经过时,对马克思主义文艺理论一窍不通,已经成为新潮流的绊脚石。"在围攻中,鲁迅的'醉眼'被大做文章,被提到认识论的高度而加以批判,讥讽他已成为过气大佬,不能'认识'当前'革命文学'的'突变'的形势,跟不上时代。"[1]

鲁迅是新文化运动时期文学革命的领袖人物之一,一直是青年的楷模,站在进步的青年中国前沿。但在意识形态上,鲁迅并不是倾向共产主义思潮的,起码在二十年代末期还不是。1928年12月6日,林语堂在英文《中国评论》周报上发表了《鲁迅》一文。[2] 这是最早的专论鲁迅文章之一(肯定是最早的英文论著)。林语堂在文中把鲁迅称为"中国最深邃的评论家,也是青年中国最受欢迎的作家"。新文化运动在中国催生了新一代青年作家,但大部分还太年轻,艺术上仍未致成熟。而鲁迅艺术之"成熟与个性""粗犷与力度",大部分新近青年作家仍望尘莫及。林语堂解释道,鲁迅艺术之成熟不只是年龄的问题,而主要是来自"其对中国的人与事知多识广、对整个中国历史理解透彻"。文中,林语堂跟读者分享鲁迅是如何在最近几年"大革命"复杂处境中机智地应付时局,及其所展

---

[1] 陈建华:《从革命到共和:清末至民国时期文学、电影与文化的转型》,桂林:广西师范大学出版社,2009年10月,第17页。

[2] Lin Yutang, "Lusin", *The China Critic* (December 6, 1928), pp. 547–548. 该文很快就由光落译成中文,发表于《北新》杂志第三卷第一期,1929年1月1日,第85—93页。

示的智慧，并把鲁迅喻为荒野中的一只"白象"。[1] 时事复杂，"做人"很难，鲁迅的对策就是"装死"。比如1927年"白色恐怖"盛行时，鲁迅受邀到一所政府主办的大学作演讲，假如鲁迅拒绝，那肯定被视为明摆着和国民革命政府不合作。于是鲁迅去了，"作了一个精彩生动的演讲，讲的是公元三世纪中国文学逸事，当时的学者如何装死装醉两个多月，只是为了躲避介入政治。听众听得着迷，钦佩其独到见解和精辟解释，当然啦，最后也都没听懂鲁迅到底是要说什么"[2]。

鲁迅看到中译文时，肯定很高兴，特别喜欢林语堂用的"白象"比喻。鲁迅和许广平的通信集《两地书》中，许广平用"EL"（英文"象"[Elephant]的缩写）来指鲁迅，鲁迅自己也用此签名。鲁迅儿子出生后，此时鲁迅和林语堂关系已经破裂，鲁迅叫自己的儿子"小红象"，并且用它来编摇篮曲，这充分说明鲁迅对此喻相当中意。[3]

但很显然，林语堂的支持无力改变鲁迅左转加入青年革命作家的阵营。中共领导层经过重组，改变意识形态领域的策略，命令太阳社和创造社停止对鲁迅的攻击，并派中共代表接触鲁迅，直接做鲁迅的统战工作，并邀其出任革命作家联合阵营的旗手。1930年3月20日，左翼作家联盟在上海成立，鲁迅被奉为盟主。[4] 鲁迅的转向在林语堂看来肯

---

[1] Lin Yutang, "Lusin", *The China Critic* (December 6, 1928), p. 547.
[2] Lin Yutang, "Lusin", *The China Critic* (December 6, 1928), p. 548.
[3] 参见董大中《鲁迅与林语堂》，第73—74页。西谚"白象"比喻既庞大又无用，林语堂此喻当然是用道家含义阐释"无用"。
[4] 鲁迅与中共的合作问题仍然有待深入探讨。鲁迅传记研究作品不计其数，但基本都不触及该问题，比如可参见王晓明著《无法直面的人生：鲁迅传》，上海：上海文艺出版社，1993年12月。

定非常失望，因为它意味着《语丝》派作家从此不复存在。这种政治转向林语堂是不可能赞同的。而这也是他们关系破裂的根源所在。

林语堂一直期盼革命后产生一个年轻有活力的进步的中国，他满腔热忱投入了1927年的"大革命"，而且曾一度担任武汉国民政府外交部秘书，结果"大革命"以不同党派革命党人内讧结束，国民党右翼蒋委员长上台掌权，林语堂对此相当失望。用他的话说：

> 我们意气风发，我们热血沸腾；成千上万青年从最边远的省份离开家庭、离开学校来加入国民军，他们用双手用汗水为民族主义理想作出自己的贡献，有多少人甚至献出了自己的生命，只为了一个梦想：中国可以再生！中国可以救赎！但是，可惜啊，伊卡洛斯飞得太高，离太阳太近，蜡制的翅膀溶化掉了，又摔回到地球。战争结束了，一切理想主义也熄灭了。[1]

按照主流叙述的现代史，国共分裂及"清党"行为是蒋介石和国民党右翼"背叛革命"。林语堂上述失望论调似乎回应了这种背叛话语。但实际上，林语堂的失望代表一种非常不同的政治倾向。林语堂在"大革命"高峰期加入武汉国民政府，担任英文国民党机关报《国民新报》主编，这是在1927年8月，当时国共已经分裂。林语堂担任该报主编一个月期间写了一系列社论，大多数是时政评论。林语堂把民族主义国民革命看成是中国走向民主的途径。1930年，林语堂把《国民

---

[1] Lin Yutang, preface to *Letters of a Chinese Amazon and Wartime Essays*, Shanghai: The Commercial Press, 1930, pp. v-vi.

新报》上刊登的社论文章和他翻译谢冰莹的战时日记结集出版，题为《林语堂时事述译汇刊》(Letters of a Chinese Amazon and Wartime Essays)。在该书序言中，林语堂重申自己的政治立场。

林语堂和许多进步知识分子一样，为了理想主义信念参加1927年的"大革命"，期盼一个年轻的中国得以重生。但是中共阶级斗争的策略及随后的蒋介石和国民党右翼的（准）法西斯统治中断了这一梦想，使中国的民主之路受阻。在三十年代，乃至其一生，林语堂都要两面作战，抵抗"双重危险"。而这种政治姿态和鲁迅的转向大异其趣。

鲁迅左转并不是完全被动地接受中共所做工作的结果。当年轻的马克思主义文学理论家扛起"革命文学"大旗锁定鲁迅进行批判时，鲁迅给予了反击。但他一边抗拒无产阶级文艺理论家的攻击，同时自己也在潜心翻译俄国文学理论。相反，林语堂这段时期却专注翻译克罗齐艺术表现论，这不仅构成其文学美学观，在政治上亦指向不同的方向。

其实林语堂很清楚左倾思潮在文艺界来势汹汹。理想主义精神一旦被革命之火燃起，就很难被扑灭，即使靠强压暂时压住，也保不定卷土重来。实际上，它以更极端的方式迅速崛起。那些认为民族主义革命者劫持背叛了革命理想主义精神的革命青年转向苏俄寻求精神导向。在1930年9月11日"小评论"专栏中，林语堂讲述了革命后一两年内中国知识界的状态：

> 现在你只要去（上海）福州路的新书店转一下，你就会发现，市场上百分之七十的新书都和俄罗斯、马克思，或者名为某某斯基、某某列夫的作者有关。要把最近两年译出的俄国作家的

文学作品列个数目清单，恐怕哈佛或哥大俄国文学教授看了都会汗颜……因为俄罗斯已经征服了青年中国，青年中国已经属于俄罗斯。如果你认为今天青年学生的思想和意识形态和1919年"五四"时期或者1927年民族主义"大革命"时期的一样，那很不幸你一定搞错了。青年中国在国民革命之后这三年内变红了。[1]

林语堂的语调是中立的，因为他只是在"记录一个事实，不是要作评判，除非不经意地偶尔为之"[2]。该文中林语堂不仅记录了"过去一两年来席卷中国的文学布尔什维主义巨浪"，同时，"不经意地"，在文末对现代中国的命运作出了先知性的预告：

这些事实最起码能说明一点：青年中国对现状极度沮丧，他们期望改变。那种极度沮丧的心情不是用子弹和监禁能吓跑的。土匪横行、骚扰不断、愚民政策，这些最终都会成为中国通向俄国的捷径。[3]

林语堂对"红潮"的观察可谓相当敏锐，其预言可谓远见卓识。然而，他决意不随大流，因为他的理想是一个再生的基于个人权利和价值的民主中国。从他对新文化领袖人物在"红潮"面前不同的态度的评论，我们也可看到他自己的姿态：

---

[1] Lin Yutang, "The Little Critic" (11 September 1930), p. 874.
[2] Lin Yutang, "The Little Critic" (11 September 1930), p. 874.
[3] Lin Yutang, "The Little Critic" (11 September 1930), p. 875.

第五章　一个人在黑暗中吹口哨

> 是的，潮流转向了……青年中国极度沮丧，从而反叛……胡适还在竭声呐喊，但听众已经提不起神。周作人、钱玄同、郁达夫以及其他《语丝》同人都是坚定的个人主义者，不会入群凑热闹。鲁迅先是反击，抵抗了一年，最后却走到敌营去了。[1]

林语堂所谓"敌营"，恐怕有两层意思，其一指本来是鲁迅论战的敌人左联，其二指布尔什维主义。很明显，林语堂把自己归类于周作人、郁达夫一伙"坚定的个人主义者"，不会去入群凑热闹。事实上，林语堂此时找到了一个新的自由知识分子的俱乐部：以胡适为首的平社。

平社一员

林语堂上文提到"胡适还在竭声呐喊"，指的是二十年代末中国知识界的一件大事。国民政府一上台便加强舆论控制，胡适随即写了一系列政论文章，公开要求新政府保障民权，挑战并敦促国民党履行自己作出的有关人权的承诺。

国民党创始人孙中山对创建一个民主的新中国曾订下三阶段建国方略：军政期、训政期、宪政期。按照孙中山的设想，国民革命过程为军政期，而国民革命之后，中国应该经历训政期，其间仍由军事强人领导，但军政府应和人民约法，界定人权义务，以致人民在民主理念和实践方面得到熏陶，做好准备，最终把权力转交给民选的宪政政府。到

---

[1] Lin Yutang, "The Little Critic" (11 September 1930), p. 875.

1929年，国民革命已经取得胜利，国民党成功"清党"，军阀势力要么被打败，要么被收买（比如东北），起码名义上中国又有了一个统一的中央政府。所以，南京政府应该按照孙中山的蓝图开始"训政"，然而约法迟迟没有公布，南京政府却于1929年4月20日下了一道"保障人权"的命令。

胡适读完命令之后深感沮丧："在这个人权被剥夺几乎没有丝毫余剩的时候，忽然有明令保障人权的盛举，我们老百姓自然是喜出望外。但我们欢喜一阵之后，揩揩眼镜，仔细重读这道命令，便不能不感觉大失望。"[1] 因为这个命令只是禁止个人和团体侵犯他人自由和财产，却没提政府可不可以。事实上，新的国民政府想以"训政"名义推行党治，国民党的权力不受任何制约和限制。换句话说，这个命令让人感觉国民党是要把中国带上法西斯之路。对胡适来说，颁布人权法首先是要保护个人和团体的权利不受政府干扰和侵犯。国民党的命令则相反，意图为一党专制统治开路，收紧人民的自由。胡适和罗隆基、梁实秋等写了一系列政论文章，揭露政府所颁之命令。现在看来，这场呐喊虽然很快被国民党政府压制下去，但它是现代中国知识思想史上第一次公然要求人权保障的举动。

以前我们一般都把胡适在二十年代末的"竭声呐喊"归于新月社的活动。胡适及其自由派朋友撰写的人权政论文章首先刊登于《新月》杂志第二卷第二期和第三卷第二期，后来由胡适结集出版，题为《人权论集》，亦是由新月书店1930年出版。新月社是1923年于北京成立

---

[1] 胡适：《人权与约法》，《胡适文集》第五册，北京：北京大学出版社，1998年11月，第524页。

的文学社团，契机是泰戈尔访华，其名称也是来自泰戈尔的一本诗集。作为文学社团，现代著名诗人徐志摩是其灵魂人物。1931年徐志摩因飞机失事突然去世后，新月社亦不复存在。1927年新月社主要成员相继到沪，创办了新月书店，1928年又创办了文学杂志《新月》。[1]但自1929年第二卷第二期起，《新月》发表了一系列有关人权问题的政论文章。事实上，这场短暂的人权运动应该看成是平社的活动。陈子善借用林语堂1929年至1930年未发表的日记材料并结合胡适日记，为平社的活动勾勒出更全面的图画，而林语堂在其间亦作出了重要贡献。[2]

1929年第二卷第一号《新月》之《编辑后言》宣告将推出由平社主办的《平论》杂志，专门刊登时政文章，为当下中国说一些"平"话。徐志摩和新月社主干（罗隆基和梁实秋）找到胡适，要他担任《平论》主编。胡适有所顾虑，因为他觉得光靠新月社这几个人办不好这样一份刊物。后来便采用折中办法，先用现有的《新月》杂志登载"平"话，所以我们看到这本文学刊物自第二卷第二号起连续登载了一系列论人权问题的政论文章。

虽然《平论》杂志始终没办起来，平社自1929年4月21日起

---

[1] 有关新月社概述，可参见 Lawrence Wang-chi Wong, "Lions and Tigers in Groups: The Crescent Moon School in Modern Chinese Literary History" in Kirk A. Denton and Michel Hockx eds., *Literary Societies of Republican China*, Plymouth, UK: Lexington Books, 2008。正如王宏志所指出的，胡适后来其实脱离了新月社，所以更应该把新月社和平社看成两个不同的社团，尽管其成员有重叠。

[2] 参见 Chen Zishan, "'Fair Society' (Pingshe) in the Diaries of Hu Shi and Lin Yutang", in *The Cross-cultural Legacy of Lin Yutang: Critical Perspectives*, edited by Qian Suoqiao, The Institute of East Asian Studies, University of California, Berkeley, 2015。现存的林语堂日记起自1929年1月1日，终于1932年1月24日，于2009年首先在上海拍卖，现已转入私人收藏。没几个人看过此材料，陈子善是个例外。以下论述主要信息来自陈子善文。

开始举办晚宴聚会。从4月21日至6月16日，一共开了八次，几乎每周一次。之后却中断了差不多半年，1930年2月4日又重启，一直到1930年11月胡适离沪迁居北京为止。如果说徐志摩是新月社的灵魂，胡适肯定是平社的领袖。正如新月社自徐志摩1931年11月19日离世后不复存在一样，胡适1930年11月28日赴京后平社也停止了活动。

两个社团的成员有重复但也有不同。平社第一次聚会有七个人，主要是新月社的骨干，罗隆基和梁实秋尤其活跃。从第二次聚会起，特别是在1930年的第二阶段，成员构成有所扩大，包括了其他自由派知识分子。林语堂在第二阶段的加入尤其重要。从胡适日记可以看出，胡适对某些成员的论述并不是十分满意，但对林语堂、潘光旦、全增嘏的评论和论文较为欣赏，而林、潘全都是《中国评论》周报群成员，也是后来论语社的主干成员。另外，林语堂还把史沫特莱带到平社聚会，作了一次"印度的政治运动"的演讲。有关胡适、林语堂和史沫特莱在中国保障民权同盟的复杂关系，下一节详细分析。

第三章讲到，二十年代新月社接待泰戈尔到访中国，林语堂并不是十分热心。另外，鲁迅和新月社主将陈源打笔仗，林语堂站在鲁迅一边积极介入。但林语堂和他们都是北大英语系同事，而且他一直尊重胡适，和胡适关系良好。从林语堂和胡适日记可以看出，"大革命"后两人又在上海相聚，联系也很频繁。比如，胡适曾咨询林语堂有关古音韵学问题，林语堂曾到胡适家赴宴，品尝胡适家乡特产。1929年12月31日，《子见南子》一剧由上海的大学生搬上舞台，林语堂邀请胡适和其他朋友一起前往观看。另外，应胡适之邀，林语堂翻译了萧伯纳剧作《卖花女》，1929年完稿，1931年由开明书店出版。

林语堂和胡适为首的平社成员都是受西式教育的自由派知识分子，林语堂加入平社也是很自然不过的事。平社的宗旨正如其名所示，是要对中国当下时政说些"平"话，这和二十年代周作人提出、林语堂附和的"费厄泼赖"精神一脉相承。在平社第一次聚会上，罗隆基介绍了英国费边社的宗旨和原则，这显然就是平社的模板。平社成员围绕"中国问题"，就各自的专业每次晚宴聚会时一一撰文主讲，从各个角度诸如种族、社会、经济、金融、教育、文学、思想、道德、政治、法律进行探讨。1930年4月12日，平社在胡适家聚会，大家要胡适就平社研讨"中国问题"先作一个原则性报告，这份报告就是后来发表的长文《我们走那条路》。该文先诊断"中国的问题"是什么，然后给出解决方案，可以看成是平社的一种宣言：

> 我们的真正敌人是贫穷，是疾病，是愚昧，是贪污，是扰乱。这五大恶魔是我们革命的真正对象，而他们都不是用暴力的革命所能打倒的。打倒这五大敌人的真革命只有一条路，就是认清了我们的敌人，认清了我们的问题，集合全国的人才智力，充分采用世界的科学知识与方法，一步一步的作自觉的改革，在自觉的指导之下一点一滴的收不断的改革之全功。不断的改革收功之日，即是我们的目的地达到之时。[1]

胡适这篇宣言和费边社理念相近，其中至关重要的含意是拒绝共

---

[1] 胡适：《我们走那条路？》，《胡适文集》第五册，北京：北京大学出版社，1998年11月，第361—362页。

产主义宣扬的阶级革命手段。林语堂日记对当天讨论作了扼要记录："（四月）十二日晚，平社在适之家谈革命与反革命，极有趣。"

胡适日记也记载了他对林语堂第一次参加聚会所作评论的欣赏。1930年2月21日，平社在胡适家举办当年第二次聚会，由刘英士和罗隆基就"民治制度"问题进行辩论。胡适对当天的辩论不甚满意，觉得两人都没抓到要害。但胡适在当晚日记最后写道："末后，林语堂说，不管民治制度有多少流弊，我们今日没有别的制度可以代替它。今日稍有教育的人，只能承受民治制度，别的皆更不能满人意，此语极有道理。"我们可以看到，在民主问题上，胡适和林语堂的观点完全一致。在林语堂看来，中国要实现民主，并不需要长篇大论，而只需要实施一些最基本的东西："在我个人看来，所有'主义'辩论都是没用的。如果民族主义能给中国带来普通的民主，即言论自由，信仰自由，能够遵守多数原则，即使多数不在你这边，能够让中央委员会正常按时开会，而不是用各种借口阻挠，如果这些英美小孩都能懂的民主ABC能够得到尊重，我就相当满足了。"[1]

胡适原打算把平社聚会上就"中国问题"的探讨文章结集出版，但这一计划最终没实现。1931年，中国联合出版社（China United Press）出版了一本英文书《中国自己的批评家：胡适和林语堂论文选》（*China's Own Critics: A Selection of Essays by Hu Shi and Lin Yutang*），内收胡适《我们走那条路？》《人权与约法》《我们什么时候才可有宪法？》《知难行亦不易》《中国贫瘠的历史遗产》，以及林语堂十二篇"小评论"文章。该书编辑汤良礼是汪精卫的亲信，他为胡适文章作注，亦为

---

[1] Lin Yutang, "Preface", *Letters of a Chinese Amazon and Wartime Essays*, p. viii–ix.

该书作序道:"正当南京当权派及其留洋海归宣传家沉浸在自我欣赏自我崇拜之时,在我们政府实施愚民政策之际,我们听到两位中国知识界重量级人物诚实而勇敢地说出自己的声音,这让我们耳目一新。"[1]

1930年5月10日平社聚会上,林语堂就"政治制度与国民性"议题作了一个报告,随后于9月30日在上海美国大学俱乐部宣读,文章首先发表于1930年10月9日《中国评论》周报,题为"Han Fei as a Cure for Modern China"(《韩非作为救治现代中国的良方》),后又被收入《中国自己的批评家:胡适和林语堂论文选》。和胡适直接呼吁中国需要人权约法不同,林语堂剖析批评中国国民性过分陶醉于儒家(伪)道德说教,提出法家韩非的思想不失为"救治现代中国的良方"。儒学提倡内圣外王,培养道德高尚之士推行仁义之治。这套治理理念对官员之道德操守期望值也太高了,这等于是说:"假如你是个好官清官,我们就给你立牌坊嘉奖,但假如你是个贪官烂官,我们也不会送你进监狱。"[2] 韩非却不理这种道德说教,坚信法律铁面无私,富人穷人贵族平民一视同仁。林语堂解释道,法家思想似乎是对官员说:"我们并不要求你多么仁义多么高尚,你做个好官清官我们也不会给你立牌坊,但你要是个贪官烂官,我们就把你关进监狱。"[3] 林语堂发现两千多年前的法家思想家韩非非常"不像中国人",却很像"现代人",韩非可以做"现

---

[1] T'ang Leang-Li, "Preface", in *China's Own Critics*, p. v. 显然汪精卫及其派别当时在国民党内受到排挤。几年后,汪精卫派得势,汤良礼担任国民党机关报《国民新报》主编,林语堂会遇到很大麻烦。详见下一章。

[2] Lin Yutang, "Han Fei as a Cure for Modern China", *The China Critic* (October 9, 1930), p. 966. 林语堂于1932年10月16日《论语》第三期发表《半部韩非治天下》,和两年前所写英文文章意思相近,但中文要比英文简短许多。这里用英文译文。

[3] Lin Yutang, "Han Fei as a Cure for Modern China", p. 966.

代中国的预言家"。

《假定我是土匪》("The Model Bandit")亦被收入《中国自己的批评家：胡适和林语堂论文选》一书，林语堂用幽默进行社会批评，这篇发表于1930年8月21日的"小评论"文章应算极品。选择"土匪"作题目，好像是回应胡适的判断：腐败与内战才是当下中国的敌人。文章用第一人称，"假定我是个土匪"，设想在当下中国巧妙运用哪些花招可以成为一个土匪首领。不过林语堂承认，他自己是绝对不够格的，因为"做个匪首，并不容易，第一便须轻财仗义，豪侠好交，能结纳天下英雄，江湖豪杰，这是我断断做不来的。做土匪的领袖，与做公司或社会的领袖一样，须有领袖之身分，手段，能干，灵敏，阴险，辣泼，无赖，圆通，是非不要辨得太明，主义不要守得太板……这是据我的观察，一切的领袖所共有而我所决无的美德"。[1] 尽管如此，林语堂还是假想在中国要做个匪首都需要哪些技能和手段：必须要学会写一手漂亮的书法，能拟得体动人的通电，这样，一个匪首在三年内可挣个一百万，甚至两百万，"一切都是打着国家重建和现代化的名义"。然而，这篇专栏刚写完，林语堂在报上看到一条消息：湖南的何健将军两星期之内便得到两百万，到11月底还要追加六百万，"都是以反共建军修战壕之名义"。[2] 林语堂觉得这条消息不可思议，他刚刚撰文推算一个匪首三年内能赚一百万，而这条消息等于给他打脸，让他看起来愚不可及。林语堂只好给何健将军写下颂词：

---

1 林语堂：《假定我是土匪》，《论语》第四十四期，1934年7月1日，第924页。
2 Lin Yutang, "The Little Critic" (August 28, 1930), p. 828.

长沙何健将军，他的名声将永垂不朽。我敢绝对肯定。起码在我的脑海记忆中，他将是一个标杆，证明我的想象力有多么差劲，我的文学造诣又有多么幼稚。我真想成为罗丹再世，邀请他在我面前坐下，摆好姿势，让我用一块破石头精雕细琢成一个战神塑像，眼睛里冒出仇共的怒火，心里面美滋滋想着八百万现钞！一看到他，我们对"现实"之信念油然加深，而任何浪漫和理想主义思绪立刻分崩瓦解，就像阿波罗金色马车驶过凌晨蓝色的天空驱散云雾一样！只要他吹口气，理想主义必然萎靡，浪漫主义立刻烟消云散，而现实主义，握住"现实"之手，巍然矗立，让我们毛骨悚然，啼笑皆非。[1]

中国民权保障同盟

三十年代国共党争针锋相对，争民权必然陷入党争的漩涡。1930年11月28日，胡适离沪赴京定居，平社也停止了活动。几年之后，林语堂和胡适又在中国民权保障同盟一起合作，为争取中国民权而努力。另外，鲁迅和林语堂因南云楼事件停止交往后，鲁迅日记显示，两人自1933年1月11日起又恢复交往，这也正是两人同时参与中国民权保障同盟之时。然而，该组织内部的冲突则突显了林语堂、胡适和鲁迅在现代中国知识思想史上不同的处世立场。

1932年12月18日，上海《申报》发布了"宋庆龄等发起组织中国民权保障同盟"的消息，"中国民权保障同盟筹备委员会"由宋庆

---

[1] Lin Yutang, "The Little Critic" (August 28, 1930), p. 828.

龄、蔡元培、杨铨、黎照寰、林语堂组成，并发表成立宣言。1932年12月31日，《申报》继续报道称，中国民权保障同盟30日举行了一场记者招待会，由蔡元培和杨铨主持。宋庆龄虽然没到场，但递交了书面发言。蔡元培在会上致辞，重申创办该组织的目的。杨铨也作了报告，说中国民权保障同盟计划在各地建立分会，随后召集各地分会执行委员开会，选举产生全国执行委员会。在此之前，在发起人中成立"临时执行委员会"，由宋庆龄担任主席，蔡元培任副主席，杨铨为总干事，林语堂为宣传主任。全国执行委员会的选举后来一直没能举行，但在上海和北平设立了两个分会。北平分会于1933年1月30日成立，胡适被选为分会主席。鲁迅则被选为上海分会的执行委员。

中国民权保障同盟创办及其以后的活动中还有两位美国人特别积极：伊罗生和史沫特莱。伊罗生于1930年12月到达上海，用他自己的话说，是"一个二十岁刚出道的新闻记者，正寻求经验与履历"[1]。给美国人办的报纸《大美晚报》(Shanghai Evening Post & Mercury)做了一阵记者以后，伊罗生自己办了一份周刊《中国论坛》(China Forum)，推广左翼文学。女权主义革命家史沫特莱也在中国民权保障同盟发挥了重要作用。按史沫特莱的说法，"在中国知识圈内，林语堂的地位介于胡适和革命家鲁迅之间"[2]；而林语堂通过"小评论"专栏呼吁法治保障民权，尤为得力。在中国民权保障同盟里，林语堂、史沫特莱和伊罗生主要负责联盟的英文出版和宣传。

要理解林语堂在中国民权保障同盟的活动，我们首先要搞清楚中

---

[1] Harold R. Isaacs, *Re-encounters in China: Notes of a Journey in a Time Capsule*, Armonk, New York: M. E. Sharpe, 1985, p. 4.

[2] Agnes Smedley, *Battle Hymn of China*, New York: Alfred A. Knopf, 1943, p. 111.

第五章　一个人在黑暗中吹口哨

国民权保障同盟的性质。中国民权保障同盟到底是什么性质的组织，我们现在已经可以看得很清楚了。1972年12月25日，在一次鲁迅博物馆的座谈会上，胡愈之和冯雪峰都指出，中国民权保障同盟实际上是共产国际领导下的"赤色济难会"（International Red Aid，俄文缩写MOPR）中国分会。[1] "赤色济难会"成立于1922年，共产国际要把它打造成一个"具有政治意味的国际红十字会"，发动共产主义事业的同情者和同路人为在各国从事阶级斗争而被捕的政治犯提供精神和物质上的援助。问题在于，胡愈之和冯雪峰只说对了一半。中国民权保障同盟同时有隐性（隐藏的）和显性（公开的）目标和任务。宋庆龄、史沫特莱、鲁迅确实是把中国民权保障同盟当成"赤色济难会"的中国分会来运作，但对蔡元培和林语堂可没这么明说，起码蔡、林绝对不是这么理解的。

中国民权保障同盟的创立由宋庆龄发起，而起因是"牛兰事件"。1927年国共分裂之后，宋庆龄逃到苏联并和共产国际建立了紧密联系。事实上，宋庆龄创办中国民权保障同盟时，她不只是一个共产主义的同情者或同路人，而且已经是共产党秘密党员，直接听命于共产国际。[2] 1931年宋庆龄回国参加母亲葬礼，取道莫斯科停留，并与苏联领导人会晤。很显然，苏联领导人给宋庆龄的指令之一便是要求宋组织援

1　参见《鲁迅研究资料》，引自倪墨炎《鲁迅的社会活动》，第223页。
2　虽然宋庆龄具体加入共产党的日期还有待进一步通过档案资料核实，但她已是共产党员的身份有两件事可以说明：一、廖承志的回忆录中称，中国民权保障同盟营救廖承志成功出狱后，宋庆龄随即到他家探访并明确告诉他，宋代表"最高组织"——共产国际。二、根据新近解密的文件，共产国际指派的官员和共产国际远东局官员一份谈话备忘录记录，宋庆龄被称为能干而称职的党员，深谙共产国际的保密原则来执行指令。宋庆龄的党员资格直接由共产国际授予，而不是通过中共。参见杨奎松《民国人物过眼录》，广州：广东人民出版社，2009年1月。

救已于 1931 年 6 月 15 日在上海被捕的牛兰夫妇。[1]

一名共产国际信使在新加坡被捕,从而导致牛兰夫妇被上海公共租界巡捕房抓捕,这事当时在中国乃至全世界成了轰动一时的新闻。多亏利滕(Frederick S. Litten)的档案研究,我们现在终于知道牛兰夫妇的真实身份。[2] 他们的真名叫雅可夫·鲁德尼克(Yakov Rudnik)和达吉亚娜·玛依仙柯(Tatyana Moiseenko),两人都是共产国际特工,上海共产国际联络部(俄文缩写 OMS)负责人。"OMS 是共产国际在上海的钱财和通讯的中央枢纽……总之,一切有关住宿、财政和通讯事务都由牛兰经手。"[3]

宋庆龄一回到中国便开始营救牛兰的工作,比如到监狱亲自探访,并秘密给他通报莫斯科最新指令:从现在开始他的名字改成"保罗·吕埃格"(Paul Ruegg)。[4] 1931 年 12 月 16 日,宋庆龄还亲自造访蒋介石本人,建议用牛兰夫妇交换被苏联软禁的蒋经国,被蒋当面拒绝。[5] 1932 年 7 月,宋庆龄成立牛兰夫妇上海营救委员会,成员包括杨铨、埃德加·斯诺、史沫特莱和伊罗生,和国际援救牛兰委员会合作协调。[6]

筹办中国民权保障同盟和营救牛兰夫妇的工作同步进行。为了扩

---

1 参见尚明轩主编《宋庆龄年谱长编:1893—1948》,北京:社会科学文献出版社,2009 年 10 月,第 241—242 页。
2 Frederick S. Litten, "The Noulens Case", *The China Quarterly*, No. 138, (June 1994).
3 Frederick S. Litten, "The Noulens Case", pp. 502–503. 据利滕披露,"1930 年 8 月至 1931 年 5 月,远东局的开支达到平均每月 8500 英镑。其中给中共的每月超过 25000 金元(比预算要多)"。
4 Frederick S. Litten, "The Noulens Case", p. 495.
5 杨天石:《蒋氏密档与蒋介石真相》,引自倪墨炎《鲁迅的社会活动》,第 190 页。
6 尚明轩主编:《宋庆龄年谱长编:1893—1948》,第 259 页。

第五章 一个人在黑暗中吹口哨

大声援基础，宋庆龄通过杨铨找到蔡元培和林语堂，邀请他们一起入伙。杨铨和宋庆龄关系紧密，担任宋的秘书工作，同时也是中研院总干事，和蔡元培、林语堂都是中研院同事，而蔡、林当然是知识界重量级人物。要建立这样一个知识界统一阵营，用共产国际的名义当然行不通。于是中国民权保障同盟的"宣言"明确指出其宗旨"不是要领导中国人民进行政治和经济斗争从而推翻现政权"，而是要力争释放政治犯，为他们提供法律援助，以确保言论、出版、结社、集会自由等民权得以实施。舆论宣传方面，有报刊声称中国民权保障同盟是"以美国著名的公民自由联盟为模板"。[1] 其实这是林语堂自己的主张。1932年11月3日，林语堂在"小评论"专栏发表《建立一个公民自由联盟》（"For a Civic Liberty Union"）一文，提议现任司法部部长罗文干博士应该站出来做该联盟的首领，因为罗文干是第一个把"英国自由的基石"——"人身保护令"（habeas corpus）观念介绍到中国的博士，而且北洋政府曾违背法律程序把他关了八个月监禁。"罗文干、孙夫人、胡适完全应该一起站出来组织一个不分党派的中国公民自由联盟，以美国的由杜威领导的公民自由联盟为模板……这样一个公民自由联盟应该不只是为政治犯，而是要为所有阶级的所有囚犯提供辩护。我敢肯定，'所有'两个字听起来很棒。"[2] 在1932年12月31日召开的记者招待会上，蔡元培致辞亦重申：中国民权保障同盟"无党派的成见"，"决无专为一党一派的效力"，"所愿保障的是人权，（其）对象就是人"。[3]

---

[1] "Mrs. Sun Yat-sen Heads Civil Rights League", *The China Weekly Review* (December 31, 1932).
[2] Lin Yutang, "For a Civic Liberty Union", *The China Critic* (November 3, 1932). 许多年以后，林语堂在美国和华尔希通信忆起此事，他还是用的"公民自由联盟"，参见本书第十章。
[3] 参见倪墨炎《鲁迅的社会活动》，第180—181页。

该记者会上，由林语堂宣读宋庆龄的书面发言，并为外国记者解释蔡元培的致辞，同时也阐述了自己对中国民权保障同盟之性质的理解，强调"该联盟不参与党派政治，为被捕或被迫害人士进行干预完全出于人权考量，以确保他们的案件能够依法处理"[1]。

如此看来，中国民权保障同盟是一个独特的由蔡元培、林语堂、胡适等自由派知识分子和宋庆龄、史沫特莱、鲁迅等左翼革命派组成的联盟，它一开始就是一个十分尴尬的结合。虽然他们似乎都同意推动国民政府治下的人权保障和法制文化，但一开始他们其实都有各自的目的和主张，而这种分歧在同盟具体展开活动过程中必定会显现出来。

对自由派知识分子来说，保障人权不是革命行动，不是要推翻现政权（虽然国民政府在人权纪录方面非常不尽人意），而是要维护一个民主共和政府应有的基本原则。林语堂于1933年3月4日在上海华人基督教青年会作演讲，解释成立中国民权保障同盟的必要性及其功能。以其擅长的幽默笔调，林语堂用人的动物功能来说明言论自由。人类要言论自由，问题出在人的语言功能，因为"只有人才有复杂的语言功能，动物发出的喊声只能表达一些原始的基本需求，比如出于痛苦、饥饿、恐惧、满足等"[2]伊索寓言根本就是对动物世界的诽谤，让动物像人一样说话。假如狐狸看到一串葡萄高高挂着够不着，它就走开了。是人逼着狐狸说葡萄是酸的。于是林语堂话锋一转，切入正题：

> 萧伯纳说得对，只有一种自由值得拥有：被压迫时喊痛的

---

[1] "League for Civil Rights", *The North-China Herald*, January 4, 1933, p. 13.
[2] Lin Yutang, "On Freedom of Speech", *The China Critic* (March 9, 1933), p. 264.

自由，以及清除受伤害之条件的自由。现今中国我们需要的自由就是喊痛的自由，还不是说话的自由。[1]

换句话说，他们当时争取的还只能算是"动物权利"。林语堂指出，实际上也不存在绝对的言论自由。比如，你对你的邻居如实说出你对他们的看法，那肯定吵架了。在中国的社会现实中，人民的言论自由就意味着官员的行为会受到限制，那他们肯定会觉得言论自由很讨厌，要捍卫把媒体的嘴捂住的自由。这两种自由当然是对立的。

> 武人总是想用秘密审判把人处死，中国民权保障同盟则要求进行公开审判。官员总是想把对手绑架起来让他从地球上消失，但中国民权保障同盟则要发公开电报，要求知道他们的行踪。随着中国民权保障同盟展开的工作不断深入，它也肯定会越来越被人讨厌。[2]

另一方面，对宋庆龄、鲁迅等左翼知识分子来说，国民政府背叛革命镇压共产党，他们必须继续革命推翻国民党政权。中国民权保障同盟的真正作用就是做赤色济难会的中国分支，为中国的共产主义事业提供精神、物质支援。鲁迅在中国民权保障同盟的具体运作中并没有担任领导角色，但作为左联的旗手，他加入中国民权保障同盟已经提供了精神上的支援。其实，鲁迅的支持远非仅仅是精神上的，他还是营救中共

---

[1] Lin Yutang, "On Freedom of Speech", pp. 264–265.
[2] Lin Yutang, "On Freedom of Speech", p. 265.

政治犯的秘密联络点。正如鲁迅传记作者倪墨炎所指出的，通过考察鲁迅在中国民权保障同盟和中共之间传递秘密情报的角色可以说明，鲁迅不仅非常清楚中国民权保障同盟实际受共产国际领导，而且对哪个级别的人负责哪些具体营救事务也十分了然。[1] 正是在这种情况下，鲁迅和林语堂恢复了联系。比如，鲁迅日记1933年5月15日记载：

> 林语堂为史沫特列女士饯行，亦见邀，晚同广平携海婴至其寓，并以玩具五种赠其诸女儿，夜饭同席十一人，十时归，语堂夫人赠海婴惠山泥孩儿一。[2]

看上去两家关系不错，但这时鲁迅和林语堂的关系最多也就是不冷不热，起码两人在政治问题上没有坦诚相待。1936年鲁迅去世后，林语堂当时已赴美，闻讯后写了《悼鲁迅》一文，文中称："鲁迅党见愈深，我愈不知党见为何物。"[3] 这句话并非完全准确，因为经历过中国民权保障同盟所发生的事后，林语堂一定对"党见"为何物深有感触。

中国民权保障同盟宣布成立后马上便开始活动，反对国民政府践踏人权的行为。中国民权保障同盟从1932年12月到1933年6月一共存在了半年时间，其间大多数活动都是营救被国民政府关押的共产党"政治犯"。除了营救牛兰夫妇，中国民权保障同盟还花了很多功夫组织营救许德珩、陈独秀、黄平、廖承志、丁玲等"进步人士"，这当然符合共产国际及其赤色济难会的宗旨。史沫特莱和宋庆龄对黄平的案件特

---

[1] 参见倪墨炎《鲁迅的社会活动》，224页。
[2] 鲁迅，"日记"，《鲁迅全集》第十六卷，第377页。
[3] 林语堂：《悼鲁迅》，《宇宙风》第三十二期，1937年，第395页。

别关注，因为黄平是当时共产国际的红人。国民党政权侵犯人权的案子也确实多。有一件案子曾轰动上海媒体，中国民权保障同盟所有成员也一起努力呼吁。江苏镇江《江声日报》创办者刘煜生曾揭露国民党江苏省主席顾祝同有关贩卖鸦片和其他贪污问题，顾直接把刘给抓了起来，指控刘是共产党，也不经任何法律程序，就把刘枪决了。在三十年代的中国，提倡保护人权，往往会被当作支持共产主义革命，无论这种指责是有根据还是凭空捏造；而政府对侵犯人权的行为都可以辩解为防范中共颠覆政权，无论是真有其事还是臆想猜测。

中国民权保障同盟内部的紧张关系，由于中国民权保障同盟开除胡适一案而暴露无遗。中国民权保障同盟北平分会于1933年1月30日一成立，由胡适领导的分会和上海的总部间马上就出现矛盾。2月4日，胡适收到史沫特莱一封"应孙逸仙夫人和林语堂博士之请"而写的英文信，随信附有一份来自北平陆军反省院某政治犯的"控诉书"，揭露反省院里实施各种酷刑。史沫特莱告诉胡适，"控诉书"已经转给媒体发表，并敦促北平分会立即采取行动，以免反省院政治犯受到进一步迫害。[1] 当天胡适便给蔡元培和林语堂写信，怀疑"控诉书"造假，并敦促中国民权保障同盟先调查"控诉书"之真伪然后再发表。胡适的怀疑是有理由的，因为1月31日，即分会成立后第二天，胡适、杨铨和分会另一成员就前往该反省院考察，其间和许多关押人士在宽松的氛围下交谈，没人提出有酷刑之事。2月5日，胡适信还没寄出，便发现北平一家英文报纸《燕京新闻》已经刊登了这份"控诉书"，并由

---

[1] 史沫特莱：《致胡适信》，《胡适来往书信选》（中册），北京：中华书局，1979年6月，第169页。

宋庆龄亲笔签署，以"中国民权保障同盟的全国执行委员会"名义发表。同一天，中文报纸《世界日报》社转给胡适一封他们收到的信，寄信人"李肇音"，"住后门米粮库四号胡宅"，声称是胡适委托他转交"河北第一监狱政治犯致中国民权保障同盟北平分会函"，希望《世界日报》予以刊登。此"函"和史沫特莱附的英文"控诉书"所揭露的内容几乎完全一致。于是胡适再一次去函蔡元培和林语堂，证明两份文件一定来自同一个出处，明显作假，并警告道："如果一二私人可以擅用本会最高机关的名义，发表不负责任的匿名稿件，那末，我们北平的几个朋友，是决定不能参加这种团体的。"[1] 另外，胡适还直接去信《燕京新闻》编辑部，揭露该"控诉书"是伪造的事实。信末胡适表明自己的明确立场："我憎恨残暴，但我也憎恨虚妄。"[2]

　　林语堂收到胡适信后便立刻回了一封私人函，告知胡适"控诉书"由史沫特莱交来，确曾在临时执委会传阅，因为大家都相信史女士的人格，所以都没怀疑会有作假。但收到胡适信后，蔡元培、杨铨和林本人都觉得事态严重，必须彻底调查。临时执委会不日便开会讨论此事，林相信到时免不了"发生重要波折"。林语堂还对胡适坦诚：中国民权保障同盟的临时组织架构甚不妥当，为了中国民权保障同盟的长远发展必须"破除情面"找到适当办法。显然林语堂意识到困难不小，但又表示，胡适来信语气坚定，这有助于他们为之一搏："本会现此情形，谅

---

[1] 胡适：《致蔡元培、林语堂信》，《胡适来往书信选》（中册），第181页。
[2] 胡适：《致〈燕京新闻〉编辑部》，《胡适来往书信选》（中册），第183页。《胡适来往书信选》没有提供英文原文出处，无法确定《燕京新闻》的英文名称，最有可能的是 The Yenching Gazette，该报起先是中文报纸，名为《平西报》，后改名为《燕京报》，自1933年3月16日起改为中英双语版。可是胡适的英文信原稿写于并应该发表于1933年2月5日。我试图查出该信英文原文，但没有成功。感谢彭春凌博士帮助核查此注。

你由份子之结合可推想得到。"[1] 本来是杨铨上北平促成北平分会的成立，并随即和胡适一同访问了该"控诉书"所提到的反省院。看到胡适给蔡、林的信后，杨铨去信胡适，信中这样讲："弟行时曾告兄，弟等奔走此会，吃力不讨好，尤为所谓极左者所不满，然集中有心人争取最低限度之人权，不得不苦斗到底，幸勿灰心，当从内部设法整顿也。"[2]

1933年2月12日，中国民权保障同盟临时执委会开会讨论此事长达两个多小时。最后结果是：执委会要求蔡、林给胡适回了一封公函，信中解释此事确实经过执委会讨论，因为大家认为"控诉书"所揭露之事在监狱里司空见惯，故没有具体核查。"故此文若不宜由本会发表，其过失当由本会全体职员负责，决非一二人之过，亦决非一二人擅用本会名义之结果也。"[3] 然而，胡适可没有让此事到此为止的意思。上海最有影响的英文报纸《字林西报》给他作了一个专访，不仅再次揭穿所谓"控诉书"为造假，而且进一步解释他对"政治犯"的看法。胡适坚持认为争取人权不能基于造假，而且，据《字林西报》转述：

> 胡适博士说，中国民权保障同盟不应该要求政府一概释放政治犯并免于法律责任。有行动要威胁到其生存时，政府有权保护自身，但政治嫌疑犯应该遵循法律程序处理，就像其他嫌疑犯一样。[4]

---

1 林语堂：《致胡适信》，《胡适来往书信选》（中册），第185页。
2 杨杏佛：《致胡适信》，《胡适来往书信选》（中册），第186页。
3 蔡元培、林语堂：《致胡适信》，《胡适来往书信选》（中册），第187页。
4 "Forged Appeal on Prisons", from our own correspondent, in *The North-China Herald* (March 1, 1933).

《字林西报》专访一出，中国民权保障同盟立即采取行动。宋庆龄和蔡元培给胡适发了两份电报要求澄清。他们明确表示，要求释放政治犯是中国民权保障同盟根本原则不可更改，而胡适的言论已经对同盟的组织纪律造成了伤害。鲁迅此时站出来把批判矛头对准胡适，写了一系列杂文，谴责胡适公然捍卫法西斯政权迫害"政治犯"的权利。[1] 胡适对中国民权保障同盟总部的电文不予回复，于是中国民权保障同盟于3月3日开会作出决议，开除胡适，并登报公示。

蔡元培和林语堂确实参加了中国民权保障同盟3月3日的会议，并在中国民权保障同盟开除胡适的决议上签字。但正如邵建在研究该案时指出，蔡、林两人一定是迫于无奈。蔡元培3月17日给胡适的一封私信是这么写的：

适之先生大鉴：

奉四日惠函，知先生对民权保障同盟"不愿多唱戏给世人看"，且亦"不愿把此种小事放在心上"，君子见其远者大者，甚佩甚感。弟与语堂亦已觉悟此团体之不足有为，但骤告脱离，亦成笑柄；当逐渐摆脱耳。承关爱，感何可言！此复，并祝著祺。[2]

---

[1] 有关鲁迅对胡适的攻击，邵建作了精辟分析，参见邵建《20世纪的两个知识分子——胡适与鲁迅》，北京：光明日报出版社，2008年1月，第259—297页。邵建在分析中特别强调"权利"和"权力"，但参照英文原文，《字林西报》专访为转述，用的是"权利"。

[2] 胡适著，曹伯言整理：《胡适日记全编》第六册，合肥：安徽教育出版社，2001年10月，第211页。许多年后，林语堂和华尔希通信中讲到此事时，说他在整个事件中被"诱骗"了。参见本书第十章。

很明显，蔡、林试图从中国民权保障同盟撤身。事实上，该风波后，他们便经常缺席中国民权保障同盟的重要会议。[1] 中国民权保障同盟则继续营救中共活跃分子，比如被国民党蓝衣社绑架的左翼作家丁玲。还没等蔡元培、林语堂能够体面地"摆脱"，法西斯就开始行动了。杨铨不断收到死亡威胁，后在1933年6月18日，于中研院大门口被暗杀。国民党这招显然是敲山震虎，杀鸡儆猴，他们的真正目标当然是宋庆龄，但她是"孙逸仙夫人"，要动她恐怕不好收拾。杨铨是宋庆龄的亲密助手，不幸成为牺牲品。另外，从以上杨铨致胡适信可以推断，很有可能孙夫人也没有给杨铨明白交代，中国民权保障同盟的实际功能是共产国际赤色济难会的中国分会。杨铨作为现代中国"有心人"之一，为"争取最低限度之人权"献出了自己年轻的生命（享年四十岁）。随后，林语堂敦促宋庆龄，为了全体成员的安全，中国民权保障同盟停止一切活动。林语堂自己也收到威胁，要成为下一个目标。[2] 显然，对蔡元培和林语堂来说，事件虽然可悲，但也不失为自己从中国民权保障同盟撤身的契机。[3]

暗中放冷箭

1933年6月20日，鲁迅参加了杨铨的入殓仪式，宋庆龄、蔡元培也都参加了。冯雪峰回忆录称，鲁迅那天没看到林语堂在场，于是对他

---

[1] 邵建指出，之后有两次重要会议蔡、林都没出席，一次是3月18日，另一次是4月5日。参见邵建《20世纪的两个知识分子——胡适与鲁迅》，第296页。
[2] 参见 Helen Foster Snow, *My China Years*, p. 137。
[3] 杨铨被暗杀后，林语堂继续在自己主编的中文杂志上刊登其诗作，比如《人间世》1935年3月20日第二十三期有《杨杏佛先生遗墨》和《杏佛遗稿》。

说："这种时候就看出人来了，林语堂就没有去；其实，他去送殓又有什么危险！"[1] 鲁迅这句话他自己没有写下来，无法完全确定是不是他的原话。但可以想象鲁迅说过类似的言论。如上所示，在此阶段，即 1933 年 1 月 11 日（林语堂的名字重新出现在鲁迅日记中）到 1934 年 8 月 29 日（林语堂的名字最后一次出现在鲁迅日记里），鲁迅和林语堂的关系表面上客气友好，实际上内部紧张，可以说是：志虽不同，亦相谋也。这是因为两人在三十年代的中国政治环境中取态完全不同，而且这种关系也是不平等的：鲁迅的文学政治实践必须遵循中共或共产国际纪律保守秘密，而林语堂的文学活动则没什么秘密可言。

林语堂参与中国民权保障同盟，向法西斯右翼争人权，但他马上发现他不得不又要与布尔什维克左翼作抗争。林语堂创办《论语》《人间世》等杂志，提倡幽默、闲适、小品，在三十年代的文坛取得相当的成功，这在左翼文人看来是不能忍受的。左联的宗旨就是要在意识形态领域占领绝对优势，通过笔战主导主流舆论。在舆论争夺战中，左联锁定林语堂，认为其影响已构成意识形态威胁，于是 1934 年 9 月创办自己的散文杂志《太白》作为阵地，开始对林语堂进行攻击。林语堂亦奋起回击。同新月社（主要是梁实秋）和左翼（主要是鲁迅）之笔战一样，林语堂和左翼（尤其是鲁迅）的争论是现代中国知识思想史上自由派知识分子和左翼之间发生的几次辩论之一。我这里着重讲一下鲁迅和林语堂笔战的性质与方式。

---

[1] 冯雪峰：《回忆鲁迅》，北京：人民文学出版社，1957 年 8 月，第 45 页。改革开放前，鲁迅这句话广为宣传，以证明林语堂是个"胆小鬼"。倪墨炎曾为此翻案，举例说林语堂其实也参加了 1933 年 7 月 2 日杨铨的出殡下葬仪式。参见倪墨炎《为林语堂辨正一件事》，《新民晚报》，1982 年 2 月 18 日。当然，我要讲的意思不在此。

第五章　一个人在黑暗中吹口哨

现代中国文学有一个现象：鲁迅和其他左翼作家经常使用各种不同笔名。一般的解释是说这是他们为了避免国民党政权的迫害。但他们用匿名攻击林语堂和其他非当权的作家恐怕不能用这一理由。左翼作家创办《太白》杂志开始集中攻击时，林语堂写了《笔名之滥用》一文。林语堂先讨论了中国传统文化中士人用字、号的来由，然后直入主题：当代作家滥用笔名实际反映了当代作家人品不正，存在严重缺陷。它被用作一种面具，使他们可以攻击别人却不用负任何责任。"或是用真名字骂人或纠正朋友的错误，或作论理上的讨论，至少这是有勇气，光明正大，总像一回事"，而躲在暗处攻击别人好似手淫，是很卑鄙的行为，既"缺乏西洋'费儿泼赖'（Fair play），又缺乏中国士义道风"。[1] 然而，公开而公平的辩论，林语堂是不会得到的。他知道用各种笔名的攻击来自左翼作家，但不能确定鲁迅是不是也参与其中。[2]《人间世》一出，便遭到第一波攻击潮，此时林语堂还写信给鲁迅，询问攻击者都是谁，鲁迅回信给林语堂解释道，批评者有三种人，第一种是恶意的，其他两种人（包括左翼作家）都是善意的。[3] 八个月以后，鲁迅在《太白》用笔名发表《隐士》一文。该文表面上讽刺挖苦中国传统中的"隐士"之虚伪，然后笔锋一转，露出锋芒：

> 泰山崩，黄河溢，隐士们目无见，耳无闻，但苟有议及自己们或他的一伙的，则虽千里之外，半句之微，他便耳聪目明，奋

---

[1] 林语堂：《笔名之滥用》，《人间世》第十六期，1934年11月20日，第24页。
[2] 其实林语堂一直怀疑鲁迅用各种笔名攻击他。比如，他曾经怀疑胡风和徐懋庸都是鲁迅的笔名。参见童大中《鲁迅与林语堂》，第97、123页。
[3] 鲁迅：《致林语堂》，《鲁迅全集》第十三卷，第90页。

袂而起,好像事件之大,远胜于宇宙之灭亡者。[1]

鲁迅"杂文"从来不和对手就具体问题展开"理论性讨论"。这些杂文都是投向敌人的"匕首"。如此,则要先找到敌人弱点,然后对准目标猛击过去。但攻击的方式并不一定是直击过去,而往往是一种阴冷隐蔽的"匕首",在王顾左右而言他时,无意间顺手抛出,一击致命。鲁迅看准的林语堂的"弱点"有:对袁中郎学术与人品的不同看法,或是林语堂自封的书斋名"有不为斋"(鲁迅认为十足一个城市"隐士")。[2] 但整体看来,鲁迅投向林语堂的匕首没有他给其他敌人(如梁实秋)的那样毒,不过以下例子除外。

《人间世》第十二期做了一个辜鸿铭专辑,林语堂写了一篇短文阐述自己对辜鸿铭的理解。林语堂回忆道,自己读圣约翰大学时就喜欢读辜鸿铭的英文文章,尽管辜鸿铭政治上保皇反革命,林语堂还是很欣赏辜鸿铭文章展露的那种"洋气",陈友仁、孙中山也有那种"洋气",也就是中国人所谓的"骨气",在海外长大的人士常有这种"洋气"。林语堂进而写道:"此种蛮子骨气,江浙人不大懂也。"[3]

针对以上言论,鲁迅在《太白》第二卷第三期(1935年4月20日),当然是用另一个笔名,发表了以下段子:

---

1 鲁迅:《隐士》,《鲁迅全集》第六卷,第232页。
2 参见鲁迅《"招贴即扯"》,《鲁迅全集》第六卷,第235页。此文中鲁迅把林语堂及其同伙称作"蛀虫"。另外,在《"有不为斋"》一文中,鲁迅进一步挖苦林语堂的"不为",见《鲁迅全集》第八卷,第436页。
3 林语堂:《辜鸿铭》,《人间世》第十二期,1934年9月20日,第37页。"江浙人"有时被认为性格偏"软"。鲁迅是浙江人。

第五章　一个人在黑暗中吹口哨

> 辜鸿铭先生赞小脚；
> 郑孝胥先生讲王道；
> 林语堂先生谈性灵。[1]

尽管如此，林语堂也没有丝毫让步的意思。鲁迅该段子发表几个月后，英文《天下》杂志创刊，这是民国时期一份高质量的英文学术刊物，林语堂为编委之一。而刊物中文名"天下"两字，林语堂用的是郑孝胥的书法。林语堂似乎执意要标明：我欣赏并使用一个汉奸的书法并不表明我就成了一个汉奸。在民族主义高涨的三十年代的中国，敢于如此执着，还是需要一定勇气和"蛮性"的。

在回击左翼作家的围剿时，林语堂也没有吝啬自己的笔。如果说1930年9月11日"小评论"专栏只是对"红潮"勾勒出客观的观察，那么现在林语堂则是明确地站在批判的立场，而且林语堂的批判语调一样犀利而泼辣。在《游杭再记》中，林语堂写到，他于11月末刚写完英文《吾国与吾民》书稿，去杭州郊游一天放松一下，他正要走入公园里举办的赏菊大会，"见有二青年，口里含一枝苏俄香烟，手里夹一本什么斯基的译本"，于是立刻假装只是路过，并没进去看赏菊大会，生怕被说成是"有闲阶级"玩物丧志而误国，没想到那两个青年却大大方方进去了。[2]

林语堂的一谈、二谈、三谈、四谈螺丝钉系列散文，用沙龙谈话方式漫谈中西文化差异，其间林语堂借"柳先生""柳夫人"之口，对

1　鲁迅：《"天生蛮性"——为"江浙人"所不懂的》，《鲁迅全集》第八卷，第432页。
2　林语堂：《游杭再记》，《论语》第五十五期，1934年12月16日，第316—317页。

"普罗作家"大肆挞伐：

> 柳夫人：我想文化最后的标准，是看他教人在世上活的痛快不痛快。活的痛快便是文化好，活的不痛快，便是文化不好。
>
> 柳：像中国的陶渊明那样恬淡自甘的生活，中国文化能养出一个陶渊明，你能说中国文化不好吗？能养出一个夜游赤壁的苏东坡，你能说中国文化不好吗？
>
> 朱：你可别让普罗听见，要说你落伍了。
>
> 柳夫人：狗娘养的。那些拾人牙慧未学做人之流你别管他了。他们会的是挂狗领，打领结，唱哈尔滨时调，做欧化散文。陶渊明鸡鸣桑树颠采菊东篱下的生活，据说并非大众的农民的生活，而赤壁赋江上之清风与山中之明月是资本阶级才有的。放屁不放屁？普罗不要人家赏菊，只要人家吃芝古力糖。菊花中国所有，所以一赏就是落伍，芝古力糖出自西洋，共女学生食之就是革命。我看他们的灵魂不是臭铜坯做的就是芝古力糖做的。黄金黄金，一切是黄金。不是黄金就不值钱。
>
> 柳：普罗作家是什么，就是穷酸秀才之变相。听他罢了。[1]

林语堂也不用"骂"太久了，因为他会发现，他的文艺理念与风格在美国大受欢迎，而他将踏上一个全新的跨文化之旅。

---

[1] 林语堂：《四谈螺丝钉》，《宇宙风》第六期，1935年12月1日，第276—277页。

第六章

"我的中国"：东方向西方倾谈

与赛珍珠和华尔希结缘

　　林语堂是现代中国西化派学人中的佼佼者，留洋欧美，回国后又结交了许多在华洋人，特别是一些国际进步人士、记者等。在三十年代的上海，林语堂不仅为英文《中国评论》周报"小评论"专栏撰稿，也是英文《天下》杂志主编之一，还担任中央研究院蔡元培院长的英文秘书。1927年"大革命"时期，林语堂和激进的美国共产党员普罗姆（Rayna Prohme）女士过往甚密。参与中国民权保障同盟期间，林语堂又和斯诺、史沫特莱、伊罗生等西方进步记者多有交往。1933年，萧伯纳到上海短暂访问，在上海文化界掀起一阵涟漪。中国的"幽默大师"款待英国的"幽默师爷"，林语堂、萧伯纳相谈甚欢，好不热闹。也是1933年，上海文艺界接待了另一位国际知名作家——刚刚获得美国普利策文学奖的赛珍珠。和赛珍珠的交往改变了林语堂整个后半生，使他此后踏上了美国的征途。

赛珍珠其实不能算外人，起码不完全是。她父母是在华美国传教士，她跟着父母在中国长大。传教士接触的是下层老百姓，赛珍珠在中国阿妈阿婶的呵护中长大成人，觉得中国老百姓人好，对他们多有称颂。1931年，赛珍珠的第二部小说《大地》在美国出版，大获成功。小说描写一个叫王龙的中国农民，勤俭治家，日子有起有落。写中国故事而获美国殊荣，这在中美文化关系史上开了先河。虽然赛珍珠获得的荣誉和地位不需要中国人核准，但她还是很在乎中国人怎么看。然而，《大地》在中国的评价却远非在美国那样受到一致褒奖。比如，江亢虎在《纽约时报》撰文，声称自己作为"一个中国学者"为中国发声，对赛珍珠提出尖锐批评。在此争议声中，林语堂站了出来，为赛珍珠鼓掌。[1]

赛珍珠生于传教士家庭，自己也是传教士，但对在华传教事业却不以为然。赛珍珠成名后于1932年到美国巡游，11月2日在纽约演讲，题目就是"海外传教事业有可为吗？"。演讲稿整理后发表在《哈珀》（Harper）杂志上，其中对在华传教士的一些做法提出尖锐批评。美国传教界对此大为不满，赛珍珠索性宣布自己不做传教这一行了。1933年6月11日，纽约的《先驱论坛报》（Herald Tribune）登了一篇报道：《中国作家赞赏赛珍珠立场——林语堂，牧师之子，称之为"进步之举"》。记者凯恩写道："中国哲学家、教育家、作家林语堂博士发表声明，赞赏《大地》作者赛珍珠，称'其演讲和作品有胆识够诚实'，

---

[1] 有关赛珍珠在中国的争议，详见 Qian Suoqiao, *Liberal Cosmopolitan: Lin Yutang and Middling Chinese Modernity*, pp. 88–94；Qian Suoqiao, "Pearl S. Buck/ 赛珍珠 As Cosmopolitan Critic", *Comparative American Studies: An International Journal* vol. 3, No. 2 (2005): 153–172.

第六章 "我的中国"：东方向西方倾谈

并称'只有这样，日渐式微的基督教才有希望，这不仅在中国，在全世界都如此'。"[1] 林语堂是牧师的儿子，对赛珍珠受到的批评有切身体会，其声明写道："事实上，许多来华传教士狭隘、偏执、粗俗。他们来时就带着偏见，往好了说是带着怜悯，来教化异教徒，而这不是出于爱，而是出于他们对天上某个上帝的责任。"[2] 声明还谈到赛珍珠小说中有关中国、中国人描述的真实性问题，"该中国哲学家对那些企图质疑赛珍珠的中国知识和描绘的中国人形象大不以为然，表示'赛珍珠描绘的中国人生活有喜怒哀乐，生机勃勃，非常准确'"[3]。这篇报道应该是林语堂支援赛珍珠最早的记录，当时他们还没见面，已是志同道合。1933年9月1日，林语堂在自己的《论语》杂志上又发表了《白克夫人之伟大》，盛赞赛珍珠和《大地》，指出赛珍珠向世界推广中国文化的功劳远胜那些自诩的爱国者，这种爱国者狭隘偏执，只知道把中国罩个面具呈现给世界。[4]

按斯诺夫人海伦的回忆，是她首先通过朋友麦考马斯（Carol McComas）引荐了林语堂和赛珍珠见面。[5] 据赛珍珠回忆，1933年她结束美国巡游回中国途中，还在船上时便收到一位美国女士的邀请函，要设家宴款待她和《中国评论》周报的成员。赛珍珠欣然答应，因为林语堂是该刊编辑之一，他的"小评论"专栏赛珍珠一直在追读，早就想

---

[1] Victor Keen, "Chinese Writer Praises Stand of Pearl Buck", *New York Herald Tribune* (June 11, 1933), 2–II.
[2] Victor Keen, "Chinese Writer Praises Stand of Pearl Buck".
[3] Victor Keen, "Chinese Writer Praises Stand of Pearl Buck".
[4] 参见林语堂：《白克夫人之伟大》，《论语》第二十四期，1933年9月1日，第880页。有关此内容的详尽讨论，参见 Qian Suoqiao, *Liberal Cosmopolitan: Lin Yutang and Middling Chinese Modernity*, pp. 88–94。
[5] Helen Foster Snow, *My China Years*, p. 121.

一睹其风采。赛氏10月2日抵沪[1]，10月4日由礼拜三讨论组、笔会、文学研究会以及《中国评论》周报共同举办接风会，她发表演说《新的爱国主义》（后发表于《中国评论》周报）。[2] 林语堂和赛珍珠应该是在此接风会上首次见面的。次日，林语堂夫人廖翠凤设家宴宴请赛珍珠，席间陪客只另外邀请了胡适。赛氏很高兴认识林夫人（以后两人经常用英文通信，林夫人简称"Hong"），很喜欢她做的美味佳肴，同时饶有兴味地聆听"两位知名中国绅士的交流，两位脾性相差很大，很明显缺乏理解，胡适对稍年轻的林语堂略带轻蔑，而林语堂气盛也不可挡"。[3] 显然，当晚胡适和林语堂话不太投机，胡适早早走了。林语堂便告诉赛珍珠，他也在写一本有关中国的书——这便是后来的《吾国与吾民》。

赛珍珠在回忆录中说，她听到"一位中国作家要用英文写一本中国的书非常兴奋"，即刻便写信给庄台公司，"建议他们立刻关注这位中国作家，而他当时在西方无人知晓"。[4] 查阅赛珍珠和华尔希的通讯，赛珍珠确实是一见过林语堂之后便把他推荐给了华尔希，但还没提到林语堂写的书。1933年10月12日，赛氏给华尔希的信中附了两篇林

---

1 参见 Peter Conn, *Pearl S. Buck: A Cultural Biography*, Cambridge: Cambridge University Press, 1996, p. 159。
2 这次接风会是否就是赛珍珠回忆录中提到的美国女士的家宴？很可能是。参见 Pearl S. Buck, *My Several Worlds: A Personal Record*, New York: The John Day Company, 1954, pp. 287-288；另参见 Pearl S. Buck, "The New Patriotism", *The China Critic* VI (1933), p. 1003, note。
3 Pearl S. Buck, *My Several Worlds: A Personal Record*, p. 288.
4 Pearl S. Buck, *My Several Worlds: A Personal Record*, p. 288.

第六章 "我的中国"：东方向西方倾谈

语堂的"小评论"，并介绍林语堂为"中国首屈一指的散文家"。[1] 赛氏另答应为华尔希推荐更多中国作家。显然，赛珍珠事先讲好要向华尔希推荐中国作家，为华尔希刚接手的《亚洲》杂志撰稿。理查德·华尔希哈佛毕业，属自由派知识分子，在纽约出版界、知识界交游甚广。他首先赏识赛珍珠的才华，策划《大地》出版并大获成功，同时使他的小型出版公司庄台公司站稳脚跟，蓄势待发。《大地》成功后，华尔希大受鼓舞，觉察到在美国出版界中国题材图书还有很大市场正在开启，他得抓住机会进一步拓展。同时，华尔希和赛珍珠相爱了，于是华尔希索性追到中国来了。[2]

华尔希收到赛珍珠的推荐信便去函林语堂，还附上庄台刚出的赛珍珠《水浒》英译本。《亚洲》杂志一般不登已发表的文章，但华尔希还是选了一篇林语堂的"小评论"文章重刊。[3] 林语堂在其"小评论"专栏亦写了一篇《水浒》英译本的书评，赞其为"赛珍珠代表中国献给世界的最美礼物之一"[4]。赛珍珠又把该书许多英文书评转给林语堂，林氏译成中文后发表于上海的杂志。[5] 1934 年 1 月 11 日，林氏致赛氏函中要赛氏放心，在中国有"许多沉默的人士"欣赏她有关中国的创作，江亢虎那种人只是"小人小心眼"——这是潘光旦的评语。同时，

---

1 赛珍珠信中还提到，林语堂现居上海租界，"由于政治原因，非常低调"。这时杨铨刚遭暗杀，作为中国民权保障同盟执委之一，林语堂被认为是下一个目标。本书所引的第一手书信资料，包括赛珍珠、华尔希、林语堂、廖翠凤之间的英文书信，均源自 The John Day Company archive, Princeton University，以及台北林语堂故居所藏。
2 有关华尔希和赛珍珠关系发展的详述，可参见 Peter Conn, *Pearl S. Buck: A Cultural Biography*。
3 《亚洲》杂志 1934 年 6 月登载"The Lost Mandarin"一文，支付林语堂 75 美元版税。假如不算在《中国留学生月刊》发表过的文章，这应该是林语堂第一篇在美国杂志刊登的文章。
4 Lin Yutang, "All Men Are Brothers", *The China Critic* (January 4, 1934), p. 18.
5 林语堂：《水浒西评》，《人言周刊》，1934 年 3 月 10 日。

169

林语堂传：中国文化重生之道

　　林语堂告诉赛珍珠，他这周便开始写他自己的中国书，书中他"要把中国的床单放在世界的屋顶晒晒，最终又要成为中国最佳的吹鼓手"。

　　华尔希告知林语堂 1934 年 2 月初抵沪，林语堂为他准备家宴接风。2 月 6 日，林氏致赛氏函表明，林语堂知晓华尔希已经抵沪，约定 8 日宴请，其他嘉宾有潘光旦、李济（考古学家）、邵洵美、徐新六（银行家，睡觉前读法朗士 [Anatole France] 的法文作品）、全增嘏和丁西林（物理学家）。[1] 随此函林语堂还附上他写的中国书的导引部分，请赛珍珠批评指正，并说"你可以把它给华尔希看看，假如他感兴趣的话"。据华尔希第二天给林语堂的函，8 日的聚会非常成功。华尔希写道："我想即便是你，对美国人如此了解，也无法完全理解我对昨晚的相遇有多么高兴。"华尔希说基本上到席的所有嘉宾都能为《亚洲》杂志撰稿，而他对林语堂的书尤为向往，非常喜欢其梗概和导引。他建议等他 4 月回到上海后便敲定双方合同细节。这批人 4 月 13 日又聚了一次，到 4 月 17 日华氏和林氏已经签好出版合同，互相祝愿新缘分的开启。

　　　　林氏对华尔希："我非常珍惜通过白克夫人和你建立的这层关系。"[2]

　　　　华尔希对林氏："我非常高兴有缘相识，不光是我对你的书非常看好，而且期待和你建立长久而愉快的出版关系。"[3]

1　林语堂告诉赛珍珠，胡适此时在上海，但他不想邀请，除非赛珍珠和华尔希要求。最初拟定的嘉宾名单还包括鲁迅、郁达夫和茅盾，但因为他们不懂英文，后来林语堂也就算了。
2　Lin Yutang, "Letter to Richard Walsh" (April 14, 1934).
3　Richard Walsh, "Letter to Lin Yutang" (April 14, 1934).

第六章　"我的中国"：东方向西方倾谈

　　华尔希这趟中国行可谓双丰收。赛珍珠离开生活四十年的中国和华尔希一同赴美，不久他们在纽约结成伉俪。同时，华尔希为他的庄台公司物色了一位出色的中国作者，双方很可能建立长久的出版关系。对林语堂来说，此时他还不知道这次相遇将会彻底改变他的人生旅途。在接下来几十年里，赛珍珠和林语堂成为庄台公司两位最受欢迎的作家，而华尔希不仅是一个精明的出版商，同时也是中美文化和政治交流领域的活动家，他们将组成绝佳"三人组"，把中国推向美国和世界，影响深远。林语堂在美国出版的一系列畅销书都由庄台公司出版，而且，华尔希也将成为林语堂在美的接待人、实际上的经纪人，不光出书售书，还负责安排演讲以及其他活动。林语堂和赛珍珠／华尔希将建立一个全面而独特的关系，公私兼顾，他们的合作也是二十世纪中美文化交往的一面镜子。

《吾国与吾民》

　　所谓"国民性"问题是中国现代性的中心话题之一。鲁迅的国民性批判论述，特别是其创造的"阿Q"形象，一直都是国内中学教材课题。其实这个问题并不是由中国知识分子首创的。自从西方人开始接触中国，从十七世纪的法国汉学家杜赫德到十九、二十世纪的美国传教士

171

明恩溥，都发表过有关"中国国民性"的论述。[1]鲁迅对中国传统文化的全面批评，其灵感正出自明恩溥《中国人的特性》一书的有关论述。鲁迅临终前仍念念不忘，要中国人翻译、阅读明恩溥《中国人的特性》一书。[2]当然，有关中国国民性的论述还有其他声音，比如辜鸿铭的英文专著《中国人的精神》，其实就是对汉学界的有关论述，尤其是明恩溥一书的回应。对于这些文本及其争论，林语堂当然明了，而《吾国与吾民》以其独特的视角与风格介入了这一话语传统。[3]

《吾国与吾民》写作和出版的直接诱因是赛珍珠小说《大地》的成功，也可以看成其姊妹篇。《大地》在美国读者看来是一部"族裔"小说，其成功在于描绘了中国人生活的典型。但也受到江亢虎等批评家的质疑，指责它并没有反映中国人生活及文化的精髓。《吾国与吾民》就是要讲中国文化和生活的精髓，论述全面又精致，笔调生动而有趣，西方读者读来倍感亲切。

对赛珍珠的另一种批评，是说她毕竟是个美国传教士，这一身份属性使她无法描绘出中国的真相。有意思的是，《吾国与吾民》开卷（包括赛珍珠写的"引言"、林语堂"作者序"和"前言"）便探究这

---

1 参见 Jean Baptiste du Halde, *The General History of China*, London: J. Watts, 1741; Arthur Smith, *Chinese Characteristics*, New York: Revell, 1894。鲁迅临终前有言，希望明恩溥的《中国人的特性》一书有中译本出版。就此鲁迅可以安息了，我已见过三个中译版本：《中国人气质》，张梦阳、王丽娟译，兰州：敦煌文艺出版社，1995年9月；《中国人的性格》，乐爱国、张华玉译，北京：学苑出版社，1998年4月；《中国人的素质》，秦悦译，上海：学林出版社，2001年5月。

2 有关鲁迅与明恩溥之间关系的研究，参见 Lydia H. Liu, *Translingual Practice: Literature, National Culture, and Translated Modernity*。

3 Gu Hongming, *The Spirit of the Chinese People*, Peking: The Peking Daily News, 1915. 另参见 Qian Suoqiao, *Liberal Cosmopolitan: Lin Yutang and Middling Chinese Modernity*, p. 44, p. 56。

第六章 "我的中国"：东方向西方倾谈

一问题：谁有资格为世界阐释"中国"——这个"伟大的神秘'存在'（Dasein）"？[1] 在西方，历来都是由所谓"中国通"来传播有关中国的知识和信息，这些"中国通"可能是传教士、传教士的子女、踏足"远东"的探险家，或是英文报刊的记者。通常他们不会中文，生活在自己的洋人社交圈，靠他们的中国厨师或仆人获取有关中国和中国人的知识，然后以他们自己的习俗和价值观来评判中国人的生活方式。西方读者由此获得的某种中国形象，当然偏颇。但中国人自己就一定是本国问题及形象的最佳阐释者吗？未必。中国人自己往往身在庐山，难见其真面目。林语堂在"作者序"里特别声明自己不是那些"超级爱国者"，"他们的爱国主义不是我的爱国主义"，这本书也不是为他们写的；他不以自己国家为耻，不怕指出中国面临的缺陷和不足，因为"中国的胸怀要比那些超级爱国者的大，并不需要他们刻意漂白"。[2] 那到底应该由谁来向世界阐释"中国"呢？林语堂并没有明言，而是由赛珍珠在其"引言"中点破。赛珍珠解释说，西方读者早就渴望能从当代中国知识分子自己的作品中了解到真实的中国。问题是，中国一二十年来被推进"现代"，虽然绝大多数人还是文盲，按照一贯的传统方式生活，但中国的精英阶层却突然都变得"现代"了，都能说英语，一心要赶上西方的潮流。他们都很"爱国"，不愿对外披露中国任何的负面问题；他们和大众老百姓脱节，蔑视其"落后"，搞得自己在自己的国家像个外国人一样，自卑心理过重。如此扭曲心态，我们如何期待从他们笔下获得真实的中国形象？尽管如此，赛珍珠还是认为，最适合为西方阐释

---

1 Lin Yutang, *My Country and My People*, New York: John Day, 1935, p. 4.
2 Lin Yutang, *My Country and My People*, pp. xiii–xiv.

林语堂传：中国文化重生之道

真实之中国的人，还得在留过洋、英语流畅的当代中国知识分子中去找，关键是此人必须留洋后再回到自己的文化，回到"老的中国"，以一种幽默而自信的态度来观察中国。可是，"要找这样的人难度太大，既要受过现代教育能写英文，又不能和自己的文化脱节，同时又能保持一定距离，去理解其意义，既要理解其传统意味，又能体会其现代意蕴，难！"[1] 但是，赛珍珠说，她一读完《吾国与吾民》，她知道：这个人出现了。

在"作者序"中，林语堂列出以下在沪外籍朋友，以示致谢：塞尔斯卡·冈太太（Mrs. Selskar M. Gunn）、贝尔纳丁·索尔兹·弗利兹（Bernardine Szold Fritz）和翁格恩-斯滕博格（Ungern-Sternberg），"是她们，有时是一个一个，有时是一起，不断唠叨催促我写这本书"。[2] 林语堂也致谢赛珍珠：她"自始至终一直给我鼓励，出版前还亲自通读全稿并加以编辑"。同时也致谢华尔希：他"在整个出版过程中都提供了宝贵建议"。还有丽莲·佩弗（Lillian Peffer），她"负责排版、校对以及索引"。[3] 对照林语堂和华尔希/赛珍珠之间的来往通信，以上描述准确概括了该书的写作和出版过程。庄台公司人员的编辑业务相当专业，但这完全没有影响作者的独立性和自主性。

到1934年5月19日，华尔希还在返美途中，林语堂已经写完四

---

1 Pearl S. Buck, "Introduction" in *My Country and My People*, p. xii.
2 Lin Yutang, *My Country and My People*, p. xiv. 这些人都是林家的好朋友，弗里茨写过一篇林语堂传记性材料，未见发表，其中披露他们会一块郊游，见本书第四章。斯滕博格策划了《吾国与吾民》德文版的出版。
3 Lin Yutang, *My Country and My People*, p. xiv. 丽莲·佩弗是著名远东事务记者南瑟妮尔·佩弗的姐妹。她认真负责，熟悉东方文化，是庄台公司一位专业文字编辑，赛珍珠的书也都是她担任文字编辑。

第六章 "我的中国"：东方向西方倾谈

章，寄给了华尔希。他计划最晚9月完成书稿，但实际上要到次年2月才写完。这完全可以理解，要知道此时林语堂的中文写作任务也很繁重。一开始林语堂就对华尔希表明，欢迎直率坦诚的批评意见：

> 我绝对欢迎你从美国人的角度提出任何批评意见，在此无须考虑所谓中国式的礼貌。
> 在整个出版过程中，为方便起见，在以下几个范畴，敬请适当修订：
> 1. 明显的拼写错误和打字错误。
> 2. 笔误——按照现代用法标准，而不是按语法家的规范。
> 3. 涉及西方名字和历史事实有所不准确处。
> 以上方面所作改正，我将深表感谢。[1]

整个编务事项，庄台公司人员基本都是按照上述尺码操作。比如，有时林语堂文中用到中英比较，华尔希会尽可能把"英"换作"西"或"美"，多半是出于市场考虑。除此之外，林语堂对书稿的构思、文体、进程完全自己掌控。一开始还有个梗概，后来觉得没法完全按此写下去，还不如顺其思路创作为佳。

是年七、八月，上海太热，林语堂想专心写书，便携全家上庐山牯岭避暑胜地。他在牯岭写了第四章《理想生活》（书稿称作第六章）和第五章《女性生活》（书稿称作第七章），但结果正是对这两章，华尔希和赛珍珠提出很多意见且改动最多。后来林语堂也不得不承认，这趟牯

---

[1] Lin Yutang, "Letter to Richard Walsh" (May 19, 1934).

岭之行算是失败的。

　　华尔希读完《理想生活》一章后觉得不及前面几章的水平，便如实告知林氏。华尔希的批评意见既笼统又很具体："感觉行文节奏和准确性不够流畅"[1]，建议开头四页全部删掉。林语堂回函感谢华尔希的批评意见，同时表达惊奇，因为自己觉得这一章比前面几章写得都要好，并表示乐意作部分修改。林氏回信这么说："我不清楚这里是否伤害了基督徒的神经，但出自一个牧师的儿子也很自然……希望你能谅解。"[2] 林语堂继续鼓励华尔希给予诚恳的批评意见："你知道我可是宰相肚里能撑船的，在中国人的环境中早就学会了这一艺术。要不然，我可根本没法活。"[3] 尽管如此，林语堂还是希望华尔希对下一章《女性生活》会看得比较顺眼。

　　此时，赛珍珠已是庄台公司一员，担任业余编辑，她对林语堂的书稿格外上心，特别是讲中国女性这章。读完后赛珍珠去函林语堂以表祝贺：该章"总的来说非常精彩、极有价值"[4]。但她同时指出，该章写得有点散漫，好多重复，好像自己不太确定，所以来回唠叨："你好像一个泳者，站在很冷的水边。你下定决心要跳下去，你最终也跳下去了，但是在岸上踯躅了很久。"[5] 赛珍珠建议整章改得紧凑点，并主动提出为林氏修正。林语堂收到赛氏来函并于11月18日回函时，他自己已经删

1　Richard Walsh, "Letter to Lin Yutang" (August 27, 1934).
2　Lin Yutang, "Letter to Richard Walsh" (September 22, 1934). 函中还附有林氏写于次日的信，信中林语堂告诉华尔希他将重新组织该章：该章将从原稿第9页开始，保留第9至16页，重写第17至32页。而新的章节如下：一、中国现实主义；二、缺乏宗教；三、中庸之道；四、国民性；五、道教；六、佛教。
3　Lin Yutang, "Letter to Richard Walsh" (September 22, 1934).
4　Pearl S. Buck, "Letter to Lin Yutang" (October 17, 1934).
5　Pearl S. Buck, "Letter to Lin Yutang" (October 17, 1934).

第六章 "我的中国"：东方向西方倾谈

了开头十四页，觉得这是最散漫的部分，重写开头一段，至于该章其他部分，"赛珍珠可以自己看着办，作适当修改"[1]。林语堂还自我解释道，这是他第一次写书，以前都是写散文，可以漫谈，但写书就不一定合适。而就女性话题，林语堂写道："写女人这章有问题，因为一想到这个问题我头就大。我仔细斟酌过宇宙间大部分问题，都能理通顺，唯独一讲女人，往往就自相矛盾。"[2] 在下封致华尔希的信中，林语堂考虑是否要重写整个一章，原来以为最精彩的，现在觉得最不满意。到来年1月，他又决定算了，还用原稿，因为一来没时间，二来赛珍珠已经通篇编辑过了。

和华尔希、赛珍珠合作，林语堂的态度总的来说都比较通达。他总是要求华氏／赛氏提供率直的批评意见并作出专业编辑。他认为作者永远是自己著作最糟糕的评论者，因为自己总是敝帚自珍，一个字都不想删改，然而书不是写给自己读的，最终的评判权在读者手里。至于书的出版和营销策略，林氏基本上都认可庄台公司的意见。林语堂与庄台公司签好合同后，便要求用深蓝金字作封面，越简洁越好，"我总觉得封面往往搞得很繁复，反而简洁一点更能吸引观众"[3]。庄台公司接受了林氏意见。除了专业编辑，庄台公司为推广营销该书主要做了两件事：把书的有关章节先送杂志发表，以及最终确定书名。林语堂写完一两章便抄送华尔希，华尔希再决定哪些章节可以先送杂志发表，这种方式在他们以后的合作中成为常态。当时华尔希刚刚担任《亚洲》杂志主编，

---

[1] Lin Yutang, "Letter to Richard Walsh" (November 8, 1934).
[2] Lin Yutang, "Letter to Richard Walsh" (November 8, 1934).
[3] Lin Yutang, "Letter to Richard Walsh" (May 19, 1934).

就从书稿中抽取了四篇文章先刊于该杂志。[1] 但《亚洲》杂志毕竟不是主流刊物，销量有限。华尔希成功说服《哈珀》杂志，刊登了书稿中的一节。[2]《哈珀》可是美国主流杂志，销量很大，林语堂赴美后经常在该杂志发表文章。另外，华尔希也把书稿寄给"每月读书会"，评审官对此书很有好感，但毕竟要选一部中国人写的书做"当月之选"实在太新奇了，最后没成。

至于给书起名，林语堂一开始便跟华尔希说出版社可以作最后决定，同时他也给过许多建议。书名要到最后一刻也即1935年夏书稿即将付印时才最后敲定。林语堂首先想到用"中国：一份告白"（China: A Confession），后又提出"我的同胞"（My Countrymen），但华尔希觉得前者作书名在美国不合适，后者感觉不够庄重。华尔希建议用"吾国与吾民"（My Country and My People）："我觉得这个既庄重又能吸眼球。"[3] 同时华尔希还是让林语堂想到什么合适的继续告诉他，林氏后来又想出好几个。除了华尔希建议的"吾国与吾民"，还有"思索中国"（Thinking of China）、"我们的祖国"（Our Grandfatherland）、"广阔的人性"（A Sea of Humanity）、"瞧，这人性的中国"（This Human China）、"微笑的中国"（Smiling China）、"生活与微笑"（We Live and Smile）、"饮茶"（She Sips Her Tea）、"悲悯的微笑"（Sorrowful

---

1 这四篇文章为："Qualities of the Chinese Mind" "The Virtues of an Old People" "A Tray of Loose Sands" "The Way Out for China"。

2 这篇文章为："Some Hard Words About Confucius", Harper's Magazine, CLXX (May, 1935): 717–726. 该文取自第五章《社会政治生活》，由赛珍珠缩编并题名。这篇文章《哈珀》杂志付了两百五十美元版税，其中庄台公司抽取二十五美元佣金，另外二十五美元支付给内弗（Neff）小姐，以酬谢她"从书稿中抽取章节的编辑工作"。可根据《哈珀》杂志编辑李·哈特曼给华尔希函，他们用的是"赛珍珠缩编的章节"。

3 Richard Walsh, "Letter to Lin Yutang" (February 20, 1935).

第六章 "我的中国"：东方向西方倾谈

Smiles），又说还是最喜欢"中国：一份告白"，第二选择是"思索中国"。[1] 四天后，林语堂又去信华尔希，让他忘掉上封信的建议，承认"吾国与吾民"可能是最好的，"但总还是觉得不够满意，有点拖泥带水，不够亲密"。[2] 4月12日，林语堂又写信提出三个书名："中国：奥德赛之旅"（China: An Odyssey）、"思索中国"、"我的中国"（My China），并说自己现在很中意"我的中国"。最后，庄台公司所有员工投票，一致同意用"吾国与吾民"，华尔希发电报给林语堂，要他相信他们对美国市场的了解和判断，林氏也欣然同意。到1935年5月，赛珍珠和丽莲·佩弗已校对全稿，作了必要的文字修改，又寄回给林语堂。林氏6月看了修订稿，接受大部分修改意见，但也坚持了一些自己原先的说法，又把修改的改了回去。8月份书正式出版，庄台公司做足了宣传推广工作。另外，华尔希还为此书洽谈商定了英国版，由海尼曼（Heinemann）公司于10月出版，刚好赶上1935年伦敦中国艺术展开幕式。[3]

华尔希读完最后刊印稿，去信林语堂，恭喜他做了件"了不起"的事情："我感觉该书在英美都会大受欢迎，希望还会译成许多其他

---

[1] Lin Yutang, "Letter to Richard Walsh" (March 21, 1935).
[2] Lin Yutang, "Letter to Richard Walsh" (March 25, 1935).
[3] 曾有英国出版商乔纳森·凯普（Jonathan Cape）先接洽林语堂，但华尔希在纽约见了海尼曼公司的查尔斯·埃文斯（Charles Evans），敲定了相当优惠的英国版合同：头3500册支付15%版税，接下来6500册20%，超过10000本以上25%，另加出版之日预付100英镑。海尼曼后来一直都是林语堂的英国出版商。根据林语堂同华尔希的合同，所有美国以外的版税庄台公司要和林语堂平分。华尔希解释说这是因为海外版税一般都比较少，庄台公司需耗费很多行政费用来操作。但对于英国版税，华尔希自愿作出让步，只收四分之一。林语堂欣然同意，谢了华尔希。林氏同时要求英国版能赶在伦敦中国艺术展之前出版，为此还写了英文长文"The Aesthetics of Chinese Calligraphy"（《中国书法的美学》），刊载于英文杂志《天下》月刊（1935年12月）。结果英国版还是到1936年春才出版。

语言。"[1]华尔希果然经验老到。《吾国与吾民》的出版在美国可谓一炮打响，好评如潮，各大报刊都有名人推荐，如卡尔·凡·多兰（Carl Van Doran）、克利佛顿·费迪曼（Clifton Fadiman）、范妮·布切尔（Fanny Butcher）、伊莎贝尔·帕特森（Isabel Patterson），等等。华尔希祝贺林语堂道："自《大地》以来，还没有其他书像这样受到媒体一致推崇的。"[2]

《纽约时报书评》1935年12月8日刊载埃米特·肯尼迪的书评：《东方向西方倾谈——一位中国作家精彩阐释本国古老文化》。文中写道，中国文化古老悠久，而中国人作为一个民族却如此年轻，他们还在孩童时期。一种文化保持了这种不可思议的长寿，可现在面对强加给他们的现代进步，却又一筹莫展。西方文化崇尚征服、冒险精神，中国文化却提倡耐力、消极抵抗。中国在物质上给世界贡献了许多礼物，但其精神礼物却没人好好讲过。读林博士的书是一种极大的精神启蒙，让人认识中国"光荣而多样的历史"，而这样一个热爱和平的民族当下却面临崩溃的危险。林语堂不怕说真话，他说，中国人在政治上一塌糊涂，在社会上像个小孩，但在休闲养生上，他们棒极了。最后，该文作者写道："我们以前可能会认为中国人陌生、怪怪的、神神叨叨、不可理喻，那是因为我们无缘交个中国人做知心朋友。读完林博士的书，我们应该

---

[1] Richard Walsh, "Letter to Lin Yutang" (May 13, 1935).
[2] Richard Walsh, "Letter to Lin Yutang" (December 10, 1935). 1935年5月16日林语堂致华尔希函中写道："昨天科尼利厄斯·范德比尔特（Cornelius Vanderbilt）在我这里。他告诉我罗斯福总统要他读我的书，说它和《强大美国》（Powerful America）为有关远东地区必读的两本书。他还告诉我菲律宾的美军统帅德拉姆（Drum）也要求指战员读我的书。"

第六章 "我的中国"：东方向西方倾谈

坚信中国一句老话：四海之内皆兄弟也。"[1]

《纽约时报》代表美国上层知识界的看法。说《吾国与吾民》在美国一炮打响获得成功，首先是指其销量，也就是说，《吾国与吾民》赢得了美国大量的一般读者。林语堂应该收到过很多读者来信，可惜没有保留。庄台公司保留了一些，挺有意思。多数读者称赞此书是他们读过所有有关中国的书中最棒的。有位读者来信说他在中国住了二十来年，读完此书后让他久久不能平静，忍不住拿起书来再读一遍，让他陷入久久沉思。还有一位华人读者来信声称自己既不是"真正的中国人"，但也没有完全被同化，对中国还有一颗心，可对中国又一无所知："读完该书后震动很大，为自己祖国拥有如此灿烂的文化感到骄傲，中国文明不光发明了火药和印刷术，而且在文化的各个方面——文学、建筑、绘画、艺术等等都绝不逊色于西方文化；可读到中国的现状又让人痛心。在一个拥有像作者这样如此有文化有教养人士的国度里，政府办事却依然要看脸色、运气和关系。"[2] 但读者来信大多数关注的是中国人的生活方式和生活艺术，包括"吃的艺术"，甚至有问具体的菜谱如何如何。维也纳一家大报主动把"中国饮食艺术"一节翻成德语。1936 年 1 月 17 日，林语堂致函华尔希："我收到好多读者来信，有一些是你转递的，询问如何做布丁、果酱、鸡炒饭、炖鱼翅之类。我是不是应该把它们扔进垃圾桶里？"但林语堂同时建议，李笠翁的《闲情偶寄》真应该全部翻译出来。[3]

---

1 R. Emmet Kennedy, "The East Speaks to the West: A Chinese Writer's Fine Interpretation of His Country's Ancient Culture", *The New York Times Book Review*, December 8, 1935.
2 Mrs. Letty McLean, "Letter to John Day Company" (December 26, 1936).
3 Lin Yutang, "Letter to Richard Walsh" (December 17, 1936).

《吾国与吾民》在国际上一炮打响后，美国记者文森特·斯塔雷特（Vincent Starrett）来到林语堂在上海愚园路的编辑办公室，作了一次访谈，其间讨论到该书中文版事宜：

> 我问道："你会自己翻译吗？还是请别人翻译？"
>
> 林语堂很不自在。
>
> "我想我不会让其他人做，"林语堂坦诚说道，身子在椅子上扭动，"好多人告诫我，为了中国，我有责任自己再做一遍，写成中文。"
>
> "你是说要重写一遍？"
>
> "也不是，可是最终好像还真差不多是这么回事。表达的方式会不同，是吧？得用中文、中国人习惯的方式，是不是？这本书是英文写的，写的时候只考虑到英文读者。要用中文为中国写，那有的部分要展开，有的部分要修改。这事很麻烦，真的很麻烦！但这书确实也是为中国的。也许我应该用我的母语再搞一遍，你说呢？"
>
> ……
>
> "可要是有人要求我把中文版再译成英文，那怎么办？天哪！"[1]

林语堂从未把《吾国与吾民》译成中文。次年他便移居美国，基本上都用英文写作，根本没时间。这样，该书在中国的影响和讨论只限

1　Vincent Starrett, "A Chinese Man of Letters", *Globe* (March 1936): 17–18.

第六章 "我的中国":东方向西方倾谈

于能说英语的知识群。其实林语堂很怕该书译成中文。他告诉华尔希:"该书在中国不会有中文评论。我尽量低调不作宣传,国人中懂英文的才能读。你能想象我用中文把书中写的都说出来?那我还不被那般中学毕业的'普罗作家'给碎尸万段了?我居然还有闲情去写中国的诗歌、绘画诸如此类?"[1]他告知华尔希,他以后有时间也许会把书译成中文,不过书中主要观点其实在他的中文小品文中都已经讲过,只是没这么集中成书而已。

《吾国与吾民》在中国的回应,林语堂在乎的不是来自左翼"普罗作家"的批评,因为他们看不懂,而是就职于国民政府的留英美人士("爱国者")。林语堂和华尔希的来往通信显示,围绕原稿第二章(即最后书中"结语")的去存,林氏曾犹豫不决,压力很大。原稿第二章痛批当下中国在国民政府统治下的乱象。本来该章题为"告白",写好后最先递交给华尔希,华尔希看完非常喜欢,要单独先发表于《亚洲》杂志。后来《哈珀》拿到稿子后也立刻表示很感兴趣,想要发表。但林语堂1934年致函华尔希表示自己还不是非常满意,可能要修改。7月5日又致函华尔希说自己没时间改,"管它呢,就这么发表了"。他解释道,他对现政府说了许多"讨厌的"话,但一般都是"裹了层糖衣的","而这一章,可都是赤裸裸的苦口,而且我也不想裹糖衣"。[2]然而到了1934年9月9日,林语堂决定无论书中或杂志上都不发表该章,因为中国政局不稳,卡得越来越紧。华尔希回信表示理解,也很惋惜,希望最终林氏会改变主意。1934年12月10日,林语堂去信华尔希,说他

---

1 Lin Yutang, "Letter to Richard Walsh" (October 25, 1935).
2 Lin Yutang, "Letter to Richard Walsh" (July 5, 1934).

的书可能会受到某种"政府警告",被指责"不爱自己的国家",他得想办法做点自我保护功夫。十一天后,林语堂又对华尔希说,好几个朋友劝他不要发表该章,他要等到1935年1月15日再作决定。1月18日,林语堂专门去函说,"鉴于我们这边所能容许的自由度",他不得不删除整个章节。而且林语堂清楚跟他过不去的对手是谁——国民党机关报《国民新报》及其主编汤良礼,因为《中国评论》周报不断受到他们的骚扰和压力。然而,到1935年3月15日,林语堂最后决定保留原稿第二章,并"稍作删改"挪到书尾作"结语"。3月25日,林语堂又去信确认保留"结语"部分,只是在"结语"第二节前加一句话:"如下陈述不应当看成是对当下国民政府的描述,而是陈述政府所面临的艰巨任务,以便能正本清源、恢复秩序。"[1]

即使作了"适当删改"并加上以上提醒,该书"结语"部分仍到处看到对当下国民政府的犀利控诉。比如以下这段:

> 中国农民不需要卖妻卖女来赋税,尽管江北有些农民现在不得不如此;假如他们没赋新税,军人不会禁止他们收割庄稼作为处罚,尽管广东番禺县县长1934年夏天就是这么干的。中国人不需要预付三十年后的税,尽管四川人现在得要;他们不需要缴付超过通常农业税三十倍的农业附加税,尽管现在江西人得缴。农民不会被逼缴税,缴不出便关进监狱挨鞭抽整夜嚎叫,尽管在陕西现在监狱里整夜都听到鞭打哭叫声。可怜的中国

---

[1] 最后出版的书中插了这句话,相当别扭。有意思的是,台湾二十世纪七十年代出的中文版,"结语"第二部分仍全部删除。

人，生活在地球上管治最糟糕的国家，挣扎于他们无法理解的各种漩涡中，以超人的耐心与善良忍受一切，愿这种善良和坚忍不拔最终能战胜一切。他们最后一头牛也被卖掉时，那就让他们去做土匪吧。他们最后一件家当也被抢走时，就让他们去当乞丐吧。[1]

在国内英语圈，有三份书评分别代表三种态度。吴经熊于英文《天下》月刊撰文，称颂林语堂为"中国思想界佼佼者，只需稍加时日，一定能成为整个人类文化果实之极品"[2]。另外，姚莘农也在《中国评论》周报发表了一封公开信，语调好似温开水。姚莘农称赞《吾国与吾民》"是本有关中国的难得的好书"，尤其带有作者的自传色彩，很有特色，"但是书中所谓的'吾民'只能说是泛称知识阶级群体，而不是所有四万万中国人"。[3]《中国评论》周报在发表姚莘农的公开信时同时插了一段林语堂的简短声明，林氏表示自己是福建"龙溪村娃"："我从小就下田种地、上山砍柴、河里捉鱼虾，谁能指责我不了解中国农民呢？'吾民'正是他们，而非穿长衫的乡绅，也不是穿洋装说英语的华人。"[4]

果不其然，最严厉的攻击来自英文《国民新报》，也是一封公开

1　Lin Yutang, *My Country and My People*, p. 352.
2　John C. H. Wu, "Book Reviews: *My Country and My People* by Lin Yutang", *T'ien Hsia Monthly*, Vol. I, No. 4 (November 1935), pp. 468–473.
3　Yao Hsin-nung, "An Open Letter to Dr. Lin Yutang", *The China Critic* (November 14, 1935), p. 152.
4　Yao Hsin-nung, "An Open Letter to Dr. Lin Yutang", p. 152. 这种评论很像对赛珍珠的争议，只是指责对象倒过来而已。参见 Qian Suoqiao, "Pearl S. Buck/ 赛珍珠 As a Cosmopolitan Critic"。

林语堂传：中国文化重生之道

信，署名"一个中国人"，开头便是讥讽的语调："哦哟，著名的小评论家现在可是世界级的畅销书大作家了。真的非常成功，'卖'了你的国家和人民。"[1] 除了讽刺挖苦、人身攻击，公开信指责林语堂"卖国卖民"主要有以下几点。首先，林语堂披露国民政府的缺陷与失败取悦在华外国人和外国媒体，他们一向敌视中国国民政府及其重建工程，该书在外文媒体得到追捧反而证明这一点。"一个中国人"挖苦道：林语堂应该建议出版商把书送到日本或"满洲国"，可以为他们蔑视中国添砖加瓦。[2] 再者，林语堂为国民政府治下的中国描绘了一幅黑暗、绝望的图像，且没有任何改进建议，但作者自己其实从国家领薪并担任重要的半官方性职位。尤为甚者，林语堂对国民政府的轻蔑指责故意扭曲事实，不仅不负责任，而且居心叵测。比如，有关农民税收问题，林语堂书中加了个脚注，引了一段汪精卫的声明作为佐证。可是他应该另外再加一个注脚，引用次年12月孔祥熙财长的声明，以示政府如何采取措施来

---

1 "Junius Sinicus", "The Letters of Junius Sinicus: To Dr. Lin Yu-Tang, Shanghai", *People's Tribune*, Vol. XXIV (December 16, 1935), p. 421. "Junius Sinicus" 可以译成"一个中国人"，但很明显该文出自《国民新报》主编汤良礼（1901—1970）之手。汤良礼是印尼华侨，时任汪精卫英文秘书。抗战时汪精卫叛变，组汪伪政府，汤良礼任宣传部政务次长，一个高调的"爱国者"变成汉奸，不知林语堂对此如何想的。英文《中国评论》周报和英文《国民新报》当时应该代表两个说英语的知识群体。

2 1937年10月13日，庄台公司纽约办公室进来一位客人，山冈（G. Yamaoka）先生，是美国日本商会主任。他来要求允许引用《吾国与吾民》中两段文字。这两段文字用于一本小册子，就几页，名叫"问与答"，由西雅图日本商会和北美日本人协会发行。小册子已经发行在用。这两段引文是这样的。问："中国是世界上税务最重的国家吗？"答："中国农民不需要卖妻卖女来交税……就让他们做乞丐吧！"（引自《吾国与吾民》第352页第三行至倒数第八行，正是如上所引）；问："中国官员和军阀贪污严重，这种指控是真的吗？"答："这样的国家当然是疯了……中国，作为一个民族，一定丧失了道德价值和是非观念。"（《吾国与吾民》第353页第九行至倒数第五行）。华尔希第二天马上回复："很遗憾我们不能答应你们的引用要求。林博士保留起诉你们侵权的权利。如果你们现在即刻停止散发小册子，林博士也就算了。" Richard Walsh, "Letter to G. Yamaoka" (October 14, 1937).

第六章　"我的中国"：东方向西方倾谈

改变这一状况。

　　林语堂致华尔希信中说到该评论，"我早就料到这种东西，自卑感强盛的中国'爱国者'专利"，并称这是一种"梅毒"。[1] 对此林语堂没作任何回应。林语堂赴美后，于 1937 年 2 月 23 日给友人刘驭万写了一封长信，回复有关对《吾国与吾民》的指责。林语堂申辩道：国人对我的非议，主要来自受过西洋教育、会说英文、自我意识极为敏感脆弱的"爱国人士"，我不奇怪。他们就像乡村的学童，被送到大都会洋场教会学堂上中学，却特别害怕被别人看到他的母亲来访。但有一种反应我没料到，说我写《吾国与吾民》是"卖国卖民发大财"，说这种话的人无耻。他们脑袋里怎么就只有个人私利，他们怎么就不能相信有人可以对自己的民族与文化作一番诚恳深入的剖析和解读？这种动机论指责太下贱。怎样才算为中国作真实而明智的宣传？西人又不是傻瓜，你把中国包装成个大美人，完美无缺，谁信啊？我的态度是实话实说，着重强调中国是个正在发展中的国家，正从多年混战和贫穷中慢慢地走出来。容不得对当下中国作任何批评，这种自卑心理要不得。假如你的"爱国"朋友担心《吾国与吾民》在海外给中国带来不良形象，可以请他们放心，因为事实恰恰相反。其实我画的中国也是个美人，不过脸上有个黑痣，西人却懂得欣赏，不弃反爱。我写此书不是为了给中国作政治宣传。我要写出中国的真善美丑，这是艺术创作。别老看那个痣，要看整体的美。我在书的最后一章坦诚写出当下中国人的痛苦与悲哀，如果你的朋友在一九三四至三五年感觉不到广大民众的怨愤，要战不能，要活不得，他们还算是"爱国者"吗？这些人养尊处优，根本不体察

---

[1] Lin Yutang, "Letter to Richard Walsh" (December 20, 1935).

民情。其实我也不在乎国人怎么看我的书。我的书写完了，读者各种各样，他们爱怎么看怎么看。反正有许多西方读者告诉我他们读了一遍又一遍。可惜的是，该书没有引起国人好好反思。[1]

另一方面，林语堂为美国舆论的热评深受感动。他对华尔希坦承，他自己的国人不了解他，"也许美国读者比我自己的同胞更能了解我，毕竟我整个思维架构和学术涵养都是西式的，尽管我基本性情是中式的"[2]。

《吾国与吾民》在美国的成功对林语堂踏上赴美旅程起到了重要的助推作用。

---

[1] Lin Yutang, "Letter to Liu Yuwan" (February 23, 1937). 刘驭万（1896—1966）毕业于欧伯林学院（Oberlin College），时任太平洋国际学会（Institute of Pacific Relations）中国分部执行秘书。

[2] Lin Yutang, "Letter to Richard Walsh" (December 14, 1935).

第七章

"中国哲学家"的诞生

去美国

林语堂决定赴美,既有"推"也有"拉"的因素,最后"拉"的因素起了关键作用,而且是花了一段时间斟酌后才最后决定的。林语堂原本打算去美国暂住一年,或许接下来再去欧洲待一年,没想到这一走改变了他以后的整个人生旅程。以后三十年,他基本上以纽约为居所,以英文写作,成为一个知名的"美国作家"。

1935年1月,《吾国与吾民》手稿差不多完成时,华尔希和赛珍珠(此时两人已结婚)第一次邀请林语堂赴美。林语堂1月12日的回复未置可否,只是说,他是该躲避一下,中国有些"神经脆弱的"人讨厌他的创作,但他不急,等找个好机会再说。考虑到即将出版的《吾国与吾民》对国民党政府有尖锐的批评,华尔希建议他在书出版前离开中国,以免麻烦。他请林语堂到他们在宾夕法尼亚州的新家做客,在美国待一年，可以作演讲，甚至给某个报刊写专栏，因为他确信林语堂的新书会给他带来许多机会。但林语堂还是婉拒了华尔希的邀请，觉得该计划欠妥，不够具体。他列了几点顾虑。一方面，他经济上虽然"足够"但并不富裕，要走就得全家一起走，来回旅途开销可得要好几千美元。另一方面，他到了美国，假如书销得很好，要有很多应酬，他就没得安宁了："我不介意成千上万的人读我的书，但我不喜欢抛头露面。"[1]

华尔希最后看完一遍，书稿付梓印刷之后，又写信给林语堂表达关切，生怕出版该书会给他在中国带来麻烦。他向林语堂表示，一旦林语堂决定离开中国，一定会受到美国这边的朋友热烈欢迎，而且只要他愿意作演讲，一定会有很多观众纷至沓来。10月1日，林语堂回信华尔希，让他不用为自己的安全太过操心，因为他已经采取措施做好自我保护。在中国，一切都要靠关系，他也很清楚，一旦出现什么麻烦，只要"上面"有人，一切都可以保过去。他担任《天下》月刊编委，就是为了找个"保护伞"，因为该杂志由"中山文化教育基金会"主办，而孙科[2]是该基金会的头；林语堂已经知道孙科本人挺喜欢他的书。再说，他现在实在太忙，根本走不开："我要打理三份中文杂志、两份英文杂志，每月要写八至十篇文章"，但他答应华尔希会多抽出时间给美国杂志写稿。[3]

确实，1933年至1936年是林语堂最繁忙、最多产的时期之一。除

---

[1] Lin Yutang, "Letter to Richard Walsh" (March 25, 1935), The John Day Company archive, Princeton University; Dr. Lin Yutang House.

[2] 孙科（1891—1973）是孙中山的儿子，1932年至1948年任国民政府立法院院长，当然是高层很有影响力的人物。

[3] Lin Yutang, "Letter to Richard Walsh" (October 1, 1935).

第七章 "中国哲学家"的诞生

了撰写《吾国与吾民》一书，他还是《中国评论》周报"小评论"专栏作家，还担任《天下》月刊编委，同时还创办了三份中文刊物《论语》《人间世》和《宇宙风》。1936 年 1 月，他告诉华尔希他正忙着搞一件大工程——编撰一本中文字典（不是中英词典），起码到夏天都没空。而且，1936 年 2 月至 5 月，林语堂还写了另一本英文书：《中国新闻舆论史》。该书受太平洋国际学会之邀而作，汇报中国新闻界状况，分别由上海别发洋行（Kelly & Walsh Ltd.）以及美国芝加哥大学出版社先后出版。《中国新闻舆论史》不仅是最早探讨中国新闻史的专著之一，而且是现代中国知识界首次系统探讨中国文化与民主之路的专著。该书是林语堂少数几部学术著述之一，至今在西方学界都是研究中国新闻史的重要参考书，而中文译本也首次于 2008 年出版。[1]

诚如林语堂自己所称，他是以历史学家的角色来撰写《中国新闻舆论史》。不过，林语堂开卷便表明，他所关注的历史事实得说明一个问题，即公共舆论如何在中国的历史长河中埋下民主的种子，因而他所写的中国新闻舆论史是"公共舆论和威权在中国如何竞争、争斗的历史"。[2] 本书分两大部分：古代部分和现代部分。古代部分着重阐述了南宋和晚明的儒士抗争运动，特别是东林党人和魏忠贤的长期抗争。林语堂总结道，中国历史表明，再多儒士刚正不阿、不畏强暴、大义凛然，这都没用，关键是要有一部能够保护人权、保障言论自由的宪法。不然，死了这么多仁人志士，最终还是宦官专权。现代部分的史料林语堂主要参考戈公振的《中国报学史》和白瑞华（Roswell S. Britton）的

---

[1] 参见林语堂《中国新闻舆论史》，刘小磊译，上海：上海人民出版社，2008 年 12 月。
[2] Lin Yutang, *A History of the Press and Public Opinion in China* (Chicago, Illinois: The University of Chicago Press, 1936), p. 2.

《中国近代报刊史》(*The Chinese Periodical Press, 1800—1912*)。[1] 晚清中国政经陷入严重危机，但同时，新闻舆论得到茁壮发展的空间，林语堂称之为"黄金时期"。这一时期的报刊呈现了一种强烈的忧国忧民责任心，有一种神圣的使命感。林语堂特别介绍梁启超，称他为"中国新闻史上最伟大的巨人"。梁启超博学多才，有深厚的国学素养，又激情澎湃，极力提倡引进西方的自由、民主、宪政改良观念，他在报刊上发表的大量文字深深影响了整个一代人。到民国时期，中国新闻则开始走下坡路。这时政府开始做强，公共舆论空间却越来越小。尤其是1927年"大革命"以来，新闻审查是1900年以来最糟糕的。林语堂举了许多例子，比如《世界日报》编辑成舍我从军阀张宗昌的魔掌中逃脱出来，却因刊登国民党丑闻，被汪精卫关进监狱。还有邹韬奋的《生活周刊》也屡遭查禁。共产党的报刊人就更不用说了：1931年2月7日，五名共产党作家遭酷刑致死，女作家丁玲1933年5月遭绑架，杨铨被暗杀……清单一长串，林语堂在此一点都没留情面。[2] 如此高压下，中国的新闻呈现一种极端扭曲的状态。其中一个怪象便是各种小报充斥市场，各种坑蒙拐骗的"医学广告"漫天飞，声称医治各种性病。再加上当下中国国共党争激烈，任何文章观点一旦发表马上遭泛政治化处理，非左即右，所以很难产生中肯、理性的自由评论，在此背景

1　参见戈公振《中国报学史》，上海：商务印书馆，1927年11月；以及 Roswell S. Britton, *The Chinese Periodical Press, 1800-1912* (Shanghai: Kelly and Walsh, 1933)。

2　林语堂给刘驭万的信（1937年2月23日）中写道："《中国新闻舆论史》是本历史书，我是以一个历史学家的角色来写的。假如太平洋国际学会的朋友不喜欢，要我笔下留情，掩盖或粉饰中国（尤其是北方）糟糕的状况，那我只能对不起太平洋国际学会了。诚实！多么令人讨厌的东西！"

下,"我提倡幽默,两派都不参与,感觉自己一个人在黑暗中吹口哨"。[1]林语堂最后指出,写此书是要用历史作面镜子,为中国的民主一搏:"今天我们一定要力争把新闻自由当成宪法原则,把个人人权当成宪法原则。民主简单来讲就是要让普通大众对其生活有发言权,这是欧洲带给人类文化最宝贵的礼物,人类进步的旅程中需要的一定是有智能、有思想的个人,而不是驯良、无知的羊群。"[2]

当初论语社成员之一章克标曾于1988年和1989年两次撰文回忆林语堂,两次都提到林语堂移居美国,是为了避开国难,说他们的朋友邵洵美有一个家训,预言不久将有世界大战,中国成为列强杀戮战场,要避难只能到美国去。林语堂可能想到此事,于是最后决定赴美。[3]然而,林语堂和华尔希的通信所披露的信息则不尽相同。1935年10月25日,林语堂告诉华尔希,他收到英国的大学中国委员会(Universities' China Committee)赴英演讲的邀请,但他婉拒了,等到明年秋天再说。同时,明年秋天太平洋国际学会在洛杉矶开年会,他也受邀。如果他去洛杉矶的话,他便可访问纽约,然后再去欧洲,假如"到那时欧洲还在地图上的话"(即假如欧洲还没有被战争而吞噬)。然后,林语堂说中国情况很糟糕,战争不可避免:"我们会以人类历史上(包括中国历史上)最奇特的方式被征服,嚎都不会嚎一声……我们现在正在亲吻、拥抱我们的征服者。你现在读中国的报纸,会觉得

---

[1] Lin Yutang, *A History of the Press and Public Opinion in China*, p. 166.
[2] Lin Yutang, *A History of the Press and Public Opinion in China*, p. 179.
[3] 章克标:《林语堂与我》,《明报月刊》1988年3月,第105—108页;以及章克标:《林语堂在上海》,《文汇月刊》1989年10月,第34—39页。

什么事也没有。这就是我们被绞死的方式。"[1] 很显然，虽然林语堂预知中国的前景黯淡，但根本没有决意要去美国。相反，他忙着编中文字典，又要写《中国新闻舆论史》，所以他邀请华尔希夫妇到上海来访问，并说他们永远都不会去欧美住很久，最多就是作短暂访问，散一下心而已。[2]

但是，《吾国与吾民》出版后销量一路走红，"拉"的因素随之增加，更为具体的邀请也接踵而至。位于芝加哥的演讲经纪公司"爱默生事务所"（Emerson Bureau）去信庄台公司，邀请林语堂去美作巡回演讲，和读者见面。[3] 华尔希把信转给林语堂，他还是请华尔希婉拒之："我当然需要钱，但我不想用这种方式挣。演讲的效果如过眼烟云，可著述则不一样，再薄的书，其效果都是永久性的。也许我应该聪敏地故意躲起来，以便营造高深莫测的形象。"[4] 到1936年3月20日，林语堂又告诉华尔希夏威夷大学提供给他一个职位，他正考虑是否接受。《吾国与吾民》销量十分火爆，他现在可以丢下中国的一切事务，找一个有森林阳光的安静地方待一阵，如南加州或欧洲的布达佩斯，但他不想去纽约。檀香山可能特别适于孩子成长，"我听说小孩在那儿长大，天天阳光雨露，个个像朵花一样"。[5] 华尔希接到信后即刻回复，敦促林语堂到纽约来，到他们家做客。但林语堂还是回绝了："难度在于：这次我

---

[1] Lin Yutang, "Letter to Richard Walsh" (October 25, 1935).
[2] Lin Yutang, "Letter to Richard Walsh" (January 17 and February 7, 1936). 林语堂信中告诉华尔希他对英国的演讲邀请没有跟进。
[3] Emerson Bureau, "Letter to the John Day Company" (January 20, 1936), John Day Company archive, Princeton University.
[4] Lin Yutang, "Letter to Richard Walsh" (February 28, 1936).
[5] Lin Yutang, "Letter to Richard Walsh" (March 20, 1936).

要走得全家一起出动,出来游逛则不得不考虑花销。一位已婚男人很难做浪人了。"[1]

然而,到 1936 年 5 月,华尔希夫妇持续不断的请求终于产生效果。林家本来打算去夏威夷待一阵,但林语堂不喜欢演讲,而孩子们也想去美国本土,于是他们认真考虑去看华尔希夫妇,先在美国待一年,然后或许再去欧洲待一年。只是不能确定全家住哪儿,他想尽可能找个安静的居所,肯定不想住纽约市,或许可以在纽约卡茨基尔山区某个地方躲起来。1936 年 5 月 16 日,林语堂去信华尔希说,他已经基本决定赴美待一年,并已经拒绝了夏威夷大学的邀请:"这趟旅程的目的是要离开中国一阵。全家,特别是孩子们,也可以换一下环境。我可以遵循老子的教诲,在中国的公众视线中消失一阵,所谓退一步海阔天空。"林语堂的计划是在美国待一年写第二本书,同时再打点零工,诸如给杂志撰文、作有限的演讲,以便维持开销而不用自己的储蓄。另外,林语堂还有一系列机器发明的点子:"旋转剪刀,中国式组合书架等,有些我应该可以在美国做出来。另外还有中文打字机,我已经造了一个初步模型。"林语堂想象自己在美国待一年,或许在欧洲再待一年,回来后自己可以成为一个诗人和画家。但他还是不知道他们可以住哪儿,只知道想住在华尔希夫妇家附近,周边风景要优美,生活消费水平不能太高。

华尔希夫妇收到信后非常兴奋,立刻邀请林家先到他们的宾夕法尼亚农庄住几个星期。他们建议林家可以住在普林斯顿,这是一座大学城,离纽约和他们位于宾夕法尼亚的家都很近,并计划把林语堂介绍给

---

[1] Lin Yutang, "Letter to Richard Walsh" (April 2, 1936).

纽约的文学界。得到这一保障后，林家开始准备行李，把写第二本书所需的资料都带上了，并把自己的车（福特V8）也卖了。林语堂当然很兴奋："我现在感觉要放假了，从此以后就自由了，像百灵鸟一样自由放飞，只是写我想写的东西……我们预计至少在美国住一年，如果幸运的话再到欧洲待一年，到时我们肯定想家想得要死，在外不可能超过两年的。"[1] 1936年8月11日，林语堂一家五口人登上豪华的美国客轮"胡佛总统号"，当场有很多朋友送行，好不热闹。

林语堂一家于1936年8月25日抵达旧金山，转道好莱坞访问后于9月9日抵达纽约。尽管林语堂不想"抛头露面"，但纽约著名的《先驱论坛报》第二天就派记者到位于曼哈顿四十九街东四十号的《亚洲》杂志办公室对林语堂进行了采访。该报报道称，《吾国与吾民》作者林语堂博士要到普林斯顿旅居一年从事写作，写一本哲学书。林语堂对记者说："哲学现在被认为是一门科学，把简单的事情弄得特复杂。我认为哲学应该是一门艺术，要把世事化繁为简。"[2] 在华尔希夫妇的农庄短暂逗留后，华尔希便开始把林语堂介绍给纽约的知识界。首先，华尔希带着林语堂在小范围内和一些名流朋友共进午餐，比如像克利夫顿·费迪曼等。席间林语堂谈吐风趣幽默，性格开朗儒雅，所有来客都为之倾倒，关键是林语堂有太多中国的故事，太多奇文异趣，美国人听来个个津津有味。1936年9月22日，华尔希写信给《纽约客》主编哈罗德·罗斯（Harold Ross），说他在写一篇《林语堂简介》，希望《纽约客》不会错过，因为"我敢打赌，不出几周时间，林语堂一定会成为

---

[1] Lin Yutang, "Letter to Richard Walsh" (June 19, 1936).
[2] "Dr. Lin Yu-tang To Do Book on His Philosophy", *New York Herald Tribune* (September 10, 1936).

第七章 "中国哲学家"的诞生

纽约'一个传奇人物'"。[1]

一旦到了美国,林语堂发现很难躲开公众视线。事实上,他也没在普林斯顿安居,而是在曼哈顿中央公园西路五十号租了一个面向中央公园的公寓。下面一系列林语堂初到美国参加的公共活动也许可以解释这一决定。10月6日,林语堂在纽约华尔道夫酒店给美国中国协会(The China Society of America)发表演讲,题为"民主在中国"。11月5日,纽约全国书展开幕,市长拉瓜迪亚(La Guardia)亲自主持开幕,林语堂被邀作为嘉宾参加首日活动,和希利斯(Marjorie Hillis)、埃德曼(Irwin Edman)、卡默(Carl Carmer)共同主持第一场作家论坛,并和赛珍珠共同主持了一场介绍中国书籍史的论坛。11月23日,林语堂又受美国妇女协会之邀,出席一场晚宴,林语堂由赛珍珠介绍,作了有关中国妇女的演讲。11月25日之后的一周,林语堂有四次演讲,分别是给《时尚》(Cosmopolitan)杂志、战争起因与防治全国委员会、布朗克斯维尔(Bronxville)小论坛(这是应林语堂儿时驻漳州的范礼文牧师之邀),以及给哥伦比亚大学中国学生会。1937年1月18日,林语堂又应全国共和党女性俱乐部之邀作"从中国人角度看远东局势"之演讲,2月5日又到瓦萨学院(Vassar College)、2月9日到纽约殖民俱乐部、2月23日到纽约市政厅为政治教育联盟分别作演讲。

林语堂以后在美约三十年的传奇活动,主要包括三个方面:首先是他的畅销书籍创作,以及为各大报刊(特别是《纽约时报》)撰文,还有出席各种场合(包括电台和市民集会)发表演讲。林语堂的畅销书籍主要着重中国文化和哲学,而在美国报刊发表的文章和演讲大多

---

[1] Richard Walsh, "Letter to Mr. Harold Ross" (September 22, 1936).

是有关当下中国的时事政论。而正是他的第二本书——《生活的艺术》使林语堂成为美国人家喻户晓的名字，使他成为美国人眼中的"中国哲学家"。

《生活的艺术》

林语堂在纽约撰写《生活的艺术》时，曾给中国读者写了一封信，刊登于 1937 年 10 月 16 日《宇宙风》杂志，信中对《生活的艺术》创作过程有较为详细的描述：

> 现在写的是讲生活之艺术，名为 The Importance of Living。起初我无意写此书，而拟翻译五六本中国中篇名著，如《浮生六记》《老残游记二集》《影梅庵忆语》《秋镫琐忆》，足以代表中国生活艺术及文化精神专书，加点张山来的《幽梦影》格言，曾国藩、郑板桥的"家书"，李易安的《金石录后序》等……然书局老板意见，作生活之艺术在先，译名著在后。因为中国人之生活艺术久为西方士人所见称，而向无专书，苦不知内容，到底中国人如何艺术法子，如何品茗，如何行酒令，如何观山，如何玩水，如何看云，如何鉴石，如何养花，蓄鸟，赏雪，听雨，吟风，弄月……。夫雪可赏，雨可听，风可吟，月可弄，山可观，水可玩，云可看，石可鉴，本来是最令西人听来如醉如痴之题目。《吾国与吾民》出，所言非此点，而大部分人注目到短短的讲饮食园艺的《人生的艺术》末章上去，而很多美国女人据说是已奉此书为生活之法则。实在因赏花弄月之外，有中国诗人

第七章 "中国哲学家"的诞生

旷怀达观高逸退隐陶情遣兴涤烦消愁之人生哲学在焉。此正足于美国赶忙人对症下药。因有许多读者欲观此中底奥及一般吟风弄月与夫家庭享乐之方法，所以书局劝我先写此书。不说老庄，而老庄之精神在焉，不谈孔孟，而孔孟之面目存焉。这是我写此书之发端。

三月初动手，写了二百六十页，忽然于五月初一夜在床上作起序来，乃觉今是昨非，将前稿尽行毁去。因原来以为全书须冠以西方现代物质文化之批评，而越讲越深，又多论辩，至使手稿文调全非。自五月三日起乃重新编起，至七月底全书七百页，所以在这三月里……如受军事训练，一切纪律化，整齐化，严肃化。要在早睡早起，夜眠必足，眠足则翌晨坐在明窗净几，一面抽烟，一面饮茗，清风徐来，鼻子里嗅嗅两下，胸部轩动，精神焕发，文章由口中一句一句一段一段念出，叫书记打上，倒也是一种快乐。夜眠不足，文章便吐不出来。《吾国与吾民》是在打字机上自己打出的，而这书是口述而由人笔记的。平常也无甚腹稿，只要烟好茶好人好，便可为文。[1]

林语堂这段描述基本属实，但也过于戏剧化。它既过分强调，同时又降低了华尔希（以及赛珍珠）在他们的合作中所扮演角色的重要性。林语堂在该书序中曾明确致谢："我要再次感谢华尔希夫妇，是他们首先建议我写此书，而在写作过程中，他们给了我诚恳的批评意见，使我

---

[1] 林语堂：《关于〈吾国与吾民〉》，《宇宙风》，1937年10月16日，第30—31页。

受益匪浅。"[1] 事实上，从他们的通信来看，写这本书并不是华尔希单方面的意愿，而华尔希夫妇的批评意见在厘定"一个中国哲学家"在美国所能扮演的角色方面起到了重要作用。

其实，林语堂《吾国与吾民》书稿一写完便开始准备下本书。在1935年4月12日给华尔希的信中，林语堂讨论了几个方案。他首先想到的是翻译《红楼梦》，这得到赛珍珠的鼓励，但他自己犹豫不决。《红楼梦》是世界名著，理应被译成英文，但他要确保第二本书不能比第一本书差（亦即他怀疑《红楼梦》在美国不会有销量）。同时，他在编一本中国短篇小说集，可以更具体地展现中国人的生活，以弥补《吾国与吾民》中的抽象描绘，林语堂把集子拟题为《中国人生活面面观》(*Glimpses into Chinese Life*)。1935年5月15日，林语堂又去信华尔希，告诉他第二本书已经成型，是一本译文集，题为《生活方式》(*A Way of Life*)，选译《老残游记》《浮生六记》《闲情偶寄》《冥寥子游》，以及郑板桥家书、张潮警句，并配有李清照、李香君、冯小青肖像画。林语堂向华尔希保证："所有译文材料都能十分贴切地展示中国人的生活方式。"[2] 因为那时华尔希已经胸有成竹，《吾国与吾民》出版后一定会畅销，所以一口就答应出版林语堂的第二本翻译集，只是说他可能会对编排顺序之类提出意见。

1935年11月29日，林语堂去信赛珍珠，告诉她自己的"小评论"文章结集两册，已由上海商务印书馆出版，他也想用这些"小评论"文章为美国读者编个集子，书名可以称作《我的哲学》(*My Philosophy*)

1　Lin Yutang, *The Importance of Living*, New York: John Day, 1937, p. xi.
2　Lin Yutang, "Letter to Richard Walsh" (May 15, 1936).

第七章 "中国哲学家"的诞生

或《我看世界》(*My Personal Point of View*),因为生命的意义正是通过这些生活"琐事"体现出来,而不是通过任何高深的"形而上学"。但是,到了1936年3月20日,他已经改变了想法。他告诉华尔希,用"小评论"文章编集出版销量应该不错,但是分量不够,不会成为巨著:"我真的应该写一本书,名叫《我的哲学》或《我的世界观》(*My Views of Things*)。我真的认为,我对人生各种问题都有自己独到的看法,从生活的习惯和艺术到小孩的教育、做作家的秘密,从各种艺术创新的秘密到各种琐事,比如握手、躺在床上、看电影流泪、社交仪式的愚蠢、花儿鸟儿在我们生活中的重要性,等等。自然、艺术、宗教、上帝、永生、社交、婚姻、幸福、离愁、死亡——所有这些都可以用既辛辣又温和、既深刻又天真、既欢快又严肃的笔调娓娓道来。我觉得我可以干这个活,可以轻松地写出来,而且最主要的是,干起来自己会很乐意。我一向认为,只有作者自己乐意写的东西读者才会中意看。"[1] 林语堂决定赴美后,便婉拒了夏威夷大学的邀请,声称他已经和庄台公司签订了合同(其实当时合同还没正式签署)写一本《我的人生哲学》(*My Life and Philosophy*)的书。而他给华尔希去信也正是这么说的。没有确定的只是先编译书还是先写哲学书,林语堂和华尔希同意等见面后再商讨决定。

显然,华尔希更倾向于先写哲学书。[2] 但是,我们只要仔细阅读

---

[1] Lin Yutang, "Letter to Richard Walsh" (March 20, 1936).
[2] 林语堂花了一段时间才在纽约安顿下来,要到1937年3月才正式开始写此书。除了演讲应酬,林语堂还尝试给报刊写稿。比如,他曾经想写一系列"孔夫子在美国"的文章,让"孔夫子"专访美国名人如梅伦(Mellon)、曼宁(Manning)、卡雷尔(Carel)、罗斯福太太(Mrs. Roosevelt)、莫利(Christopher Morley)等。显然,这一想法没有实现。参见 Lin Yutang, "Letter to Richard Walsh" (October 26, 1936).

《生活的艺术》便会发现，其实该书是林语堂来美前所斟酌过的三本书的综合体。当然，它是林语堂个人哲学观的阐述，或者说是林语堂对中国人生哲学观的阐述；但它也是一部译书，许多林语堂曾想选译的文章都融入了本书。同时，《生活的艺术》也是"小评论"小品文的汇总和集锦，而其核心思想正是《论语》时期开出的中西合璧的美学思想。林语堂只是把"小评论"适当发挥，做成了有系统的"大评论"。我们只需浏览一下1934年至1936年赴美之前的一些英文小品题目：《自我享受的权利》(The Right to Enjoy Oneself)、《孟子的幽默》(The Humor of Mencius)、《英译张潮警句》(Epigrams of Chang Ch'ao)、《英译唐琵琶》(T'ang P'ip'a)、《摩登女子辩》(In Defense of Gold-Diggers)、《论裸体运动》(Confessions of a Nudist)、《论握手》(On Shaking Hands)、《苏东坡的幽默》(The Humor of Su Tungp'o)、《论躺在床上》(On Lying in Bed)、《论看电影流泪》(On Crying at Movies)、《女人的魅力》(On Charm in Women)、《英译陶渊明〈闲情赋〉》(T'ao Yuanming's 'Ode to Beauty')，等等。也就是说，本来林语堂的《生活的艺术》不是针对西方读者的。林语堂的幽默/性灵/闲适美学风格在三十年代的中国也获得一定成功，特别受到新兴中产市民阶层的首肯，但也遭到左翼文人的辛辣讽刺攻击，被斥为"小摆式"。林语堂以同样的幽默/性灵/闲适美学思想，经过一番中西文化交流的对象处理（或曰"包装"），获得了以中产阶级为主的美国读者狂热般的追捧。林语堂的名字等同于亲切可爱的智者——一位"中国的哲学家"。

但是，"包装"也是很重要的，在此华尔希（和赛珍珠）在编辑角色上发挥了重要的作用。这倒不是说是他们建议林语堂写此书，而是说

第七章 "中国哲学家"的诞生

他们给林语堂提供他们对美国市场的经验,从而对书稿提出建议。比如,华尔希看过林语堂为该书所勾画的梗概后,便建议林语堂应该"尽早在书的前面几章就让读者清楚看到,该书讲的是日常家庭生活体验,而且要让读者随时随刻都能意识到,他们读的是四千多年来中国哲学智慧的集锦"。[1]而读完前几章后,华尔希夫妇有点着急,觉得这样下去没达到林语堂应有的水准,于是他们便直率地写信告诉他:

> 总的来说,你对西方生活、西方作家和哲学家着笔太多,而对中国的来源着墨不够。我想你肯定知道,用中国人身份说话,用中国人的坦率观点,引用中国典籍和例子,这样你就可以成功避开许多批评——而如果严格地从美国的角度写出来,好多观点人们会觉得平庸、轻率或者站不住脚。我真心希望全书要多增加和直接援引中国经验。比如,你在文中用"啤酒屋"做比喻,但如果你用"茶馆",那感觉会好得多。我们美国大众其实已经很讨厌各种"家常哲学",但我相信,他们会如饥似渴地吞下一个中国人的批评和思想,只要你时时刻刻都牢记你是一个中国人,你援引的是中国的资源和你自己在中国的生活体验,而不是西方资源和你在这儿的观察。[2]

有关"你时时刻刻要牢记你是一个中国人"、应该从中国人的角度言说这一问题,在林语堂和华尔希长期的合作中将是一场拔河运动,因

1　Richard Walsh, "Letter to Lin Yutang" (January 27, 1937), The John Day Company archive, Princeton University; Dr. Lin Yutang House.
2　Richard Walsh, "Letter to Lin Yutang" (June 3, 1937).

为林语堂经常忘掉这一点，虽然他通常都尽量遵循华尔希的提醒。其实，林语堂还在中国时，当时刚写完《吾国与吾民》，他给华尔希寄了多篇幽默散文，希望在美国杂志发表，但是成功发表的没几篇。林语堂当时就告诉华尔希，假如美国杂志只要严肃文章，他宁可不投："为什么我在美国必须板着面孔，为什么不能轻松自在？难道我永远都得摆出一副长须髯髯的东方智者的尊颜？我想这不值得。我宁愿做我自己，我本来就没什么抱负要做伟人。"[1] 尽管如此，林语堂对华尔希强调的中国视角还是尽量通融。他向华尔希解释，他读的只是开头几章，主要是统领全书的泛论，等到主干部分讲生活的艺术，一定会引用很多中国典籍。整个书稿于 1937 年 8 月 4 日完成，共八百三十页，林语堂很自豪整个工程三个月内搞定。他把书稿寄给华尔希，便飞到古巴哈瓦那度假，在那儿待了一个月。等他回来之前，华尔希已经通读完全稿并作了一些修改，主要是删减和重组某些句子和段落，并告诉林语堂，他和赛珍珠一致认为，林语堂写了一本"比《吾国与吾民》更伟大的书"。[2] 林语堂对华尔希的修改意见大部分都同意，哪些对美国读者来说是司空见惯的东西，应该删去，并承认他依赖华尔希的感觉。因为手稿是林语堂口诵、打字员听写打出来的，所以需要做些删减和重组功夫，林语堂自己又做了一遍全面修订。

《生活的艺术》于 1937 年 11 月出版，正好赶上圣诞季节，标价三美元，一下便获得巨大成功。我们看如下广告："两个星期内林语堂的新书《生活的艺术》卖出八万七千四百六十九本"；"五周内兴奋

---

1 Lin Yutang, "Letter to Richard Walsh" (December 20, 1935).
2 Richard Walsh, "Letter to Lin Yutang" (September 2, 1937). 华尔希随信附了一份两页的《华尔希就〈生活的艺术〉重组和删减建议备忘录》。

《生活的艺术》营销宣传单。台北林语堂故居藏。

的读者买了十四万一千本";"出版两个月以来,美国人一周六天一天二十四小时每秒买两本";"连续五个月非小说类畅销书榜排名第一";"连续七个月美国畅销书榜排名第一"。[1] 如果说《吾国与吾民》是林语堂在美国的成名作,那《生活的艺术》不仅使林语堂成了美国普通百姓家喻户晓的名字,而且也奠定了他在美国知识界的尊崇地位。

《生活的艺术》获得如此成功,最主要的一环是获得"每月读书会"(Book of the Month Club)推荐为"当月之书"。"每月读书会"在二十世纪美国文化的生产过程中扮演了至关重要的角色。它有一个评审委员会,委员由文化界一些名流组成。这些文化界名流并不是现今所谓的专家,而是像克利夫顿·费迪曼那样百科全书式的公众知识分子。评审委员会主席坎比(Henry Seidel Canby),是位教师、传记作家兼记者,其他委员包括:作家、编辑和政治家怀特(William Allen White),小说家费舍(Dorothy Canfield Fisher),著名新闻媒体人布鲁恩(Heywood Broun),以及作家莫利。[2] 每月评审委员会都会收到各书局推荐过来即将出版的新书,从中评出一本"当月之书",然后推荐给读书会会员。"每月读书会"拥有大量中产阶级会员,遍布全美。二十世纪是美国的世纪,从某种意义上说就是美国中产阶级茁壮成长之际,他们工作辛苦,闲暇不多,文化有限,但已有一定经济基础,对

---

1 仅这一本书的版税就足够使林语堂成为一个十足的富人(按美国标准)。写书之前林语堂和华尔希谈好了合同条款。林语堂要求提高一万本或两万本以上的版税,而不是像上本书一样一律是百分之十五。华尔希回复道,这对美国出版商财政上是不可行的。英国出版商可以提供更高的版税,因为他们不作宣传营销,而美国出版商要花很多资源做营销,而且市场也更大。但基于第一本书的成功,华尔希同意把版税一律定为百分之十五,而不是以百分之十起步。参见 Richard Walsh, "Letter to Lin Yutang" (March 9, 1937)。

2 有关"每月读书会"的情况,可参见 Charles Lee, *The Hidden Public: The Story of the Book-of-the-Month Club* (New York: Doubleday & Company, 1958)。

文化也开始有一定要求。"每月读书会"便让一些文化名流先读出"当月之书",再推荐给会员,并且打折邮购。这样,被选为"当月之书",就意味着成功。据林太乙回忆,一天下午华尔希打电话给林语堂,告诉他《生活的艺术》已被"每月读书会"选中,林语堂听后"高兴得双足乱跺,狂叫起来"。[1]

"每月读书会"发给会员的推荐函中,都附有一篇书评。给《生活的艺术》写书评的正是坎比,评审委员会主席。坎比开头便称,《生活的艺术》充分展示了林语堂的才华,林语堂是有教养的中国人,也是有文化的世界公民。"他是一个东方文化人,却对我们西方人又了如指掌,坐在火炉边和我们清谈人生故事。这故事不是他自己的故事,不是传记,而是他对中国文化精髓的亲身体会和提炼,他用这个故事来对照我们美国人:整天忙忙碌碌,充满活力,活泼可爱,但就是不知道成功和幸福的区别在哪儿。没错,这是有关中国文化的书,书中选录了许多中国哲人的至理名言,它们可是价值连城,就凭这些,就值得买这本书。不过,我一边读一边在想,这可真是为我们美国人写的书。好像作者在美国住了很久,知道市场上充满了各种讲如何成功发达,如何交友、过日子之类的生活指南'自助'(self-help)书籍,作者知道这些书陈词滥调、庸俗不堪,但灵机一动,为什么不写一本真正讲闲情逸致修身养性的书呢?而且既有中国文化的视野,又合我们的口味!"[2]

《纽约时报》1937年12月5日发表伍兹(Katherine Woods)的书评,题为《中国人及其丰富的人生哲学》。和《吾国与吾民》一样,

---

[1] 林太乙:《林语堂传》,第175页。
[2] "*The Importance of Living* by Lin Yutang, A Review by Henry Seidel Canby", The Book-of-the-Month Club Newsletter, date unknown.

《纽约时报》的书评仍是最权威的评价，后来被各种宣传广告频频转载。作者称，该书副标题"享受生活的个人指南"完全是误导，也没法想象书商的广告宣传怎么能说该书"希望能给众男众女提供人生指南"。谢天谢地这不是一本"自助"辅导书。林语堂的《生活的艺术》和该类书籍有天壤之别。它是几千年中国文化精髓的提炼，用个人的笔调倾谈中国人的人生哲学，不仅学识渊博才华横溢，而且充满睿智与幽默，更能切入现代生活实际，纵横于东西方文化之间，游刃有余、妙语连珠。他讲个性与集权、逻辑与常识、成功与休闲，讲吃饭穿衣、花鸟树木、住房装修，讲如何谈天说地，讲文学与性，讲幽默格调，讲现实与梦想，讲自由与尊严，讲效率与耐力，总之，就是讲实实在在的生活本身。林语堂把"合理"（讲情理）和"理性"（讲计算）区分开来，并警告我们不要到字典里面去查这些概念的定义，而要从自己的生活中去体会。他说：我要极力颂扬浪人的精神，这个世界需要一种睿智而快乐的哲学。这是什么哲学呢？当然是中国哲学。林语堂说，中国哲学首先把生活看成一个艺术整体，它要求人们有意识地回到简单，并提倡一种合情合理的中庸理想境界。其结果是，整个文化崇尚诗人、农人、浪人。所以，崇尚浪人不是随便说说，背后有整个中国文化哲理支撑，而且林语堂认为我们现代生活正正需要浪人精神。我们现代社会越来越理性化、规范化、纪律化、集权化，要求我们都变成有效率的、标准化的"爱国苦力"，国家派你到哪儿就在哪儿做一颗螺丝钉。所以，提倡浪人精神不仅要反对国家崇拜和集权专制，而且要反对一切缺乏人性的条条框框、看似完美的体系、漂亮的经济数据。林语堂调侃道：我们天天在进步，在争先恐后争做蚂蚁；也许我不懂经济学，但经济学也不懂我。林语堂告诉我们，中国人科学上不行，也不太善于乌托邦式的幻想，但他们知道踏踏实实生活，知足常乐，讲情理讲中庸之道，不愿过劳碌命，也看不上整天游手好闲、碌碌无为；生活中崇尚自然简单，充满动物本能，也多愁善感，但更多是看破红尘、笑傲江湖。生活一定要笑、要有幽默。林语堂称美国人的幽默感是美国民族最大的财富，而美国三大罪恶是：效率、准时、成功欲望。林语堂说，美国人整天想成功发达，结果弄得神经紧张，生活也没乐趣。书中还引录中国文化历史上许多文人雅士的至理名言，这些精神财富全都集中在一本书，从任何意义上讲，这都是一本"巨著"。最后，作者写道：难道林语堂讲的都是中国哲学吗？其实希腊人不早就讲和谐、合理，讲中庸之道。林语堂也不是第一个指出中国文化与法国文化心心相印。林语堂还特别赞赏梭罗、惠特曼、詹姆斯，并指出美国还很年轻，其性格还有待塑造。如果我们的民主理念要在千疮百孔的现代社会长久不衰，难道我们不需要学点"简单"、学点"豁达的宽容"？[1]

"中国很幸运，在这国难当头之时，她的'东西合璧精神之子'林语堂滞留在西方世界，用西方人听得懂的方式把东方介绍给西方；此时此刻，林语堂对中国文化、习俗、生活方式的阐释，真是一字千金啊。"[2] 纽约《先驱论坛报》1937年11月21日艾斯库（Florence Ayscough）所撰题为"一个充满灵气和睿智的中国人"的书评开头如是说。文章称，长久以来，中国人被认为不可理喻、只重现实，而且爱吐痰，很少有人了解中国人丰富的情感世界，如此细腻、如此敏感。

---

[1] Katherine Woods, "The Chinese and Their Rich Philosophy of Life", *The New York Times Book Review*, December 5, 1937.

[2] Florence Ayscough, "A Wise, Whimsical, Witty and Gay Chinese", *New York Herald Tribune*, November 21, 1937.

《生活的艺术》的启示意蕴是全方位的，不仅展示了一个文明，而且突显了一种个性，当然这就是作者的个性，充满灵气和睿智，幽默又反讽。书中到处都是漂亮的警句，发人深省。最后，作者引了书中一句结尾："东方要向西方学习整个植物学和动物学，但西方应向东方学习如何欣赏花草树木、鱼鸟动物，以了解不同生命的全貌，并赋予它们相应的情感。"

《芝加哥论坛报》1937年11月27日也发表书评，称《生活的艺术》"是部奇书，睿智过人，灵气芬芳，是床头最佳文学伴侣"。[1]《吾国与吾民》已是美国迄今为止讲解中国文化思想和生活习俗最好的书，而这次作者把读者带入了细微处，用望远镜和显微镜同时观测东西方两个文明，得出的结论是："我们需要一种快乐的人生哲学。"作者也引用林语堂的一句名言结尾："四千年有效率地生活，任何民族都得垮掉。"（这句话书评者引用最多。）

《纽约新闻》1937年12月5日也有一篇书评，作者称，我对"躺在床上"、如何饮茶等生活艺术无甚兴趣，但林语堂先生写该书要达到的目的可能是：要我们永远抛弃这样一种传说，即中国人和说英语国家的人之间存在一条不可逾越的心理鸿沟。这一点，林语堂当然做到了。他能写出这样一本书，对美国人的心理如此了如指掌，本身就说明了这一点。林语堂给我们证明："东方的理智也就是西方的智能，人类世界从根本意义上同根同源。"[2]

林语堂应该收到许许多多热情读者的来信。其中一封信被庄台公

---

1 "Chinese Author Mixes Wisdom With His Wit", *Chicago Tribune,* November 27, 1937.
2 "Thoughts on Life, by a Chinese Commentator", *New York News,* December 5, 1937.

司用来做广告:"《生活的艺术》是我所读过的书中最令我满意、读来最津津有味的书。读此书时,正是我生活中最重要的梦想遭到破灭之时。你的哲学给了我生活的勇气,让我意识到生活可以这么多姿多彩、尽情享受。谢谢你,林语堂。"

不过,也不是所有美国的书评都买林语堂的账,也有一些既肯定又保留,甚至质疑批评的。位于肯塔基州的一份报纸1937年12月19日发表了一篇题为《中国哲学》的书评。文章称,林语堂写了一部"抒情哲学",写得很可爱。他说他没读过洛克、休谟、贝克莱,他的教育都来自中国圣贤,而中国完全讨厌逻辑,他们的哲学都是文学散文、诗歌、警句,但书中到处对西方哲学指指点点。林语堂的著述和思想太游离,没法作谨严的反驳。林语堂是位非信教徒,也很有智能。林氏哲学大概意思是,人有美妙的身体,活在这美妙的世界,这就够了;过分追求只会导致身心疲惫,不如放宽心,用一种自由自在的"创造精神",享受世界、享受人生,这就够了。可是,在西方的思维看来,这还远远不够。林语堂拒绝一切教条,也拒绝启示,这使他的"抒情哲学"听起来很漂亮,但其实"很肤浅,没有深度"。[1]

1937年11月28日《先驱论坛报》刊载另一篇书评,首先介绍了林语堂的"浪人精神",所谓浪迹天涯的流浪艺术,并转述了林语堂介绍的"塞翁失马安知非福"的故事,然后笔调一转,说这些当然很文雅、很有魅力,但"我不禁怀疑林博士的'东方主义'(Orientalism)。我怀疑他对中国文化哲学的把握是西方式的,而非真正中国式的。这是

---

[1] Rosamond Milner, "Chinese Philosophy: Dr. Lin's World Is Full of Things To Make Us All As Happy As Kings", Louisville, Kentucky: *The Courier-Journal*, December 19, 1937.

林语堂传：中国文化重生之道

一个在美国教会学校长大的孩子对西方文化的一种反动，因为他感到摆脱不了西方文化，而非对中国文化出自肺腑的真正热情，因为其实他从来也不曾是真正中国文化的一部分"。[1] 他到处讲爱花爱鸟，西方应如何学习。好在他没讲树叶，他应该不会忘记他的福建老家，那儿山上哪还有多少树啊，都被饥饿的中国苦力砍了烧了。林语堂躺在纽约的床上高谈浪迹天涯，中国的苦力哪有像样的床啊。林语堂写此书好像他根本不在今天的中国。他声称自由自在的浪人是专制独裁者最好的敌人，但对现今苏州河畔的中国人来说，他们肯定觉得中国文化文学浪费太多精力崇尚这种浪人，因为他们现在需要的正是有纪律的战士。

1937年12月1日《芝加哥每日新闻》一篇书评开头就写道："林语堂，中国派到不开化的西方世界的最重要的传教士，认为美国人有三大罪恶：效率、准时、成功欲望。"接着作者历数林语堂讲的美国人的不是：我们整天只想成为百万富翁上天堂，我们不会读书、不会旅游、不会饮茶、不会赏月，也不会躺在床上、和朋友聊天，更不会安老。然后笔锋一转：我无意贬低中国圣人三千年来的教诲，但要指出，林语堂的哲学根本上是"对一个占统治支配地位的男性的辩解"。养花弄草当然舒服啦，可那要多少苦力来养活这样一个东方的花花公子？妻妾成群当然方便，可在西方人的价值里，女性并不那么唯唯诺诺，她们也写诗、养花、玩游戏，还买林语堂的书，而"她们的丈夫又当苦力又当男妾"。这种情况东方人是没法想象的，"就像他觉得我们的接吻、握手很

---

[1] Untitled, "a review on *The Importance of Living*", *New York Herald Tribune,* November 28, 1937.

第七章　"中国哲学家"的诞生

恶心一样"。[1]

就"握手"的问题，《新共和》一篇书评也有话说。书评写道，林先生把他的书叫作"享受生活的个人指南"。这个指南太长，说教意味浓厚，没有《吾国与吾民》自然可爱。他极力批评美国人的行为：准时、回信、握手。不回信就没有交流，哪还来享受呢？至于握手，林语堂可能没读过勃朗宁（Robert Browning）的诗——《失去的情人》（*Lost Mistress*）："我愿一直握着你的手／再久一点／再久一点。"（I may hold your hand but as long as all may, Or so very little longer.）[2]

1938年10月3日，庄台公司还收到这样一封读者来信："编辑先生：夏天我读了你们出版的林语堂著《生活的艺术》。我想要知道的是：这样一本书怎么可以在一个基督教国度出版？你知，我也知，这本书充满自相矛盾。你知，我也知，虽然这本书对基督徒的描述和刻画有些也还算像样，但他们不是真正的基督徒，有很多人可以证明。我是一个小人物，一个微不足道的基督徒，但请你把我的信转交给林语堂，我要向他证明：我为我是一个基督徒感到自豪。"[3]

总之，《生活的艺术》成为1938年整年度全美国非小说类畅销书榜第一名，就中国作家在美国的成就来说，这一纪录乃前无古人且至今仍无来者。从各个方面来讲，林语堂在美国可算是"成功了"。也正

---

[1] "The Wisdom and Humor of China—A Lesson for the western world", *Chicago Daily News*, December 1, 1937.

[2] "A Way of Life", *New Republic*, December 15, 1937.

[3] Janet M. Speirs to Editor of the John Day Company, from 1243 W. Erie Avenue, Philadelphia, September 28, 1938. 华尔希1938年10月3日回信道："来信收到，也已经转交给了林语堂。你来询问：这样一本书怎么可以在基督教国度出版？不过，我敢肯定，你的意思不是要求我们，或任何人，在一个忠实于言论自由、出版自由、信仰自由已有一百五十年的国度，来进行出版审查吧？"

是此时，国内抗战已经全面爆发。林语堂决意要回国参战。林语堂一家1938年2月5日乘船离开纽约去意大利。

第八章

阐释中国为抗战发声

　　《先驱论坛报》评论说林语堂崇尚"浪人"不免陷入"东方主义"嫌疑，这就《生活的艺术》来说或许也算一家之言。但如果就林语堂在美国的整个文学文化实践来说，这就完全没道理了。事实上，林语堂一踏上美国之土，便担当了当下中国时政的诠释者、评论家。

　　比如，林语堂1936年8月25日抵美后不久，便于同年11月22日《纽约时报》上发表文章:《一个中国人给我们指出中国的希望：他说，一个我们不了解的民族正在努力为进步而奋斗，未来成功与否完全要看事态发展》。文章一开头便称：美国对中国的了解是一团迷雾，懵懵懂懂。这主要归咎于传教士的误导。传教士要到中国去传教，预先就假设不信基督教的中国人都得进地狱，所以他们对中国的报道必定都是些无稽之谈，什么中国人裹脚、吸鸦片、吃老鼠之类。这和义和团说外国人挖小孩的心脏来吃一样愚昧。当今中国已经不是义和团时代，但美国对中国的了解仍处在传教士时代。现代中国早已不是马可波罗的中国。恰恰相反，现代中国正经历前所未有的社会文化变革，往往乱象丛生，新旧交错并存。因而不能再用简单的归纳法来讲中国，这样只能形成一些有害无益的刻板印象，读中国也就只能像读花边新闻一样得到一点"人咬狗"的故事。林语堂进而阐释道：中国好像一座山，远看山峰高耸，近看却发现其实还有一大块平地，芸芸众生生活于此，自成一体，他们的生活从根本上讲同美国人的生活是一样的。中国人的生活习俗、价值观念和美国人有所不同，但这种差异没有达到不可理解的地步。同样都有喜怒哀乐，有说谎的政客。而目前中国最大的罪恶则是贫穷。正在经历巨变中的中国，就像一个老人，他女儿给他买了一顶新帽子，他今天戴上，明天又脱了，后天又戴上。更有甚者，他女儿给他买了三顶新帽子：民主、法西斯主义、共产主义。林语堂说，要是他能做主，他当然希望中国选择民主。民主的观念已经在中国生根发芽，这是指自由、平等的理念，人权信念，当官即为"公仆"等概念。但同西方国家一样，法西斯主义和共产主义在中国也有很大市场。

　　林语堂写道，总体来说，南京政府十年来政局相对稳定，中国的发展取得了长足的进步，中国统一的格局已经确立，这与其说是蒋介石的功劳，不如说是新修的公路和飞机的功劳，因为现代化进程已经使分封独立越来越困难。可就在中国已经看到现代化曙光之时，日本人进来横插一杠，竭力阻挠、破坏中国的发展。日本一心想要赶在中国发展壮大之前遏制住中国，使中国成为日本的傀儡，给日本提供资源的"生命线"。这是一场时间的赛跑。日本人忘了，中国也有自己的"生命线"，也有自己的民族情感。日本侵占东北，蚕食华北，步步紧逼，这些行为极大地伤害了中国人的民族情感，致使反日情绪极为高涨。"所有有关'中日友谊'的言论都是废话，东亚两个邻居没什么'友谊'可讲

第八章　阐释中国为抗战发声

的。"[1]而当今中国政府则面临极为棘手的局面：它知道全体民众都要抗日，但同时也知道此时还未准备好同日本开战，于是便到处"灭火"，压制民众的抗日示威。林语堂进而指出，中国的仇日情绪甚至会决定中国今后是走资本主义还是共产主义道路。国民党要是能够带领中国抗日，人民就会支持它，不然，人民便会拥共抗日拯救中国。日本人说入侵中国是来帮国民政府剿共，其结果只能是：所有中国人都把共产党当成民族英雄，奔向共产党的怀抱。

这篇文章是林语堂赴美后第一次在《纽约时报》以"当下中国"的阐释者撰文。在以后的居美岁月，林语堂一直都会担当这一角色。林语堂在美国被奉为"中国哲学家"之时，正逢国内抗战全面爆发。在以后三十年中，林语堂多多少少是身不由己在纽约逗留。在此期间，他和赛珍珠一起，成为美国最有影响的中国声音，无论是文化上还是政治上，为西方世界言说中国。本章先讨论林语堂"美国岁月"的第一阶段，即从林家1936年8月25日抵美至1941年12月7日日本偷袭珍珠港把美国拖入二战。之后林语堂的批评焦点有所变化，待下几章探讨。

在此第一阶段，可以从三个方面来追寻林语堂的人生旅途与著述：第一，对战时中国的即时报道（例如通过给《纽约时报》"读者来信"专栏投稿），同时伴随其回到战时中国前线后又返回美国的经历；第二，他对现代中国、对战火中重生的新中国的诠释和憧憬（通过给报刊撰写的文章，尤其是《吾国与吾民》1939年扩充版新加的跋《新中国的

1　Lin Yutang, "A Chinese Gives Us Light on His Nation", *The New York Times* (November 22, 1936), p. 19.

诞生》）；第三，他的两部战时小说《京华烟云》和《风声鹤唳》，通过艺术创作为抗战发声。

战时中国前线报道

林语堂发表于1936年11月22日《纽约时报》上的文章有个副标题："一个我们不了解的民族正在努力为进步而奋斗，未来成功与否完全要看事态发展"。二十天以后，"西安事变"发生，张学良、杨虎城逼蒋抗日，国内局势一时扑朔迷离，美国新闻界同时聚焦中国。林语堂此时正在写《生活的艺术》，但还是抽空在《纽约时报》1936年12月20日发表时论文章：《中国正团结起来一致抗日：林语堂说蒋介石只要肯领导，国家就会听从他的指挥》。文章指出，"西安事变"是对国家凝聚力的测试。目前国内局势相当微妙，但有一点很清楚：为了抗日的目标，该事件反而使国家空前团结一致，因为全国舆论一致挺蒋。以前被认为三心二意的地方大将，如韩复榘、李宗仁等，现在都出来表态拥蒋。当有谣言说蒋介石已死时，北平、天津、上海、广东等各地报刊都疯狂指责张学良。这种状况是"九一八"以来中国国情的必然发展结果。这几年来国家相对稳定，统一格局已经形成，经济有所发展，国民党壮大，抗日民族情绪高涨。此时，中国舆论一致认为蒋介石是担当抗战重任的最佳领袖人选，而且认为蒋也正在备战。而这一点，中国舆论以前一直不敢确定，但最近日本加紧指责国民政府，并声称蒋介石不称职，于是中国舆论知道蒋是要抗日的。林语堂指出，蒋介石是个"绝顶聪明的人"，他会掂量自己应该在历史中扮演的角色。在他的脑海中，个人荣誉和国家兴亡应该合而为一。但如果形势发展有所不测，蒋介

第八章　阐释中国为抗战发声

石在中国政局中消失，当下中国最有可能当头的势力是共产党将领朱、毛，其次是冯玉祥，再次是白崇禧。不过，按林氏幽默的说法，到时候最能统一中国各种势力的恐怕只有宋氏三姊妹：孙夫人代表左翼、蒋夫人代表"蒋系"、孔夫人代表银行财团。[1]

西安事变和平解决，中国躲过一劫，蒋介石亦安然无恙。这要感谢斯大林的介入，其实中共高层恨不得杀之而后快，但苏联有战略考量，需要蒋介石领导中国抗日，以缓解日本对苏联的威胁。[2] 蒋介石获释之后，时局开始明朗，南京政府不会对日本的蚕食再作任何让步。其实，西安事变之前，中国政府处理日本问题的态度已经发生了很大变化。林语堂一边撰写《生活的艺术》，一边为《外交事务》（*Foreign Affairs*）（1937年4月）撰文《中国准备抵抗》，介绍分析最新的时局动态。林文解释道，自1931年"九一八"事件侵占东北以来，日本就没有停止过进一步蚕食华北地区，而国民政府却采取严厉的新闻审查，不允许国内出现任何反日的声音。整个气氛极其压抑，林语堂把1935年夏天称为"中国政治历史上最黑暗的时期"，因为看不到任何抵抗的前景。

然而正是此时，局面开始变化。那年夏天，日本关东军公开谴责蒋介石，叫嚣要他下台，于是中国人开始明白，蒋介石肯定在准备抵抗。那年秋天国民党召开全国代表大会，会议期间代表一起拍合照时，汪精卫遭刺杀（差点丧命）。汪精卫一直主管与日本交涉，被公认为政府中的亲日派。之后，蒋介石走上前台。他重组内阁，一改以前对日交涉

1　Lin Yutang, "China Uniting Against Japan", *The New York Times*, December 20, 1936 .
2　有关西安事变，可参见 Jay Taylor, *The Generalissimo: Chiang Kai-shek and the Struggle for Modern China* (Cambridge, Mass.: The Belknap Press of Harvard University Press, 2009), pp. 117–137.

语气:"中国说话开始显示一种自信,把日本当作平等的对手……蒋介石开始直面处理日本问题,带着一种自信和自尊,但也没有鲁莽与草率。"[1] 换句话说,日本不断提出领土要求,其最终目的无非是要彻底占领中国。它的政策没有变,但中国的政策从"合作"变成了"不合作"。中国很清楚,这样就意味着要全面开打,全民抵抗。但日本也得三思,掂量一下自己的能量,能不能"打一场持久战——一场各方都没法绝对打赢的仗"。[2]

1937年7月7日,中日军队在河北卢沟桥发生冲突。这次,中国不再退让,全面抗战终于打响。此时,林语堂正在赶稿,《生活的艺术》还没写完。8月3日写完后,林语堂把书稿寄给华尔希,随后便去古巴待了一个月。(哈瓦那林氏宗亲会负责接待,林语堂在那儿也拜了林氏庙堂。"海外华人社团就是这样,比国内还保守、爱抱团",他信上对华尔希说。)因为在古巴很难得到中国消息,所以准备9月3日就回纽约。[3] 这时候,《纽约时报》打电报来约稿,要林写一篇文章,谈谈日本是否能征服中国。《纽约时报》认为中国会很快被征服,然后采取一种"哲学的态度"泰然处之;林语堂则强烈反对,坚称"一定会是一场持久战","两边来回发电报好几次,最后才定下文章的梗概"。[4] 1937年8月29日《纽约时报》刊登林语堂文章:《中国能阻止日本侵占亚洲

---

1 Lin Yutang, "China Prepares to Resist", *Foreign Affairs*, XV (April 1937), pp. 475–476.
2 Lin Yutang, "China Prepares to Resist", p. 483. 在此,林语堂已经预测这将会是一场"持久战"(protracted war)。
3 林语堂一家到古巴转一圈很可能是出于签证缘故。林语堂此时持有访客签证,待一段时间必须离开美国。
4 Lin Yutang, "Letter to Richard Walsh" (August 25, 1937), from Havana, Cuba. 信中林语堂还说:"我敢肯定他们会做很多编辑功夫。"

第八章　阐释中国为抗战发声

吗？》。答案当然是肯定的，林语堂给出的主要理由是中国民族主义的兴起。从技术上讲，"中国的军事装备当然要比日本差许多。它有长程哲学，却没有短程炸弹"。但林语堂指出，这只是一方面，还有其他关键因素能使中国赢：蒋介石卓越的领袖才能、中国士兵的英勇善战，以及"比日本多得多的疆土，日本想都别想能在军事意义上全面占领之"。最后，林语堂总结道："只要战争打成僵局，中国实际上就赢了。"[1]

战争一爆发，林语堂便在美国对中国抗战的可行性提出了自己的论断：中国民族主义的兴起、中国人民的士气、蒋介石的领导，以及打持久战中国拥有的辽阔疆土优势。林语堂及时发声，指出抗战会打入僵局，中国最终必胜，这和当时西方流行的观点背道而驰。不是只有《纽约时报》一家认为中国会"哲学地"接受被征服的事实，继续现实地过日子。比如，英国外交家麦克基洛普（Douglas MacKillop）在战争爆发时说："现在对我们来说真正的问题是……它们是否能生存……在我看来，它们一旦被迫离开武汉便马上会崩溃……我说的是中国政府，而不是中国。后者和前者不同，恐怕是无法被摧毁的。"[2] 正如米特（Rana Mitter）在最近的研究中总结道："'中国'会生存下去，而它的政府则不能，这种观点和西方一贯的看法——现代政府和更为传统的、永恒的'契丹'不相符——一脉相承。"[3] 林语堂对抗战的论述正是要反击在西方广为流传的"中国"/"契丹"（Cathay）这种东方主义论调。林语堂的主要论点在下节再详加讨论。

---

[1] Lin Yutang, "Can China Stop Japan in Her Asiatic March?" *The New York Times Magazine*, August 29, 1937, pp. 4–5.
[2] Rana Mitter, *China's War With Japan, 1937-1945*, New York: Penguin Group, 2013, p. 109.
[3] Rana Mitter, *China's War With Japan, 1937-1945*, p. 109.

林语堂原来的计划是至少在美国待一年，写哲学书，然后再赴欧洲（假如到时欧洲还在地图上的话）。现在书已写完（虽然要一年以后林语堂才知道他的创作有多么成功），林语堂开始考虑下一步怎么办。现在欧洲还在地图上，全面抗战已在中国爆发。林语堂从古巴回来后一边修改《生活的艺术》书稿，一边密切关注国内局势发展，同时给美国媒体尤其是《纽约时报》发表自己对时局的看法。但他必须决定下一步怎么办。当华尔希以及林语堂的其他朋友和"崇拜者"得知他的决定是先到欧洲待半年然后回中国时，他们开始背着林语堂，运用关系，试图在美国给他找份大学教职，让他留在美国。华尔希给纽约国际教育学院达根（Stephen T. Duggan）博士的信中说，他和其他一些林语堂博士的朋友和崇拜者都觉得，如果现在林博士回到中国，必定是个"真正的悲剧"：

> 林博士已经在美国待了一年半，我们都觉得，林博士要是现在回国，一定是一场悲剧。我们担心日本人会把他干掉，甚至中国某些忌恨林博士说实话的人也会陷害他。林语堂自己爱国心切，觉得这种时候应该回国。我们理解他的爱国心，但我们是他的朋友，我们要尽最大努力说服他。他现在留在美国或欧洲，继续为西方讲解中国，这对中国更有用，也是他的责任。他现在的计划是2月离开美国去意大利和法国，待过夏天后再去英国作短暂访问，早秋回到中国。[1]

---

[1] Richard Walsh, "Letter to Dr. Stephen T. Duggan" (January 17, 1938). 华尔希在2月2日的另一封信中进一步解释道："一份重要的教职也许能诱使他克服他那种爱国的而我们认为完全是错误的冲动决定。他自己不知道我们在给他作这些努力。"

第八章 阐释中国为抗战发声

当时不只是华尔希这帮朋友有此看法，许多林语堂的读者也有同感。1938年2月12日有位马萨诸塞州的布鲁克斯太太（Mrs. Walter D. Brooks）写信给庄台公司：

> 恳请告诉我林语堂先生现在安全吗？他在哪里？我刚读完《生活的艺术》，想到这样一个精灵，具有给芸芸众生指点迷津的睿智，却可能在中国的战乱泥沼中遭罪，心里非常沮丧。我们这个时代需要林语堂这样的人照亮我们的心灵，展现人间的美。真不能想象他要在疯狂残酷的战争中惨遭不幸。
> 恳请你能给我回复。[1]

2月16日华尔希回信道："谢谢你的来信及你的真情表露。很高兴告诉你，林语堂一家十天前离开纽约，现已安全到达南欧。他们正打算回中国，就是为了爱国，而我们许多朋友都劝他不要冒这个险，因为他在欧美更有用。我会把你这封信转寄给他，证明我们的观点。"通过许多联络交涉，华尔希最终让卡尔顿学院（Carleton College）给林语堂提供了一份教职，从1938年秋天开始。但显然，林语堂没有被说服，起码当时还没有。林语堂一家于1938年2月5日离开纽约乘船赴意大利，3月到了法国。他们先在法国东南部小镇芒通（Menton）住下，一个月后又转到巴黎，住在尼科洛街（rue Nicolo）五十九号，因为林太太觉得住小镇太偏僻，而且三个孩子也要上学。一开始，林语堂应"现代图书文库"之邀，集中精力撰写《孔子的智慧》一书，于1938年

---

[1] Mrs. Walter D. Brooks, "Letter to John Day" (February 12, 1938).

出版。1938年4月18日，上海英文《大美晚报》报道说，林语堂已经到达法国芒通，并计划在那儿待十个月写部小说，也就是《京华烟云》，林语堂的第一部战时小说。很显然，到1938年春天，林语堂已经决定暂时先不回中国。

林语堂计划1939年6月写完小说，然后再决定下一步行程。那年夏天林语堂告知华尔希他要回美，华尔希吃了一惊。按照庄台公司记录，1939年3月21日华尔希曾答复一问讯者：林语堂在巴黎，"没有回美的可能"。到5月26日，华尔希又回复全美英语教师协会邀请林语堂作演讲时说："要让林语堂12月作演讲基本上没可能。"华尔希致电林语堂问回美原因，林语堂回复了三个名字：迪克、木兰、希特勒。[1] 迪克当然是华尔希的名，华尔希的劝说似乎起了功效。"木兰"本来是林语堂给《京华烟云》书稿起的名，他需要进行最后的编辑校对工作。"希特勒"显然是林语堂决定逃离巴黎的主要原因，因为到1939年夏，"欧洲眼看就不会再在地图上了"。林语堂一家坐海轮二等舱跨大西洋回美。庄台公司通信记录显示，到1939年8月25日，林语堂已经回到纽约，他的信件可以托庄台公司转交。

1939年8月至1940年3月16日，林语堂租住纽约曼哈顿八十六号东街十二号克罗伊登寓所（The Croydon）。除了《京华烟云》收尾事宜（小说赶在1939年圣诞季节出版），他还做了许多宣传功夫，为中国的抗战发声。在巴黎时，林语堂曾告诉华尔希，他向宋庆龄的保卫中国同盟捐款支援八路军；同时还支援由斯诺创办的中国工业合作社，因为他认为这是持久抗战的基础。另外，早在1937年10月28日，他曾

---

[1] 参见林太乙《林语堂传》，第158页。

第八章 阐释中国为抗战发声

去信中国驻英国大使郭泰祺，建议在国际上呼吁对日本实施邮电封锁。显然林语堂没有得到回复，于是1939年7月26日又投稿《纽约时报》"读者来信"，题为《封锁计划概要：敦促停止给侵略者的邮政服务》。另外，林语堂在美国作巡回演讲，比如，应"妇女大学会"（其成员包括西北大学的妇女以及当地埃文斯顿社区的妇女）之邀到伊利诺伊州埃文斯顿作演讲。

到1940年2月，林语堂已经决定带全家回国——没有再回美的打算。临走前林语堂对华尔希解释道："就我自己来说，我就是作为一个普通个人回国，在后方从事建设工作，仍然保持一个作家的自由……我还不知道我要做什么，也许在《大公报》开一个英文专栏……也不知道《大公报》会不会要我。不管怎样，我的论语社那帮人都在重庆。我已经有个主意，可以用英文写个系列，叫作'来自重庆的幽默'。我想战时肯定管制更严，但我可以接受，一切为了战争。不管怎样，我也会用中文写作了……"[1]处理好美国的事务（比如邮件如何转送）后，林语堂一家于1940年3月16日乘船离开纽约，途经墨西哥、洛杉矶、旧金山、檀香山，于5月初抵达香港，再北上于5月底到达重庆。

尽管林语堂把自己看成一个"普通个人"，回国参加战时建设，但事实上，他已经是国际知名作家，一举一动都受公众关注的名人。林语堂一到重庆便被一群记者包围，第二天便受邀觐见蒋委员长和蒋夫人宋美龄。[2]从那时开始，林语堂和宋美龄便保持了长期的通信（用英文）关系，并在抗战时期多次给蒋介石上书（用文言）。林语堂觐见蒋

---

[1] Lin Yutang, "Letter to Richard Walsh" (February 26, 1940).
[2] 参见林太乙《林语堂传》，第166页。

林语堂传：中国文化重生之道

委员长和夫人以后，曾去信寒暄，宋美龄于1940年5月30日"在防空洞外面的小山上"，"当敌机在上空鸣鸣盘旋时"亲笔手书回复。信中宋美龄关切之心跃然纸上，询问林家的安全，因为北碚也刚遭到轰炸，如果需要的话，宋美龄答应协助在重庆附近给林家找一间竹屋。[1] 林语堂确实试图在北碚安家，还买了一栋房（即现在位于重庆北碚中心地带的"老舍故居"）。林语堂一家到达重庆时，日军正对重庆实施狂轰滥炸，亦即二战有名的"重庆轰炸"，试图以其残酷与疯狂压垮中国人的抗战意志。林语堂在北碚的房子也没有幸免。[2] 也许此时林语堂想起美国友人的观点：他留在美国为中国做宣传比回到中国做日本炸弹的炮灰要有用得多。他把自己在战时中国应该扮演什么角色的问题问之于宋美龄，蒋夫人立即批准同意，并委以"蒋介石侍卫室官员"的虚职头衔，以便林语堂可以持外交签证赴美。这对蒋委员长和宋美龄来说，当然是很聪明的一着棋。林语堂当时经济上即使按美国标准都是相当富裕的，他不需要政府的工资。显然，双方同意，林语堂回到美国继续做作家，担当战时中国的民间发言人。[3]

华尔希得知林语堂即将回美，当然很高兴。《纽约时报》书评专栏9月15日登了一个简短声明，说林语堂即将回美为中国人民发声。林语堂一家于1940年9月24日到达洛杉矶，住在卡斯蒂利亚大道（Castilian Drive）二三九三号。林语堂选择居住洛杉矶可能和好莱坞有关，但显然林语堂和好莱坞没有达成任何合作关系。而且林语堂的朋友

---

1 Meiling Song Chiang, "Letter to Lin Yutang" (May 30, 1940), Dr. Lin Yutang House, Taipei.
2 林语堂回美后，《谁》（Who）杂志刊登了一篇专访，内附一张林语堂和女儿们一起爬山、躲避日机轰炸的照片。
3 当时十七岁的林语堂长女林如斯无法理解这一决定，她一心想留在中国和其他人一样参加抗战。参见林太乙《林语堂传》，第166—167页。

226

林语堂（右起第三位）一行在重庆躲避日机空袭，1941年。左起第三位是林语堂长女林如斯。台北林语堂故居藏。

圈都在东部，于是半年后全家又搬到了纽约。他们先租住哥伦比亚大学附近的莫宁赛德大道（Morningside Drive）九十号，随后在曼哈顿上城靠东河边的格雷西广场（Gracie Square）七号买了一套公寓，林语堂在此一直住到1948年，这要算林语堂在美国最为"永久"的居所。

林语堂回美后继续和宋美龄保持通信联系。比如，他1941年4月24日去信蒋夫人，提到亨利·卢斯（Henry Luce）夫妇即将访华，有可能邀请蒋夫人访美。林语堂敦促蒋夫人对此持开放态度："你知道美国是由女人统治的，美国人对那些能和男人一比高下的女名人趋之若鹜。"然而，假如蒋夫人同意访美，林语堂建议：邀请函必须由白宫发出，而且"访问的安排应该是皇家或半皇家式的级别，和伊丽莎白女王一个档次。我可以想象：到时整个第五大道都会沸腾起来"。[1] 另一封信写自佛蒙特州，当时林语堂把自己关在一个避暑胜地撰写小说《风声鹤唳》，信中林语堂自比自己所处的环境和国家正遭受的磨难："在这儿，我们每天都读到重庆又遭轰炸，老百姓整日整夜都要躲在防空洞里。而我们却有特权在和平中工作和睡觉，感到既内疚又无能为力。"[2]

当日机对重庆不断狂轰滥炸，而他自己在佛蒙特州避暑胜地撰写战时小说，林语堂觉得是一种特权。但他在美担当战时中国的民间发言人角色，也没歇着。回美后他写了一系列时政文章，很多是投给《纽约时报》"读者来信"专栏，为中国的抗战发言。其实林语堂还在重庆时，便给《纽约时报》发了一封快报，揭露日机轰炸的残忍。林语堂披露：自己在重庆逗留三个月，经历了四十次空袭，上个星期一至星期二的一

1　Lin Yutang, "Letter to Meiling Song Chiang" (April 24, 1941).
2　Lin Yutang, "Letter to Meiling Song Chiang" (August 18, 1941).

第八章　阐释中国为抗战发声

次最严重。他从上午11点至下午3点躲在防空洞里，有两次炸弹直接炸到防空洞上，有三次就炸到防空洞前面一点。林语堂说，这些轰炸显示"日本人竭尽全力要摧毁中国人的财产，让中国人胆寒"——他们达到了前一个目的，但没有达到第二个目的。星期二上午，轰炸后的浓烟未消，林语堂上街逛了一逛，看到有商铺已经在街上摆出瓷器在卖。林语堂写道："这儿摆的不是中国的瓷器，而是中国人的胆量。"他确信："战争一定会赢，靠的就是这种中国胆。"[1]

林语堂回美后不久，日本和德国、意大利签订了《德意日三国同盟条约》，林语堂给《纽约时报》写了一封长信，敦促美国在即将来临的同盟国与轴心国之间的世界大战中把中国当成一个实际有效的同盟。中国已经在既没有空军，又没有坦克弹药的状况下和世界一流强国作战，并单方面成功拖住了日本，所以中国也应被视为世界一流强国。因而，中国应该得到美国的支援以击垮日本。而且"在中国和日本打仗令人难以想象地便宜"。林语堂估计，只需两亿五千万美元就能搞定。[2] 在发表于《新共和国》杂志的《中国对美国说》和发表于《亚洲》杂志的《抗战四年综述》两文中，林语堂详细报道了中国战场实况，呼吁美国要有一个"持之以恒、条理清晰的长期援助政策"。林语堂早就预测，战争会是一场持久消耗战，如此则最终胜利在中国。事实是，自1938

---

[1] Lin Yutang, "Japan Held Foiled by China's Courage: Lin Yutang Says Nightly Raids on Chungking Have Failed to Overawe People", *The New York Times,* August 23, 1940, p. 7. 有关"重庆轰炸"的研究，可参见 Edna Tow, "The Great Bombing of Chongqing and the Anti-Japanese War, 1937–1945", in Mark Peattie, Edward J. Drea and Hans van de Ven eds. *The Battle for China: Essays on the Military History of the Sino-Japanese War of 1937-1945* (Stanford: Stanford University Press, 2011), pp. 256–282。

[2] Lin Yutang, "China Viewed as Strong Ally for Us: We Shall, However, Have to Extend More Than Passive Assistance, Well-Known Author Asserts", *The New York Times,* October 20, 1940, p. 8.

年汉口保卫战以来，战事已经拖入僵局。但这个僵局不是说"前线无战事"，而是前线战士，特别是正规军打了无数场战斗、英勇奋战而形成的。[1] 然而，持久消耗战要取得最终胜利得依靠几个因素：士兵的战斗士气、领导能力，以及后勤支援。中国已经证明能够，也坚定地要抗战到底，中国一定能赢，但中国需要美国的物资支援才能完成任务。当时希特勒正要发动入侵英国的战争，林语堂并没有要美国放弃优先考虑英国，而只是一再强调在中国的战争成本"令人难以想象地便宜"："平均给英国援助的百分之五就够了。也就是两三艘现代战舰的钱，用来给中国买战机和轰炸机，中国就一定能把日本干掉。"[2]

即使不给中国提供贷款援助，起码美国也不应该继续支援日本，打击中国的抗战。林语堂在给宋美龄的信中写道："我对整个恶心的石油生意真是火冒三丈。我已去信《纽约时报》揭露整个真相。"[3] 林语堂为此写了两封"读者来信"：《林语堂称日本已绝望：说中国人嘲笑日本长达四年的"闪电战"，但需要物资才能把日本干掉；质疑美国政策，比如与东京的石油买卖》(1941年6月8日)；《给日本战机燃油：林语堂担心我们的"绥靖"政策还会继续》(1941年7月31日)。美国确实在道义上支持中国，物质支援也正在考虑中，"但直到现在，美国一直每周运两船原油到日本，而中国人没吭一声，起码官方没有任何抗议。这种美国友谊是不是很滑稽？过去四年，美国一直给日本输送原油，给中国输出鼓励性言词。这对我们可没什么屁用。别再赞赏中国了，卖给

---

1 林语堂指出，"游击战的价值虽然重要，但已经被远远高估了，而正规军的战役和战斗却很少有人提到"，他进而详细列举了"未被英语世界完整描述的1939年取得的七场重大胜仗"。参见 Lin Yutang, "The Four-Year in Review", *Asia*, vol. 41 (July, 1941), pp. 334–341。
2 Lin Yutang, "China Speaks to America", *The New Republic*, CIV, January 27, 1941, p. 108.
3 Lin Yutang, "Letter to Madame Chiang" (August 18, 1941).

第八章　阐释中国为抗战发声

我们枪和战机。别再仇恨日本了，宣布对日本禁运石油吧"。[1]

　　1941年12月7日日本偷袭珍珠港之前，日本驻美大使在华盛顿和美国进行秘密谈判。美国有可能和日本签订友好条约，只要日本答应不向东南亚地区扩张。林语堂及时向《纽约时报》写信，以"一个中国普通老百姓——他现在是远东最重要的个体"的身份，阐述"中国的民间意见"。林语堂警告说，日本此时的谈判只可能是策略性的，任何的出卖行为都会遭到四万万中国人的唾弃，他们在这场战争中已经付出了无法想象的牺牲。华盛顿的外交家最好清楚了解这一中国民间立场，除非日本完全撤出中国，否则一切方案都会无效。"用中国人的话说叫'对不住'，意思是说，活着的中国人对为国捐躯者有一份责任。"[2]

　　1941年11月25日，美国书籍销售商协会和纽约《先驱论坛报》在纽约阿斯特酒店举办"读书与作者"午宴，林语堂应邀作演讲。据《纽约时报》报道，林语堂在演说中说，他感到很"困惑"，中国的抗战究竟是不是为民主或民主国家而战，"因为此时民主国家都还没决定到底要不要战"。林语堂告诫说，日本人说的话、日本天皇签的字和希特勒说的话、签的字一样可靠，美国必须准备好和日本开战。"林语堂明

1　Lin Yutang, "Lin Yutang Deems Japan Desperate", *The New York Times*, June 8, 1941, p. 19.
2　Lin Yutang, "Present Negotiations With Japan Regarded as Futile", *The New York Times*, September 21, 1941, p. 6. 有意思的是，最近有学者提到这一段历史时，举例（只是）提到："1941年10月14日，陆军大臣东条英机拒绝了美国对日本从中国撤军的要求……他说时很激动，称日本阵亡将士的英魂不会答应这种投降外交。"参见 Edward J. Drea and Hans van de Ven, "An Overview of Major Military Campaigns during the Sino–Japanese War, 1937–1945", in Mark Peattie, Edward J. Drea and Hans van de Ven eds. *The Battle for China: Essays on the Military History of the Sino–Japanese War of 1937–1945* (Stanford: Stanford University Press, 2011), p. 42。

231

林语堂1941年在纽约"读书与作者"午宴上发言。台北林语堂故居藏。

确表示，美国已处于和日本交战前夜，他敦促美国人不要再三心二意，而是要接受这个冷酷的事实。"[1]

1941年12月7日日本偷袭珍珠港那天，林语堂受邀到亨利·卢斯夫妇家参加午宴。卢斯当然一向支持中华民国。卢斯的传记作者斯旺博格这样描述当天午宴时宾客听到这一突发新闻时的情景：

> 参加家宴聚会的包括希恩（Vincent Sheean）、美国驻莫斯科大使斯坦哈特（Lawrence Steinhardt）、林语堂博士、考尔斯（Virginia Cowles）、凯斯（Margaret Case）和《生活》杂志的桑代克（Joseph Thorndike）。下午两点半，主人和二十二位嘉宾各就各位，午宴开始。卢斯家有个家规，吃饭时不接任何电话。然而，吃甜点时，有个电话打进来，管家觉得此事非同小可，便把信息写在纸上，放在小盘里递给餐桌上坐着的卢斯夫人。她看了一眼，随即用汤匙敲了敲玻璃杯。
>
> "所有孤立主义者和姑息者，请听着，"她说，"日本人轰炸了珍珠港。"
>
> 现场一片骚动，惊讶，大家都抢着去听电台、打电话，想获取更多细节。宾客中只有一人神情镇定，一动没动。林语堂先致歉——他得把甜点吃完了，然后说："瞧，这种事早就注定的啦。"[2]

---

[1] "Lin Yutang Sees US-Japanese War", *The New York Times*, November 26, 1941.
[2] W. A. Swanberg, *Luce and His Empire*, New York: Charles Scribner's Sons, 1972, p. 189; also in Diran John Sohigian, "The Life and Times of Lin Yutang" (Doctoral diss., Columbia University, 1991), p. 610.

林语堂传：中国文化重生之道

"新中国的诞生"

除了及时报道战时中国状况、站在民间的角度为中国抗战摇旗呐喊之外，林语堂在这阶段的著述中还着重对"现代中国"的兴起进行阐释，刻画出一个清晰的轮廓。林语堂在美国以"中国哲学家"的形象为美国中产阶级读者阐释"中国智慧"而家喻户晓，但从林语堂自己的角度来说，他要描述的不是一个"远古契丹"，而是一个活生生的、正处巨变中的现代中国。他的新闻著述和小说创作都体现了这一精神。林语堂对现代中国的阐述主要围绕现代中国民族主义之兴起的轨迹与背景。

林语堂肯定对《纽约时报》对中国时局的假定颇感震惊——因为中华民族是有文化的，会坦然接受日本的征服，再以文化上的优势慢慢消耗日本人，就像他们对待满人的征服一样。这种观点完全缺乏对中国现代性的理解。《吾国与吾民》1939年再版时，林语堂写了一篇长文——《新中国的诞生》。作为该书第十章，庄台公司还同时发行单行本。该文一开始便提出核心问题："我们古老的文化能够拯救我们吗？"林语堂的回答非常干脆：不行，"只有现代化会救中国"。[1] 而且只有中国从外部威胁中被拯救出来以后，我们才可以来谈保存古老文化的问题。其实在抗战全面爆发之前，林语堂曾在《美亚》杂志撰文，呼吁能够"更好地了解中国"。他曾提出应该多关注用白话文创作的中国现代文学："我很高兴看到有一些年轻的汉学家已经朝此方向努力，花更多

1　Lin Yutang, "The Birth of a New China: A Personal Story of the Sino-Japanese War", in *My Country and My People*, New York: The John Day Company, 1939, p. 359.

第八章　阐释中国为抗战发声

的时间去研究当代中国事务。"[1]

"中国别无选择,只能走向现代。'现代性'不请自来。"[2]林语堂如此解释抗战之前中国的现代化过程。中国传统文化本质上是一种生活方式、一种文明,而中国人以前并不知道世界上还有其他文明,以为自己的生活方式就是唯一的文明。但这种情况已经改变了,因为十九世纪以来,西方敲开了中国的大门,中国被迫要面对西方世界。中国人的世界观慢慢发生痛苦的转变,认识到自己乃世界万国之一国。中国现代性由此而来。而现代性来到中国是个双面神。一方面讲,西方是用军事武力敲开了中国的大门。它送给中国的是军人,乘其船坚炮利使中国惨败蒙羞。随后来的是商人,他们为逐利而来,赚了钱还要挣更多的钱。中国人付出了惨重的代价,终于认清这个新世界:这个西方列强操控的世界用实力说话,如果中国不跟着玩这个新游戏,它只能被无情地征服变成殖民地。实际上,中国已经被西方列强瓜分成不同的势力范围,而这次同日本的抗战,就是民族存亡的大考验。

另一方面,现代性也带来机遇,使中国得以进步发展。从火炮船舰和机关枪背后,中国人看到了科学家和工程师,成百上千的学生出国留学探求新的知识。更有甚者,各种新思想引入中国,彻底改变了中国学人的知识结构。1905年科举废弃之后,中国学生纷纷出国求学,不仅带回了科学知识,而且引入了政治、文艺新思想。报刊像雨后春笋般出现,也大大开阔了中国人的视野。新文化运动带来了新的语言(白话)和新的文学。现代性波涛汹涌,不可阻挡,在政治形态上推翻清朝,建

1　Lin Yutang, "A Better Understanding of China", *Amerasia*, I (June 1937), p. 163.
2　Lin Yutang, "The Birth of a New China", p. 355.

立了亚洲第一个共和国——中华民国，随后于1927年又建立了中华民国南京政府。林语堂指出，南京政府的管理层已经是新一代的精英："新一代受西式教育的金融家和大学教授已经取代了北京政权的旧式官员。有一段时期，南京内阁成员包括三位北大的教授：一个地质学教授，一个经济学教授，都是留德出身，还有一位教育学教授兼校长，是留美出身。"[1]

南京十年，新一代受西式教育的专家治国，让中国在现代化进程中取得了长足进步。"进步"是个双面兽，它一面是战争一面是国力，一面是商业化一面是物质财富，一面是工业化一面是剥削，中国人早已知道他们没有选择，必须拥抱进步的两面，因为这个世界只奖赏强者，而中国人不想被这个世界吞噬。中国毅然踏上了"进步"之途，步伐虽然蹒跚，方向却是坚定的："我们可以看到，学校和大学越建越多，报纸和书的印数越来越大，公路铁路发展迅速，妇女解放、妇女参政得到认可，统一的国语逐渐形成，'厘金税'被取消，国家财政状况得以稳定，腐败也逐渐得到控制，最重要的是：国人精神面貌焕然一新，热切投身于国家重建事业，对未来满怀希望与憧憬。"[2]

向"进步"迈进，其主要标志就是现代中国民族主义的兴起。现代中国的民族主义当然是西方的舶来品，其火焰借助日本的侵略而熊熊燃起，其生机与力度正在经历抗战的考验。林语堂特别强调，当代中国已经不再是一个"文明"，而是一个民族／国家，爱国主义情感高涨。西学东渐已有好几十年，印刷媒体和公共教育体系也都得到推广，中国

---

[1] Lin Yutang, "The Birth of a New China", p. 361.
[2] Lin Yutang, "The Birth of a New China", p. 361.

第八章　阐释中国为抗战发声

人的世界观已经大为改观，中国既为万国之一，起码应该与万国平起平坐。所谓"现代中国民族主义"，首先就是指从传统的生活方式（文明）转化为对国家的归属与情感。林语堂还指出，"爱一种文明"或"爱整个世界"，这种情感和爱自己的祖国没法比（假如我们受到"火星人"的威胁，有多少美国人会出于"爱世界"或"爱文明"而战？）。相反，民族主义情感的感召力要强得多，尤其是中国的民族主义几乎和反日情绪是同义词。

日本的入侵是使得现代中国民族主义情绪高涨的最关键因素。经过几代知识分子（包括梁启超、孙中山、新文化运动领袖人物等）的启蒙教育，作为一个民族/国家的新的中国的观念已经深深嵌入现代中国人的意识。但民族/国家的建立并非一帆风顺。清王朝被推翻后，紧接着是一系列内战，1927年北伐成功后终于建立了统一的南京政府，尽管内部冲突远没有停止，但中国终于看到进步的曙光，在民族/国家建设的各个方面都方兴未艾，加速前进。可就在这个时候，日本人进来横插一足，决意要制止这一现代化进程，把它扼杀于襁褓之中，以便使中国沦为大日本帝国的附庸国。这"太不公平"，林语堂说。还有一点必须说明：日本的入侵不是在1937年，而是1931年，日本关东军突然出兵中国东三省，并扶持了一个伪满政府。九一八事变让举国震惊，民间抗日情绪（特别在知识青年中）不断高涨，整个中国政治气氛为之一变。

但日本人的胃口不只限于东北。紧接着，日本的渗透扩张蔓延至整个华北，局势已经再明显不过：日本人不把全中国吞下绝不会罢手。也许是屈服于日本的压力，也许是出于策略考量（中国在军事上还无法和日本全面开战），不管怎样，南京政府采取严格的新闻审查，禁止所有抗战的声音。其结果是：中国民族主义就像一个活火山，被严密封盖压迫之后，随时都会井喷式爆发。在军事上有没有准备好，反而成了次要问题。全体国民的精神状态才是关键所在，因为整个国家快要变"疯了"。

于是中国就这样被迫进入全面抗战时期。从军事角度看，开战的条件根本没有成熟。中国抗战最重要的支撑点就是全民抗战的意志。它意味着整个民族所有国民要承受巨大的牺牲，但同时意味着一个新的中国必将从战争中像凤凰涅槃一样得以重生。

日本的武器弹药、军事实力远远超过中国，但日本要征服的是一个个现代的、具有强大的民族认同感的中国人。日本政客扬言要用坦克摆平反日情绪，林语堂讥讽道，任何一个头脑清醒的人都不会想用武力来扫除某种情感。中国现代西学东渐，有一种新观念已经深深影响现代社会结构：对军人的尊重。而且，林语堂解释道："我相信，这场战争最有价值的礼物是中国人学会了纪律的重要性，这一点以前不能算作中国人的品质。"[1] 但是新的民族主义也不是仰仗西方引进的品质。中国人长期积累起来的传统品性也是抗战宝贵的资源。林语堂曾在《纽约时报》撰文：《决定中国命运的关键人物："苦力"》，批评西方用带有歧视意味的"苦力"一词来泛指中国的劳工阶层。"苦力"可以指家庭佣人、卡车司机、铁路工人、酒店招待、园艺工、木匠、鞋匠，以及各种手工艺人，甚至农民。林语堂指出，中国老百姓每人都有自己的个性，就像他自己曾经的佣人"阿青"——"他是个农家孩，和我一样"，他

---

[1] Lin Yutang, "A Chinese Views the Future of China", *The New York Times Magazine*, January 30, 1938, pp. 6–7, 27.

第八章　阐释中国为抗战发声

来林家之前是个人力车夫，可"人力车夫是个受人尊重的正经职业，和世界上其他职业一样。我还希望我能像阿青一样做人既正派又守规矩"。把这么多不同职业的人群统称为"苦力"，抹杀了他们的尊严和人性，也无法理解当下中国的"关键人物"："现在在前线和日本兵作战的不是文质彬彬的绅士，而是中国的苦力。他的强壮体魄、精神面貌、道德品质决定了中国抗战的力度。他勤俭朴素，任劳任怨，也正是日本求之不得的廉价劳力。"[1]

为了突显中国老百姓在抗战中的爱国精神，林语堂还特别指出中国抗战中"最振奋人心的场景"——战时大合唱。大合唱也是西方舶来品，中国以前没有这种艺术形式。1934年，上海某大学的一位基督徒中国学生看到美国歌本上说"音乐可以使人团结"，于是灵机一动，开始在上海基督教青年会俱乐部组织大合唱。随后得到基督教童子军大力推广，在大学、中小学流行开来，最后迅速传到大众，在难民营、游击队、前线兵营里都有大合唱场景。当时最为流行的一首歌叫《义勇军进行曲》，聂耳作曲，田汉填词，林语堂把它译成了英文：

> 起来！不愿做奴隶的人们！
> 把我们的血肉，
> 筑成我们新的长城！
> 中华民族到了最危险的时候，
> 每个人被迫着发出最后的吼声。

---

[1] Lin Yutang, "Key Man in China's Future—The 'Coolie'", *The New York Times*, November 14, 1937, pp. 8–9, 17.

起来！起来！起来！
我们万众一心，
冒着敌人的炮火前进！
冒着敌人的炮火前进！
前进！前进！进！

Arise! ye who refuse to be bond slaves!

With our very flesh and blood,

Let us build our new Great Wall.

China's masses have met the day of danger,

Indignation fills the heart of all of our countrymen.

Arise! Arise! Arise!

Many hearts with one mind,

Brave the enemy's gunfire.

March on!

Brave the enemy's gunfire,

March on! March on! March on! On![1]

1　Lin Yutang, "Singing Patriots of China", *Asia*, February, 1941, p. 70. 众所周知，这首歌现在是中华人民共和国国歌，林语堂应该是此曲第一个英译者。

第八章　阐释中国为抗战发声

战时女杰

林语堂在美国阐释中国文化大获成功，被誉为"中国哲学家"。国难当头之际，林语堂用自己的文化资本为国做宣传，成为民间的独立发言人。要把"文化中国"和"战时中国"两个迥异的形象相结合，并不是件易事。林语堂的策略之一便是用中国文化和人民的温良恭俭、可亲可爱来衬托日本军队的残酷和野蛮。从林语堂在报刊发表的一系列文章题目，我们也可以看到一个"文化中国"在抗战：《哲理性中国面临军事化日本》(《纽约时报》，1936年12月27日)，《北平沦陷中国灵魂不死》(《纽约时报》，1937年8月15日)，《中国四城记》(《纽约时报》，1937年10月3日)，《天堂遭毁》(《亚洲》杂志，1938年6月)。另外，林语堂从散文家变成了小说家，创作了两部史诗式的抗战小说：《京华烟云》和《风声鹤唳》，用艺术的形式，从文化的角度，为中国抗战摇旗呐喊。

《京华烟云》扉页写道："本小说写于1938年8月至1939年8月，谨此献给英勇的中国战士，他们用自己的生命，为我们子孙后代的自由，而战。"但小说并不是直接描述战争本身，而是着重描绘战争的现代历史背景，用长达八百多页的巨幅勾勒出现代中国的图画，从1900年义和团起义至当下抗战，四十年弹指一挥间，通过姚家和曾家的兴衰起伏，衬托出中国从一个"文明"到一个"民族／国家"的现代转型。《吾国与吾民》和《生活的艺术》从哲理上阐释中国人与中国文化，《京华烟云》则以小说形式具体展现中国人生活的方方面面。但它也是一部战时小说，创作于中国全面抗战爆发之时。林语堂的策略是重点描述战争爆发的背景，强调新旧文化的现代转型，以调和多姿多彩的中国生活方式和血腥的战争场面之间的紧张。

"按我自己的想法，写这部小说就像在一个巨大的画板上画画……我是以《红楼梦》作为我的模板。《红楼梦》有取之不尽的灵感。"[1] 林语堂曾对华尔希和赛珍珠如此解释。林语堂喜欢"直叙讲故事"的叙事模式，有如托尔斯泰和曹雪芹的叙事风格，作者无须加很多旁白和评论："中国文学传统强调'微言大义'，话不说尽，不说满，留有想象空间，这样评论者得以施展手脚，还原作者的意图。这也叫'太史公笔法'。"[2] 和以前一样，出版商总是喜欢把小说说成"纯正的中国货"来推销，无论是其叙述风格、情节设计、人物刻画，都是模仿中国文学名著《红楼梦》。庄台的推销策略也得到《纽约时报》书评者的回应："这的确是一本纯中国式的小说——中国色彩如此醇正，读起来好像是读翻译一样。赛珍珠已经指出……（小说叙述的）瞬息京华……映照出几千年经久不变的文化积淀。"[3] 如果这种评语读起来有点东方主义的味道，出版商的导读肯定有一定效果。庄台公司有一份宣传单，把小说"序言"最后一句着重注明："这部小说讲的故事，也就是当代中国男男女女……如何适应现实生活环境，其死活存亡，听天由命去罢。"宣传单解释道："最后一句话可以解释中国人习以为常的知足天命观，也可以解释为什么木兰愿意嫁给新亚。"[4] 也有其他评论者看到小说的主题是体现中国的现代转型，比如《纽约时报》的汤姆逊写道："《京华烟云》是

---

[1] Lin Yutang, "Letter to Richard Walsh and Pearl S. Buck" (March 1, 1939).
[2] Lin Yutang, "Letter to Richard Walsh and Pearl S. Buck" (March 7, 1939).
[3] Katherine Woods, "Forty Crowded Years in China's Forty Centuries: Lin Yutang's Novel, 'Moment in Peking,' Presents a Story and a Picture Rich in Humanity", *The New York Times*, November 19, 1939.
[4] "Lin Yutang and His Moment in Peking", The John Day Company files, Princeton University.

第八章　阐释中国为抗战发声

由身临其境的人对转型中的中国的实录，它是一个报道，而不是解释，因为林先生没有刻意去评价是非对错。"[1]

《京华烟云》和《红楼梦》有一点很相似：林语堂塑造了一群多姿多彩的女性人物——从比较传统的"淑女"到较为现代的"女兵"形象，济济一堂，应有尽有。从这些女性形象的塑造中，我们可以看到林语堂如何着重描绘中国现代性的转型，以及如何把文化中国和战时中国相结合的叙述策略。

《京华烟云》要为中国现代性的起源与进程画一幅多视角的全景图，"既非崇尚旧的生活方式，也不为新的生活方式辩护"。[2] 这幅全景图中最主要的亮点就是中国社会现代转型中的妇女生活面面观。林语堂塑造的女性人物丰富多彩，个性鲜明，都是大时代变迁中有血有肉的角色。小说一共有三十多位女性人物，从传统型到现代型，或介于两者之间，从激进叛逆的黛云到古典优雅的曼娘。当然，林语堂着意塑造的理想型现代女性则是女主角木兰。

我们可以看到，女兵型黛云和贞女型曼娘在小说中的形象都比较正面，值得同情和理解。黛云出身于官宦人家，但她坚定地走上了反叛之路，公然谴责自己的家庭腐败、"封建"。她"说话声音粗犷，一点都不像女孩子，剪了个短发，穿一件白夹克衫，黑色的短裙刚刚只遮到膝盖"。[3] 但她代表年轻中国的朝气和活力，最终她加入了"陕北"的抗日游击队。林语堂写道："那是一群勇敢的、爱国的年轻人，物质环境越

1　Ralph Thompson, "Book of the Times", *The New York Times*, November 16, 1939.
2　Lin Yutang, *Moment in Peking*, New York: John Day, 1939, p. i.
3　Lin Yutang, *Moment in Peking*, p. 576.

恶劣，他们的意志越坚强，他们乐观和英勇的气概坚不可摧。"[1]

同时，作者对曼娘也是充满同情。曼娘的"贞洁"具有双重的悲剧意义，她的婚姻是传统的"冲喜"习俗的牺牲品，婚后不久丈夫便去世。曼娘是传统女性的典范，一生恪守旧的礼俗。用一位贞洁寡妇来代表古典女性，其实也从另一方面说明旧的秩序无可避免地即将消逝。但曼娘并不是旧传统的牺牲品，可怜兮兮，一筹莫展，像个活死人一样。林语堂塑造曼娘的形象并不是要用它来谴责整个传统文化。小说的情节安排赋予曼娘一个关键作用——由她来决定中国该不该进行抗战：

"你觉得中国应该和日本打吗？"木兰问道。

"如果像这样发展下去，还不如打一仗。"曼娘说，"怎么能让阿轩赤手空拳和鬼子打呢？"

木兰记得她爸说过："你问曼娘。如果曼娘说中国必须战，那中国就会胜。如果曼娘说中国不能打，那中国就会败。"

"你认为中国可以和日本一战？"木兰又问道，一个字一个字说得很慢。

"不管中国愿不愿意，都必须去战。"

好了，曼娘把话说了！[2]

抗战一打就意味着中国老百姓要付出巨大的牺牲，而小说中曼娘的死正是这种牺牲的悲壮象征。惨遭日本兵蹂躏奸污之后，曼娘上吊自

---

[1] Lin Yutang, *Moment in Peking*, p. 761. 显然，林语堂这里指的是中共指挥的八路军。
[2] Lin Yutang, *Moment in Peking*, p. 737.

第八章 阐释中国为抗战发声

尽："她的身体从来没被男人的眼睛看过，如今半裸着吊在那儿。"[1]

《京华烟云》女性人物各种各样，但林语堂心目中现代女性的典范当然是他精心塑造的女主角木兰。其实，林语堂的手稿就被命名为"木兰"。把小说女主角命名为"木兰"当然是有涵义的：

> 木兰是中国的圣女贞德，中国古代有一首著名的诗专讲木兰的故事，她女扮男装代父从军十二年未被发现，回家后重新换上女儿装，孝敬父母。[2]

抗战时期花木兰的传奇以多种艺术形式重新得到关注，林语堂重提花木兰传奇当然也是受当时抗战环境影响，但同时他要通过木兰的形象塑造来说明中国现代性中妇女解放这一主题。对林语堂来说，木兰并不一定要亲自上前线打仗，才能体现她的"尚武精神"，只要个性鲜明，一样可以是一个"女战士"。

木兰是新、旧的综合体，既是一个"战士"，也是一个"女人"，或曰"女性战士"。童年时她性格就很活泼，不是一个"乖乖女"。信奉道家思想的父亲要把她培养成一个"新女性"，不缠足，上新式学堂。一双天足让她踏上远离家乡的求学之途，上了一家新开的女子学院，但木兰还不满足，她幻想自己是个男孩，因为男孩"什么便宜都占了"。[3] 她的想法像个男孩，她对妹妹莫愁说"长相根本不重要"；[4] 她的行为举止

---

[1] Lin Yutang, *Moment in Peking*, p. 768.
[2] Lin Yutang, *Moment in Peking*, p. 16.
[3] Lin Yutang, *Moment in Peking*, p. 70.
[4] Lin Yutang, *Moment in Peking*, p. 209.

也像个男孩，和男孩一起玩爬树，摔下来弄得身上青一块紫一块的。她还有三样爱好：吹口哨、唱京剧、玩古玩——都不是淑女该有的品味。她做新娘也不是羞羞答答、弱不禁风的样子。她在婚礼上公然和闹新房的宾客斗智斗勇，说说笑笑。婚后也不是一个宅家媳妇，经常要出外郊游，以致她丈人觉得这个媳妇多少有点轻率，不够体面。

但另一方面，木兰是个很有修养、知书达理的女性。在林语堂看来，理想的现代女性一定要有鲜明的个性。个性是通过扮演家庭和社会的不同角色一步一步培养起来的，木兰的个性体现在做好女儿、姐姐、妻子、媳妇，当然最主要的是做好母亲的角色。而要做好不同角色，木兰作出了许多自我牺牲。这种自我牺牲也许就是一个象征性的姿态，比如刚做新娘的木兰主动要把自己的金表送给婆婆，从而表现出"礼让的风格"。[1]但自我牺牲也可能导致终生遗憾，比如木兰不和妹妹争抢共同心仪的恋人，只能把对立夫的爱深深埋在心里。自我牺牲也可以是用来自娱的一个念头，比如木兰要把自己的贴身佣人嫁给自己的丈夫做妾，因为她"特别仗义，热衷交友"，也能欣赏"其他女人的美"，而且觉得"妻没有妾，就像鲜花没有绿叶一样"。[2]木兰的个性在中国现代转型的阵痛中逐步发展，从某种意义上说，都是为了木兰最后的终极自我牺牲作铺垫：把她的独子送上战场为国而战。当木兰意识到国难当头，她的独子亦不能置身度外时，她久久发呆，不出一声，但最终毅然同意

1　Lin Yutang, *Moment in Peking*, p. 335.
2　Lin Yutang, *Moment in Peking*, p. 417. 林语堂曾把《浮生六记》译成英文，并十分推崇其主人公陈芸。木兰这里的表现显然带上了陈芸的烙印。但林语堂还是十分注意两者的区别，以突显木兰形象的现代性：木兰对纳妾，也就是闪过一念，略加玩味，并没有真的去实施；她对缠足也好奇，要把玩一下，一天晚上试了一下，结果"更加坚定要有一双和男孩一样的脚"。参见 Lin Yutang, *Moment in Peking*, p. 71。

第八章　阐释中国为抗战发声

儿子征兵出战。正是这样一个平常又勇敢的行为，木兰的个性达致完美的境界："人生的秋季"。[1] 在此意义上，木兰代表了林语堂所谓的"理想女性"——充满智慧、温柔而坚定的母亲形象。小说结尾写道，木兰加入大迁移的人群，两天内领养了四个孩子，一路走来还不时发出爽朗的笑声。林语堂要表达的意思应该很明确了：如果日本人要想征服中国，他们的刺刀首先得压垮这种母性精气神。

1941年5月初，林语堂和《纽约时报》记者罗伯特·冯·盖尔德作了一次访谈，讲到自己正准备去佛蒙特州，找"一个没有电的小木屋"，在那儿写一部小说："这部小说要写当下中国的实况，这个国家面临极其残酷的环境，可就是打不败，而且还越来越坚强。别以为日本没有尽力。他们一次又一次从北向南围剿重庆。每一次我们都是让他们长驱直入，然后掐断他们的供应链，他们便不得不无功而返。每一次我们都有反围剿歼敌，消耗他们的兵力，破坏他们的供给。"[2]《风声鹤唳：一部战火硝烟中的中国小说》于1941年底出版，又登上畅销书榜，虽然其轰动效应要比前几本书逊色许多。《京华烟云》给现代中国勾勒出一幅巨画，横跨四十年，而《风声鹤唳》的故事情节定在全面抗战的头两年，即1937至1938年。虽然副标题明确表明这是一部战时小说，但整个小说情节围绕一个三角爱情故事展开：女主人公梅玲，"战火风雨中的一片叶子"（英文书名直译），和她的情人博雅，以及老彭。有评论指出：用悠闲的笔调来写一部浪漫小说，背景却是硝烟弥漫、惨不忍睹的

---

[1] Lin Yutang, *Moment in Peking*, p. 798.
[2] Robert von Gelder, "An Interview With Doctor Lin Yutang: Who Is at Work on a Novel That Will Describe the Tremendous Effort of the Chinese In Their War Against the Invader", *The New York Times Book Review*, May 4, 1941.

战争环境,这个难度可不小;小说中三个人物形象似乎都不够丰满。尽管如此,大多数评论都看懂了林语堂所要表达的信息:爱好和平的中国正在勇敢地拼命抵抗野蛮的日本。

"说这本书不是林语堂最好的书,也许都没什么意思,因为对林语堂崇拜者来说,林语堂的书没有哪一本是'较差的'。更重要的是要指出,林语堂在书中给我们展示了⋯⋯什么叫种族大屠杀。"美国一份报纸的书评如是说,用了英文 holocaust(大屠杀)一词来界定林语堂小说中所揭示的日军犯下的暴行。[1] 确实,《风声鹤唳》今天读来有其文学历史价值:这部小说第一次记录、揭露并谴责了日军在"南京大屠杀"中所犯下的罪孽。正如林语堂指出,造成"人类历史上最大的一次迁移"的原因并非战场上的恐怖(诸如空袭炸弹或枪林弹雨),而是由于日军攻占南京后那些丧尽天良的行为:

> 一群日本兵嘻嘻哈哈,把一个婴儿抛向空中,大家争着看谁能用刺刀尖顶刚好托住从空中落下的婴儿——这种场景,自上帝创造人类以来,还从未见过。也没见过把俘虏眼睛蒙起来,让他们站在壕沟边立成一排,当作日军练刺刀的标靶,以训练他们进行大规模屠杀的技能。两个日本兵由苏州到南京一路追杀中国溃兵,互相打赌看谁先杀满一百个中国人,他们的战友则在旁边起哄、鼓励,给他们做记录。武士道精神可以让封建的日本人自圆其说,可是其他民族无法理解。这种事情正常的人是做不出来的。中世纪封建时代的欧洲人做不出来。原始部落

---

[1] James E. Helbert, "A Book A Day", Durham, North Carolina: *Sun*, December 4, 1941.

第八章 阐释中国为抗战发声

时代的非洲人做不出来。就算我们人类还只是猩猩的远亲，还在森林里荡来荡去时，也做不出来。就是猩猩也做不出来。猩猩只为找雌性同伴而争斗。即使在文明最原始的阶段，人类学家也没找到人类为自娱而杀人的记录。

是的，这种恐怖创下了人类的纪录，一个民族的人可以对另一民族的人做出这种事情。猩猩也不会把它们的囚徒聚在一起，旁边堆满干草，浇上汽油，看着它们被活活燃烧而呵呵大笑。猩猩在光天化日下性交，但他们不喜欢看其他猩猩性交，还站在旁边嘻嘻哈哈，等着下一个轮到自己上；它们干完后也不会用刺刀对着雌猩猩的性器官直插进去。它们取乐的手法还不够精致，不会一边强奸雌猩猩，一边强迫雌猩猩的男伴在旁边看。[1]

林语堂进而把日军的大屠杀和"中国历史上绝无仅有的"张献忠四川大屠杀相比拟。作为明末农民起义军领袖之一，张献忠占领四川后大开杀戒，滥杀无辜，使整个四川白骨遍野，人口大规模锐减。林语堂评介说，日本人的南京大屠杀和张献忠的四川大屠杀有得一比，都极其疯狂，极其变态，不过有一点不同：张献忠"没有一边屠杀老百姓，一边还嚷着要建立'新秩序'。他杀别人，也清楚知道自己会被别人杀掉"。[2]

林语堂断定，正是由于日军这种残暴兽性，日本想征服中国注定

---

[1] Lin Yutang, *A Leaf in the Storm: A Novel of War-Swept China*, New York: The John Day Company, 1941, p. 215.

[2] Lin Yutang, *A Leaf in the Storm: A Novel of War-Swept China*, p. 217.

要失败，因为你想要征服的人民蔑视你，你怎么征服。相反，中华民族越战越勇，团结一致，抗战到底。小说有一段描写，日军飞机轰炸汉口以后，宋美龄"身穿一件蓝色短毛衣和一件黑色长衫，毛衣袖子卷得高高的"，出现在人群之中，安慰遭轰炸的平民，鼓励人们的士气：

> "你看，蒋主席夫人亲自来看我们老百姓了。"一位农人乐呵呵地笑道，"啨，有这样的政府，谁不愿意拼死到底？"
> "现代女性还真不错。"另一位路人笑着说道。[1]

---

[1] Lin Yutang, *A Leaf in the Storm: A Novel of War-Swept China*, p. 247.

第九章

东方智慧与世界和平

上一章讲到，林语堂在美国获得"中国哲学家"殊荣之后，马上利用其文化资本为中国抗战发声，阐释"现代中国"，扮演中国的民间发言人角色。在日本偷袭珍珠港之前，林语堂的著述与活动基本上都是围绕中国、中国的抗战。但他也从"世界公民"的角度写过几篇文章，比如，1939年11月12日发表于《纽约时报杂志》的文章《真正的威胁：不是炸弹，而是思想》。

在三十年代中国，林语堂为谨防极左和极右而两面作战。来到美国后，更是在世界舞台上亮明其自由主义的理念。比如，《吾国与吾民》译成德文时，德国出版商不得不做适当删节（加起来一共有好几页），因为书中有许多"小评论","冒犯德国领导人"。[1] 当欧洲遭到纳粹德国狂轰滥炸之际,林语堂撰文表示:"真正的威胁"不是"炸弹",也不是希特勒。现代文明真正的威胁是集权国家的兴起,人民屈服于集权国家的统治,从而丧失个人自由。欧洲弥漫着硝烟战火,但林语堂要读者用历史长焦距看问题,炸弹本身是没法摧毁文明的——中国儒家还经历过秦始皇的"焚书坑儒"。真正的威胁来自对现代核心价值——个人自由信念之侵蚀:"假如我们不去珍惜,不去捍卫人生中一些基本的价值、一些看似普通的自由权利,那我们的文明真有可能被销毁。在我们当今的思维和生活中,有各种迹象表明,确实存在这种危险:'国家'这一怪兽正在不断侵蚀我们生活中这些普通的自由权利。"希特勒的纳粹德国只是这种危险结下的一个果子,而且也不是唯一的果子。在此,林语堂没有具体指明还有哪些国家,也没有具体说明侵蚀到哪些个人自由权利,但珍珠港事件后,他会有很多话要说。在此,他只是明确表明自己的自由主义立场:"现在我更加坚信:只有超凡浪人才是我们这个世界的救世主,因为他坚守自己的自由,丝毫都不作妥协。"[2]

这篇文章可以看成是林语堂的批评锋芒转向全球舞台的前奏。珍珠港事件正好是其知识评论发展的分界线。珍珠港事件以后,美国被拖入二战,世界局势为之一变。林语堂的批评焦点也从"中国哲学家"的

---

1 Deutsche Verlags-Anstalt, December 3, 1937. 华尔希代林语堂于 1937 年 12 月 21 日给德国出版商回信道:林语堂"当然不愿意看到书中有些说法伤害到德国读者的善意,因此允许你作适当删节……他还说,他批评德国哲学家'最为无聊',这个不要删"。另外,据《纽约时报》1942 年 6 月 16 日报道,《生活的艺术》意大利文版遭禁,这是应罗马的德国大使馆的要求,因为书中有许多地方"对最高领袖希特勒不敬"。
2 Lin Yutang, "The Real Threat: Not Bombs, But Ideas", *The New York Times Magazine,* November 12, 1939, p. 2.

第九章　东方智慧与世界和平

角度转向对整个世界现代性的普世批评，其批评议题集中于世界范围内的战争与和平。1942 年是林语堂整个知识思想发展的高峰，在以后的日子里，其批评关注都将延续同样的全球性议题。中国则是林语堂的全球视野与批评的一部分。

第二次世界大战以同盟国战胜轴心国而告终。但是二十世纪的麻烦远未就此终止，相反，它开启了更多的困境与紧张，且一直延续至今。林语堂在这个阶段的著述与实践直面当今人类所处的现代性困境，突显一个自由主义跨文化思想家的创造性思维与理念。这一章试图勾勒出林语堂批评极权主义和帝国主义以探寻世界和平哲学的努力，这种世界和平哲学林语堂认为必须由东西方共同合建。

林语堂一家于 1941 年 4 月从加州搬到纽约后，先于哥大附近莫宁赛德大道（Morningside Drive）九十号租了一套公寓，住到 1942 年 6 月，然后便搬到曼哈顿上城东区东河旁的格雷西广场（Gracie Square）七号的高级公寓。纽约市长拉瓜迪亚是其邻居，邻里名人还有著名乐队指挥柯斯特兰尼兹（Andre Kostelanetz），女高音歌唱家及演员庞斯（Lily Pons），乐队指挥斯托科夫斯基（Leopold Stokowski），美国艺术家、社交界名人范德比尔特（Gloria Vanderbilt），以及电影明星马奇（Fredric March）等。[1] 除了林语堂一个人于 1943 年 9 月至 1944 年 3 月回国一趟以外，林家在此一直住到 1948 年赴法为止。

从 1941 年底完成小说《风声鹤唳》至 1943 年 9 月回国之前，林语堂的著述包括：1941 年年底至 1942 年年初创作一部长诗书稿，拟名为《思索》（*A Man Thinking*）；1942 年编撰巨著《中国印度之智慧》；

---

[1] 参见林太乙《林语堂传》，第 178 页。

林语堂一家在纽约，1942年。台北林语堂故居藏。

第九章　东方智慧与世界和平

1943年撰写《啼笑皆非》。林语堂曾把自己的长诗书稿看成自己的"代表作"，但因华尔希（以及赛珍珠）坚持认为在美国出一本诗体书根本没有市场，经商量后最终没有出版。[1] 但是诗中所表达的观点应该在《啼笑皆非》得到重述。另外，林语堂还在报刊发表许多文章，到各处作演讲，上电台节目等。其中很多文章或演讲都是围绕印度独立问题。

种族与帝国：印度问题

珍珠港事件之后，战争的性质和规模都发生了巨大变化，而印度问题随之在西方成为焦点议题。四年半以来，中国的抗战撑起了东方战场，直至整个欧洲卷入战火时仍然如此。现在日本不仅偷袭珍珠港把美国拖入战争，而且长驱直入东南亚，占领大英帝国的领地，把战火一直烧到印度的大门口。同盟国方面，丘吉尔与罗斯福于1941年8月会面，发表了一份声明——后来称作《大西洋宪章》，承诺所有民族享有自决权利。但一个月以后，丘吉尔又在一次公开演讲中重新阐释"自决"的范围，声称只有被德国统治下的民族有自决权，当然不包括英殖民地民族。美国正式宣布参战以后，丘吉尔赶到华盛顿，和罗斯福确定了所谓"欧洲优先"的盟国大战略。然而，甘地领导的印度独立运动已经抗议多年，使英国殖民政府承受很大压力。1941年3月，英国派特使斯塔福德·克里普斯（Stafford Cripps）出访印度，游说印度国大党人，寻求他们能够保证在战争期间保持合作。在这种时候团结是最主要的，但

---

[1] 没出版的其中一个主要原因牵涉到林语堂和华尔希/赛珍珠之间有关林语堂在美国作为"中国哲学家"的形象问题的不同认知。参见 Qian Suoqiao, *Liberal Cosmopolitan: Lin Yutang and Middling Chinese Modernity*, pp. 182–196。

使团纠缠于印度教与穆斯林之间的分离政治,结果以失败告终,英殖民政府把印度国大党的领导人物统统关进了监狱。

　　林语堂看到同盟国在亚洲战线的政策策略,可谓心急如焚。从现代中国知识分子的立场出发,林语堂对印度独立的立场早在二十年代就已经很清晰,这从他对泰戈尔访华的态度可以看出。现在林语堂在国际舞台上又为印度独立大声疾呼。他于1942年2月22日《纽约时报杂志》撰文:《一个中国人对西方的挑战:林语堂说英美若对亚洲人全面实施平权就会得到他们全面支持》,为印度独立向西方提出一系列"挑战"。文章先把盟国在东南亚的溃败和中国在长沙战役的胜利作对比。林语堂解释道,四年半以来,中国人一直在和比自己强大数倍的日本军队作战,已经成功把战争拖入僵持状态。这里有几个关键因素。首先,中国人采取了一种特殊的策略来对付敌军。因为中国军队无法正面和日军比弹药,所以他们总是敌进我退,一直退至约八十英里,此时敌军的粮食弹药供应链开始脱节,于是中国军队便在侧翼发起反攻,一直把敌军又赶回起步点。这种游戏其实双方都心知肚明。然而,这种策略要能成功执行,必须依赖一个极端措施:所谓坚壁清野,或焦土政策,即烧毁自己的一切财物,给敌军留下一片荒野;然后还要确保能够切断敌军的后援。这些都需要人民的合作以及巨大的牺牲。人民要能够合作、勇于牺牲,那他们一定得清楚他们为什么而战,战斗士气必须高涨。"焦土政策说起来容易,可是要把自己家里的东西付之一炬且毫无怨言、在所不惜,这可不是件容易的事。换句话说,这种性质的战争必须是一场人民的战争,来自人民,由人民主导,为了人民。"[1] 中国人能

---

[1] Lin Yutang, "A Chinese Challenge to the West", *The New York Times Magazine*, February 22, 1942, p. 38.

够打赢这种战争，因为他们知道为何而战——为了自己国家的存亡和自由。

显然，印度人不能这样打仗，东南亚人民也无法这样打。林语堂的"挑战"也就是把这种窘境挑明而已，但由一个中国人来揭穿帝国主义的利益及其隐含的种族歧视，即使他也是同盟国的一员，在四十年代都会被认为是对西方的"挑战"。

同盟军在东南亚的防御不堪一击，主要是因为当地亚洲人根本不想打。菲律宾人、马来人、缅甸人等都没有给足支持，因为他们还都处在白人殖民统治底下。相反，日本人宣扬"大东亚共荣圈"却得到许多当地亚洲人民的支持。如果印度人不能独立自由，他们为什么要为英殖民者卖命——难道是为了自己继续被殖民统治？这场战争已经使殖民逻辑变得十分荒唐，林语堂呼吁英国人"别再自欺欺人了"："在今天白厅里还坐着个布林普上尉，那是要致命的。"[1] 亚洲人民无法理解丘吉尔的声明，说《大西洋宪章》只适用于德国占领区。"拒绝面对印度问题，那正是日本的'大东亚共荣圈'宣传和柏林'哈哈爵士'的宣传所求之不得的。我们怎么能够在苏伊士河西边为民主和自由而战，而在苏伊士河东边为殖民地和既得利益而战？这有没有搞错啊？"林语堂再次告诫道：要想让亚洲人民像中国人那样抗战，"除非允诺他们自由，除非《大西洋宪章》对白人和亚洲人同样适用"。[2]

1942年3月15日，《纽约时报杂志》刊登一封读者来信，回应林

---

[1] Lin Yutang, "A Chinese Challenge to the West", p. 38. "布林普上尉"（Colonel Blimp）是当时很流行的一个卡通人物，态度傲慢，盛气凌人，典型的"大英帝国个性"。

[2] Lin Yutang, "A Chinese Challenge to the West", p. 38. "哈哈爵士"（Lord Haw-Haw）原名威廉·乔伊斯（William Joyce），美国出生、爱尔兰长大的英国法西斯主义政治人物，二战期间为纳粹德国对美国广播的播音员。

语堂的文章，声称林语堂应该很清楚：不是英国不让印度自由，而是印度"没有能力做一个独立自由的国家"，因为"印度存在不可调和的宗教矛盾。从目前势态来看，一旦印度独立，他们自己内部必定先打起来，而不会团结起来打轴心国"。[1]这当然是殖民政府一向的观点，但林语堂一点也不买账。他直指克里普斯特使出访很虚伪，根本就没真心想让印度独立。殖民主义者总是拿宗教矛盾说事，声称印度没有自治能力，这其实就是殖民者惯用的"分而治之"的策略，因为"克里普斯没有提出任何组成联合国民政府的提案。他提出的方案让王子们和穆斯林可以随意脱离联盟。一切都是为了瓜分印度，却没有任何努力去建立一个战时联合政府"。[2]

对林语堂来说，印度独立的主要障碍是西方的惯性思维作怪，亦即对亚洲人的帝国主义和种族主义态度。西方人还没意识到，这场战争已经对世界各民族之间的关系产生了根本性变化。就亚洲来说，不管战争结果如何，无论日本被打败还是整个亚洲被日本征服，有一点是肯定的：原先的白人帝国主义者将被赶出亚洲。被日本人的刺刀戳破的东西不可能战后再补回来。问题是，在西方，尤其是决策层的人，没几个搞得清楚亚洲的现状。德国人和日本人都公然宣称自己的种族歧视政策，但如果我们认为"只有纳粹才有种族优越感"，那也是一种幻觉。林语堂希望美国能够带头唤醒全世界，为全世界各民族的平等摇旗呐喊，只有如此，"这场战争才会逐步转变成为道义和精神原则而战，'种族优

---

[1] T. W. Niblett, "To the Editor", *The New York Times Magazine*, March 15, 1942, p. 36.

[2] Lin Yutang, "India and the War for Freedom", *The New Republic*, CVII, August 24, 1942, p. 218.

第九章　东方智慧与世界和平

越感'也就迟早会被消灭"。[1]林语堂希望西方政治家能够达到林肯的高度，因为只有一个林肯才能给今天的民主一个机会："民主在当今世界有成功的可能，也有失败的危险。《大西洋宪章》只允诺给被希特勒征服的国家。《大西洋宪章》必须同样适用于被英国殖民的所有国家，否则，我们将遭遇另一个更惨重的世界灾难。"[2]

林语堂所谓的"另一个更惨重的世界灾难"，指的就是"第三次世界大战"。据《纽约时报》1942年5月10日报道，于1905年由诺曼·托马斯（Norman Thomas）、杰克·伦敦（Jack London）、厄普顿·辛克莱（Upton Sinclair）等美国社会主义分子创办的"工业民主公司联盟"召开春季年会，林语堂没有参加会议，但给会议递交了一份书面声明，由麦康奈尔主教（Bishop Francis J. McConnell）宣读。声明警告说：当前的形势"正在把我们引向以种族为阵线的'第三次世界大战'，很可能是德意志和盎格鲁－撒克逊民族站在一边，针对人口众多的黄种人和黑人"。[3]另外，新西兰驻美国大使、太平洋战争议会成员华尔特·纳什（Walter Nash）也在会上发言，表示新西兰给土著毛利人赋予完全平等地位为整个世界的种族问题树立了一个好榜样。我们可以看到，林语堂对印度独立的支持是战时美国有关种族问题大辩论的一部分。林语堂不仅参与其中，还是个积极分子；不仅给美国报刊撰文，还参加各种社会活动，比如给大会发书面声明、去各种集会发表演说、参加市民会议、上电台做嘉宾，等等。

1　Lin Yutang, "East and West Must Meet", *Survey Graphics*, November 1942, pp. 533–534, 560–561.
2　Lin Yutang, "Union Now with India", *Asia*, XLII, March, 1942, p. 149.
3　"Lin Yutang Warns of 3D World War", *The New York Times*, May 10, 1942.

1942年3月14日,林语堂参加了由东西方协会在纽约华尔道夫酒店举办的印中友谊日庆祝活动,并发表演讲:"第二次世界大战的悖论"。林语堂告诉听众,大战打到现在不知道在打什么,一堆矛盾。首先是俄国的悖论。同盟国和俄罗斯站在同一阵线,而以前双方都是互不信任的。其次是亚洲的悖论。在亚洲,日本打着"大东亚共荣圈"的口号,声称要赶走白人帝国主义;而中国为了自己的自由和独立奋力抵抗日本的野蛮入侵。但只要一提到印度问题,它一下就成了我们这个世界悖论的试金石:我们到底是站在种族阵线上作战,还是为全世界所有民族的自由和民主而战?林语堂讲到,"战争把我们逼进一个人类种族关系的新时代",他呼吁听众一起用民主的方式去给他们的领导人物施压,让他们能够理解新的人类种族关系:"作为一个真正的民主派,我一向觉得施压这种事很有趣。如果我们大家一起施压力度大一点,我们的领袖就会往我们这边靠一点,我们就会把他奉为伟人。如果丘吉尔现在就让印度独立,他就是个伟人。让我们大家一起帮助丘吉尔成为一个伟人。"[1]

1942年8月6日,"战后议会"在纽约市民会议厅举行集会,主题是"现在就给印度自由!",赛珍珠、林语堂、希里达拉尼(Krishnalal Shridharani)、诺曼·托马斯等出席并发表简短演讲。林语堂的演讲单刀直入:美国公众舆论对印度充满偏见,完全偏向英国的宣传。林语堂强调:我们两个同盟国之间的矛盾确实存在,不可调和——要么英国延续其帝国,要么印度获得自由。美国舆论说印度不团结,印度国大党不代表整个印度,"甘地是个阴险狡猾的政客"——全都是谎话。林语堂引用美国历史说出实话:"甘地是个傻瓜,因为他要争取的

---

[1] Lin Yutang, "The Paradox of the Second World War", *The China Monthly*, III, May, 1942, p. 8.

就是华盛顿为之奋斗的——为他的国家从英国获得自由和独立……对印度的不公就像以前英国对美国殖民地和爱尔兰殖民地的不公一模一样。现在美国人自由了,他们忘了没有获得自由的民族对自由有多么向往。印度问题就是这么简单。"[1]英国殖民政府拘押上千名印度独立领袖人物一周年之际,林语堂和费希尔(Dorothy Canfield Fisher)、蔡斯(Stuart Chase)、诺曼·托马斯、鲍德温(Roger Baldwin)、冈瑟尔(Frances Gunther)等联名致信《纽约时报》,抗议英殖民政府持续羁押独立运动领袖人物,呼吁立即释放所有在押人士。[2]

1943年8月29日,林语堂应邀参加由芝加哥大学举办的电台讨论,节目内容是探讨"大战的意义",一同参加讨论的还有芝加哥大学社会学教授布鲁默(Herbert Blumer)和希腊文、哲学教授麦基翁(Richard P. McKeon)。主持人问林语堂给"大战的意义"下个定义,林语堂给了两个词:帝国抑或自由。"所谓'帝国',我不是指某个特定的帝国:大英帝国、荷兰帝国、比利时帝国或西班牙帝国。我指的是帝国主义体系,亦即世界上一半是自由人一半是奴隶。所谓'自由',我指的是民族/国家的独立。"[3]

1943年9月,林语堂被选为美国印度联盟名誉主席。林语堂给联盟主席辛格(J. J. Singh)致信接受这一"非同寻常的荣誉",并再次阐明其对印度的立场:

---

1 Lin Yutang, "India Is United for Freedom", in *Freedom For India—Now!*, eds. Pearl S. Buck, Lin Yutang, Krishnalal Shridharani and others (New York: The Post War World Council, 1942), p. 15.
2 "Injustice in India Charged", *The New York Times*, August 10, 1943.
3 Lin Yutang, "The Meaning of the War", *The New York Times*, August 10, 1943, p. 8.

> 我坚信，印度的自由是我们大家共同的责任，因为印度的自由和世界的自由不可分割。这个世界不能一半自由一半被奴役。
>
> 我知道印度有自己的民族问题和困难，就像中国和其他国家一样。但我要每一个印度人都有为自己解决自己的问题的自由。解决自己国家的问题的政治自由的机会都被剥夺了，这是何等的羞辱。这是你们要争取的首要权利——解决自己问题的权利，如果你们得不到这个权利，其他权利对你们来说都是没意义的。我无条件支持印度的自由，我愿意向全世界宣告我的立场。[1]

"革命外交"

从林语堂对印度独立问题的关注和投入可以看出，自珍珠港事件以后，林语堂的批评活动范围转向全球舞台。中国当然也是全球舞台的一部分，但林语堂对中国问题的发言，其语气和策略也有较大的变化。其态度变化可用一个关键词来说明：平等，即中国必须被视为同盟国里一个平等的伙伴。林语堂给《美国杂志》撰文:《中国的枪指向日本的后背》，还有一个长长的副标题："几个月前，我们还在海阔天空似的谈论美国怎样给中国提供援助。现在最主要的问题是中国如何能帮助美国。中国军队有三百万人，由世界上最伟大的将领指挥作战，在长达两千八百英里的战线上，时刻威胁着日本。预备军还有五百多万，时刻准

---

[1] Lin Yutang, "Letter to Mr. Singh".

第九章　东方智慧与世界和平

备好加入战斗，给敌军最后一击"。[1] 林语堂要表达的是：只要给予中国军队足够的武器弹药和空中支援（没有这些支援中国已经和日本打成了僵局），中国战场可以在全球战略中发挥主导作用。

当然了，二战的大战略已经由丘吉尔和罗斯福两人制定，没中国人什么事。用林语堂的说法，因为"欧洲优先"的战略，导致"中国被同盟国可耻地无情地出卖了"。[2] 在林语堂看来，珍珠港事件以前，西方同盟国对中国战事袖手旁观，现在也没有把中国当成真正的同盟国。"优先打败希特勒"的战略也不仅仅是忽略中国的问题——这一战略并没有阻止同盟国给所罗门群岛提供支援，当然也不应该阻止给中国的支援。忽视中国还有其心理上的原因，"根本上是一种十九世纪的中国观在作祟，不愿意认可中国作为大战中的平等伙伴……因为那些五十岁以上的决策者根本搞不清现在的中国人是什么样的人，他想什么，有什么情感，当今中国的官员和领袖都有什么品质；因为他们只是因循守旧，按自己的方式来指导战事，还自以为中国人都会喜欢。换句话说，我们现在看到的是一种过时的十九世纪大班心理"。[3]

然而，令林语堂更为沮丧的是中国人自己也没有把自己看成是同盟国的平等伙伴。他觉得中国的领导层在和西方盟国处事时也没有恰当的心理准备。1938年，胡适出任中国驻美大使，成为中国在美的官方发言人。1940年，蒋介石又派宋子文作为他的个人特使赴华盛顿。

---

[1] Lin Yutang, "The Chinese Gun at Nippon's Back", *The American Magazine*, vol. CXXXIII, January–June, 1942, p. 24.

[2] Lin Yutang, "China Needs Help—Praise Is Pleasant but Arms Would Be Better", *The New York Times*, Letter to the Editor (May 31, 1942), p. 7.

[3] Lin Yutang, "China Needs More Help To Avert Collapse", *PM Daily*, Vol. III, No. 157, December 17, 1942, p. 3.

珍珠港事件以后，宋子文被任命为外交部长，停留在华盛顿为美援做游说工作。[1] 另外，蒋介石还派熊式辉将军率领中国军事代表团赴美参与同盟国的战略策划。代表团自1942年春天开始在美国待了九个月，基本上无所事事，完全被美方忽视。林语堂对中国的外交努力非常失望。他给《纽约时报》写信抗议"中国已被出卖"后，给华尔希去了一封信，信中有一连串自言自语式的质疑："珍珠港事件对美援问题没起任何作用。但这是谁的错呢？假如俄国、英国、中东、澳大利亚，甚至印度都得到了美国的支援，为什么就是遗忘了中国？确保中国不能被遗忘到底是谁的责任？我们的外交人员尽职了吗？"当然没有，而且问题的根源更严重，林语堂在信中坦率地道出自己的想法：

> 你现在明白我的意思吗？就是整个曹锟时代北京政府的心理在作怪。宋子文在中国谁都不怕得罪，可是在美国那样谨小慎微，生怕得罪美国政府，哪里敢把中国当成平等的同盟国，只顾着到处磕头，只是搞定了三十架飞机（还是明年才能交货），那个千恩万谢啊。我们的外交家在这里慷慨儒雅，而我们十七八岁的小伙子在付出自己的生命，我们坐在这儿唱高调儿。我每次和人讲起这事，往往一下就火冒三丈，控制不住，甚至当着夏（××）的面也大发雷霆。美国在许可证制度下每月给日本输出成千上万吨原油，却忽视中国，到底是谁的责任？为什么中国会被遗忘？胡适敢抗议吗？如果我们自己把自己当成被

---

[1] 有关宋子文在战时中美关系中所发挥的角色，可参见 Tai-chun Kuo and Hsiao-ting Lin, *T. V. Soong in Modern Chinese History: A Look at His Role in Sino-American Relations in World War II* (Stanford: Hoover Institute Press, Stanford University, 2006)。

殖民的人，那也不要怪别人把你当成殖民地的人，这些人就是被阉割了的殖民地人，都有白人情节。要是中国人自己不能摆脱这种心理，不以平等者自居，那有谁会平等待你呢？和人民太脱节了，就是这些人的糟糕之处……

我知道我在这个星期天《纽约时报》上写的区区小文已经要得罪胡适了，可我管得了这么多？我相信，你和赛珍珠可以做点功夫，比中国人自己做效果要好多了。我们可以做个游戏，你去试试，让胡适或宋子文做个公开呼吁，给中国多要几架飞机。你还不把他们吓死。[1]

既然林语堂对胡适和宋子文在美国搞的外交非常不满，他便一不做二不休——直接给蒋委员长上书。林语堂1942年6月16日给华尔希的信中说："我还给蒋本人写了一封长信，谈论'革命外交'，对华府这帮人赞许一番，但同时表达必须在精神上有所改变。"[2] 其实这封信不是很长，手书文言文三页，其中林语堂提出，革命的时代需要有革命的外交，其要点包括"如果需要抗议时就必须抗议"。西方媒体已经把中国称为"四强"之一，但实际上并没有平等对待中国，我们的外交必须改变——老是说"早晨好""非常感谢"没一点用。信尾林语堂指出外交的基本原则应该是：只有当你够资格做敌人时，你才有资格被当成朋友。[3] 1942年7月26日，林语堂收到蒋介石发的电报，电文说同意他

1　Lin Yutang, "Letter to Richard Walsh" (May 29, 1942).
2　Lin Yutang, "Letter to Richard Walsh" (June 16, 1942).
3　《林语堂致蒋介石函（草）》，1942年6月12日。

的观点,希望继续给予"指教"。[1]

1942年9月,胡适离任,由魏道明出任新的驻美大使(胡适离任后一直住在纽约,直至二战结束)。林语堂和新任大使以及宋子文、熊式辉多次畅谈外交,也许受到蒋介石"继续给予指教"的鼓励,林语堂于1942年10月10日又给蒋介石去信。这次确实是一封长信,文言文三千多字,题为《上委员长外交方策意见书》。显然,林语堂担当起了"国策顾问"的角色。

林语堂的"意见书"提出了二十项建议,其主旨就是要摆脱磕头式外交,要以四强之一的姿态和同盟国争取中国的权利。林语堂用儒家术语给蒋公阐释当今西方现代性逻辑:

> 天下有道以诚,天下无道以术。今日西方,天下无道之天下也。即如周末战国之天下,此为根本。觉悟列强皆以术,我国但以一片丹诚,此所以失败也。[2]

林语堂确实有很多"指教",比如,外交就是"布迷阵之道",宋子文要访美,他应该先路经莫斯科转一下,即使他在苏联啥事也没有:

> 欲布迷阵,必须我方彻底去除自卑心理。外圆内方。又须彻底觉悟礼让二字不宜于西方。西人夫妇之间亦争,兄弟之间亦争。争者让之,让者欺之。愈争愈敬,愈让愈欺。吾岂不欲以

---

[1] Lin Yutang, "Letter to Richard Walsh" (July 27, 1942).
[2] 林语堂:《上委员长外交方策意见书》,见林太乙《林家次女》,上海:学林出版社,2001年6月,第170页。

孔道君子之风感化西洋，而西人气骨实非一时所能感化。与其变齐就鲁，不如以齐待齐之为得计也。但明西洋心理此点，凡事以平等自居，则人无不以平等待之。[1]

而且，林语堂敦促蒋介石表现出一个世界强国领袖应有的风范：

今日委员长既成世界领袖，说话着想即应以世界为范围。为世界民族着想，为世界存心。尚未闻有世界大战及战后和平宗旨之具体宣言。[2]

林语堂建议道，该宣言应该包括以下内容：

第一宣布礼运大同、天下为公主义，直截痛快，声言此战为帝国主义之收场，如美国外交次长威尔士所言；并指出此战争之革命性，如美副总统华莱士所言。第二宣布世界种族平等主义，又特指出亚洲一切民族之自由解放，苏伊士运河不得作为平等自由畛域。再指出中国历史向无压迫弱小民族事实。此节苏联亦有资格说话，因苏联内部种族平等业已做到。第三宣布全民战争。此节亦只有中苏二国确已做到，他国所未做到。又加以东方哲学：民为邦本之东方道地民主思想为平民说话。第四始言经济平等，自由合作，而以老子佳兵不祥，果而勿矜之意收之。[3]

---

[1] 林语堂：《上委员长外交方策意见书》，第172页。
[2] 林语堂：《上委员长外交方策意见书》，第173页。
[3] 林语堂：《上委员长外交方策意见书》，第174页。

意见书由宋美龄转送蒋介石,林语堂同时也给宋美龄写了一封信(用英文)。信中林语堂强调,意见书是在宋子文授意鼓励下而写,为了表明他没有任何其他(想当官)的念头,林语堂对宋美龄说:"我确实有点担心,有人会觉得我写这份意见有其他想法。我想再次表明:我对中国的用处完全基于我可以自由发言,作为一个非官方民间发言人,为中国普通民众发言。一旦带上任何官方色彩,我的用处就会毁掉。"[1] 在意见书中,林语堂也表明他是本着天下事"匹夫有责"的精神而作,并无其他想法,如果说有任何私念,蒋公如能赐四个字:文章报国,他会倍感荣耀。

1942年12月31日,《芝加哥论坛报》报道,熊式辉将军率领的中国军事代表团被蒋介石召回国,因为重庆方面对代表团所受待遇极度不满。

东方智慧与现代病

1942年美国圣诞季节书市推出林语堂选编的《中国印度之智慧》一书。出版商兰登书屋的宣传单写道:"一千一百零四页的宝库蕴含永恒的亚洲智慧、真美与灵性,集印度教、佛教、儒家和道家之精华,融寓言、谚语、警句、诗歌、小说、书信、小品、词语表和引文解释于一体,另有林语堂亲自操笔的新译文。"[2] 该书一出版,好评如潮,仅举几例:"每一个图书馆的必备书!";"一个里程碑式的选本……一本应时

---

1 Lin Yutang, "Letter to Madame Chiang" (October 11, 1942).
2 A pamphlet dated January 23, 1943, from Dr. Lin Yutang House, Taipei.

第九章　东方智慧与世界和平

代而出、为永世而存的书"(《费城记事报》);"一部精彩无比的书。页页珠玑妙语……至今为止为普通读者编选的东方智慧最佳选本"(《纽约时报书评》);"既可作为上佳礼物,又能陶冶性情……我喜欢林译的《道德经》,比我读过的其他译本都要好"(赛珍珠于《芝加哥新闻》)。这部一千一百零四页的选本售价 3.95 美元,据《纽约时报》1943 年 1 月 11 日一份通知:"第一次印刷:一万本,两天售罄;第二次印刷:一万六千五百本(用尽了我们所有的纸张!);第三次印刷:两万五千本,已经开印。"美国战时用纸有配额。林语堂的"东方智慧"让当时美国用纸紧张,真是"洛阳纸贵"了。

林语堂在美国出版的书每本都登上畅销书榜,这本《中国印度之智慧》又是大受欢迎,他也得了一个昵称:智慧作家,意思是专门推广永恒不变的、静态的"东方主义"式的中国和东方文化形象。这当然和出版商和书评者的推销策略有关,比如把《中国印度之智慧》说成蕴含"永恒的亚洲智慧",等等。但仔细考察当时的书评,其实很多书评者已经看到林语堂所呈现的"智慧"的现代性。《中国印度之智慧》所选译的东方文化文学经典当然可以说是"永恒的",但把中国和印度放在一个选集,正说明战时中国和印度所受到的关注度。林语堂和兰登书屋老板贝内特·瑟夫(Bennett Cerf)于 1938 年在巴黎一次餐叙中首先讨论到出版这样一本书的想法。[1] 林语堂已经和兰登书屋有过合作,在其"现代文库"系列出版了《孔子的智慧》一书,这本书也安排进此系列。显然,这项工程已经酝酿好几年,最后编译出版正好赶上珍珠港事件之后的世界战局,对中国和印度的知识需求应时猛涨。当时的评

---

[1] Richard J. Lewis, Jr., "Speaking of Books", *Times-Union*, Albany, New York, February 1, 1943.

者也已经看到了该书出版的应时性和林语堂对中国和印度文本所做的译文和解释的现代性。《时代先驱报》的苏利文（Robert Sullivan）写道："老子、庄子、孔子、孟子以及其他先贤的著述，有些是新的译文，得慢慢地读，很厚重，读起来让人抓耳挠腮的，但同时感觉却又相当现代。"[1] 查尔斯·李在《费城记事报》的书评称颂林语堂的巨著是"一个里程碑式的选本……一本应时代而出、为永世而存的书"，并总结说该书"就是要祛除东方的'神秘性'，让联合国两个伟大的国家展示其文化底蕴，使其成为我们两个最佳邻居"。[2] 《纽约时报》书评刊登了中国著名学者陈荣捷教授的长篇书评，他写道："《中国印度之智慧》真是一部了不起的巨著。无论是选材还是编辑方式，这本书都醇厚精美。从这本选集，我们可以再次品味林语堂优雅的书写风格及其诗意的人生观，正如他的《生活的艺术》以及其他书中所展现的那样。"因为选本涉及面广，很多哲学经典有相当深度，陈荣捷特别赞扬该书的可读性并强调其现代性："其他类似选本读起来总是给人古板的印象，可这本书把中国和印度的智慧变得现代而有活力，本来就应该这样。林博士的《孔子的智慧》一书出版后，有评论者说他把孔子的思想变得太现代、太人性化，可这些评论者没有意识到，他们其实没有理由把儒家智慧看成'稀奇古怪的'。"[3]

林语堂当然同意陈荣捷的观点，对儒家智慧的阐释应该赋予现代感。不光如此，林语堂用跨文化的参照物来译介儒家智慧，并付诸实

---

1 Robert Sullivan, "The Sages of the Orient", *Times-Herald*, Washington, D. C., January 3, 1943.
2 Charles Lee, *Philadelphia Record* (December 20, 1942).
3 Wing-tsit Chan, "Some Masterpieces from China and India", *The New York Times Book Review*, January 3, 1943.

第九章　东方智慧与世界和平

施。这里再举一个例子。1941年1月20日，美国罗斯福总统第三届任期宣誓就职，国家广播公司（NBC）为此做了一个特别节目"全国万众一心"，邀请几位国际知名人士共同探讨。获邀的嘉宾有波兰前总理帕德雷夫斯基（Ignacy Paderewski）、著名法国作家和钢琴家艾芙·居里（Eve Curie，居里夫妇之女），以及林语堂。面对千千万万美国听众，林语堂如此说："今天我们庆祝美国的民主盛典，我能想到的最恰当的颂词是：孔子两千五百年前梦想的民主与社会公义正在今天的美国逐步实现，一个和平、自由、人人享有公平正义的梦想。"[1]

然而，到1942年，看到美国民主在战时之实践，林语堂已经没有如此赞颂的心情。《中国印度之智慧》编撰于1942年，之前林语堂一心创作未发表的长诗"巨著"，之后又撰写《啼笑皆非》，于1943年上半年出版。这段时期林语堂最关心的是面临当今知识界的现代困境，如何寻求世界和平哲学。也就是说，林语堂的"东方智慧"具有强烈的"功利"导向，要为当今世界政治阐发和平哲学。《纽约邮报》有篇文章，题为《林语堂博士披露写作〈中国印度之智慧〉的目的》，文中林语堂自己解释道："该书早在当今世界政治聚焦中国和印度之前就开始运作，但时局的发展更坚定了我的信念：世界急需对印度和中国的文化思维背景有个清晰的了解，这样东西方才能携手走向和平，否则就是战争。我个人认为，现在华盛顿和伦敦的军事将领和官僚领袖对中国和印度文化可谓一窍不通。中国人的思维模式如何？中国民主文化的哲学背景为何？对这些事实完全无知，那东西方怎能开始共建一个新世

---

[1] "World Notables Praise Roosevelt", *The New York Times*, January 21, 1941.

林语堂传：中国文化重生之道

界？"¹

　　了解了林语堂译介东方智慧的"功利"目的，我们再来看该书"中国智慧"部分的长篇"引言"（另以"东西方交汇之时"的题目单独发表），也就不会觉得太古怪了。该文整篇都指涉当下的世界政治，用来作为中国文学文化经典荟萃集的"引言"，非常不"学术"，可林语堂就是这么做的。²这篇文章完全可以当作林语堂下部著作《啼笑皆非》的引言，因为很明显，林语堂急切要把自己对东方智慧的译介置于对西方现代性的批评框架之中。

　　在此引言中，林语堂用儒家人文主义来反衬他所谓的"十九世纪肤浅的理性主义"，或曰"科学唯物主义"。中国哲学本质上是一种人生哲学，关注的是人际关系和人文价值，而不是由条理清晰的逻辑建起的知识体系。中国有没有哲学这一问题完全要看我们如何定义哲学，因而也完全可以倒过来问西方有没有哲学。关键问题是，科学唯物主义已经入侵人文领域，唯物论和唯物主义方法已经控制了大学教授的思维。反观中国文化传统，中国哲学和西方哲学的理论截然不同，前者强调价值，后者强调事实。在科学方法的影响下，西方思想在处理人文现象时完全沉迷于"事实"，全然不顾人文价值关怀。这种后果很严重，林语堂指出当下的政治就充斥着这种迷思。他举例说："像建立第二战线这种问题，西方政治家普遍认为，只有军人掌握了'所有事实'，这个问题才可以解决，根本无须考虑道义、心理和政治层面的因素。假如中国人的思维完全由这种统计数理学支配，他们永远不可能拿起武器和日

1　Lin Yutang, "Dr. Lin Yutang Reveals Why He Wrote His Opus 'The Wisdom of China and India'", *New York Post*, December 2, 1942.
2　其中一个原因：该书出版商是兰登书屋，不是庄台公司，华尔希没有参与编辑、出版事务。

第九章　东方智慧与世界和平

本军队打了。"[1] 在此，林语堂对西方现代思想的基石展开一系列批评。"引言"是要引导读者阅读中国文化经典名著，但该引言以一段诗文结尾，很显然引自其未发表的长诗，对弗洛伊德主义竭尽讽刺挖苦，并呼吁东西文明相会共建新文明：

> 我们的心灵和身体
> 再也没有隐私；这帮精神历史的学者
> 撕掉了我们身上的遮羞布，戳破所有神秘，
> 把我们赤裸裸、战战兢兢的灵魂丢进灶房间，
> 把厕所变成了公共画廊；
> 他们让爱情祛魅，让浪漫之酒变酸，
> 拔掉傲骨的羽毛，让其在光天化日下赤裸，
> 人类神圣的内在心灵，被抛出神殿，
> 代之以臭烘烘的利比多。
> 人性的概念被颠覆，被糟蹋。屁股
> 从人体中打掉，支架不住；
> 必定得垮。现代知识已经支离破碎，在其废墟上
> 一个新世界必须重建，必须由东西方共建。[2]

如果说《中国印度之智慧》充分展示了林语堂作为一个跨文化学

---

[1] Lin Yutang, "Introduction" to "The Wisdom of China" in *The Wisdom of China and India* (New York: Random House, 1942), p. 570. 另参见 "When East Meets West", *The Atlantic*, CLXX, December, 1942, pp. 43–48. 两个文本之间稍有变动。
[2] Lin Yutang, "Introduction" to "The Wisdom of China" in *The Wisdom of China and India*, pp. 575–576.

者渊博的学识，那么《啼笑皆非》突显出林语堂作为一个自由主义批评家锐利的锋芒，为探寻人类文明的未来而扫清障碍。前者曾被誉为林语堂的"巨著"，林语堂自己却认为后者乃其最重要的作品。两者确实相关联。后者可以看成林语堂的一种尝试，还不能说是尝试让东西方共建一个新的世界，而是尝试让东方智慧作为资源，对战时政治，以及由"科学唯物主义"（特别是所谓的"地缘政治学"）统领的西方文化现代性展开批评。该书出版后，有评论者称书名应该改为"介于愤怒与抗议之间"（原书名直译"介于泪与笑之间"），林语堂在美国的形象也为之一变，本来被奉为"雍容文雅的哲学家"，现在成了一个"牛虻"，甚至有人觉得是一个脾气暴躁、脑子有问题的"牛虻"。因为这本书对西方进行严厉的批评与挑战，不仅谴责战时的强权政治，而且深挖强权政治背后的思维模式。而他的批评根据借助于东方智慧：佛教、儒家和道家。

首先，林语堂引用佛教报应理论来表达对当下时局发展的极度不满，对战后的危局发出警告。"事实崇拜"理论宣扬经济决定一切，数数炸弹的数量便能决定能否打败希特勒，但是报应论要求我们用长焦距看历史，要探究事务的来龙去脉。林语堂解释道："简单来说，报应论要我们对自己的道德思维和行为负责，因为思与行和过去及未来构成因果关系，而我们永远处于因果关系链之中。"[1]

东亚文化受佛教影响，报应观念早就深入人心。中国俗语所谓"种瓜得瓜，种豆得豆"。林语堂指出，按照佛教报应观，丘吉尔的战争观——"先把仗打赢，再讲为何而战"——完全站不住脚。丘吉尔

1　Lin Yutang, *Between Tears and Laughter*, New York: John Day, 1943, p. 11.

第九章　东方智慧与世界和平

的"先把仗打赢"说就是一个面具，表明他不愿摆脱过去又渴望摆脱未来。报应观告诉我们：一个人当下所经历之事乃过去所作所为累积效应使然。丘吉尔不想承认这一点，因为他不想承认西方帝国主义和当下的战争有任何关系。更为危险的是，他想逃脱历史发展的必然趋势，即西方帝国在战后必将消失。林语堂用再明确不过的语言再次强调，亚洲的崛起是不可逆转的，这也意味着"帝国主义时代的终结"。十九世纪帝国主义兴起，白人征服了全世界，那是"因为白人有枪，亚洲人没有"。[1] 丘吉尔可以不让印度独立，但丘吉尔摆脱不了报应。假如西方精英和决策者拒绝承认这种历史潮流，那么，林语堂说得很直白：他们就是在为"第三次世界大战"播种，那将是一场恐怖的、白人对全世界有色人种的大战。

　　当今世界急需一种和平哲学，可是在二十世纪文化中是找不到的——林语堂称之为"道德上的恶性肿瘤"。西方奉行"先把仗打赢"再说的政策，可是"所有导致战争的根源——权力平衡术、强权逻辑、贸易、种族歧视——一个不少，原封不动"。[2] 和平哲学本质上是对人的理解、对人性的理解。二十世纪西方文化把人理解为经济人。和平的问题，或者说为什么无法思考和平的问题，就是起源于这种经济至上的思维模式。人的问题都是通过数学百分比来考察，那么和平的归宿就是一个如何在经济上提高人们生活水平的问题。欧洲已经变成一个"屠宰场"，西方的精英和决策者还在计划用经济模式让全世界欧化，继续担负起"白人的负担"这种十九世纪帝国主义逻辑。就"白人"而

1　Lin Yutang, *Between Tears and Laughter*, p. 21.
2　Lin Yutang, *Between Tears and Laughter*, p. 50.

言，林语堂不无幽默："真的，白人只要去掉他肩上那个'担子'，还是蛮可爱的。你还可以和他谈天说地，讨论瓦尔特·佩特（Walter Pater）呢。"[1] 就"经济人"而言，林语堂就没那么幽默了："这世界上如果说有一件事让我充满变态的虐待冲动，那就是狗屎般的'经济学'。我这辈子唯一的愿望就是能看到'经济学家'——欧洲的立法者，被推翻、被羞辱、被吊死。我每次一看到百分比图表，情不自禁地就火冒三丈。"[2]

林语堂认为，只有当我们思考和平元素，而不是战争元素，和平哲学才有可能。和平应该是正面的、丰富的、愉悦的。它应该是人类关系的常态。林语堂指出，在这方面，儒家学说有很多宝贵资源。儒家学说主要关注的正是人际关系间和平与和谐的修炼，林语堂特别强调儒家修炼和谐的两个方式或元素：礼和乐。在西人看来，儒家的乐政听起来像天方夜谭，然而这正是孔子的智慧。因为儒家强调德政，把人的道德修养视为其主要手段。音乐被视为修身养性以至平和性情之工具。"因此，君子通过重新发现人性以达内心和谐，崇尚音乐以此寻求人类文化之完美。和乐尚，人心正，国运昌。"[3] 就礼政来讲，林语堂提议说，和平哲学不能以好战精神为根基，而应建基于绅士精神。按儒家学说，一个理想国应该是"礼让之邦"。上文提到，林语堂在给蒋委员长信中曾劝说：与其"以孔道君子之风感化西洋"，不如"以齐待齐之为得失也"。然而，作为全球性批评家，林语堂说的似乎正相反。他是否遵循孔子的教诲，"知其不可而为之"？无论怎样，林语堂在此也说了和对蒋公的

---

1 Lin Yutang, *Between Tears and Laughter*, p. 89
2 Lin Yutang, *Between Tears and Laughter*, p. 63.
3 Lin Yutang, *Between Tears and Laughter*, pp. 73–74.

第九章 东方智慧与世界和平

劝告类似的话，只是侧重点不同："和平政治的心理简单来说如此而已：粗俗的人争，懂礼的人不争。争斗乃社会与国际间之羞耻。懂礼的人有时也争，一旦他们也争，那肯定对方为野蛮之属，或者他们以野蛮人为邻，居于一个野蛮的世界，无礼可讲。"[1]

当今世界没人谈和平哲学，国际关系领域的主流话语只讲霸权和武力，美其名曰"地缘政治学"，林语堂称之为"伪科学""血腥地球学"。"地缘政治学"正是纳粹的指导思想，希特勒《我的奋斗》一书正是诠释德国地缘政治学大师卡尔·豪斯霍弗尔（Karl Haushofer）教授的理论。但豪斯霍弗尔其实并不是地缘政治学的创始人，这个"荣誉"要归英国人麦金德（Halford MacKinder）。林语堂惊讶地发现，在1942年，这个臭名昭著的纳粹意识形态居然是最受美国大学教授欢迎的理论，并通过他们深深影响美国公共舆论和政策。林语堂列出一长串市场上有关该理论的书籍，特别指出耶鲁大学国际关系教授斯皮克曼（Nicholas Spykman）为其代表人物。斯皮克曼被誉为遏制战略的"教父"，他预测今后的世界是日、英、美海上列强与欧亚大陆抗衡，而他的地缘政治学是一门严格的科学，因为不考虑任何人文价值。林语堂引了斯皮克曼《世界政治中的美国战略》一书中的一段，并问道："下面一段引文读者读起来会是什么感觉呢？"

> 从事制定外交政策的政治家不能关注正义、公平、容忍这些价值考量，除非它们有助于或不干涉到获得权力的目的。它们可以被用来当成工具，使对权力的追求合理化，一旦这种运

1　Lin Yutang, *Between Tears and Laughter*, p. 86.

用带来弱点,则必须马上抛弃。寻求权力不是为了获取道德价值,道德价值应该用来为获取权力服务。[1]

林语堂称这种地缘政治学为"道德卖淫",和纳粹意识形态如出一辙,对世界和平遗害无穷。针对地缘政治学赤裸裸地崇尚强权逻辑,林语堂请出老子给予反击。约翰·霍普金斯大学校长鲍曼(Isaiah Bowman)曾敦促美国负责外交事务的官员"今后二十年内每年都要读一次"斯皮克曼的书,林语堂则敦促美国人多读老子的《道德经》,比如以下一段(林语堂在《中国印度之智慧》专门译成英文):

夫佳兵者不祥之器,
物或恶之,
故有道者不处。

兵者不祥之器,
非君子之器,
不得已而用之,
恬淡为上。

胜而不美,
而美之者,
是乐杀人。

---

[1] Lin Yutang, *Between Tears and Laughter*, p. 153.

第九章 东方智慧与世界和平

夫乐杀人者，
则不可以得志于天下矣。

杀人之众，
以哀悲泣之，
战胜以丧礼处之。

Of all things, soldiers are instruments of evil,
Hated by men.
Therefor the religious man avoids them.

Soldiers are weapons of evil;
They are not the weapons of the gentleman.
When the use of soldiers cannot be helped,
The best policy is calm restraint.

Even in victory, there is no beauty,
And who calls it beautiful
Is one who delights in slaughter.
He who delights in slaughter
Will not succeed in his ambition to rule the world.

The slaying of multitudes should be mourned with sorrow.

林语堂传：中国文化重生之道

A victory should be celebrated with the Funeral Rite.[1]

与华尔希夫妇的友谊

无论从批评视野、思想深度，还是国际声誉来看，林语堂的跨文化之旅在1942年都达到了一个高峰，他在多个层面开疆辟土，我们可以说他是个新儒家、新道家、新佛学家，当然也是后殖民批评家。历史上还从没有人像林语堂这样，作为一个在美中国学人，如此尖锐地批评种族主义和帝国主义，如此强烈地抨击西方的战时政治以及现代文化通病。这可不会让所有人都高兴。一般人的反应是感到困惑：我们原来那个"温和儒雅的""中国哲学家"，一向"既诙谐、轻快，又潇洒"，现在怎么突然变成了一个"一本正经的""牛虻"，甚至有人会说是一个辛辣的"大嘴巴"。美国媒体精英阶层许多人对林语堂的大胆直率的批评颇不以为然。事实上，林语堂和《纽约时报》的合作关系亦随之破裂（下文详细讲这个故事）。然而，更值得称道的是，也有很多评论者（如果不是大多数的话）对林语堂的坦率批评表示支持。他们对林氏的辛辣批评持包容态度，并十分欣赏其远见卓识。一个突出的例子是哈佛大学霍金（William Ernest Hocking）教授的积极响应。霍金也是一位哲学家，曾到过中国参与美国基督教会在华事务，和赛珍珠是老朋友，也是林语堂长期的"崇拜者"。《啼笑皆非》出版后，华尔希按惯例给他寄赠了一本。霍金读完后给华尔希写了一封读后感式的信，华尔希立刻

---

1 Lin Yutang, *Wisdom of China and India*, pp. 600–601, quoted in *Between Tears and Laughter*, p. 129.

第九章 东方智慧与世界和平

把信转给林语堂，并给霍金回信，请求让庄台公司引用信中的内容为该书做宣传。霍金在信中写道：

> 《啼笑皆非》一书不厚，却是一部巨著……让人读起来赏心悦目，读完更让人增强信心，因为一边读，一边不断得到启蒙。它应该能让美国觉醒，使美国的政治智慧提高到一个新的水准。
>
> 读这本书让人思想自由解放。他敲打我们迟钝的脑袋，同时让我们对自己的禁忌自嘲反省。成千上万的美国人不敢想林语堂所大声说出的事情，他说得既轻快，又严肃，而且真是人命关天的事……这本书应该铭刻在"美国心灵"深处。[1]

然而，林语堂在美国批判种族主义、帝国主义这一战役中，其最有力的支持者乃是华尔希和赛珍珠夫妇。赛珍珠自己也发表了她的名著之一——《美国团结与亚洲》，阐释自己对种族平等、各民族人民自由解放的信念。我在其他地方讲过林语堂和华尔希夫妇曾就林语堂的长诗有不同看法，争论甚至相当激烈，最后书也没有出版。但这并不表示他们之间的友谊出了问题。恰好相反，林语堂和华尔希夫妇的友谊此时也达到一个高潮，因为他们肩并肩站在同一战线，为美国，乃至全世界的种族平等不懈努力。他们在通信中能自由坦率地表达各自不同的意见，正说明他们的关系很亲密。在许多涉及亚洲（尤其是印度）的国际事务上，华尔希、赛珍珠、林语堂都有紧密合作，一起影响美国舆论。鲜为人知的是，在游说取缔《排华法

---

[1] William Ernest Hocking, "Letter to Richard Walsh" (July 25, 1943).

案》一事上，他们也有合作。《排华法案》是美国历史上第一部种族主义移民法案，对美国华人造成很大伤害（比如，当时美国华人社区被称为"光棍社区"）。林语堂对英殖民主义政策大加挞伐，可对美国的排华法案则保持缄默，让人觉得奇怪。该种族主义法案也被日本用来大做文章，正如英国对印度的殖民政策一样。1943年2月18日，宋美龄访美，并在国会演讲，亲自呼吁美国废除《排华法案》。同时，有一帮美国的公众人物组成了一个民间的"取缔排华法案公民委员会"，其领头人正是华尔希。该委员会在美国公众舆论方面做了大量工作，积极游说国会议员。《排华法案》最终于1943年12月被取缔。1943年6月17日，纽约的一份文学杂志《共同阵线》（Common Ground）的编辑写信给林语堂邀请他写两篇文章：一篇写《排华法案》的史实情况，着重介绍法律层面的歧视性质；另一篇写法案给美国华人所造成的危害，侧重人性方面的阐述。《共同阵线》是一份专门注重美国种族平等、反对歧视黑人的文学杂志，他们邀请林语堂就《排华法案》撰文，因为当时要求取缔《排华法案》的声音已经成为舆论焦点。

　　林语堂接到邀请后和华尔希商量，结果由华尔希以林语堂的"文学顾问"以及"取缔排华法案公民委员会主席"的双重身份给杂志回信。华尔希在信中说，他已经劝告林语堂"不要在任何场合就《排华法案》问题发声。一方面，我觉得取缔这种法案应该由美国人来做，不用中国人出面敦促。另一方面，我觉得如果由中国人出面来讲这个问题，最好也不要让林语堂出面。我自己全面介入这个问题，但作为林语堂的

第九章　东方智慧与世界和平

顾问，我真切希望林语堂就只为更广泛的国际问题发声"。[1]也就是说，按照华尔希的判断（应该也得到林语堂的认可），让林语堂就美国针对中国人的种族歧视发声，在政治上不明智，虽然他可以对丘吉尔和英国对印度的殖民政策和种族歧视公开发言，做一个民主的"牛虻"。即使在1943年美国公众舆论已经倾向于废除《排华法案》，华尔希还是觉得由一个"中国人"来讲美国针对中国人的种族歧视，这种"言论自由"还是太敏感了。

但也不是说林语堂就推动废除《排华法案》一事什么事也没做。他在背后支持华尔希作为公民委员会主席的工作。从他和华尔希的信函可以看到，林语堂经常会帮华尔希校对华尔希有关排华问题的演讲稿。比如，1942年8月3日有函致华尔希，说他已读了华尔希的文章，写得"非常好""非常精彩"。[2]1942年10月26日，华尔希去信林语堂，请他校对自己的演讲稿，准备要在市政厅圆桌午宴发言，到时电台也会直播。华尔希信中解释道，那将是"为修改我们的移民法律而开展的一系列活动的开台戏"，所以恳请林语堂多提宝贵意见。[3]1942年11月2日，华尔希又邀请林语堂一起出席11月10日的市政厅午宴，因为他很想在他演讲后十五分钟的讨论时段得到林语堂的支持。[4]

华尔希之所以觉得让林语堂讲排华问题太敏感，也许是因为他知

---

[1] Richard Walsh, "Letter to Miss Margaret Anderson", *Common Ground*, June 21, 1943.
[2] Lin Yutang, "Letter to Richard Walsh" (August 3, 1942).
[3] Richard Walsh, "Letter to Lin Yutang" (October 26, 1943). 信中华尔希还有另外一个请求，询问林语堂庄台公司应不应该出版阿瑟·韦利节译的《西游记》。林语堂的答复非常正面，说译文非常好，"《七个哥特故事》都能被选为'每月之书'，为什么这个不能？" Lin Yutang, "Letter to Richard Walsh" (October 31, 1942).
[4] Richard Walsh, "Letter to Lin Yutang" (November 2, 1942).

道纽约精英阶层已经有很多人对林语堂痛批丘吉尔和英国非常不以为然。有一个例子可以说明:华尔希和《纽约时报》编辑马克尔(Lester Markel)围绕林语堂对种族主义和帝国主义的批评曾有一段相当长时间的私下争论。这个故事是这样的。林语堂把《一个中国人对西方的挑战》一文投给《纽约时报》,马克尔收到后担心文章会"被希特勒那边利用",打算退稿。但是和华尔希是老关系,马克尔还是先去信华尔希征求意见再做决定。华尔希于1942年1月30日立刻回信说,他和赛珍珠都读了林语堂的文章,"对其中每一个字都完全赞同"。华尔希坦率地告诉马克尔,他不同意后者的观点,并坚信"发表这种率真地探讨问题的文章是对民主国家强有力的支援",并敦促马克尔发表全文,"包括林博士说他愿意接受删掉的补充段落"。[1] 这篇文章最终于2月22日发表了,但这也是林语堂在《纽约时报》发表的最后一篇文章。之后《纽约时报》还发表了两份林语堂的"读者来信",林语堂便再也没有在《纽约时报》发表任何东西了。

转折点是林语堂的另一篇文章,曾拟题为"种族政治和世界大战"。1942年8月13日,《纽约时报》的海沃德(Walter Hayward)向林语堂索稿,要一篇写当今种族政治的文章。林语堂欣然答应,于是海沃德8月20日又去信林语堂,详细解释《纽约时报》想要什么样的文章。《纽约时报》觉得印度的局势象征整个世界有色人种的骚动,林语堂的文章要探讨的问题是:"如果有色人种对政治平等的要求(可具体列出一些)得不到满足,他们会不会起来造白人的反……白种人能做什么来阻止可能发生的冲突和灾难?要满足现今由白人所控制的种

1　Richard Walsh, "Letter to Lester Markel" (January 30, 1942).

第九章　东方智慧与世界和平

族，我们应该建立什么样的世界？"[1]林语堂完稿比约定的日期稍晚了几天，文章拟题为"种族政治和世界大战"，交给华尔希于9月23日转递给《纽约时报》。华尔希随即给林语堂致函，说他寄稿之前先拜读了一遍，非常喜欢，并要求林语堂给他寄一份备份，他打算于10月16日在WRUL的电台广播节目中引用。华尔希想以此文为基础，在电台节目中做一个"三人谈"，他当主持，再邀赛珍珠和林语堂做嘉宾。没想到10月5日华尔希收到马克尔的退稿函。信中马克尔说退稿函也可以转给林博士看，并说"假如他愿意"，马克尔可以和林语堂当面探讨这个问题。华尔希和林语堂商量了一下，由华尔希如此答复马克尔：华尔希和赛珍珠又读了一遍林语堂的文章，觉得可以部分同意马克尔的批评意见，但不能完全同意。他们可以劝林语堂稍作修改，但觉得可能也不行，因为林语堂现在正忙于其他事务（正在编撰《中国印度之智慧》），再说，印度的局势不断在变化。所以华尔希建议不如撤稿，《纽约时报》也不用承担任何费用。不过信尾华尔希说他可能"基本上按原稿样子"给其他报刊投寄，相信马克尔不会介意。[2]接到华尔希的来信后，马克尔回信说他不会介意，但又补充说："完全从联合国的角度看，如果你觉得文章给我们的话应该作修改，难道给别人就不用修改吗？"[3]10月16日，华尔希回了一封短信，说林语堂最后决定放弃发表该文原稿，但会"把它作为基础，融入其他他准备写的东西"，并请马克尔"记住，他不久还会给你们写篇文章"。[4]但事实上，林语堂之后再也没给《纽约

1　Walter B.Hayward, "Letter to Lin Yutang" (August 20, 1942).
2　Richard Walsh, "Letter to Lester Markel" (October 8, 1942).
3　Lester Markel, "Letter to Richard Walsh" (October 9, 1942).
4　Richard Walsh, "Letter to Lester Markel" (October 16, 1942).

时报》写过文章。

华尔希说林语堂准备把该文融入"其他他准备写的东西",到底是给马克尔礼节性的回复,还是说的实话,现已无从核实。如果这个"其他东西"存在的话,很可能是林语堂的另一篇文章:《东西方必须相会》,刊登于1942年11月《全景透视》(Survey Graphic)杂志。文中林语堂给西方敲响警钟:"白人至上"的优越感必将被摧毁,并毫不留情地揭示美国的种族主义现象:"美国人觉得印度人对贱民的态度不可理喻,嘲笑他们无知落后。可是美国白人假如不是以种姓制度对待黑人,那我就不懂什么叫种姓制度了。"[1] 在华尔希1942年11月2日致林语堂的信中,有这么一句:"我看到《纽约时报》没登我的信,也没有登和我们意见相同的人士的信。"[2]

华尔希说的林语堂准备写的"其他东西"也可能是《啼笑皆非》。一年后该书出版,马克尔居然又重提旧事,和华尔希争辩。1943年8月19日,他给华尔希致信,说看了林语堂新书的书评后,他禁不住要告诉华尔希:"我早就给你说过。"华尔希回信说:你可能只看了《纽约时报》(每日版和星期日版)的书评。可是全国范围内大多数报刊的书评都是正面的,包括《先驱论坛报》《纽约邮报》《旧金山纪事报》《芝加哥论坛报》《洛杉矶时报》。华尔希还附上哈佛霍金教授的信函作为读者来信的标本。这些都没有说服马克尔。10月19日他又给华尔希去信,说他已读了林语堂的书,"感觉和以前一样——如果不是更坚定了我的看法,看来我们只能各说各话了"。[3] 这使华尔希相当恼火,回信说

---

[1] Lin Yutang, "East and West Must Meet", p. 560.
[2] Richard Walsh, "Letter to Lin Yutang" (November 2, 1942).
[3] Lester Markel, "Letter to Richard Walsh" (October 19, 1943).

第九章　东方智慧与世界和平

的话有点重："我真不想再和你争论下去。但让我再试一次……像你这样担当一份重要报刊要职的人，居然看不到在中国人和亚洲各民族中冉冉升起的独立自主态度的重要性，我感到非常震惊。你不可以说林语堂的书只是一个坏脾气的人发发火而已。我可以向你保证，林语堂代表中国说话，不光是代表人民，也代表很多无法任意表达自己的官员。"[1]这场辩论的最后出场者是马克尔。他表明他也不想再和华尔希争辩下去，但还是要最后强调他一贯的论点："林语堂似乎认为对世界威胁更大的是英国人而不是德国人，"但是可不要忘了，"如果我们输了这场战争，一切也都没了——包括林语堂和他所有的书。"[2]

《啼笑皆非》扉页注明：献给理查德·华尔希和赛珍珠，友谊长存。1943年9月17日，林语堂写信给华尔希告别，因为他要再次回到战时中国。信尾林语堂写道："我不需要再次告诉你：我和你们两位的友谊非常美好，它是美国生活的最佳体现。"[3]的确，林语堂和华尔希夫妇的友谊在这个阶段达到高峰，他们为争取世界和平和各种族的平等并肩作战。然而不幸的是，自林语堂从战时中国又返回美国后，他们又要面临另一个挑战——决定现代中国政治命运的挑战，而从那时开始，他们的关系将走下坡路。

林语堂1943年9月22日离开迈阿密，途经非洲和印度飞回中国。这次回中国有几项"任务"。最主要的是，他需要回到战事前线，寻找资料和感觉，为他的下一本书做准备。他还告诉华尔希说他"受美国医

---

[1] Richard Walsh, "Letter to Lester Markel" (November 10, 1943).
[2] Lester Markel, "Letter to Richard Walsh" (November 12, 1943).
[3] Lin Yutang, "Letter to Richard Walsh" (September 17, 1943).

药援华会（ABMAC）委托研究一些问题"。[1] 林语堂随身带了笔记本，一路走一边做笔记，走遍大半个国军控制的地区（包括新疆）。

另外，林语堂还担当了美国人民和中国人民之间的跨文化亲善大使。东西方协会由华尔希和赛珍珠创建，作为战时的一个平台，以促进美国和亚洲之间的了解。赛珍珠出任协会主席，林语堂也担任委员会委员。在协会的邀请下，林语堂于1943年9月11日上哥伦比亚广播电台做节目，向听众说再见，并同时盛邀美国听众以个人名义给中国人写信，以增进两国人民之间的相互了解，由林语堂把这些信亲自带到中国。林语堂的呼吁得到美国听众热烈的响应，他收到很多来信，最后带了六百封到中国。1943年11月4日，国民政府举行仪式，正式接受美国个人的来信，有多个民间团体以及个人代表参加接收仪式。美国战时情报局重庆办事处主任费希尔在当晚重庆电台节目中还读了好几封来信。以下挑选几封信的段落，以见证中美关系史上罕见的"民间亲善交流"。

……我们只能希望这个多灾多难的阶段马上就会结束，我们可以在较为和平的环境中发现对方。我们时刻心系你的同胞。我们也会力尽所能，提供一切可能的援助。请转告他们……

马里恩·阿尔特曼（Marion Altman），326 Wayne Street, Highland Park, N. J.

---

1 Lin Yutang, "Letter to Richard Walsh" (September 17, 1943).

第九章　东方智慧与世界和平

……因此我真诚希望战后中国会成为一个伟大的民主国家；从理论到实践都是真正的民主，并融合古代和现代的精华。中国人一向都爱好和平，战后他们也会是维护和平的重要使者……

凯瑟琳·彼得雷拉（Catherine Petrella），222 Sunnyside Avenue, Brooklyn, N. Y.

……你回到你的祖国后，请告诉你的同胞：北美人民和他们心连心、肩并肩。中国应该做的（等他们能做的时候）是：派一些学者过来，在我们的学校、大学和公共机构给我们讲解中国文化，多给我们讲一些中国人的生活方式……

约瑟夫·歌德伯格（Joseph Goldberg），Hotel Carteret, 8 W. 23rd Street, New York, N. Y.

请把我的名字也写上。等你回到中国后，请去看一下我的儿子，他叫弗朗西斯·赖利（Francis X. Riley），美国陆军航空队中尉。请你告诉他，他老爸说的：给我狠狠地打日本鬼子，要他们加倍偿还他们给中国人造成的痛苦。我儿子现在在中国帮助你们完成宏伟大业。

约翰·赖利（John H. Riley），127 Delaware Avenue, Jersey City, N. J.

我是个黑人。我先要说这个，因为在美国这个事实是我整个人生最具决定性的因素。我无法逃避这一点。假如我能逃避的话，我是不是会选择逃避，那又是另一个问题……你在说再见的那晚广播里，要求美国人写一些话让你带给中国人民。我们一般都是被遗忘的美国人——宴会桌上缺席的客人、不能投票的公民……

……但今天没有其他美国人能像我们美国黑人一样深刻地感受到中国人所遭受的苦难。我们看到中国人遭受长期的苦难时所展现的耐心、坚韧与坚强，内心充满羡慕。我们明白这些东西意味着什么……

你让我们增强并坚定了这种信念和希望。告诉你的同胞：我们感谢你在美国所留下、所说的话——句句深切感人、充满活力。

雪莉·格雷厄姆太太（Mrs. Shirley Graham）, Hotel Albert, 65 University Place, New York, N. Y.

第十章

中国的内战与美国的智慧

《枕戈待旦》

　　林语堂在战时自由区七个省巡游了六个月，于1944年3月22日回到纽约拉瓜迪亚机场。林语堂现在是常驻美国的国际知名人士，是战时中国最重要的非官方发言人，和国民党政府高层人士交游甚广。在重庆期间，他主要住在熊式辉将军和孙科的家里。熊式辉率领中国军事代表团驻美期间和林语堂经常见面交谈，而孙科，林语堂在上海期间就和他关系不错。林语堂在中国逗留半年期间，还觐见蒋委员长六次。

　　到1944年，世界局势已经开始明朗，同盟国的胜利只是时间问题。1943年末，苏联红军已经开始反攻，德国在东线战场已处于守势。到1944年6月6日，盟军登陆诺曼底，从西线发起攻势。然而在中国战场，日军于1944年4月发起抗战以来最大的一次所谓"一号作战"（中国称之为"豫湘桂战役"），以打通中国至东南亚的陆上通道。国军在豫湘桂会战中惨遭溃败。但二战已是全球性战争，同盟国欧洲优先的策略同时也意味着，一旦德国被打败，日本就是下一个，虽然用两颗原子弹的方式结束战事谁也没料到。

然而，中国面对强敌苦战十四年，胜利在望却难见曙光。国共两党的内斗局面愈趋严重，它将决定现代中国的未来命运。同时，中国未来的命运还将有赖于同盟国战后的蓝图。1943年11月，罗斯福、丘吉尔和蒋介石在开罗会议见面，表面上中国跻身于战后"四强"，而实际上，战后世界的地图主要由罗斯福和斯大林两人划定。

林语堂离开重庆之前，又一次就国际宣传问题上书蒋委员长。林语堂感谢蒋公亲自接见，并建议政府在国际宣传方面的政策和策略必须改进，这样才能扭转国外媒体对政府的负面报道。重庆方面应该尽量满足西方驻华记者的需求，因为他们的报道在海外影响面甚广。政府与其限制他们，不如给他们喂足他们所需的信息。记者越受到限制，他们就越会把谣言当事实来报道。政府不应该过多纠结于记者的批评，如果一份报道有百分之二十的批评，那政府已经得到了百分之八十的正面报道。就共产党的问题，林语堂建议政府应该放弃"家丑不外扬"的政策，把它公之于世。[1]

事实上，中共当时已经获得外国记者的青睐。现在不太清楚林语堂的上书有没有影响到蒋介石最后让美国记者随美军观察团访问延安的决定，结果引来美国记者对延安的一片颂词。不过，伯恩斯坦在其最近的研究中提醒我们，即使"在1942年，珍珠港事件刚过几个月、离

---

[1] 参见林语堂《林语堂函陈国际宣传及兵役意见》，1944年2月28日，国家档案，卷（0100.20）/（6060.01-01），台北。感谢蔡元唯为我提供这一信息。

美军观察团访问延安还有两年，戴维斯（John Davies）在电文中已经把中共称为'农村民主派'，而谢伟思（John Service）则写道，中共只是寻求简易民主，他们'在形式和精神上都接近美国人，而不是俄国人'"。这种观念极为流行，以至于"在国务院报道中国的文件中，都把中共称为'所谓的共产党'，把延安称作'所谓的共产党基地'"。[1] 林语堂回美后要为战时国民政府做外宣，他应该清楚当时美国舆论的走向。

林语堂一到美国，立即于1944年3月23日通过庄台公司向媒体发表了一份书面声明，通报他回中国巡游半年后已回到美国，并见证了中国军队高昂的士气。对共产党的问题，他直面阐述己见。而林语堂发表一份政治味浓厚的声明，华尔希对此很不高兴，但还是按林语堂的意由庄台公司代发了。林语堂和华尔希商量过后一致同意，林语堂会尽量少抛头露面，专心写下一部书（除了1944年4月11日上CBS电台"国家报告"节目，阅读几封林语堂从中国带回的中国个人给美国人写的信）。事实上，林语堂一开始就对写下一部书非常犹豫，因为整个美国对华舆论氛围非常糟糕，超乎他的预料。他于1944年4月29日去信宋美龄，说他几乎要放弃写作计划，是他妻子廖翠凤鼓励他继续写下去。林语堂给蒋委员长的上书都用文言，非常正式，而他给宋美龄的信用英文，很随意，好像和老朋友聊天一样。这封信写了满满四页，向宋美龄倾诉他回美国后所发现的美国媒体对重庆政府的偏见与不信任。美国共产党的机关报《新大众》(*New Masses*) 和《美亚》(*Amerasia*) "竭尽全力诋毁重庆"，而自由派的杂志如《新共和》和《PM日报》也转载《美亚》登的文章。斯诺、史沫特莱、宋庆龄把重庆叫作"法西

---

[1] Richard Bernstein, *China 1945* (New York: Knopf, 2014), p. 118.

斯",把延安称作"民主派",以致一般善良的美国人也都对其充满不信任感。

在这种环境下,林语堂只要为政府说一句正面的话,他在美国的个人声誉就会受损。他向宋美龄透露,前晚他应邀给哥伦比亚大学的中国学生作演讲,居然被人质疑他的"自由主义精神"。尽管环境恶劣,林语堂还是决定要写这本书,他向宋美龄倾诉道:"天知道中国多么需要这本书,它将从中国自身出发诚实地解释自己,没有虚饰,没有扭曲,也没有谣言和误解拼凑在一起,却要充当内部消息……是的,我会写这本书。我希望能写出一部得意之作,能彰显中国的灵魂并阐释一个国家内在变化的过程。我不以中国为耻、不怕说真话,我对中国的领袖还没有失去信念……我不会做政府的宣传员;我只会说出实话,我知道美国朋友一旦了解实情,他们还会回来支持政府——一个要从头开始重建整个国家、肩负艰巨使命的政府。"同时,林语堂还告诉宋美龄他已给蒋委员长亲自去函,敦促政府尽快给所有政党赋予宪法应有的权利,除了不愿放弃军事武装而且还建立独立政权的政党。任何民主国家都不可能容忍这种独立王国的存在,政府不应该继续把中共的问题看成是"内部问题",这样做只会起反作用。如果外国记者想要去延安,就让他们去,但要设法要求他们在中共根据地待够半年以上,而不是待几个星期被人带着导游一圈。最后,林语堂感谢蒋夫人"给我这个特权,能与你和总统坦率、诚挚地交谈……你们肩负着在此风雨飘摇之时为国掌舵的重任"。[1]

林语堂的这本书名为《枕戈待旦》(英文名 *The Vigil of a Nation*,

---

[1] Lin Yutang, "Letter to Madame Chiang" (April 29, 1944).

由林语堂二女儿林太乙建议）。为了避免被看作"宣传作品"，林语堂和出版商特意把它定格为"游记"，用轻松悠闲的文笔，就像《生活的艺术》那样。林语堂在该书序中写道："我可不信宣传，我这本书写的只是记录我作为一个中国人，从内部看自己的国家经过七年抗战以后所得到的印象以及我巡游的经历。它主要是一部游记。我希望，这些从内部得出的图像，公正地呈现出来，可以让我们更好地理解中国人民以及他们所面临的问题……有通胀问题，军队的问题，社会以及教育水准的问题，而最重要的是即将来临的'内战'问题，我都会以一个中国人的身份徐徐道来，我既不是国民党人，也不是共产党人，我把这些问题都看成是中国成长为一个统一的民族／国家所经历的问题。"[1]

一旦决定要写，林语堂于1944年夏到缅因州海滩找了个木屋专心写作。正写期间，林语堂给华尔希和赛珍珠寄了一份《纽约镜报》剪辑，说他想把它作为该书的附件发表，"以此作为1944年美国有关中国之舆论的永久记录"。虽然这份报道"没有一句话是事实"，但林语堂认为这不是小事，因为它充分说明美国对中国的报道陷入了什么样的陷阱："美国某些地方某些部门需要进行彻底的清洗"，林语堂对华尔希夫妇如此说。[2] 因为这份报道最终没有出现在《枕戈待旦》一书中，在此把全文抄下：

华盛顿走马灯

德鲁·皮尔森报道

---

[1] Lin Yutang, *The Vigil of a Nation*, New York: John Day, 1944, p.1.
[2] Lin Yutang, "Letter to Richard Walsh and Pearl S. Buck" (August 1, 1944).

《纽约镜报》

华盛顿——副总统华莱士不会说,但从外交渠道和他周围的人得知,中国仍然是同盟国的头号问题,比我们预先想象的还要棘手。

成千上万的中国人根本不知道他们的总统叫蒋介石。很多人认为蒋夫人是美国人捧出来的新贵,留美出身。中国北方的人和南方的人交流要用洋泾浜英语。蒋的第一任老婆是日本人,他的儿子是留学德国的。

因而,华莱士(和我们)都要面临以下事实。

中国现在实施世界上最严厉的新闻审查制度。美国的新闻记者在此如同坐监。

美中关系非常糟糕……美国驻华大使克拉伦斯·高思一直没有被召见。蒋很"忙"。宫廷争斗异常激烈。蒋夹在中间,谁都想控制中国。各路军阀蠢蠢欲动……他们不喜欢夫人……太亲美了……有一段时间,中国由一帮用庚子赔款教育基金留美的归国学生控制……现在,东风压倒了西风。军头们重新得势。蒋夫人被狠狠地拽了一下。她没有孩子。大家都同情委员长找了另一个小老婆……蒋夫人是他的第三任,有一段时间他回到第二任的怀抱。这也是她到美国来的一个原因……现在据说宫廷里又有一个小姑娘,才十六岁,是一个军阀的侄女,他想让蒋离美国的影响远一点。

美国的弹药是夫人的主要武器。她必须兑现。有一段时间她做到了。但我们惊醒后发现，美国的武器不是用来打日本人的，而是用来对付正在打日本人的中国人的……就是所谓的共产党军队。

中国的军阀对盟国在太平洋的节节胜利颇为担心。战争要打到他们头上了……他们中许多人都是在日本的西点军校毕业的，按他们的心意，应该先打俄国人，其次打英国人，再其次打美国人，最不想打的就是日本人……温德尔·威尔基来中国时，他根本没法去到前线。委员长把他安置在自己的私人火车里送到了前线。最后一程要坐人力车……中国军队的士兵也不知从哪里弄来成百上千个美国纸旗，手舞纸旗欢迎他。对面日本人竖出一个大标语："欢迎威尔基"……前线没什么战事。

真正的中国人民是可以打仗的——但他们得有吃的。中国的士兵从来都吃不饱，他们得去抢、去夺。陈纳德将军的工作就是把他们组织起来。美国主要的问题是要能直达人民。[1]

华尔希一收到林语堂的信及附的剪报立刻回信，要林语堂放心，他和赛珍珠以及东西方协会会严肃对待此事，并说他们对这种谣言已经采取反制措施，包括即将出版林语堂正在写的书。但是，华尔希也指出，他不能同意林语堂把责任都归咎于华莱士，觉得"很难相信他，或者和他随行的约翰·文森特或拉铁摩尔会说这种东西"。不管怎么说，华尔希不认为这份东西能够代表当时美国舆论的状况，是不是把它作为附件收入书中要等一等再作决定。其实，他们的歧见远非仅此而已。

---

[1] The John Day Company, enclosed in Lin Yutang's letter dated August 1, 1944.

从他们的通信往来我们可以看到，围绕书稿的修改意见，他们之间存在更深层次的政治倾向歧异，而正是这种歧异逐渐稀释了他们的友谊。

华尔希和赛珍珠8月中旬收到林语堂的书稿，他们的第一反应是正面的。他们提了一些建议，林语堂核准后自己又加了一些修改。但主要的问题在于论"内战"的一章。"我对共产党可是完全不在乎，不管是中国的还是其他任何地方的，"华尔希对林语堂说，但他非常在乎林语堂的声誉和未来。在华尔希看来，这一章读起来好像是中国驻美大使给美国发放的"政府传单"。他担心，读者会觉得该书"到处都提到政府官员、和官员的关系，以及官方主张，而你知道美国人是讲民主的"。[1] 赛珍珠也亲自给林语堂去信，除了表示和华尔希一样有同感之外，建议林语堂在书中可多加一点和普通民众交谈的场景。几天后，华尔希重读了这一章，再次写信给林语堂表示，他向来"都是完全接受你的观点"，把该章再读一遍后，觉得不像第一次读完后感觉那么糟糕。只要"表述得更平衡一点、更有包容性一点"，问题可以解决，并不要林语堂改变自己的观点。目前的文本给人的印象是林语堂"把自己卖给了当权者"，在为国民党做宣传员："你的灵魂是摆在正确的位置。但小心如何来使用它。"然后华尔希宣布："为了我自己的灵魂，或者说更多的是为了我和你的关系，我已经决定我不能编辑该章，担不起这个责任。"他要求林语堂自己校对该章，完了寄给他。[2]

对于华尔希夫妇的信，林语堂夫妇有回复，而且不止一封。林语堂的第一封回信是写给华尔希和赛珍珠两人的。林语堂先说可以做点

1　Richard Walsh, "Letter to Lin Yutang" (August 14, 1944).
2　Richard Walsh, "Letter to Lin Yutang" (August 23, 1944).

改动，比如删掉一些文中提到坐汽车、见官员之类的，加一些和普通老百姓的互动，以及"在'内战'一章再加上一段，特别强调中共的优点及其优势"。但这封满满两页的回信主要是请华尔希夫妇认真考虑打消出版该书的计划，因为以上改动都是小问题，终究无法改变他们的基本看法，即这是一本为政府宣传而写的书。华尔希夫妇的反馈意见只是证明了他原先的想法，即他不应该写这本书。写作过程也是极其困难、痛苦，因为他必须"学会用长焦距看问题，对同盟国要讲策略，好多话不能直说"，可最终显然还是失败了。无论怎样在书稿中加补丁，他肯定会被斥为"被收买了的宣传家"，出卖给政府、为政府卖命的了。为什么仅出于爱国，他就得背上一个宣传员的骂名？"子曰：不可与言而与之言，失言。"林语堂还引了《论语》英译。更重要的是，林语堂并不认为他这本书在军事意义上会帮到中国。"《啼笑皆非》帮到中国什么忙了吗？它给我挣了钱，可我不是为了钱写的那本书。现在这本书也会给我挣点钱，但它不会改变同盟国的既定策略，即不用中国的军队来打败日本。"他完全可以关起门来，以"逍遥的态度"来观望这个世界。[1]

另外，林语堂还同时给赛珍珠写了一封信。一般来讲，林语堂只给华尔希写信，知道华尔希也会同时转给赛珍珠看。林语堂的妻子廖翠凤有时会专门给赛珍珠去信，聊一些家常事情。这次则不同一般，林语堂的第一封信同时注明是写给华尔希和赛珍珠的，而且另外又专门给赛珍珠写了一封。林语堂先谢过赛珍珠的批评意见后，便单刀直入，还带着嘲讽而尖刻的语气："还有一件更为严肃的事情我想跟你谈，希望你

---

[1] Lin Yutang, "Letter to Richard Walsh and Pearl S. Buck" (August 24, 1944).

通过你的关系向华盛顿方面讲清楚。一定要让他们明白，要让中国一直处于羸弱之状，最佳的办法就是让中国永远处于分裂状态；要使中国永远保持分裂，他们无须采取敌对政策，只要不采取任何政策就行。我认为现在美国对中共的宣传和英国人对真纳的宣传如出一辙。"另外，林语堂对赛珍珠坦率地表达了他对中共问题最终可能得以解决之方案的看法。上文讲到，林语堂曾专门去信蒋介石，建议立即实行宪政，这一观点林语堂在《枕戈待旦》书中也再一次重申，当然也受到赛珍珠的强烈认同（而且林语堂提出该建议很大程度上是考虑到像赛珍珠这样的美国人士的看法）。但在此私信里，林语堂告诉赛珍珠他对这一提议一点都不乐观，事实上，"如果以为一旦宣告成立宪政政府，麻烦就会自动消失，那是很愚蠢的想法"。[1]

　　看了华尔希夫妇和林语堂的往来信函之后，廖翠凤也忍不住上阵。她给华尔希夫妇也写了一封信，希望缓解一下紧张态势。廖翠凤解释道，语堂（她用的是林语堂英文昵称 Y. T.）在收到他们来信前心情还蛮好的，他只是很沮丧，觉得自己失败了，因为如果你们俩都觉得他写的不可信，那一般的读者就更不用说了。廖翠凤信中没有提到林语堂 4 月给宋美龄写的那封信，但对照那封信来看，华尔希夫妇当然算是"一般善良的美国人"。不到一年前，林语堂还把《啼笑皆非》"献给理查德·华尔希和赛珍珠，友谊长存"。林语堂感觉到，在新的挑战面前，他将是孤军奋战。廖翠凤希望能调和他们的矛盾，促请华尔希夫妇给林语堂多一点鼓励，让他继续修改，诸如减少官员的名字之类。"假如全

---

[1] Lin Yutang, "Letter to Pearl S. Buck" (August 24, 1944).

部改完以后，你们还是觉得写得不可信，那我们俩都宁愿暂不出版。"[1]

廖翠凤的信是晚上写的，写完后给林语堂看了。第二天一清早，林语堂起身后马上又给华尔希夫妇写了一封信，因为他觉得廖翠凤写信做和事佬，反而把问题弄复杂了，他要再次把自己的立场简单明了地说清楚。林语堂写道，核心问题是：他们的政治态度存有根本的分歧。林语堂写的所有东西他们都很欣赏，但只要他一谈政治——也就是共产党的问题，他们就有意见。可是这个问题恰恰是他"最为热衷关切的信念所在"，他无法改变。如果他写的是对的，那么美国的观察家就是错的，然而"中美理解之井已经被下了毒药了"，而到头来是他要承受"出卖灵魂"的指控。"因为我无法靠诋毁我的国家来充当一个'伟大的自由主义者'，所以这是无解的。"[2]

第二天，在收到林语堂夫妇一连串来函以后，华尔希给还在缅因州海滩的林语堂发了封电报，告诉他他们无意要他改变政治立场，只是希望他的论点更有说服力，而这一点通过适当修改是可以达到的。林语堂于9月1日从缅因州回到纽约，两家人见面倾谈。最终林语堂被说服，继续做点修改，仍然出版该书。到9月15日，华尔希看过修改后的章节后，告诉林语堂："我觉得你基本上去掉了我们批评的根据，同时又保留了你的观点。你的观点说得很清楚，同时也达到了平衡的效果。你不可能期望一点都不会受到攻击。但我想现在应该没人会说你是一个国民党宣传家了。"[3] 一个月以后，华尔希又读了一遍"内战"一章的校样，又给林语堂写信这么说道："我还是觉得你会受到攻击，文中

---

1 Liao Cuifeng (Hong), "Letter to Richard Walsh and Pearl S. Buck" (August 24, 1944).
2 Lin Yutang, "Letter to Richard Walsh and Pearl S. Buck" (August 25, 1944).
3 Richard Walsh, "Letter to Lin Yutang" (September 15, 1944).

你对国民党的偏向太明显了，但也只能这样了，我不想和你再争论下去了。我会捍卫你写作动机的诚信和诚实。"[1]

虽然《枕戈待旦》最后出版了，林语堂和华尔希夫妇的紧张态势也舒缓下来，但绷紧他们关系的那根弦没有消失。在以后的书信来往中，他们会尽量避谈政治，尽管时不时还是会扯到政治议题，特别是在林语堂的信里。在未来十年，他们还会保持朋友关系，但这次摩擦预示着中美文化交流史上一段极其独特而卓著的友谊从此将开始走向终点。

《枕戈待旦》出版后的反响一如林语堂所料。庄台公司有一份"海事书店"寄来的信函，要求取消书店预订的五本书，给出的理由是："根据出版前的宣传资料信息，林语堂先生在讨论红色威胁的问题上完全荒腔走板。有很多其他书，都是由可靠的作者如斯诺、史沫特莱、伊洛娜·拉尔夫·休斯（Ilona Ralf Sues）撰写，他们早已证明林语堂的'曲解'荒唐可笑。我们真诚希望我们以前如此尊敬的作者能写出更为诚实、不带偏见的作品。"[2] 当时还有各种谣言，比如说林语堂是国民政府派来的代理人。华尔希的儿子还去专门查核林语堂的身份。有一次小华尔希和《PM日报》的编辑约翰·路易斯共进午餐，路易斯答应帮他到华盛顿办公室查核林语堂的身份。1945年1月16日，他给小华尔希报告核准信息："司法部说林语堂没有注册为中国政府的代理人。"[3]

有关林语堂和美国记者的辩论，在此仅举一例，而在此辩论中林

---

[1] Richard Walsh, "Letter to Lin Yutang" (October 13, 1944).
[2] Miss Zoerner, "Letter to Mr. Walsh, Jr." (January 20, 1945), The John Day Company archive, Princeton University.
[3] John Lewis, "Letter to Richard Walsh, Jr." (January 16, 1945), The John Day Company archive, Princeton University.

语堂其实不在场，起码没有作书面回应。[1] 正如林语堂所预料，《枕戈待旦》既出，如果书中他对中共的阐释是对的话，其他一大批美国观察家的说法就是错的，其中一位观察家叫哈里森·福尔曼（Harrison Forman），他的新书《来自红色中国的报道》于1945年几乎和《枕戈待旦》同时出版。福尔曼给林语堂的新书写了一篇长长的书评，不仅质疑林语堂书中举出的"事实"，而且诋毁林语堂的"人格"。福尔曼指出，林语堂作为一个哲学家，不应该跨入"超出其经历和知识"的领域。一位客观的观察家应该倾听双方的意见，而不是做政府的传声筒。如果华盛顿采纳林语堂的建议——解决中共问题的最佳方案是给战时重庆政府军援飞机和坦克，"那肯定是用法西斯的方式来解决九千万人民的政治要求"。身为一个哲学家，林语堂为政府作出如此偏激的呼吁，"绝对有损其人格尊严"。[2]

福尔曼没有说他自己写的《来自红色中国的报道》出自一位够资格的美国专业记者之笔，对中共的描绘诚实而可信，但有别人帮他说。瓦兹（Watts）为福尔曼的书写书评，还引用林语堂的指控来作比较。瓦兹认为福尔曼对中共的描述更为可信："中共是一个自由而独立的实体，完全不受莫斯科的操控。"相对于"国民党中国在军事上的无能、政治上的笨拙、社会上的昏庸"，福尔曼所描绘的延安正是"中国的未来，而且行得通"。福尔曼对"国民党中国"和"共产党中国"两者的实地考察见证非常重要，因为美国在现时以及战后中国的局势有

---

[1] 林语堂没有在纸面媒体回应哈里森·福尔曼，但他曾和福尔曼以及其他两人于1947年一起上美国广播公司（ABC）电台辩论中国的前途问题。参见 Lin Yutang, "America's Town Meeting of the Air", audio recordings, broadcasted on ABC Radio in 1947, Library of Congress。

[2] Harrison Forman, "The War Behind the War", review of *The Vigil of a Nation* by Lin Yutang, *Saturday Review of Literature*, February 3, 1945.

切身利益，该评者坚信"美国人对中国的局势走向有发言权"。[1] 兰德尔·古尔德（Randall Gould）写了另一篇书评，他提醒读者福尔曼在中共根据地待了六个月之久。"一进入所谓的共产党中国，福尔曼不禁问自己：'难道这就是共产主义？'"古尔德写道。当然不是。福尔曼发现的是"代议制民主"，而中共赢得"广大群众支持"，当地经济保留个人财产所有制并采取"自愿合作"制。[2]

不难想象，林语堂对二战以两颗原子弹的方式结束不会感到太惊奇。同盟国从来没把中国军队放在眼里。林语堂在1945年和美国的观察家公开辩论以后，基本上把自己关在曼哈顿的寓所里。整个内战期间，林语堂基本上没再出面评论中国事务，只是在和华尔希夫妇的来往通信中时不时会发泄一下。1946年《枕戈待旦》英国版问世，林语堂在英国版加了五份附录以及"英国版作者序"。序中林语堂重申了自己的立场："在一个国家面临外国入侵进行生死抗战之时，不管意识形态如何不同，我曾经反对，现在仍然反对武装叛乱、枪口对准自己同胞、破坏战备资源以及第五纵队的行为。"林语堂给英国读者解释道，虽然该书是一本"游记"，但在美国出版后舆论聚焦于讲"内战"的一章。[3]

1945年11月26日，林语堂又给宋美龄写了一封信。该信读起来像唠家常一样，林语堂告诉蒋夫人他的二女儿太乙刚离家去了中国，参军做陆军中尉，在陆军军医部门工作，而他的大女儿如斯已经在军医处任职两年，正准备回家。他自己则整天忙着搞他的中文打字机，明年春

---

[1] Richard Watts, Jr., "Inner War" review of *Report from Red China* by Harrison Forman, *Saturday Review of Literature*, March 10, 1945.

[2] Randall Gould, "Red China Goes Democratic", *Free World*, April, 1945.

[3] Lin Yutang, "Author's Preface to the English Edition", *The Vigil of a Nation* (London: Heinemann, 1946), pp. vii–x.

第十章　中国的内战与美国的智慧

天应该完成，届时"将是国家的一个重大好消息"。信尾，林语堂又重提旧愿，恳请蒋总统赐四个字：文章报国。如果他能得此赐字，他走到哪儿都会把它挂在屋里，"它将是一种认可：我在抗战中也尽了我的一份力……同时，请留意我发明中文打字机的消息"。[1]

打字机、苏东坡和《唐人街一家》

1947年8月21日，林语堂在曼哈顿的寓所举办"开放日"，向公众开放。在一群记者面前，林语堂和他的二女儿太乙给大家展示了他的新发明：一架中文打字机。林语堂把它称作"明快打字机"，看上去和一个普通的英文打字机差不多（14英寸×18英寸×9英寸，重五十多磅）。按林语堂当天散发的新闻稿，它可以打英文、日文、俄文和中文，能打印九万个汉字。打一个字只需按三次键，一分钟可以打五十个字。《纽约时报》第二天也报道了此事，声称"林语堂博士的发明让秘书一天的工作一个小时就完成"，这项发明必将"对中国的办公和出版事务产生革命性的影响"。[2] 在"开放日"之前，林语堂已经先给朋友圈和中文媒体展示了他的发明。林语堂当天发放的新闻稿列举了纽约当地一份华文报纸的颂词："如果明快打字机能转化成整行铸造排字机，林先生的历史地位将和古登堡齐名。"另外，还有专家的"证词"，包括耶鲁大学远东语言所主任乔治·肯尼迪（George A. Kennedy）博士，何应钦将军，以及哈佛大学中文教授赵元任博士的贺词："不管是中国人还

1　Lin Yutang, "Letter to Madame Chiang" (November 26, 1945). 这一愿望林语堂似乎一直没能实现。
2　"New Typewriter Will Aid Chinese", *The New York Times*, August 22, 1947.

林语堂请二女儿林太乙用明快打字机打一封信,纽约,1947年。台北林语堂故居藏。

第十章　中国的内战与美国的智慧

是不懂汉字的美国人，很快就能熟悉打字机键盘。我看就是它了。"[1]

　　赵元任一句"就是它了"真是意味深长。它折射出中国现代语文改良的背景，或许还有赵、林两位既惺惺相惜，又带竞争意味的关系。赵元任无疑成为现代中国语言学界的泰斗，而林语堂虽已离开古音韵学研究领域，但其实从未停止探寻汉语的现代化。明快打字机的发明是林语堂在此方面三十多年探寻的结晶。自林语堂1917年在《新青年》提出新的汉字索引制方案之后，中国语言学家便一直致力于探寻为汉字编序的科学体系。并不是说汉字以前一直没有排序系统，只是最常用的康熙制缺乏科学系统性，显得非常零乱，不规范。关键问题是如何为一个基本上是表意的文字找到一个科学有效的编序方法。林语堂最初的想法是按汉字笔画顺序来编序。这一提议引起国内同行广泛兴趣，先后出现了好几种模式。但实际上这一原则很难实现，因为各地书写笔画顺序本来就不统一。1924年，林语堂又提出另一个数字系统，给汉字的主要笔画设定一个阿拉伯数字，以便排序。这一想法经王云五改进，创设了有名的"四角号码"系统。林语堂解释道，明快打字机的核心——"上下形检字法"正是从"四角号码"系统进一步改进而成。

　　明快打字机的关键在于其键盘，共有三十六个键代表汉字的上形，二十八个键代表汉字的下形。如此，林语堂等于是用六十四个键符创设了一套"中文音标"，即"上下形检字法"。他解释道："我唯一的目的是要找到终极简化之法。要让键盘能够自明，无须规则，就必须牢牢盯住汉字的边角，不能考虑其笔画而只看其上形和下形，而且必须把上、下行看成一个整体，不用再细究。于是我得出结论，唯有把汉字看

---

[1] "Mingkwai Typewriter", press release, John Day, August 21, 1947.

成上、下形的组合才能对汉字进行清晰而准确的分类和索引,这一方案是明快打字机的独创。"[1] 换句话说,林语堂终于找到了为汉字编序的最为科学有效的办法。除了键盘设计以外,明快打字机还有一项独创的发明:"魔眼"。"上下形检字法"用三十六个上键和二十八个下键把所有汉字分类,但打一个上键和一个下键还没法得到所需的汉字,而这时会同时出现不超过八个汉字显示在打字机上的一个窗口(即"魔眼"),而这些汉字用数字编号,打字员再打一个数字键便可得到所需的汉字。[2]

林语堂的中文打字机最近在美国研究以及中国研究领域都获得研究者青睐。约翰·威廉姆斯(R. John Williams)借用海德格尔的理论,区分出过分技术化而使现代性受困的"技术"以及良性的、不至于困住人性的"手艺",提出林语堂的发明构成一种"作为手艺的亚洲"话语。[3] 另外,从全球性中国研究角度出发,石静远把林语堂的发明和"基础英语"运动相对比,指出林语堂的中文打字机是对英语霸权主义的一种抗衡,为使中文成为一种"全球性语言"做出了重要贡献。[4] 这些解读都挺有意思,但从历史语境看,林语堂的发明首先可以看成是一种"道家式"的成果。林语堂最关心、最想看到的是战后诞生出一个新的、现代的民主中国,走上工业化的道路。他竭尽全力试图让美国公众

---

1 Lin Yutang, "Invention of a Chinese Typewriter", *Asia and the Americas*, Vol. 46, Issue XLVI (February, 1946), p. 60.
2 目前最常用的中文输入法——拼音输入法基本上用的是同一个机制,只是用拼音输入后一般在窗口会出现一连串汉字供选择。
3 参见 R. John Williams, "The *Techne* Whim: Lin Yutang and the Invention of the Chinese Typewriter", *American Literature*, Vol. 82, No. 2 (June, 2010), pp. 389–419。
4 参见 Jing Tsu, *Sound and Script in Chinese Diaspora* (Cambridge, Mass.: Harvard University Press, 2010), pp. 49–79。

相信国民政府是民主中国的更佳选择，但遭到美国媒体嘲弄，因为他们认定中共才是代表民主。林语堂只能采取"逍遥的态度"，用"历史长镜头"看世界，关起门来避谈政治，重新专注于自己搞了三十多年的语言学工程。林语堂把自己的发明称为"给中国人民的一份礼物"，对其实用价值期许很高，希望有助于提高中国人的教育水平，大大改善办公效率和商务效益。"我期望中文打字机的发明能够为中国办公商务的现代化扮演重要角色，使中国进入一个新的工业时代。"[1] 虽然林语堂对现代社会的"唯物主义"至上现象曾提出尖锐批评，但他对"机器"本身从小就着迷，喜欢摆弄各种各样的"小玩意"，从事发明创造。除了发明中文打字机以外，他还发明过为一般英文打字机使用的"页尾指示器，可以让打字员知道他打到第几行，是否接近页尾"。[2] 这是后来林语堂住在法国时专门搞的一项发明，可以整个取代墨带。[3] 而为了从事这项发明，林语堂还专门赴瑞士考察工艺制造事宜。[4] 这是后话。现在林语堂为了造出中文打字机这个"大玩意儿"，他得付出一笔沉重的代价。

林语堂曾写信给宋美龄说打字机1946年春即将问世。他于1946年4月17日申请专利，于1952年10月14日获准批发美国专利号

1　Lin Yutang, "China's War on Illiteracy", *The Rotarian*, LXIX (November, 1946), p. 61.
2　"Aid for Typists", *The New York Times*, September 7, 1957.
3　Lin Yutang, "Letter to Richard Walsh" (March 8, 1950).
4　Lin Yutang, "Letter to Richard Walsh" (June 17, 1950). 林语堂信中对瑞士和物质进步如是说："我对机械精密和效率一向顶礼膜拜……瑞士人买邮票和明信片都用机器，买烟也有自动机器……迪克，你肯定在想，我这不是歌颂物质进步吗？没错，我正是赞颂物质进步，在物质进步背后还有人的精神面貌，无论是在美国还是在瑞士……苏黎世可谓世界上最干净的城市之一。街上行人穿着都十分整洁，你要是披头散发就上街，哪怕你是个艺术家，都会觉得害臊。"

2613795。按林太乙描述，他们一家于 1947 年 5 月 22 日从工厂小心翼翼地把打字机抱回家，"就像从医院抱婴儿回家一样"。[1] 但当时林语堂还没准备好公之于世，因为"开放日"要等到是年 8 月 21 日。林语堂显然严重低估了要真正制造该打字机在工程工艺方面的复杂性以及成本费用。1944 年末《枕戈待旦》出版后，林语堂便整日整夜倾注于打字机事宜。庄台公司档案显示，华尔希和林语堂于 1945 年 10 月 4 日便敲定下一本书是要写苏东坡传记，但当时林语堂根本腾不出手来。要一年以后他才开始着手写苏东坡传记，而到"开放日"展示其发明时，苏东坡传记已经写完且即将出版。

林语堂雇了一位意大利工程师负责打字机的制造。后来，该工程师觉得该发明也有自己一份。从林语堂的角度看，即使工程师在制造工艺过程中起了一定作用，发明权也绝对不属于他，而且他是被雇佣的，林已经付了工资。最终该工程师接受劝解，没有提起诉讼。[2] 林语堂后

---

[1] 林太乙：《林语堂传》，第 201 页。

[2] 这位意大利工程师提出异议应该是后来的事，因为林语堂于 1950 年 5 月 18 日给华尔希的信中第一次提到默根索拉的合约推迟了，"因为有个傻瓜也搞了专利申请和我作对"，当时林语堂已到法国居住。林太乙的《林语堂传》还提到有一次他们到雷明顿打字机公司示范却失败的事。"在一个倾盆大雨的早上"，林语堂和他二女儿抱着打字机坐出租车到曼哈顿的雷明顿打字机公司做示范。林语堂对公司一众高管讲解完后，叫太乙开始打字，但是打字机怎么都没反应，弄得他们非常尴尬。他们只能把打字机抱回家，担心第二天的记者招待会怎么办，因为日期早就确定，通知也发了，没法改期。于是林语堂打电话把工程师叫了过来，他"拿一把螺丝刀，不用几分钟就把打字机修理好"。(林太乙:《林语堂传》，第 203 页)。阿比瑟（Arbisser）翻阅了雷明顿公司的所有档案，没发现任何地方提到林语堂的打字机，他得出结论说很可能因为这次示范失败，公司对此便失去兴趣了。[参见 Micah Efram Arbisser, "Lin Yutang and His Chinese Typewriter" (BA thesis, East Asian Studies Department, Princeton University, 2001)。] 我总觉得林太乙的传记写得像小说一样，问题刚好出在定于 1947 年 8 月 21 日的记者招待会前一天，而且工程师来后，只需一把螺丝刀，一两分钟就把问题解决了。

来得以和默根索拉排字机公司签约,收回他的一部分投资,但打字机一直没能大批量生产,主要是因为市场不稳定——当时中国正处于内战,而且不久便整个"沦陷"了。

林语堂发明明快打字机对他个人生活最大的影响是:他欠了一大笔债。这个落差不小,本来是住在曼哈顿上城富人区的公寓,现在入不敷出,要还一大笔债,最后连公寓都得变卖用来还债。虽然最终他靠版税收入把债还清了,但他一直没有摆脱个人财务窘境,这严重影响了他实施写作计划的方式。换句话说,林语堂以后必须靠写作来勉强维持生计。

1953年12月19日,林语堂曾写信给宋美龄,向她解释说,之所以一直没访问台湾,是因为发明打字机债务累累——"搞这件事花了我十二万美元,搭上了我所有的积蓄。"[1] 除了赔上所有积蓄,林语堂还从美国大通银行贷了一笔款,还从他朋友卢芹斋那儿借了一笔钱,他妻子廖翠凤把珠宝都当了,而且还卖掉了曼哈顿的公寓。林太乙还提到林语堂曾向华尔希借钱但遭拒。[2] 可是,翻阅庄台公司的档案,却没有林语堂借钱遭拒的纪录。如果林太乙要暗示林语堂和华尔希夫妇的关系因此而变坏,那是一种误导。实际上他们之间的关系在这阶段还是很不错的,虽然他们的政治歧见最终导致关系破裂。1946年夏天,林语堂一家在宾州度假胜地度过,而8月初,华尔希一家也到此度周末。两家人相会甚欢,讨论了一系列计划,包括林语堂的大女儿和二女儿现在都是庄台公司的作家了。会面后华尔希和赛珍珠于8月6日都写了一封

---

[1] Lin Yutang, "Letter to Madame Chiang" (December 9, 1953). 林太乙在《林语堂传》中给的数字相同。
[2] 林太乙:《林语堂传》,第201页。

信，赛珍珠的信最后写道："星期六我们过得很愉快，和你们一家在一起总是非常开心。我觉得，我们两家的友谊已达到了一个境界，彼此都没有任何保留。我们和你们在一起完全和在家一样，我们对你们每一个人都关心备至。"[1] 1947 年 5 月 6 日，华尔希为林语堂申请大通银行的贷款写了一封担保函，并列举了历年来林语堂从庄台公司所获取的版税收入。华尔希说庄台公司于 1935 年出版林语堂的第一本书，1939 年之前的准确数字刚好不在手上，但庄台公司"给林语堂的版税付款在 1936 年是很大一笔，1937 年大约一万两千美元，1938 年三万八千美元。以后几年的数额如下：1939 年，40,355.36；1940 年，52,796.34；1941 年，14,075.84；1942 年，22,418.76；1943 年，21,072.46；1944 年，37,455.83；1945 年，31,390.00；1946 年，14,669.97；1947 年，4,663.39"[2]。林语堂出现财务困难期间，华尔希允诺帮林语堂"渡过难关"，也确实是这么做的，不过只是给林语堂预支一定数额的版税，仅够林语堂一家的日常花销。

林语堂必须回到写作事业。上文已经提到，林语堂已于 1945 年 10 月便和华尔希敲定下一本书将写苏东坡传记。但因忙于打字机事务，该计划到 1946 年 8 月还只是刚开始。8 月初林家和华尔希一家在宾州避暑胜地共度周末时，林语堂曾提出另一建议，是否先弄一本中国小说名著选，因为他急需现金，做这个比较容易。华尔希回复说，希望林语堂还是先专心写苏东坡传，因为中国小说选本的市场有限。华尔希还指出，鉴于《枕戈待旦》一书的惨况，要成功推销下一本书将会非常困

---

[1] Pearl S. Buck, "Letter to Lin Yutang" (August 6, 1946).
[2] Richard Walsh, "Letter to Mr. J. J. Rogers", the Chase National Bank, May 6, 1947, The John Day Company archive, Princeton University.

难。"书店第一次没能售完他们订购的林语堂的书……你的很多忠实读者，他们根本不关心中国的政治，也不关心共产主义，只是欣赏你的人文精神，你的哲学和睿智，都感到你让他们失望了。书评者对你大肆攻击，他们已经尝过血腥味，很多人在等机会再干一次……我们已经讲好你不会再写政治书。就这么定了。"[1] 华尔希的意思是，林语堂的下一本书必须让读者感到他们的林语堂又回来了。要达到此目的，最好是出一本自己创作的书，而不是一本译著或编著。中国书的市场很萎缩，写一本关于宋代中国多才多艺、睿智幽默的文人大师的传记，应该是一个不错的选择。为了鼓励林语堂专注于写苏东坡传，华尔希还给他预支了一万美元版税，每月分期支付。

林语堂的答复和平时一样，通情达理，尽量合作，没有问题，不过有意思的是，信中还夹杂了一段"悠闲的夏天上午茶话"——谈政治的。他告诉华尔希，他不是对政治没有话说，只是他已年过五十，懂得控制自己的情绪，虽然"谈政治乃吾本性，很难彻底清除"。他还顺带提到三十年代的一段往事："我不介意像史沫特莱这种人的诬蔑（就是她和伊罗生以及宋庆龄三人把我和蔡元培都蒙在鼓里，以公民自由联盟的名义把我们当成工具去营救牛兰夫妇）。"[2]

到 1947 年 6 月，《苏东坡传》书稿已经完成，先送华尔希和赛珍珠审阅。两人的反馈都非常好，特别是赛珍珠非常欣赏。华尔希可以把林语堂重新推销出去，宣告备受美国读者喜爱的那个林语堂又回来了。在林语堂的笔下，九百年前的中国文人学者苏东坡重获新生，多才多

1　Richard Walsh, "Letter to Lin Yutang" (August 6, 1946).
2　Lin Yutang, "Letter to Richard Walsh" (August 8, 1946).

艺、机智幽默，可以与达·芬奇和富兰克林媲美。但是，还是有一个小问题。这本书还是没有完全脱离当下政治——林语堂的"本性"确实很难改。整本书的写作策略是把苏东坡塑造成一个真正的自由主义者、人民之友，而把他的政敌王安石塑造成类似希特勒一样的人物。另外，原稿在评论苏东坡与王安石之争时，夹了一段美国记者论中国政治的评语。这遭来赛珍珠的强烈反应：

> 我对这一段的批评不是说你重复已经说过的东西，也不是基于任何政治理由。我是说你把这么好的一本书给糟蹋了，这本书应该是一本不受时间限制、经久不衰的巨著，但却画蛇添足式加进些美国当下事务。这些美国记者早已去世之后，这个世界也以某种方式安顿下来以后，你的书还会是一部巨著，有其价值。看在艺术的分上，语堂，别在这儿瞎扯了。另外写一篇文章来批评这些人，或任何人，或者再写一本书把你想说的都写上，但别糟蹋这部精致的作品。就算我求你了！给我点面子，语堂，把这段给删了！

赛珍珠的主要观点是，林语堂在"一堆宝石里嵌了一块假石"，和传主苏东坡的身份也不配。赛珍珠在信尾再次强调了他们之间的友谊："语堂啊，做一个朋友如果不能坦率相对，那还算什么朋友。我和你相交这么多年了，我们两家也都很亲密。我是个女人，也老了，怎么想就怎么说。我知道你一定不会怀疑我们的友谊一如既往、经久弥坚。"[1]

1　Pearl S. Buck, "Letter to Lin Yutang" (July 7, 1947).

第十章　中国的内战与美国的智慧

赛珍珠该封信的边角有一行华尔希写的注：7月8日谈话后语堂同意了。虽然这段涉及美国记者的文字删掉了，但是《苏东坡传》并不是完全没有涉及当代政治。书中讲王安石变法一章，林语堂这样写道："对现代读者最重要的两点是：孟子的原则即统治者的权力来自人民，以及承认政治有异见存在并捍卫自由批评的权利……因为，在苏东坡看来，良政非常需要反对意见能够顺畅表达。民主本身就是建基于不同党派可以意见不同。如果把苏东坡放到现代，他肯定不会赞同联合国安理会需达成一致意见的原则，因为那本质上是反民主的。他很清楚，中国有史以来，从没有两个人能够意见完全一致，不是民主，那一定就是专制。我还从未发现民主的敌人不是一位独裁者——无论在家里、在一个国家，或在世界政治舞台上。"[1]

林语堂谈政治的冲动确实很难控制。他写完《苏东坡传》的书稿后马上便计划下一个写作项目，他告诉华尔希他打算请赫兹（Herz）小姐做经纪人为杂志撰稿，因为他想"写一篇非常重要的文章，重新界定美国的中国政策，非常及时也非常必要"。[2] 华尔希立即回信表示反对："我真的希望你别再写任何有关美国的中国政策的文章——无论你的欲望有多么强烈。让别人去写吧……"因为一旦林语堂再介入这一漩涡，肯定会影响《苏东坡传》的销路。[3] 到10月份，庄台公司即将出版《苏东坡传》，华尔希邀请林语堂到费城举办的书展作一个演讲，同时给他打了预防针："我想你不会介意我说这个：我希望你的演讲能让

---

[1] Lin Yutang, *The Gay Genius: The Life and Times of Su Tungpo*, New York: The John Day Company, 1947, pp. 118–120.

[2] Lin Yutang, "Letter to Richard Walsh" (July 21, 1947).

[3] Richard Walsh, "Letter to Lin Yutang" (July 24, 1947).

315

林语堂传：中国文化重生之道

人觉得你从来没听说过国民党、共产党或美国记者……如果你只讲苏东坡、中国哲学和中国文学，对书的销售肯定有益。"[1] 来年1月书上市了，华尔希看到它又一次登上了《先驱论坛报》的畅销书榜，兴致勃勃地写信祝贺林语堂，称他的"本本书都是畅销书"的纪录没有被打破。但从最后的销量来看，《苏东坡传》远没达到预期的效果，主要是因为整个市场对中国题材的书非常冷淡。华尔希认为当下中国的政治局势严重影响美国读者对中国题材书籍的兴趣，他给林语堂的信中有如下抱怨："我想读者慢慢还是会回来，尽管现在大家对中国事务普遍讨厌……要是你能说服你的朋友蒋介石把国民党弄干净一点，而不是用典型的俄国方式进行'清洗'，让卢作孚或像他那样的人上位，赶走那些腐败无能的家伙，美国人就会拥护、支持他，他们也会重新关注中国，买中国题材的书来读。"[2]

《苏东坡传》的销量根本没有解决林语堂所面临的财务困境。他必须首先解决生计问题，他得先找几件能挣快钱的活，比如《老子的智慧》作为"现代文库"系列之一于1948年出版，林语堂获预支一千五百美元。他也尝试把他翻译的中国短篇小说投稿给杂志，但不是太成功（小说《贞洁》被《妇女家庭伴侣》[Woman's Home Companion]接纳，发表于1948年11月）。华尔希的建议是，林语堂的上上策应该是写一部自己的小说，要能达到以前他写的小说的水准，于是他给林语堂推销他的想法：写一部唐人街的小说。华尔希想出版一本有关唐人街的书已有一段时间。1942年，曾有人向华尔希提出要写

1　Richard Walsh, "Letter to Lin Yutang" (October 2, 1947).
2　Richard Walsh, "Letter to Lin Yutang" (January 10, 1948).

第十章　中国的内战与美国的智慧

一本有关唐人街历史的书，华尔希没答应，并告诉林语堂他希望这本书由一位中国人（意指林语堂）来写。[1] 现在市场对中国题材的书很冷淡，正好把焦点从中国转到美国。赛珍珠也特别赞同该建议，于是华尔希于1947年7月10日正式向林语堂提出该计划："我的意思是，别再写有关唐人街的历史的书了，而是聚焦当下的唐人街，写一部小说，背景设在纽约，人物有各种各样的华人，包括美国出生的华人，这个你当然最了解；还可以包括几个美国人，或许小说的主题之一是跨国跨族婚姻。"[2] 但林语堂并没有马上同意。到11月，华尔希去信林语堂说他很遗憾林语堂不想写唐人街小说。1948年1月，林语堂告诉华尔希他正在构思一两部小说：一个是情爱小说，背景设在青海（这个应该就是后来的《朱门》）；另一部主题是世界和平，背景设在非洲（这个应该就是后来的《远景》）。[3] 要到1948年4月，林语堂才最终决定接纳华尔希的建议先写一本唐人街小说，主要是华尔希劝说写这个最有市场前景。林语堂承诺在四个月内写完，他确实做到了，而且他不得不赶紧写完，因为到6月份林语堂已经获任为联合国教科文组织文艺部主任，并于7月21日离开纽约赴巴黎任职。书稿在林语堂离开纽约前两天才杀青，校样是华尔希空邮至巴黎完成的。

林语堂要是地下有知，肯定觉得不可思议：他写了那么多本英文畅销书，这本《唐人街一家》主要是应华尔希劝说而作，在三个月之内匆匆赶完，可就是这本书现在在美国受到最多的批评关注，最近还

1　Richard Walsh, "Letter to Lin Yutang" (August 3, 1942).
2　Richard Walsh, "Letter to Lin Yutang" (July 10, 1947).
3　参见 Richard Walsh, "Letter to Lin Yutang" (November 10, 1947); and Lin Yutang, "Letter to Richard Walsh" (January 16, 1948)。

由一个大学出版社重印出版。[1] 小说首章林语堂介绍小说一主要人物汤姆·方（父亲）时这样写道：他是一位中国来的老移民，他很喜欢美国，因为美国让他生活平安，也没人管他。他也爱中国，但他爱中国就像爱父母那样，并不是把中国看成一个国家，而是把她看成"一个民族的共同体，一群信念和习俗相同的人共同的居所。他周围住着捷克人、希腊人、意大利人、犹太人、德国人、奥地利人。他不明白主权国家的傲慢。所有这些人在一起，大家过日子而已"。[2]《唐人街一家》现在受到的批评关注正是出于这种"主权国家的傲慢"，因为小说被认为是典型的"美国"作品，被评论者用于为各种意识形态服务的少数民族话语批评。

尽管有商业考量，尽管先有出版商约稿，林语堂一旦决定要写，整个写作过程当然还是由他掌控。不管该小说有什么瑕疵，有一点是很明显的：林语堂描绘出来的美国华人是有尊严的。参考了华尔希的建议之后，林语堂对小说的构思是，要写"一个温馨的华人家庭生活，用幽默的笔调，没有坏人，每个人物都有可爱点，坏人和好人都一样。只要用厚道的幽默笔调写出来，坏人往往比好人更有趣"。[3]

同时，庄台公司的职员也开始准备推销事宜，比如他们建议小说中的人物不要姓"Chan"，因为那是美国华人最有名的姓——"Charlie Chan"（陈查理）；另外书名《唐人街一家》(*Chinatown Family*) 也是由他们最后敲定的。到1948年5月12日，林语堂已经写完了前七章，

1　参见 Lin Yutang, *Chinatown Family*, edited and with an introduction by C. Lok Chua (New Brunswick, New Jersey: Rutgers University Press, 2007)。

2　Lin Yutang, *Chinatown Family*, New York: John Day, 1948, p. 13.

3　Lin Yutang, "Letter to Richard Walsh" (April 10, 1948).

第十章　中国的内战与美国的智慧

便先寄给华尔希审阅。华尔希看后很满意，只是对小说中有关移民问题的处理有疑虑。草稿中，林语堂没有详细交代汤姆·方是如何把家人从中国搬到美国来的，只是说移民官就是一个官，中国人总是有对付官员的办法。华尔希自己有点着急起来，因为美国仍有《排华法案》期间，任何中国人进入美国都是非法的，林语堂这么处理恐怕会招来批评。"如果汤姆·方要了一点小聪明绕开移民官的检查把家人弄来美国，而这些'小聪明'到底是什么又不能说，因为说了会影响到唐人街的华人，他们也就是这么进来的，这样的话还是在回避问题，不可行。"华尔希还专门就此问题咨询了出版界的朋友，其中有一位朋友的意见刚好相反："这可是一个大好机会，应该大肆渲染他们如何以非法的方式进入美国的。"于是华尔希敦促林语堂咨询一下中国领事馆，把问题搞清楚。[1]

林语堂向中领馆核实此事，得到的答复是：中国商人是允许带妻儿来美国的。汤姆·方是个洗衣工，不是商人，但他的连襟陈叔有家杂货铺，那就让汤姆·方做杂货铺的合伙人，这样他也是商人，这样安排也没什么。林语堂让华尔希把这意思加进文本就行。[2] 于是华尔希就加了两段：

> 他不能把他们装进木桶里面飘到加利福尼亚海岸，也不能把他们从墨西哥边境偷渡入境，然后再乘火车到纽约，那样总会被人发现。

---

[1] Richard Walsh, "Letter to Lin Yutang" (May 26, 1948).
[2] Lin Yutang, "Letter to Richard Walsh" (May 27, 1948). 林语堂该信还有一段"再启"，解释说，1943年《排华法案》废弃后，因为新设了移民数额限制，华人商人要办家眷来美实际上变得更难了。

于是他做了一些安排，美国官员审查时以为汤姆·方是陈叔杂货铺的合伙人，也是一位商人。于是法律一眨眼，汤姆·方成了一位商人。他和陈叔两人心里都明白，这是临时安排，一旦他妻儿安全来美后，他还是个洗衣工。这样做当然不规范，可能还有其他不规范的办法，比如，二哥、老杜或其他人可能很清楚怎么做。

华尔希把他加的上面两段寄给林语堂核准。林语堂的回复接受了第一段，但把第二段缩短了一点：

于是他们找律师办了合法的程序，让汤姆·方成为陈叔杂货铺的合伙人。这样好像法律眨了一下眼，汤姆·方成了一位商人。他和陈叔都清楚这是一个临时安排，为了满足法律的要求。这样做不太规范。[1]

林语堂这样解释他的修改："我删了几行，不想强调不规范性。我住的附近经常看到许多洗衣工的妻子，不想给她们添任何麻烦。"[2]

《唐人街一家》已经有很多论者从各种角度来评判、阅读，[3] 在此我再多加两个角度。华尔希曾建议，小说的主题之一可以围绕跨族婚姻。如果林语堂"现实"一点，或者说更"真实"一点，他应该勾勒一条华女嫁白人的线索。然而，小说的叙事结构是让一位意大利女"花花"

---

[1] John Day Company files, 11 June 1948 and 16 June 1948, cf. Lin Yutang, *Chinatown Family*, p. 11.
[2] Lin Yutang, "Letter to Richard Walsh" (June 16, 1948).
[3] 比如最近还有论者把该小说和林语堂发明中文打字机连在一起阅读，参见 R. John Williams, "The *Techne* Whim: Lin Yutang and the Invention of the Chinese Typewriter", *American Literature*, Vol. 82, No. 2 (June 2010), pp. 389–419。

（Flora）嫁给华人洗衣男，而且两人的婚姻很幸福美满。林语堂这种不切实际的叙述手法最终要让他付出代价。华尔希本来期望林语堂会写出一部一流的小说，后来他看到书稿写得很匆忙，他自己不得不修修补补做了许多编辑功夫，于是在推销过程中把调子也降了许多。没想出版后销量还相当不错，甚至还有好莱坞来函咨询把小说拍成电影。但在协调过程中好莱坞碰到两大障碍：首先，很难找到亚裔明星演员；其次，要在荧幕上显示一个白人女人和华人男人睡觉，简直是不可能的事。华尔希自己也觉得很纳闷，他告诉林语堂："这个国家有许多人无法忍受在荧幕上看到中国人和美国人结婚，真是不可思议。我都从未想过会遇到这种麻烦。"[1] 当然了，《唐人街一家》从未被拍成电影。

上文提到，按林语堂原来的构思，小说里"没有坏人"。其实这个不完全准确。赛珍珠曾以美学的理由力阻林语堂在《苏东坡传》一书中提任何有关美国记者的文字。但这次写的当代美国的故事，华尔希也说了小说里可以有一两个"美国人物"。果然，我们发现小说里有一位"美国记者"。这一角色林语堂本来命名为"兰德尔"（Randall），华尔希提醒道："这也太明显了，恐怕有人会指责你这是恶意报复。"[2] 于是林语堂把名字改为"桑迪·布尔"（Sandy Bull），并断然回复称"有关桑迪·布尔的段落不能动"。[3]《唐人街一家》所有人物中，林语堂最"看重"的应该就是这个"桑迪·布尔"了，尽管全书只花了一页篇幅描绘这个人物：

---

[1] Richard Walsh, "Letter to Lin Yutang" (September 9, 1948).
[2] Richard Walsh, "Letter to Lin Yutang" (June 12, 1948).
[3] Lin Yutang, "Letter to Richard Walsh" (June 16, 1948). "Sandy" 中文直译意为：像沙子一样，不牢靠；"Bull" 中文直译意为：像牛一样，固执、欺负人。

汤姆总觉得桑迪这个人很牛很冲，真有点名如其人，你听他说话时把一堆词卷在一起喷出来，好像要把人压扁似的。桑迪已年过四十，但日子过得一头雾水，不知自己想要干什么，经常发脾气。在中国时，他曾和一家英文报纸关系密切。他人还是挺聪明的，一直升到该报的责编，觉得自己也是一个知识分子，自由派的，亲中、亲俄。他的文风很流畅，虽然用词不算精致，喜欢用口语、俗语，写报刊社评时经常用"滚蛋""去他妈的"，让一些读者兴奋，同时也得罪另一批读者。他好像总是在生气，总是要和别人争什么、驳斥什么。居沪的美国人有时看到他会跟他说："喂，桑迪，今天你的社评里怎么没见你用'他妈的'，你没骂人啊，怎么回事啊？"不过他的思想也就是他说话的那种水平。四十岁的时候，他突然发现他不知道自己信什么，不知道自己在干什么。他把生意扔给他的生意伙伴，自己开始酗酒，离了婚，又重新结了婚。报纸的老板不喜欢他的亲俄、亲共态度，于是他辞职回到纽约，找了一份保险行业的工作，为科尼利厄斯保险公司做经纪人。他被派往唐人街卖保险，因为他在东方住过，因而就是中国问题专家。他现在是既亲资本，也亲斯大林。他是个自由派，思想开放，也是个基督徒，一看上去就是个充满善意的人。他知道如何和中国人相处，老喜欢拍拍他们的肩，自以为中国人都喜欢。他会说"干杯"，自以为中国的事情没什么他不知道的。拍肩的技巧刚好对二哥很管用，他们一见面便成了好朋友、铁哥们。[1]

1　Lin Yutang, *Chinatown Family*, pp. 131–132.

小说情节的发展告诉我们：桑迪作为二哥公司里的上司，故意安排二哥到芝加哥出差做一笔大生意，他自己便上了二哥老婆的床。

美国的智慧与美国的愚蠢

林语堂的生活轨迹似乎有一个定律：在美国碰到财务危机，便去欧洲。他在一战后在哈佛读研时碰到困难，便去了欧洲，现在二战结束后又在美国陷入经济窘境，于1948年又赴欧洲。这次是赴巴黎，担任新建的联合国教科文组织文艺部主任。[1] 林语堂于1948年7月21日乘毛里塔尼亚号邮轮离开纽约前往巴黎，从此以后，法国（特别是海滨小城戛纳）将成为林语堂另一个常住之地。他在巴黎安顿下来后，马上发现生活消费比纽约便宜多了，他告诉华尔希，每月花五百多美元就可以过得很舒服了。[2] 但他马上又发现，教科文组织是个庞大的官僚机构，要想真干点事太难了。许多人来到这个新机构，满怀理想，结果碰一鼻子灰。一个典型的例子是李约瑟，林语堂到巴黎后和他结交上了。[3] 李约瑟来时带了一个很好的计划，最终发现什么也干不了，只好撤了。用林语堂的话说，教科文组织是这样运行的：船怎么走、朝哪个方向走，不是船长说了算，而是由（管财务的）事务长说了算。那这些"事务

---

1 据林太乙披露，给林语堂推荐这份工作的是陈源，他于1946年获任联合国教科文组织中国首任代表，常驻巴黎。参见林太乙《林语堂传》，第204页。二十年代陈源和林语堂是北大英文系的同事，他和鲁迅笔战时，林语堂可是站在鲁迅一边，写了好几篇攻击陈源的文章。
2 Lin Yutang, "Letter to Richard Walsh" (August 6, 1948).
3 假如要为《苏东坡传》物色忠实的读者，李约瑟可算一个。他给林语堂写了一封长信，详细询问书中提到的宋代的科学发明。参见 Joseph Needham, "Letter to Lin Yutang" (April 10, 1953)。

长"是谁呢？——"教科文组织有一帮刚退伍的美国小年轻，由他们来为专家评分管理，真是太滑稽可笑了。"[1] 林语堂开头尽量想干好本职工作，但干了一两个月，他已经肯定他得离开，最终在联合国仅做了一年。林语堂做决定离开时，正好华尔希写信商讨下一本书的写作计划。1948年12月，他告诉华尔希他已经决定赌一下：他在教科文组织拿的年薪还不到一万美元，他觉得他可以靠写作来挣够这笔钱，所以决定尽早辞职。他写的下一本书叫《美国的智慧》。[2]

1948年下半年，正当林语堂在踯躅考虑是否从教科文组织脱身重获个人自由之时，中国的内战打得正凶，而且国民党军队节节败退。林语堂离开纽约，他和华尔希之间的来往通信增加不少，但信中基本上避谈政治。华尔希还在考虑编一本他和林语堂的通信集。林语堂没有表示反对，只是说要编这样一本书，读者最感兴趣的可能就是"他对政治、对美国对华政策之愚蠢时不时地爆发"。[3] 林语堂在给华尔希的信中没提，这时他又公开露面谈政治——他在巴黎接受《纽约世界》电报的专访，猛批所谓的"客厅自由主义者"，误导美国公众舆论以及美国政府决策。他对美国不应该干预的说法嗤之以鼻，因为美国早就插手了，正如当年美国在最后一分钟"拯救"了英国，也可以同样"拯救"中

1　Lin Yutang, "Letter to Richard Walsh and Pearl S. Buck" (October 31, 1948).
2　Lin Yutang, "Letter to Richard Walsh and Pearl S. Buck" (December 12, 1948). 林语堂的"智慧"系列（《孔子的智慧》《中国印度之智慧》《老子的智慧》）是由兰登书屋出版的。兰登书屋得知庄台公司要出版林语堂的《美国的智慧》后非常不悦，因为林语堂的"智慧"系列非常成功，于是他们约请了哥伦比亚大学的一位教授着手撰写一本《美国的智慧》。林语堂建议将书名改为"On the Wisdom of America"（《论美国的智慧》）作为妥协办法。
3　Lin Yutang, "Letter to Richard Walsh" (September 27, 1948).

国。不然,"总有一天,战争来时,美国人民便要付出代价"。[1]

策划《美国的智慧》一书本来没有政治考量。相反,它就是要让林语堂远离中美时局政治议题。林语堂在兰登书屋的"智慧"系列很成功,华尔希和林语堂已经谈了好长时间,打算请林语堂写"西方的智慧"。林语堂现居巴黎,华尔希又重提旧事。林语堂还是想重回写作,并提议写一本《美国的智慧》可能更合适。华尔希问了一下朋友和同事,看有没有市场,反应非常积极。林语堂很受鼓舞,1949年2月开始做系统准备,借了好多书来读,于5月15日正式辞了教科文组织的工作,并于1949年底完稿。《美国的智慧》是林语堂眼中的美国文化名著精选,选有杰弗逊、富兰克林、林肯、爱默生、梭罗、桑塔亚纳(George Santayana)、大卫·格雷森(David Grayson)、霍尔姆斯(James Holmes)法官以及爱因斯坦的作品,并附有林语堂的评注,而且评注占了整个文本的五分之二。在所有美国作家中,林语堂最为看重的是杰弗逊和霍尔姆斯法官,华尔希做营销时也是这么说的。

林语堂构思该书时,从结构、语调乃至整个趣味上欲使其成为《生活的艺术》的美国版。他发现"美国梦"曾经是很有活力的愿景,到了现代却逐渐式微了。"现代人太繁复了。我要做的是从美国智圣的作品中找到平和中庸的思想,为人类的内在与外在生活点明秩序与轮廓、希望与和谐……要做成真正的探讨生活问题的美国思想精髓选。"[2]华尔希和赛珍珠都非常赞同,认为《美国的智慧》写得越接近《生活

---

[1] William H. Newton, "Lin Yutang Blasts Parlor Liberals, Calls for All-Out China Aid Now, *New York World-Telegram*, November 9, 1948". 林语堂的预言不幸言中,美国接着打了朝鲜战争和越南战争。

[2] Lin Yutang, "Letter to Richard Walsh and Pearl S. Buck" (September 2, 1949).

的艺术》，成功的可能性便越大。他们只是再次提醒林语堂在文中尽早表明其"中国人"的身份。对于这一点，林语堂这次婉拒了。反而他明确表明自己是一个"现代人"："在游览美国和中国的思想之旅程中，我从来都觉得自己是一个现代人，深明现代人的问题，共享发现的喜悦。文中但凡说'我们'，我指的是'我们现代人'。"[1]

然而，林语堂在写《美国的智慧》的同时，看着中国变成红色。如果该书里没有任何林语堂对政治的看法，那就奇怪了。事实上，这正是林语堂和他的出版商朋友间主要的争执点。华尔希收到林语堂写完的书稿后，十分吃惊。"赛珍珠和我都强烈质疑你对美国'自由主义分子'的攻击，"他告诉林语堂。他提醒林语堂《枕戈待旦》一书的遭遇："我早就预料到，假如你不删掉那些有关美国政策和美国作家的段落，肯定给你带来很多损害。但你不听，一定要坚持保留。"他再次警告林语堂，如果美国读者觉得"只要不是百分之百拥护蒋介石，你就要贬损人家，他们就会掉头不再理睬你，说你已经不是一位哲学家，而是一位盲目维护一党之私的党棍"。[2] 这引来林语堂满满一页的爆发："美国的自由主义！好吧，我把整个问题重新组织了一下，这样该问题读起来是绝对相关的了。美国那么多'自由派思想家'，他们为了意念中的好社会可以牺牲个人自由，因而稀里糊涂成为真正的杰弗逊式自由的叛徒——你真的确定没这回事？"林语堂当然没有忘记《枕戈待旦》的遭遇，但他丝毫没有让步："我现在仍然感到很自豪，我没有为了取

---

[1] Lin Yutang, "Preface" to *On the Wisdom of America* (New York: The John Day Company, 1950), p. xv.
[2] Richard Walsh, "Letter to Lin Yutang" (January 4, 1950).

悦于大众而写一句违心的话。"[1]

另外，赛珍珠和林语堂之间的往来书信言辞更为激烈。赛珍珠读完书稿后给庄台公司写了一份备忘录，然后转寄给了林语堂。赛珍珠认为，林语堂在此重提美国自由派人士的问题完全不合适，多半会遭到无情攻击，对书的销量危害甚大，林语堂和庄台公司都会遭受损失。接着赛珍珠就美国人到底对中国一事怎么想的提出了自己的看法。正是国民政府的普遍腐败夺走了美国人的同情心，是蒋政权让美国人伤透了心。"许多中国人（他们不是共产党人！）曾跟我们讲，要是美国出面帮蒋，中国人自己也会反对我们。没有一个我认识的中国人，除了国民党官员，持有语堂的观点。"至于编辑方针，赛珍珠说："我们施压有个极限，必须给作家写作自由，风暴来临时做好防范措施。好心的评论者会不理这一段。可悲的是，现在没有多少美国人会对中国人展现善意了。"[2]

林语堂给赛珍珠的回复也表露出他内心深处的一些想法。他谢过赛珍珠的评语，并称"谁要为塌方负责，这话可能说不完，正确的答案应该是双方都有责任"。林语堂说，现在好多事实还没有曝光，并打赌说即使很多年以后美国人看到的这段历史肯定还会是雾里看花。"国民政府的坍塌对我来讲意味着自由主义在中国的溃败；蒋的失败就是我们这代人的失败，包括像王云五、张嘉璈、翁文灏，以及一大批受西式教育训练的，差不多到了五十岁，而要是换在日本，应该可以让中国复兴起来，就像伊藤博文手下的人使日本走向维新之路一样。我以为我们也

1　Lin Yutang, "Letter to Richard Walsh" (January 14, 1950). 1950 年 1 月至 3 月，差不多有三个月的时间，林语堂信件上方打出的年份是 1949，很奇怪。
2　Pearl S. Buck, Memorandum on Y. T.'s manuscript, 23 January 1950.

走上了历史舞台，我们有像伊藤博文那样的人，五十岁以上的工业家，诸如此类。蒋是失败了，没错，但是，难道这不也是我们的失败吗？那些腐败的官员，从上至下，包括最高层的（宋子文和孔家），这意味着整个民族的传统在和蒋作对，蒋自己当然也有局限。"[1] 林语堂坚持称，该章讲的是美国的政治生活，和当下的思想是相关的，"它不会冒犯谁……（要当一位哲学家就不能对政治充满激情，西人这种观念真是很奇怪）"。

华尔希和林语堂来往信函中一个主要争执点围绕林语堂把美国总统罗斯福名字的缩写 F. D. R. 谑称为 "Foul Dog Realism"（臭狗屎现实主义）。其实书稿写完前，华尔希应该已经得到警告了。当林语堂决定不写"西方的智慧"而写《美国的智慧》时，他曾告诉华尔希："我们可以忘掉 F. D. R.，正是这个奸商带给我们现在这样一个世界，这个超级自私鬼梦想长生不老，和丘吉尔、斯大林把世界瓜分后想永远统治下去。"[2] 一年以后，林语堂把写完的书稿寄给华尔希，又有另一次警告："我觉得整本书还可以。我对 F. D. R. 没有吝啬我的笔。论世界政府一章有一段，我写得挺狠的，但我觉得写得挺好，读者要到书的收尾处才读到这一段。"[3] 读完书稿后，华尔希的回复很简洁："严重质疑 F. D. R. 被谑称为 Foul Dog Realism（臭狗屎现实主义），这会被认为带有严重的侮辱性。请让我删掉。"[4] 林语堂做了一点让步，同时又有一次爆发："难道你们的自由派总统没有和斯大林把国家当作买卖一样做

1　Lin Yutang, "Letter to Richard Walsh" (January 31, 1950).
2　Lin Yutang, "Letter to Richard Walsh and Pearl S. Buck" (December 12, 1948).
3　Lin Yutang, "Letter to Richard Walsh" (December 20, 1949).
4　Richard Walsh, "Letter to Lin Yutang" (January 4, 1950).

交易，就像盗贼交易马匹一样？可就这样还是受到人们的拥戴。为什么？因为他把成千上万的蒙古人卖作奴隶，从而确保了几千名美国士兵的生命？这算什么角度？……不要动 Foul Dog Realism，删掉 F. D. R.，行了吧？哎哟，哎哟，多么了不起的美国英雄！"[1] 读完最后校样后，华尔希还是觉得很受冒犯："我仍然觉得 Foul Dog Realism 很具侮辱意味，即使没有直接和 F. D. R. 联系起来。"[2] 但书中保留了"foul dog realism"，虽然改成了小写，也没有用 F. D. R.："威尔逊宣布一战的目的是'和平，而不是胜利'，当时多么鼓舞人心；而臭狗屎现实主义则宣布二战的目的是胜利，而不是和平，而且是不打折扣的胜利，无条件的胜利——这种胜利为人类的福祉吹响了汉尼拔或成吉思汗式的杀戮声，而不是贝多芬的第五交响乐。"[3]

《美国的智慧》出版后获得了一些好评（销售量最终达到一万册），但和林语堂的期望（重回《生活的艺术》那种火爆场景）相差甚远。他很灰心，特别对"纽约知识分子"越发感到隔膜："纽约对我来说太高贵了，我在纽约眼里就是个乡巴佬。美国思想和情感的中坚地域在内陆。"他希望书的销量可以从西部多起来，再反馈到东部，就像《生活的艺术》那样。[4] 在纽约，那些自认为是美国的精英知识分子者，"你一讲到美、祥和之类的东西，他们一概嗤之以鼻，认为幼稚、乏味"，但林语堂说，"我很高兴我还没有得这种现代病，和'现代脾气'不沾

1　Lin Yutang, "Letter to Richard Walsh" (January 14, 1950).
2　Richard Walsh, "Letter to Lin Yutang" (February 10, 1950).
3　Lin Yutang, *On the Wisdom of America*, p. 428.
4　Lin Yutang, "Letter to Richard Walsh" (July 17, 1950).

边，也没有同情。"[1] 无论如何，他尽力写了，其他就管不了那么多了。

正当《美国的智慧》出版、在各地书店上架之时，麦卡锡议员指责国务院遭共产党间谍渗透，国会开始举行听证会，而对拉铁摩尔的聆讯更是成为焦点新闻。现在看来，听证会并没有澄清"隐秘的事实"，反而强化了美国政治的对峙，其遗产留传至今。林语堂当时居住在法国，当然十分留意事态的进程。他1950年4月6日写信给华尔希称："你们的麦卡锡只是在清账，看谁要对错误负责；但遭罪的是我们。"

对林语堂来说，美国国务院的问题不是能挖出几个"非美国人"的问题。问题的关键在于帝国主义，尤其体现于对待受过美国教育的中国人的态度上——用林语堂的话说，是一种"催眠术"。"对蒋介石一直都是用一种催眠术。有人安排胡适去见艾奇逊，艾奇逊说，'胡适已经卖给蒋介石了'。这就够了。一种催眠。可是，有成千上万名中国人在上半世纪崇尚美国和美国人的生活方式，他们算什么？他们去哪里？迪克，珍珠，你们认识的留学美国的中国人中，有哪一个不是宁愿要蒋而不要共产主义的，举一个名字出来。张伯苓、陈光甫，等等。他们都卖给蒋了——起码都是蒋政权的合伙人。把这些人都列出来，质疑他们、怀疑他们？再把反蒋的人列一边，比如罗隆基，马歇尔在中国时把他当作英雄。可现在罗隆基在哪儿？真是可悲，就是不愿意信任留美的中国人，对他们玩催眠术。"[2] 林语堂曾给华尔希的儿子阿尔伯特（也是庄台公司的员工）写过一封信，不经意间又一次爆发："国务院的政策明显就是一种心理上的帝国主义；帝国主义就是一种思想状态，把所

---

[1] Lin Yutang, "Letter to Richard Walsh and Pearl S. Buck" (June 29, 1950).
[2] Lin Yutang, "Letter to Richard Walsh and Pearl S. Buck" (June 29, 1950). 罗隆基三十年代曾是胡适领导的"平社"一员，抗战时猛烈批蒋。1949年后出任中共政府的高官。

第十章 中国的内战与美国的智慧

有对美国友好的国家当成是事实上的卫星国,可以被任意拿捏、把玩。我想美国官员和军队不可能摆脱这种思想状态,因而他们在远东的政策必定失败……我也不知道为什么又讲这些,只知道一讲到这些,我就停不下来。"[1]

1950年底,华尔希给在法国戛纳居住的林语堂寄了一个圣诞礼物:牛皮精装本《美国的智慧》。林语堂回信致谢——附带政治酷评:"非常感谢你寄来《美国的智慧》牛皮精装本,写于美国愚蠢至极之时,其总统如果是一位作家肯定会威胁不喜欢他作品的书评家,要把他们统统揍一顿。想想看,为什么苏俄在亚洲有能干而有效的工具为他们服务,而美国却只有像蒋、李承晚和菲律宾总统这类混蛋合作?这真是本世纪最大的谜团。"[2]

林语堂这些政治酷评和爆发,华尔希和赛珍珠都没有回应(除了上文列出的对书稿的反馈意见)。那是一段段既满怀激情,又充满孤寂的政治独白。

美国式友谊

很明显,四十年代末五十年代初,林语堂看到国民政府的溃败,政治上很沮丧。另外,因为发明中文打字机,他在个人经济上也很窘困。但他并没有抑郁。相反,他在海外日子照样过,在欧洲尽情享受家庭生活。林语堂的生活哲学似乎是:民国是没了,但日子照样得过,欧洲的

---

[1] Lin Yutang, "Letter to Richard Walsh, Jr." (August 19, 1950).
[2] Lin Yutang, "Letter to Richard Walsh" (December 20, 1950). "混蛋"原文用的是 s. o. b.,应是英文 son of bitch 的缩写,意为"混蛋、杂种"。

山水一样美。从林语堂和华尔希的来往信函中,我们可以窥探到林语堂在欧洲生活的点滴。下面举几个例子。

1948年末1949年初圣诞新年期间,林语堂、廖翠凤和三女儿相如到欧洲度假。回程林语堂和相如轮流开车,一路穿雪山过草地,从波恩到巴黎开了二十一个小时没停,两人半夜开车有说有笑,很是兴奋。[1] 到1949年5月15日,林语堂已经从联合国教科文组织解脱出来。他花了几个星期在他的花园里建了一个鱼塘,买了一辆二手车,经常和廖翠凤到巴黎近郊钓鱼,享受阳光和新鲜空气。[2] 1949年10月1日,毛泽东在天安门城楼宣布中华人民共和国成立,林语堂正开车从巴黎出发去戛纳。以后林语堂在海外的客居点基本上不是纽约就是戛纳。他搬到他朋友卢芹斋的寓所,"一栋现代的美国式建筑……该房子分成好几个公寓……屋外有个平台,我们在那儿用早餐。沿着平台下面有一个小坡,连着一个大花园。住在这样一栋房子里,几乎让人感觉不道德,好像说要写一本好书必须住这样的豪宅,其实哪里啊,完全不需要,不需要"。[3]

林语堂在卢芹斋的豪宅住了八个月,然后他和妻子到苏黎世住了五个月,为了发明无带、静音打字机,探索制造实验模型。林语堂很喜欢苏黎世。他写信告诉华尔希,他一个月花销四百多美元,"住最好的公寓,非常舒适,到餐馆吃饭,晚上逛咖啡厅、听音乐会、钓鱼,有二十多家电影院(讲英语的)可供选择,在湖边散步,看街上穿着整洁时髦的美女,玩机器发明(美国读者不知道我比他们还痴迷发明创

---

[1] Liao Cuifeng (Hong), "Letter to Richard Walsh and Pearl S. Buck" (January 15, 1949).
[2] Lin Yutang, "Letter to Richard Walsh" (May 23, 1949 and June 21, 1949).
[3] Lin Yutang, "Letter to Richard Walsh" (October 7, 1949).

造）"。[1] 他特别欣赏瑞士人，穿着整洁，技术上精致，瑞士表就是他们的象征。他说他住的公寓里的电梯："'嗖'一声，上去了，'嗖'一声，又下来了，上下楼出门一点都不耽搁。有效而安全的感觉真好，不像法国的电梯，那种吱吱嘎嘎的老爷车也叫电梯。"

讲到法国人："法国穷人都是酒鬼，富人住在十四区，用红色的名贵垫子，坐镶金的椅子，目光短浅心胸狭窄。你拿法国人有什么办法？我的判决是：这是世界上有史以来最懒的民族。"[2] 在苏黎世，林语堂惊讶地发现自己多年没用的德语一下又回来了，他说德语比说法语容易多了。11月林语堂夫妇又回到戛纳，这次在海边租了一套二居室（豪宅太大，没法维护）。1950年最后一天，林语堂把债（包括欠美国税务局的税款）全部还清了，非常高兴。一两个礼拜后，他去赌场玩。他给华尔希写信道："昨晚去玩轮盘，运气不错。我小玩一把而已，但赢了就特别兴奋。玩这个我有一套自己的办法，开天辟地以来从没有人用过，就像看侦探小说一样顺藤摸瓜，找到最有可能、最为逻辑的套路。这种心理好似棒球比赛中击球手和投球手的博弈。如果你能捉摸出投球手的套路，那他就完了。当然啦，这些你都不会懂的。"[3]

《美国的智慧》出版以后，林语堂给华尔希信中的政治独白就越来越少了，只有一两次例外。其实，林语堂和华尔希通信时还讲到家里的消息，夹杂一点政治酷评，说明他们之间的关系还算亲密的。尽管他们政治上存有分歧，他们还是好朋友，起码在1951年夏他们再次见面之前。

1　Lin Yutang, "Letter to Richard Walsh" (August 3, 1950).
2　Lin Yutang, "Letter to Richard Walsh" (June 17, 1950).
3　Lin Yutang, "Letter to Richard Walsh" (January 24, 1951).

林语堂和华尔希、赛珍珠的关系是多层面的，但首要的是生意关系。林语堂是庄台公司最重要的畅销书作家（当然仅次于赛珍珠，但赛珍珠嫁给庄台公司老板华尔希了）。1951年夏之前，即使在林语堂经济最困难的时期，他和庄台公司并没有业务纠纷。事实上，庄台公司还尽量帮林语堂渡过难关。比如，林语堂搬到巴黎不久，请求庄台公司预支两千美元，让他可以维持到年底，因为大通银行的贷款他要每月还贷，而他曼哈顿的公寓还没卖掉，每月还要付三百美元维持费。"我有一点小积蓄，但已经没有宽松的周转余地了。"[1] 华尔希回信说庄台公司也没有"宽松的周转余地"，但答应帮助林语堂渡过难关，只是要求林语堂详细说清楚到年底每月需要多少花销。林语堂回信称，"宽松的周转余地"用词不当，"我们还是谈谈周转窘境"。他给华尔希列出了他债务的详细情况，以及他每月家用花销，重新请求预支额为：9月、10月每月五百美元，11月、12月每月三百美元，假如到时他的公寓还没卖出去的话。于是华尔希同意了，而林语堂的公寓到10月底也卖出去了（卖了一万八千五百美元）。林语堂后来还以同样方式请求庄台公司预支版税。林语堂发明中文打字机一共欠了三万美元的债，他刚要付完的时候，美国税务局修改相关法律，从税务意义上林语堂从"非居民"变成了"居民"，需要补交一万两千七百美元的税。[2] 最后，因为庄台公司给了另一笔预支款，林语堂终于在1951年除夕夜把所有债都还清了，林语堂对此还是很感谢的。

这段时间，两家来往也还算亲密。林语堂最后决定辞去联合国教

---

1 Lin Yutang, "Letter to Richard Walsh", undated, received on 8 September 1948.
2 林语堂的"居民"身份是件很复杂的事，这里无法详细讨论。反正以后林语堂都被美国国税局盯上了。

科文组织一职后，廖翠凤给华尔希和赛珍珠写了一封信，告诉他们这一决定，并要求他们暂时保密："这一决定我只告诉了你们，因为我们把你们当成我们最亲密的朋友。"[1] 两个月后，廖翠凤又写了一封信，建议赛珍珠再次为林语堂提名诺贝尔文学奖，因为在巴黎很多人都知道林语堂，国际声誉很高。赛珍珠乐意地照做了。1950 年 6 月，林语堂的三女儿林相如回到纽约到巴纳德学院（Barnard College）上大学，她给华尔希一家带了一些礼物，华尔希给林语堂的回信中写道："特别感谢你送给我的皮质烟斗，一到手我便开始用了……也感谢你送的白兰地，赛珍珠说那可是很珍贵的，我们留着有客人来时再喝……还有香水、糖果分给全家，大家都很高兴。"[2] 他们还互相交换朋友间的信息。1950 年 8 月 24 日，华尔希告诉林语堂，上个周末满耳都是你，因为赵元任夫妇到访，他们不断谈到林语堂一家；另外，林语堂也告诉华尔希，陈世骧于 1950 年 12 月 19 日到访戛纳。林语堂于 1951 年 6 月 27 日乘意大利邮轮回纽约，之前他二女儿林太乙和夫婿黎明已先期到达纽约，华尔希还帮助黎明找工作，联邦调查局（FBI）还到华尔希办公室调查黎明，是华尔希写的推荐信。

1951 年 7 月至 11 月，林语堂在纽约待了五个月。其间他和默根索拉排字机公司签约，把打字机的专利权卖给了该公司，得两万五千美元。在此期间两家肯定见过几次面，虽然没有信函记录，因为他们住在一个城市基本上很少通信。不管发生了什么，他们的会面显然没有增进他们之间的友谊。1951 年 12 月，林语堂又回到戛纳居住，直到来年

1　Liao Cuifeng (Hong), "Letter to Richard Walsh and Pearl S. Buck" (November 15, 1948).
2　Richard Walsh, "Letter to Lin Yutang" (June 6, 1950).

12月。他们这一年间的通信往来，从语气到内容都有很大变化。林语堂在信中几乎再也没有谈政治甚而"爆发"，唠家常的段落也几乎没有了。就是谈生意。生意纠纷也随之而起。他们的关系明显趋淡，走下坡路。

继《美国的智慧》之后，庄台公司又出版了两本林语堂的书：《寡妇、尼姑、歌妓：林语堂英译三篇小说》（1951年），以及《林语堂英译、重编中国小说名著选》（1952年）。林语堂整个1952年都在写另一部小说。他十分努力，希望一举再登畅销书榜，重现昔日辉煌，从而在个人财务上可以无忧。他是从默根索拉的合同中得了两万五千美元，但律师费就花了七千美元，另外又交了五千美元给国税局，购买"出境许可证"以便可以离开美国。[1] 林语堂回到法国戛纳居住也是出于经济上的考虑，他在法国已获得居住身份。法国的税要低得多。也就是说，刚把债全部还清，默根索拉的合同又给了一笔钱，但林语堂长期的生活保障根本没有解决，更不用说能达到有"宽松的周转余地"的地步。

按华尔希的经验，一本小说集市场销售量很有限。林语堂和庄台公司的版税一般为百分之十五，但对《寡妇、尼姑、歌妓》和《中国小说名著选》两本书，庄台公司提议降为首五千本百分之十，之后五千本百分之十二点五，再之后为百分之十五（实际上发行量不会超过一万本）。从林语堂的角度看，这样对待一位老作家，不厚道。而且他对庄台公司为《寡妇、尼姑、歌妓》所做的宣传功夫已经很不满。他很不情愿地同意了庄台公司的提议，希望公司能为《中国小说名著选》多做点广告。林语堂指出，该书已经协商好由袖珍图书公司同时出版，这样

---

[1] Lin Yutang, "Letter to Richard Walsh" (May 5, 1952).

庄台公司可以省了生产成本。华尔希没能说服林语堂：一本小说集不管做多少广告销量都是有限的。林语堂也没能说服华尔希：宣传功夫做得好一点的话，销量可以达到七千册，而不是三千册。同时，林语堂要求庄台公司核查一下有多少他的书已经处于绝版状态，因为按照合同第十三条款，一旦绝版，所有版权都回归作者。这对林语堂的版税收入相当重要，因为它牵涉到海外（美国以外）版税。虽然好几本畅销书（如《京华烟云》）在美国已经绝版，世界各地的译文版销量却在不断上升，并成为林语堂的主要收入来源。假如林语堂一开始雇一个经纪人处理他的海外版税，他须付经纪人百分之十的佣金。但从一开始，庄台公司就一直为之处理海外版税事宜，而且合同都是写明收取百分之五十的佣金。林语堂对此当然很清楚，也一直没有抱怨合同。然而，按照合同第十三条款，一旦书在美国绝版不印了，版权必须回归作者。

　　林语堂提出合同这一条款，华尔希，特别是他的儿子小华尔希，非常不悦，甚至有点惊讶。华尔希对林语堂解释道，第十三条款"的真正用意是处理作者和出版商分手事宜，或者为不会再出版新书的情况而设置的"。[1] 林语堂回复道，这不是分手不分手的问题，就是一个简单的合同问题，并解释说他现在越来越依靠海外版税，如果合同过期了，他便"应该得到全部海外版税"。[2] 但是华尔希不这么认为。他明确告诉林语堂这不是一个简单的法律问题。再说了，"行业里一般惯例，假如版权回归作者，出版商还是要继续分享之前由出版商协商搞定的海外合同版税的"。[3] 但华尔希强调，现在最重要的是要让林语堂现在在写的小

1　Richard Walsh, "Letter to Lin Yutang" (January 24, 1952).
2　Lin Yutang, "Letter to Richard Walsh" (February 8, 1952).
3　Richard Walsh, "Letter to Lin Yutang" (March 7, 1952).

说像以前一样成功，重返一流畅销书榜。林语堂似乎接受了这一观点，他在戛纳时没有再提此事。他专心写作，但进展不顺利。

林语堂早就想写一部以新疆少数民族地区为背景的小说，1951年回戛纳后便开始创作。他给华尔希解释道："这是一部神秘、宗教性小说，力图突显米芾山水画所体现的气质。"其场景地称为"丁克尔甘坝"，"这是一个完全虚构的地方。我觉得需要有这么一个虚构场所，我可以自由发挥，以便达到我所期待的艺术效果"。[1] 1952年5月12日，林语堂把已写好的书稿前七十页先寄给华尔希，并解释说，小说的主题是"讲战争与和平问题的一个隐喻，是讲不同宗教和不同种族的人如何在一起共处"。[2] 华尔希读完后，感觉不好。他发现小说毫无"中国色彩"："小说怎么一点中国气息都没有，太多西方色彩——不光是你的老毛病（文中喜欢用美国俗语），而且给人整个的感觉是小说人物的思维和言行都像外国人，不是中国人。"[3] 对于"中国人""中国色彩"问题，林语堂相当不耐烦，也已经不是第一次了："我自己觉得中国人物并不应该和西方人物不一样。我关心的是小说人物必须有人性。不是所有的中国人都可以装在一个所谓'中国风'的框架里的。"[4] 然而，林语堂把全稿寄给华尔希后，出现了一场危机。1952年6月7日，华尔希写了一封信（该信百分之九十的内容先由赛珍珠起草），对书稿评价非常负面：场景不清楚，爱情故事不冷不热的，人物描写不突出，而且"一个和蔼可亲的长者的陈词滥调不足以解决种族矛盾与偏见这种大问

1　Lin Yutang, "Letter to Richard Walsh" (February 26, 1952).
2　Lin Yutang, "Letter to Richard Walsh" (May 12, 1952).
3　Richard Walsh, "Letter to Lin Yutang" (May 29, 1952).
4　Lin Yutang, "Letter to Richard Walsh" (June 4, 1952).

题"。但华尔希没有立刻将信寄出。他先找了第三方征求意见,然而托马斯·科沃德(Thomas R. Coward)提供的意见更加负面:"完全没有希望。出版该书将是一个闹剧。"于是华尔希把信寄给林语堂,并告知庄台公司愿意放弃出版该书,"然而,如果有其他出版商同意出版此书,而前提是你得整个重写,或者愿意接受它但不发表,只是为了把你从我们这儿夺走,那将有违伦理原则,我知道你是不会容忍的"。[1]

很显然,华尔希对事态发展很是不安,也许他有预感,庄台公司要失去林语堂。发出上封信两天以后,还没收到林语堂回复,便又写了一封信,提出一个崭新的建议。他知道作家要写一部小说,先要构思,再写作,现在要让他从头再来重写一遍,这是很难的。不如换一个题目,写别的。华尔希建议林语堂写一本非小说类的书,主题是"流亡海外的中国人"。1949年以后,许多中国人流亡海外,比如,"胡适滞留美国就是一个可悲的例子,"华尔希如此说,"我想到流亡缅甸、泰国、印度尼西亚、古巴、菲律宾,更不用说纽约和旧金山的唐人街的华人。我想到他们时刻梦想回到祖国,为此加倍努力挣钱。……但我不是建议写一本控诉红色政权的书,或者再回头看谁要承担责任。相反,我建议写一个沉着镇定又感人肺腑、启思而富于哲理,非常含蓄的、非常中国式的、非常人性化的故事,描述具体的个人和家庭都发生了什么。是什么样的中国特征能够使这么多人忍受这种遭遇,拒绝悲观,乐观地活下去,甚至保留住希望,或许有一天他们或他们的子女还能回去?"[2]

有意思的是,林语堂的回复和以前非常不同,只是心平气和的、极

---

[1] Richard Walsh, "Letter to Lin Yutang" (June 20, 1952).
[2] Richard Walsh, "Letter to Lin Yutang" (June 22, 1952).

其简单的寥寥几句话:"看到你严厉而诚实的批评意见,我非常高兴。我把它当成一个事实,即两三个有水平的美国读者觉得小说没意思,甚至不堪一读。也就是这么回事。"[1]而对于华尔希建议写"流亡中的中国人",林语堂一口回绝:"我要说的是,我不会写这本书。我的兴趣是在中国家乡的中国人,我的亲戚以及还有很多像卢作孚那样的正派好人都不得不自杀了。换句话说,我不赞同艾奇逊的观点,认为铁幕后面的事情和我们无关。自由必须对任何民族都是一个意思,不然它有什么值得争取的呢?"[2]林语堂仔细研读了华尔希和赛珍珠的批评意见后,写信告诉华尔希,他决定找一个经纪人把书稿投给另一家出版商:"再说了,你对小说的雅尔塔会议主题肯定不喜欢,所以这本书庄台公司肯定看不上眼。你个人崇拜罗斯福,我则认为他是伪善之极品。"[3]

华尔希的回复不能翻悔,他不能说不让林语堂把书稿给另一家出版社,但实际上他不愿意林语堂这么做。他表明,假如林语堂这么做便会影响到他们的关系,因为"作者"和"朋友"对他来讲是一回事:"我想着重强调的是:我们不想失去你——作为我们的作者和朋友……我不能想象,任何一家出版商会就书稿的原样通盘接受。某个不太认真的出版商也许会接受,只是为了能够出版你以后的作品,草草率率出版这本书,给你和读者开个玩笑……我现在是作为朋友而不是出版商跟你这么说。正是出于我们长期的友谊、长期的经验,我毛遂自荐给你这

---

[1] Lin Yutang, "Letter to Richard Walsh" (June 25, 1952).
[2] Lin Yutang, "Letter to Richard Walsh" (July 7, 1952).
[3] Lin Yutang, "Letter to Richard Walsh" (July 7, 1952). 林语堂和华尔希的通信都是打字机打出来的,但黑体字一句原文是手写加上去的。

第十章　中国的内战与美国的智慧

些劝告，因为我觉得这会影响到你的整个前途。"[1]

林语堂和妻子廖翠凤以及三女儿7月到西班牙度假，"按照米其林的指引到处品尝美食"。回到戛纳后，他写信告诉华尔希，他已经决定整个重写，要创作一部"一流"的小说。显然，林语堂面临一个选择。他可以把小说原稿给另一家出版社，那将意味着他和庄台公司分手。他一定想过这么做。但关键问题是该部小说必须成为畅销书，他也很清楚华尔希对市场的判断总是对的。他自己也很清楚美国读者要看什么样的"中国小说"。在他自己的政治－美学倾向和市场可行性之间，林语堂选择了后者。林语堂现在失去了国家，还失去了经济上的独立性。个人自由没有财务保障便没有根基。另外，林家正准备搬回美国居住，因为廖翠凤在戛纳感觉太孤单，希望回美国和儿辈及孙辈一起住。[2] 于是林语堂把整个小说重写，变成"一个妙龄女子的内心激情及其如何遏制它的故事……如果说《京华烟云》反映了古代中国的宁静与美丽，那么这部小说以幽默的笔调、深厚的情感，展示其溃败与骚动"。[3] 他还给小说起了个很性感的名称：《朱门》；庄台公司又加了一个副标题："一部有关远方大地的小说"。林语堂于1952年12月初亲自把小说书稿带到纽约。华尔希读完后，写信给林语堂："让我再次表示祝贺。你通过完全重写创造了一个奇迹。很少作家能够把原稿抛弃从头再来，把

1　Richard Walsh, "Letter to Lin Yutang" (July 17, 1952).
2　林家这次1952年12月初回到纽约，他二女儿太乙给他们在纽约里弗代尔（Riverdale）一栋全新的公寓楼租了一套房，赛珍珠还写了一封租客证明信。林语堂于1952年11月13日写给华尔希的信中谢了华尔希夫妇，并顺带提到，"翠凤特别喜欢，因为是全新的。她什么都要新的，她生性就好'富贵'"。
3　Lin Yutang, "Letter to Richard Walsh" (October 20, 1952).

341

头脑里已经成型的故事翻新再创作。"[1]

既然一切都是生意,华尔希也不应该太惊讶:林语堂还会再提收回绝版书版权的问题。在纽约安顿好几个月后,5月份林语堂亲自来到庄台公司办公室,花了两个星期,把所有绝版书的海外版权的数据整理清楚。然后他写信给华尔希要求清账,所有绝版书的版权都必须回归作者,特别是海外版权:"出版商把美国版权回归给我,却拒绝给海外版权,这一点意思都没有,因为自1945起八年来美国版税我一分钱都没挣。我们应该按合同办事,这合同是由庄台公司拟定的。我不明白塞勒(Thaller)先生的观点——履行合同,该条款会让出版商和作者之间的关系增加'阴影'。相反才是。"[2]

华尔希同意所有绝版书的版权,包括海外版权,都回归作者,但坚持认为庄台公司对之前代为协商敲定的海外合同继续享有百分之五十的版税收入。"长期以来,我们也曾给许多作者返回各种书的版权,但从来没有人挑战说我们不能继续从我们和海外出版商拟定的合同中获取收入。那绝对有违公义,也不符合一般的行业规矩。"[3] 当时小说《朱门》已经出版,华尔希儿子鉴于合同第十三条款的争拗,在补签《朱门》的合同时试图对第十三条款重新作解释。林语堂非常恼火:"按照小华尔希的解释,出版商保留所有能带来收入的版权,把那些经验告诉他们完全没用的版权还给作者;它把骨头上的肉全部刮干净,然后把它扔给作者——垃圾箱。"至于绝版书的海外版权:"合同说得很清楚:所有版权回归作者。是庄台公司打印的合同,庄台公司签的字。

---

1 Richard Walsh, "Letter to Lin Yutang" (December 12, 1952).
2 Lin Yutang, "Letter to Richard Walsh" (May 13, 1953).
3 Richard Walsh, "Letter to Lin Yutang" (May 21, 1953).

'公义'一词概念很模糊,在这种情况下,如果意见不一,合同是唯一的指引。"[1]

1953年11月27日,《纽约时报》登了一条短消息:"林语堂已经和普伦蒂斯霍尔(Prentice-Hall)出版商签约,写一本灵感性哲学书,探讨现代生活的问题。该书主题是每个人都能自信地发展出一套自己的理念。"鉴于此,小华尔希给庄台公司员工发了一份备忘录:"我爸和我讨论了此事。如果有员工被问到此事,我们请大家口径一致,只说林语堂变得很难相处,我们已经同意分手。除此之外,我们保持有尊严的沉默,不讲细节。"[2]

两年以后,林语堂又回到戛纳居住,他给律师安斯尼斯(Ansnes)先生(他也给庄台公司服务)写信道:"我以为华尔希是位绅士,我们分手后还可以是朋友。"[3] 但华尔希根本没这个打算。比如,庄台公司不让林语堂的英国出版商柯蒂斯·布朗(Curtis Brown)直接把版税寄给林语堂。"我认为他们就是故意给我添麻烦。为什么一定要坚持由他们来处理我的海外收入?……我离开庄台公司前有很多理由让我不爽,可是为什么就因为我离开了,庄台公司会这么酸呢?"[4] 即使分手以后,双方还有好多业务要处理,比如版税如何支付,还有影视公司咨询版权问题,庄台公司每一件事都故意作难。华尔希更是拒绝给林语堂写信。1956年,三年以后,林语堂对安斯尼斯如此解释:

---

1 Lin Yutang, "Letter to Richard Walsh" (June 6, 1953).
2 Richard Walsh Jr., Memorandum, November 27, 1953.
3 Lin Yutang, "Letter to Mr. Ansnes" (September 6, 1955).
4 Lin Yutang, "Letter to Mr. Ansnes" (July 1, 1955).

作为你的客户，我必须告诉你（仅对你说），自从我停止给他们写书以后，庄台公司一直对我极其苛刻、处处作难。作者向出版商提出的正常要求，他们都一概拒绝，对此华尔希似乎乐在其中。今年已经有三四起类似事件。比如把我的版税结单通过我的银行转寄给我，这样要让我付邮费。搞这些小把戏恶心人，只能说明他们像小孩一样做恶作剧。我们之间有二十年的伟大友谊，这种友谊只能维系到我为他们写书为止，一只好绵羊为善良的牧羊人生产羊毛为止。事实上，我告诉华尔希我要离开他们（他很清楚我要离开的理由）之后，庄台公司平时都给我寄的出版书目也不给我寄了，华尔希拒绝在任何业务信函上签字，我离开纽约去新加坡时礼节性给他写了封信道别，也不回，等等，等等。这让我对美国式友谊产生非常糟糕的印象。[1]

《朱门》出版后，林语堂寄了一本赠送给宋美龄。宋美龄回了一封简短的感谢信。林语堂回信叙旧，很显然，他们自林语堂1945年11月26日去信之后便没有通函。信中林语堂谈到他的家庭，他的打字机发明，亏了一大笔债，所以没有访问台湾，并希望他能看到"磕头外交政策的终结"。林语堂还提到他们于去年12月回到美国，但之前，"我们自1948年起一直住在法国，主要住在戛纳。那地方气候温润，生活节奏也特别适合我。或许一两年以后，我还想回到欧洲，去法国或意大利。我非常不喜欢美国是人间天堂这一说法。移民美国困难重重，好像

---

[1] Lin Yutang, "Letter to Mudge, Stern, Baldwin and Todd", Attention to Mr. Ansnes (April 5, 1956).

要佐证这一说法。不管怎么说,任何时候我都宁愿生活在法国、意大利、西班牙或类似的国家"。[1]

然而,林语堂人生旅程的下一站将是新加坡。

---

[1] Lin Yutang, "Letter to Madame Chiang" (December 19, 1953).

第十一章

瞭望远景

《远景》

《纽约时报》1953年11月27日报道说,林语堂要写"一本灵感性哲学书,探讨现代生活的问题"。这本书就是林语堂的下一部小说《远景》。林语堂于1954年10月2日抵达新加坡,出任南洋大学首位校长,六个月后于1955年5月便离任。《远景》于1955年5月出版,同月该书书评便见之于各大报刊。林语堂出任南洋大学校长期间校务极其繁忙,风波一个接着一个,绝对没有时间创作小说。《远景》的书稿必定在他赴新加坡之前已交付出版社。

《远景》是林语堂和庄台公司分手后发表的第一部作品,因而也很有特色。这种书要是给庄台公司,华尔希肯定会劝告林语堂"为了自己的声誉"不要发表,这本书肯定不会为庄台公司带来利润。事实也证明如此:该书的出版没能为美国读者带来"灵感",书评基本上是介于不温不热到完全否定之间。富勒在《星期六文学评论》上的书评算是相当正面的，对小说作了客观介绍，称"林博士给现代生活提供了一幅温和的异教徒、新希腊主义式的蓝图"，读者是否会发现小说的魅力要看这一蓝图是否对他的胃口，但他最终还是觉得小说"写得很别扭"。[1]《纽约时报》的普莱斯科特写道，林语堂的"理想世界""既漂亮又干净，就像可爱的彼得潘的梦幻岛一样"。《远景》是"一部写得很糟糕的小说，但不失为林语堂人生哲学的一种全面阐释，涉及面包罗万象，从死刑问题（很遗憾林语堂认为不能废除）到理想的生活方式：住英国房子，用美国暖气，娶日本妻子，爱法国情妇，雇中国厨子"。[2] 布鲁克斯的评论则相当刻薄："《远景》既没有林语堂的散文那种深邃睿智和都市文雅风格，也没有《京华烟云》里绘声绘色的人物刻画技巧。作者想要探讨西方世界的问题，可是这本书作为小说很乏味，作为宣传又没力。虽然被当作小说，实际上是用小说作为工具，来阐述作者的世界观……他的崇拜者会遗憾地发现，他对西方世界的批评尖酸刻薄，缺乏同情心，而且铺展的方式那么笨拙。"[3]

但另一方面讲，正是因为和庄台公司分手了，林语堂可以完全按自己的意思发挥，不理睬出版商的商业考量。林语堂是靠版税为生的职业作家，对自己作品的销量当然非常在意。在海外这么多年，他也非常了解市场的口味。然而，林语堂要对"现代生活问题"进行哲学探究，这一渴望压过了商业考量的因素。林语堂在给华尔希的信中多次提到，

---

1 Edmond Fuller, "Looking Beyond", by Lin Yutang, *Saturday Review of Literature* (August 13, 1955), p. 10, 24.

2 Orville Prescott, "Book of the Times", *The New York Times*, May 24, 1955.

3 Katherine Hall Brooks, "Novel Is Vehicle For Author's Views", *The Nashville Banner*, June 3, 1955, p. 28.

他要写一部自己的"代表作",探讨"我们这个时代的问题"。比如,他于 1948 年 1 月 16 日的信中提到,他要写一部"大闹剧",背景设在非洲某个村庄,它将是"对整个人类堕落状态的讽刺",揭穿"那些对当今世界和平负有责任之人士的伪善荒诞面目"。他还指出,如果他要写这部讽刺作品,"那将完全是为了满足我自己的创造欲望"。[1]《远景》应该就是林语堂为了"满足自己的创造欲望"而作,在其跨文化旅程中享有特殊的地位,尽管(或者说正因为)小说的出版没引起多少公众反响。

《远景》在美国遭遇冷淡一点都不奇怪,因为在美国人眼里,林语堂只是个"中国哲学家",而林语堂实际上一直认为自己是个世界公民,"两脚踏东西文化,一心评宇宙文章"。尤其是"二战"以后,林语堂的批评关怀已经不局限于"中国",而是整个世界。要是美国人把林语堂定位为"哲学家",而不只是"中国哲学家",也许对《远景》还能更重视一点。该书的主旨是要拷问二十世纪最根本的哲学问题:世界和平如何可能?《远景》以小说的形式,勾勒出林语堂的世界和平哲学。在该小说中,林语堂好像是故意要和他的"中国哲学家"的形象唱反调,小说中的人物没有一个中国人,虽然林语堂勾画的理想世界要依靠东西方文化的共同智慧来构建。

小说的故事情节看上去特别简单,但却是一反常规叙述套路。芭芭拉·梅瑞克(Barbara Maverick)是一位美国姑娘,为"民主世界联盟"工作。2004 年,她和男友(亦是她的工作搭档)遭遇飞机失事,

---

[1] Lin Yutang, "Letter to Richard Walsh" (January 16, 1948). 虽然我没有原稿资料为根据,但可以判断,《远景》应该也是从被华尔希否定的《朱门》原稿改写而来,因为《朱门》本身也基本上是重写出来的。

落难降落在南太平洋上的一个"荒岛"。岛上居民发现他们后引发了一阵骚乱。芭芭拉的男友不幸身亡,但芭芭拉逐渐恢复过来,小说安排让芭芭拉来发现岛上这个新世界:约三十年前,一帮欧洲人——主要是希腊人,也有一些意大利人、色雷斯人、弗里吉亚人,以及爱琴海岛屿的其他族人,由他们的哲学家/国王劳士(Laos)带领,移居该岛,和岛上的原居民泰诺斯人(Thainos)和平共处,开辟出一片新天地。小说展示的是一个祥和的世界,没有什么跌宕起伏的情节,也没有什么激荡人心的高潮。芭芭拉天天受邀赴宴,同时听劳士讲解他的完美世界的理念以及此理念如何在此岛上实施。芭芭拉(Babara,和 barbarous 即"野蛮"谐音)这位来自美国俄亥俄州的姑娘,到岛上不久便改用希腊名:尤莉黛丝(Eurydice),和岛上的希腊习俗保持一致。她在岛上不断地听劳士可亲可敬的教诲(显然是林语堂作为作者的声音),阐述新世界的生活方式如何文明,相比之下旧世界是多么野蛮。她最终被说服,皈依新世界的理念和方式,自动选择留下。如果美国的评论者从这种叙述结构中嗅到某种居高临下的气息,他们肯定觉得林语堂对旧世界的讽刺挖苦更是酸味十足,毫无同情的理解。

然而,即使我们今天读起来,林语堂对旧世界的批评仍不过时。小说里说到,2004 年,世界又经历了两次世界大战:第三次和第四次世界大战。"第三次世界大战"发生于 1975 年,而爱瑞尼基人(Irenikis,移民到泰诺斯岛上的人自称)于一年前离开旧世界。苏联在那次世界大战中消亡。然而,"第三次世界大战"后的"美国式秩序"也是疮痍满目。要养活两亿俄国人让美国掏空财政,而且美国人还有道义上的责任来做世界警察。联合国早就没用,战胜国重新组成联盟,称作"民主世界联盟",倡导用武力维持世界和平。紧接着就是"第四次世界大战",或者叫"十年战争"（1989—1998），"其实也不算是战争，只是世界各地冲突不断，民主世界联盟要到处灭火"。[1]

这时统治美国的第四十一任总统是位暴君，他下令把《纽约时报》关了，后来被一位来自沙特的阿拉伯人刺杀。"第三次世界大战"中，曼哈顿和芝加哥整个城市都被毁了，伦敦的威斯敏斯特教堂和巴黎的埃菲尔铁塔也都没了。大规模的破坏同时伴随着技术上的进步。人们随手带只"口袋电话"随时和世界上任何人通话。人类已经战胜了癌症，寿命延长，同时人口暴涨。路也修得更多更好，旅行更快捷，车祸死亡率也更高。为了躲避原子弹，人们习惯于地下生活，造出三十几层的地下建筑，通风水电一应俱全。两个世纪以来人们一直崇尚物质主义生活信念，经济学家充当人类社会的导师，这使年轻一代沉浸于一种反叛文化，既厌世又崇尚享乐主义。"有一群年轻人推崇一种风尚，可以称作'莎莎主义'和'萨特主义'的混合物，咬文嚼字，夸张做作，一心一意享受当下，管他窗外是何年月。""现代艺术同样进步非凡：一幅空白画布，什么也没有，名之曰《无限的寂寞》，1995年获美国艺术评论家协会颁发一等奖，被誉为充满创新和想象力的作品。"[2] 另外，极端宗教组织盛行，特别是临近2000年时，很多人期待耶稣再生，创建新的王国。

总之，"美国式秩序"下的人们一边为和平工作，同时准备战争。美国无疑是战胜方民主联盟的领袖，但其国债已上升至"天文数字"。"其他国家对美国的领导地位充满怀疑和不信任感。"虽然伦敦被毁灭了，英国还算"混得过去"。法国仍然是欧洲的文化中心，"非常雍容文

---

1 Lin Yutang, *Looking Beyond* (Englewood Cliffs, N. J.: Prentice–Hall, Inc., 1955), p. 33.
2 Lin Yutang, *Looking Beyond*, p. 32.

雅、老气横秋"。苏联消失了，意大利成了共产主义国家，但这只是一个自封的奢侈标签而已。"总之，是个凄惨的故事。失败者在失败中哭泣，征服者肩扛胜利的负担在呻吟。好一幅景象！"[1]

　　林语堂对由"二战"所确立的世界秩序的演变进行了预测，在他看来，乌托邦专制是我们现代性病症之一。他描绘了另一幅他心目中理想的世界图景，但明确表示，"泰诺斯共和国"和"乌托邦"没任何关系。"去他娘的乌托邦！"岛上新世界的精神领袖和设计师劳士如是说。乌托邦"就像开一张空头支票，永远都不用兑现"。[2] 对劳士来说，爱瑞尼基人建立的新世界不是乌托邦，因为创建这个新世界的基点是人性，而乌托邦恰恰是反人性的。泰诺斯共和国不是乌托邦。它是一群欧洲移民安居乐业之地，由哲学家劳士高屋建瓴设计践行。在此，和平是知行合一的生活方式，而不是靠武力来维系。林语堂所建构的平和的生活就是与自然和谐的简单生活。尤莉黛丝问劳士，爱瑞尼基人是不是要遵循"回归自然"的生活方式，劳士回答道："回归自然"这种说法本身就有问题，应该叫作"偎依地球而居"。劳士解释道，现代文明的根本问题在于，人和自然的关系发生了本质变化，不再是人与自然的关系，而是人针对自然的关系。"人类不断向前冲，但不知道走向何方，于是产生一种新的文明病，可以称作'人‑无‑停止'。"[3] 随着科学对自然界的探索越挖越深，现代人却发现"自己成了一个巨型机器里越来越小的一只齿轮，在一个巨型的社会政治机器中被丢弃、被标签、被

1　Lin Yutang, *Looking Beyond*, p. 37.
2　Lin Yutang, *Looking Beyond*, p. 343.
3　Lin Yutang, *Looking Beyond*, p. 53. 英文用的词是"men‑no‑pause"，和女性绝经的"menopause"谐音。

分类监控"[1]。

爱瑞尼基人对科学进步颁布暂停令，以便人可以呼吸一下新鲜空气，好好想一想。乌托邦是对未来的幻想，劳士的设计却是要把人类文明推后几个世纪——爱瑞尼基人都是来自希腊和意大利的移民，不是偶然。在泰诺斯岛上，裸体司空见惯。尤莉黛丝发现岛上居民（爱瑞尼基人和泰诺斯原居民）都喜欢在岛上溪涧和海里游泳，享受阳光，却没人爬山，因为按劳士的说法，登山是一种"日耳曼人疾病"，精神躁动症，要征服自然。尤莉黛丝还发现，爱瑞尼基人的生活方式中最怪异的是他们治病的方式。岛上只有一名医生，有政府支薪，看病都是免费的。该医生一般也没什么事做。尤莉黛丝刚到岛上受到惊吓昏迷过去，醒来后医生给的药是用岛上草药做的一种果汁。尤莉黛丝问医生她是应该待在屋里还是应该到外面走走，医生的回答永远都是：随你便。作者要表达的意思是：在岛上，病自己会痊愈，用药和不用药都一样。然而，对科学进步实施暂停令、"偎依地球而居"并非意味着反对科学进步。岛上有一位科学家，一直致力于发明太阳能发电站，在小说结尾时，发明成功了。

"劳士说：要建立一个幸福和谐的共和国，简单法律、弱政府、低税是其三个基石。"[2] 林语堂的理想世界只有两个政府：一个世界政府，一个地方政府。联合国注定失败，因为参与国对自己的主权一丝一毫都不愿退让。世界全球化趋势越来越明显，二十世纪那么血腥，已经打了两场世界大战，然而政治家口头上整天还都嚷着"主权"。没有某种形

1　Lin Yutang, *Looking Beyond*, p. 125.
2　Lin Yutang, *Looking Beyond*, p. 224.

式的世界政府来抑制极端民族主义，世界和平只能是奢谈。劳士带了一群欧洲人逃离旧世界，到太平洋岛上建立了一个"偎依地球"的共和国：大家辛勤工作，付很低的税，呼吸新鲜空气，享受阳光，安居乐业。爱瑞尼基人实行单一税制，一般按户分摊，每家征百分之十的税；同时为了控制人口膨胀，还实行累进税制：谁家人口越多赋税越多。爱瑞尼基人对计划生育没有宗教偏见。生育的伦理道德问题由妇女决定：经民主程序，大部分妇女赞成开设堕胎诊所。对青少年犯罪问题，爱瑞尼基人也有自己的一套办法：孩子行为不良罚父母，这样岛上基本上没有青少年犯罪问题。劳士的整个设计核心点在于：行政和法律必须简单。政府是"必要之恶"，"公众对政府保持一定程度的不信任感"，此乃"民主社会之基石"。[1] 政府官员的工资只占整个政府支出的百分之十。公务员的工资"低得可怜"，整个社会根本不鼓励人去当公务员。

　　劳士的曾祖辈有中国血统。他本人的知识面相当广泛，什么书都读，包括中国哲学文化的知识都有涉略。新世界的蓝图是按东西方的智慧共同构建的。比如，泰诺斯共和国征"音乐税"用来支持艺术发展。劳士也很欣赏孔子的高见——一个国家跳什么样的舞蹈，便能说明该民族的德性如何。尤莉黛丝在谈话中说，她觉得孔子"很呆板，像个严厉的学校老师"，随即招来劳士一通教诲："绝没有这回事。他最重要的一部书是一本歌集，通过他编辑整理，每首歌都配上乐谱，可以吟唱……要磨炼人的性格，孔子要我们全方位下手，注意各方面的细微影响，诸如礼乐、儿童习惯、家庭、社会习俗之耳濡目染，以及荣誉感等。孔子

---

[1] Lin Yutang, *Looking Beyond*, p. 222.

真是一位了不起的心理学家。道德教育都是从家里开始。"[1]

相反,现代哲学和宗教却走上了歧途。现代哲学终极之问是:我如何知?"那是一个自私哲学的大问题,"林语堂酷评道,"再说了,我认为现代宗教太枯燥了,因为和诗歌脱节了。宗教的精神也随之消褪,慢慢浸没于神学的阴暗地下道里。"[2]在泰诺斯岛上,两派移民在宗教信仰上有良性竞争。希腊人到岛上后一个个都变成了异教徒,而唐那特罗(Donatello)神父却极尽全力要让意大利人仍然保持天主教信仰,但看来唐那特罗神父得输。岛上阳光明媚的气候以及爱瑞尼基人的生活方式都使正统天主教难以生存。"所谓'真正的宗教'的说法很丑陋",劳士如是说。宗教容忍是爱瑞尼基人的核心价值。林语堂要倡导的是一种阳光宗教,"一种充满快乐、美丽和喜悦的宗教","我们可以崇拜上帝、享受自我"。[3]

南洋大学风波

1954年10月2日,林语堂到达新加坡,出任南洋大学校长一职。新加坡是位于太平洋西岸的岛国,林语堂并不是一个人到此赴任,而是带了一帮人,包括自己的家人:妻子廖翠凤,二女儿林太乙及其夫婿黎明(林太乙将出任校长私人秘书,黎明则出任行政秘书),三女儿林相如(出任化学教授),还有林太乙和黎明的两个孩子。林语堂约请到多位身居海外的知名学者担任南洋大学高层主管,其中熊式一出任文学

1　Lin Yutang, *Looking Beyond*, p. 228.
2　Lin Yutang, *Looking Beyond*, p. 120.
3　Lin Yutang, *Looking Beyond*, p. 328.

院院长，胡博渊出任科学院院长，严文郁出任图书馆馆长，杨介眉教授为主任建筑师。

好像劳士带了一群希腊和意大利人来到太平洋岛国建立理想的泰诺斯共和国一样，林语堂带上自己一家人以及一群海外精英学者来到东南亚的太平洋岛国，企图为中华高等教育创建一片绿洲。林语堂创作《远景》是否对其决定赴新加坡有所影响，我们不得而知。起码他在劝黎明和太乙一块跟着去这件事上显得过于激动。和1949年后流亡海外的华人一样，黎明和太乙为找到一份有保障的工作颇费了一番周折。当时黎明已经找到了一份相当不错的工作：在联合国担任翻译。黎明找到工作时，林语堂在给华尔希的信中还提到他为女婿的成就非常自豪："联合国中文翻译部招聘考试，有三百多人报考，黎明得了第一名……这就意味着他和太乙在美国的永居身份搞定了。"[1] 据林太乙回忆，当时他们很不乐意放弃联合国的工作，因为那是他们的"铁饭碗"，但林语堂执意劝他们一块去新加坡闯天地。[2] 然而，要是林语堂真有新加坡是片"处女地"这一想法的话，他一到新加坡便尝到现实的滋味。新加坡和其他海外华人聚居地一样，在二十世纪五十年代，乃至当今，都不是政治真空地。六个月后，林语堂及其团队十三位成员被迫辞职，离开新加坡。

南洋大学由南洋侨领倡议兴办，于1953年5月正式注册，1954年5月建校工程破土动工。1954年1月，侨领之一、华联银行老板连瀛洲（1906—2004）来到林语堂纽约公寓，盛情邀请林语堂出任南洋大学校长。林语堂顿觉诱惑难当。这显然不是出于金钱方面的考虑，此

---

[1] Lin Yutang, "Letter to Richard Walsh" (February 8, 1952).
[2] 林太乙：《林语堂传》，第267页。

林语堂和南洋大学高层管理团队，从左至右：伍启元教授，林语堂，胡博渊教授，熊式一教授，杨介眉教授。台北林语堂故居藏。

时林语堂已经还清债务。用他自己的话说，他看中的是"很少有人能获此机会，去成就一项激动人心的使命。我一获邀请便立刻意识到，南洋大学对自由世界价值连城"[1]。林语堂到达新加坡之前，《时代》杂志1954年8月16日有报道说："他（林语堂）不只是去赴任一个重要职位，而且还有抱负去履行一项使命。"[2] 然而，结果表明，林语堂明显低估了要履行其"使命"所要面临的挑战。

华人把东南亚称作"南洋"。很多世纪以来，一直都有华人下南洋。到二十世纪五十年代，南洋已有一千二百五十万华人。华人和当地民族的关系相当复杂，也时有冲突。华人整体来说工作勤奋，当地生意也往往由华商控制，生活要好于当地人，但因人口相对少，在南洋属于少数民族，无论是政治上还是文化上，经常遭受种族歧视。在教育上，华人对自己的文化传统引以为豪，都将孩子送去中文学校上学。然而，鉴于战后东南亚的政治氛围，中文教育领地也是各种政治势力较劲的温床。1949年，英国殖民政府建立了马来亚大学，此乃该地区第一所高等学府。这对上中文学校的华人学生并不是好消息，因为马来亚大学用英语教学。华人社区急需一所自己的高等学府，让上中文学校的华人子女有接受高等教育的机会，以便在马来亚和新加坡社会得以立足晋升。这应该是兴办南洋大学的主要动力。[3] 同时，新成立的中华人民共和国也积极争取海外华人学生回"祖国"上学，而且是免费的。

华人社区侨领于1953年倡议兴办南洋大学，一开始英国殖民政府

---

[1] Lin Yutang, "How a Citadel for Freedom Was Destroyed by the Reds", *Life*, XXXVIII, May 2, 1955, p. 139.

[2] "Education: Academic Frontier", *Time*, August 16, 1954.

[3] 参见何启良《南洋大学史上的林语堂》，收入李元瑾主编《南大图像：历史河流中的省视》，新加坡：南洋理工大学中华语言文化中心、八方文化创作室，2007年7月。

表示反对，后来华人社区坚持推动，英政府遂让步，采取放任的政策。华人商界侨领以及南洋大学执委会主要负责人是南洋橡胶行业大亨陈六使（1897—1972），也是陈六使出面正式邀请林语堂出任校长一职。林语堂在南洋大学这半年是其一生十分短暂的插曲，却对林语堂及其家庭造成不小的影响。理解陈六使和林语堂的关系有助于理解这段波折。

陈六使祖籍福建，出身贫寒，十八岁移居新加坡。他先在陈嘉庚的工厂打工。众所周知，陈嘉庚（1874—1961）应该是二十世纪南洋华人侨领中最重要的人物。之后陈六使自己开始做橡胶生意，并于"二战"时期发迹。整件事情过后，林语堂对陈六使如此描述："这些人（南洋商界侨领）中最重要的、也是最典型的是陈六使，他是执委会主席，被公认为新加坡华人社区的侨领。陈六使六十岁，饱经沧桑，是南洋最精明的商人之一，曾是橡胶大王，但同时他基本上是个文盲，这正是海外华人窘境的活生生的写照。"[1] 林语堂没有说的是，尽管陈六使"基本上是个文盲"，但在政治上可以说是精明而敏锐的。

即使两人关系破裂之后，林语堂仍然承认，陈六使推动兴办南洋大学的唯一动机是要让海外华人保住中文和中华文化，以致四五十年以后他们还能保住"华人"的文化身份属性。在此，林语堂当然和陈六使不谋而合，都看到在海外延续中华文化的必要性与紧迫性。对林语堂来说，"在海外坚守中华文化"意味着不让政治干预学术自由，建立一个"自由的堡垒"。陈六使不想让政治干扰他的生意，也不想让政治干扰他的教育事业，以便为海外华人保留中文和中华文化，这正是陈六使在南洋大学执委会考虑校长人选时支持聘任林语堂为校长的主要原因。

---

[1] Lin Yutang, "How a Citadel for Freedom Was Destroyed by the Reds", p. 139.

陈六使支持林语堂并非出于他们是福建同乡的关系，他作决定时也故意"完全忽视众所周知的（林语堂的）亲国民党立场"。[1] 但在政治风向转变时，陈六使和林语堂的脆弱联盟亦将随之转变。

林语堂一踏上新加坡的土地，问题便出来了。他发现学校建筑工程有腐败现象。工程已经开工，图书馆或科学院大楼的建筑设计根本没咨询他带来的学校高级管理人员。最重要的是，他尝到了岛上政治矛盾气氛的滋味。就在林语堂到达新加坡之前，中文学校的左倾中学生示威游行，反对英殖民政府征兵法案。1954年5月13日，"上千名学生在新加坡市中心静坐示威。警察无法驱散，只能用消防水管冲，而首当其冲的是被安排坐在前排的女生"。[2] 林语堂抵达后，中文学校的学生领袖已经准备好战斗架势。《时代》杂志报道的林语堂赴南洋大学的"使命说"被"译"成中文，像放大镜似的刊登于当地报刊——一场针对林语堂的舆论战已经打响。大学一个学生还没招，便先就新校的意识形态方向打舆论战，而领头的正是南大欲招的中文学校的中学生。林语堂对学生运动并不陌生——早些年从北京到上海，他见得多了。只是这次身为南大校长，他必须在第一线接受挑战。

当时的政治气氛显然对林语堂要完成的使命非常不利，但舆论攻势似乎还不至于马上把林语堂轰下台。林语堂刚赴任时，整个华人社区还是很兴奋的，男女老少都纷纷捐款，尤其是中下层小商小贩都很积极；商界侨领组成的南大执委会还没有一边倒。到1954年底，风向急

---

[1] Lin Yutang, "How a Citadel for Freedom Was Destroyed by the Reds", p. 139. 林语堂在此用的英文词是"indifferent"（漠不关心，视而不见），非常恰当，也很能说明问题。上文所引何启良一文中，该词译为"无知"，不妥。参见何启良《南洋大学史上的林语堂》，第120页。

[2] Lin Yutang, "How a Citadel for Freedom Was Destroyed by the Reds", p. 145.

转，因为两个大人物登上舞台。李光前（1893—1967）也是南洋橡胶大亨，也和林语堂一样祖籍福建，林语堂说"二战"时李光前住在纽约，他们早就认识。林语堂描述他是"一个很有风度、聪明、手段毒辣、完全没有善恶观的商人"[1]。李光前一开始没有积极参与兴办南洋大学事务，现在突然积极起来，且其家族控制的报纸《南洋商报》——新加坡销量最大的中文报纸，公然要求李光前担任南大执委会委员。而李光前背后还有一位更大的腕儿：陈嘉庚。在现代中国史上，陈嘉庚是位呼风唤雨式的侨领，他支持过辛亥革命推翻清朝，又支持过大革命助南京政府上台，抗战中又支援抗日。1926年林语堂曾短暂工作过的厦门大学，就是陈嘉庚拨款兴办的。陈六使和李光前都得到陈嘉庚的提携，李光前还是陈嘉庚的女婿。这种关系在中国文化里可谓非同寻常。1948年，陈嘉庚离开新加坡来到北京，被委任为中央人民政府委员会、中央人民政府华侨事务委员会委员。据林语堂披露："当时有各种猜测，故意把水搅浑，但好几份当地报纸，包括左派和右派的报纸，都报道了一条新闻，即至少有一封信寄自北京的陈嘉庚，要求把我赶走，李光前才突然采取行动。好几位执委会委员也亲自给我说了这件事。"[2]

在这种情况下，陈六使对林语堂的态度发生转变一点也不奇怪。最后阶段的争议名义上是围绕学校预算问题，其实林语堂自己也说那是个"假问题"。最后的摊牌只是反映了双方的权力较劲，林语堂作为校长代表学校管理层，陈六使代表校董会，即执委会。据林语堂披露，他已经同意把原先制定的1955年的预算从一百九十万降到七十万，并

---

[1] Lin Yutang, "How a Citadel for Freedom Was Destroyed by the Reds", p. 146.
[2] Lin Yutang, "How a Citadel for Freedom Was Destroyed by the Reds", p. 148.

且"无条件地同意对方提出的所有要求",但校董方面 3 月 19 日又提出一条:为 1955 年图书馆欲购的九万本书,立即开具一条清单,包括作者和书名。陈六使的态度再明确不过:看到底谁是老板。

南洋大学的插曲虽然时间不长,但对林语堂,特别是他的家庭造成很大的心理创伤。林语堂的妻子晚上做噩梦,之后精神抑郁;太乙和黎明担心孩子上幼儿园的安全。[1]在新加坡的最后一段日子里,林语堂需要有便衣警卫贴身保护,走到哪儿都跟着,上电影院都不例外。警方还给了林语堂一个专用电话号,一旦有任何怀疑可能出现麻烦,可以立刻致电警方。至于南洋大学,林语堂离开后,长达十四年一直没有校长,而是由陈六使领头的执委会管理。1980 年,南洋大学和新加坡大学合并,成为现在的新加坡国立大学。原来的新加坡大学建立于 1962 年,第一任校长不是别人,正是李光前。

林语堂从新加坡回到法国戛纳,一直住到 1957 年,之后搬往纽约一直到 1966 年。这期间,林语堂坚持为自由而战,不仅为中国,也是为了世界。而且,年事越高,战斗意志弥坚。

新加坡经历之后,林语堂出的第一本书叫《武则天传》。武则天(624—705)是中国历史上唯一一位女皇帝,曾篡位建立自己短命的武周时期(690—705)。林语堂现在又回到戛纳居住,似乎一头扎进了遥

---

[1] 参见林太乙《林语堂传》,第 280 页。

远的古代文化。[1]他在前言解释道，《武则天传》是一部历史传记，而历史叙述总是透过作者的眼光重现历史以资借鉴。林语堂选择把武则天的故事讲给世界，意图"研究一个独特的人物，聪明而凶残，野心比天还高，其手段却相当理智、精密又周全"。而林语堂也说得很明白，当今世界上谁具备这些特征："现在好像说，要是有人杀了一个人，他是罪犯；要是他杀了三个、六个人，那他天生就是个罪犯；假如他有组织地杀了上百个人，那他肯定是精明能干的流氓团伙头目；但要是他杀了成千上百万人，他就成了历史英雄。"

环顾世界，武则天作为女人，几乎没人能够匹敌。她既非克里奥巴特拉，也不是凯瑟琳女皇，也不是伊丽莎白一世，当然更不是特蕾莎修女。林语堂说，从故事的发展来看，她把将领和功臣都杀了，她狡诈、残忍、脾气跋扈、喜欢自我颂扬，甚至通过精神折磨来榨取坦白。武则天缔造了一个无与伦比的帝国，一直受到拥戴，几乎到她生命最后一天。[2]

所谓"几乎到她生命最后一天"，是因为事实上她死前几个月便已

---

1 《武则天传》先由英国威廉海尼曼出版公司于1957年出版，美国版要八年以后于1965年由普特南（G. P. Putnam's Sons）出版。在此期间，除了政论《匿名》和政治小说《逃向自由城》外，林语堂还写了许多无关政治的"中国文化"书籍，例如 The Chinese Way of Life (Cleveland: World Publishing Company, 1959)、The Importance of Understanding: Translations From the Chinese (Cleveland: World Publishing Company, 1960)、Imperial Peking: Seven Centuries of China (New York: Crown Publishing, 1961)、The Red Peony (Cleveland: World Publishing Company, 1961)、Juniper Loa (Cleveland: World Publishing Company, 1963)、The Chinese Theory of Art: Translations from the Masters of Chinese Art (New York: G. P. Putnam's Sons, 1967)。晚年林语堂似乎一直没有能够达到"宽松的周转余地"。据林太乙披露，林语堂此时仍需一年出一本书生活上才过得去。写 Imperial Peking 一书，出版商给的稿酬很少，但林语堂还是答应写了。参见林太乙《林语堂传》，第293—294页。
2 Lin Yutang, "Preface", Lady Wu (London: William Heinemann Ltd., 1957), p. ix.

经被推下皇帝宝座。林语堂研究专制的理性与疯狂要说明一条明训：无论专制统治如何恐怖威严，最终都难以维系。恐怖酷刑下总归会有幸存者，有胆量和智慧拨乱反正。在林语堂的叙述下，狄仁杰（630—700）就是这样的英雄，成为武则天疯狂毒政的终结者。而且这样的人还不止狄仁杰一人。"狄仁杰的沉着与智慧，魏元忠的坚忍不拔，徐有功的正义感，宋璟的胆略，以及张柬之的领导才能联合起来，形成一股道德力量，最终战胜了武则天的邪恶天才。"[1] 换句话说，林语堂的《武则天传》不仅旨在展露一段专制历史，而且要彰显即使在最黑暗的环境下道德力量也不会磨灭。

重新发现耶稣

林语堂既要面对现代物质主义的挑战，又要反抗权力之威势，心灵上也在探寻能与之抗衡的精神力量。他重新发现耶稣，在他的基本教义中找到了这种力量。1959年，林语堂借自传性的《从异教徒到基督徒》一书，向世界宣告他"重返基督教"。但这并非表明林语堂的宗教信仰发生了根本性的变化，好像他抛弃了以前的人文主义信念，现在突然毫无保留地接受基督教了。林语堂生于中国的基督教家庭，受的是教会教育。早年宣告做一个"异教徒"，那是因为他讨厌神学教条，不再每周上教堂，也不再组织礼拜天读经会了。但他还是信上帝的，虽然和上帝的关系不顺，甚至颇为紧张。林语堂对这种状态其实一直不满意。林语堂认为，基督教应该是一个欢乐的宗教，正如他在《远景》中详细

---

1   Lin Yutang, *Lady Wu*, p. 194.

第十一章 瞭望远景

描绘的那样，林语堂并没有改变这一立场。[1]

林语堂宣布"重返基督教"意味着两个变化。首先，林语堂又开始定期上教堂了。在海外不同国家这么多年，林语堂妻子廖翠凤一直陪伴身边。廖翠凤是个虔诚的基督徒，不管走到哪儿，星期天必上教堂。林语堂暗自羡慕她的虔诚，有时也会陪她去上教堂，但总是扫兴而归。教堂的布道根本没法满足现代知识分子的理智水准。用林语堂的话说："教堂里的崇拜基本上还是一个愤怒的牧师用愤怒的语言为一个愤怒的上帝宣讲下地狱的诅咒。"[2] 但在1957年12月3日，林语堂加入了纽约麦迪逊大道（Madison Avenue）长老会。半年前，他开始定期上该教堂做礼拜。这要归功于廖翠凤的劝说。她对林语堂说那个教堂的牧师的演讲"文采很好"，说不定他能欣赏，要他陪她一起去。这位牧师的名字叫大卫·里德（David Read），林语堂发现他确实与众不同。里德布道不讲下地狱之类的诅咒，而是强调正面向上的基督教精神生活，这让林语堂顿感星期天上教堂做礼拜是件快乐的事情："能够接近上帝，按我一直期待的方式来做礼拜，真爽！"[3]

更重要的是，"能够接近上帝"是出于林语堂思想探寻中发自内心的渴望，面对物欲横流的纷繁世态，他需要一种强有力的精神力量与之抗衡。回到教堂做礼拜之后，林语堂进一步体会到基督耶稣带来的光与力，而这是唯一能够填补现代社会精神空虚的东西。现代是唯物主义的

---

[1] 有关林语堂和基督教的关系，参见 Yang Liu, "A Bundle of Contradictions: Lin Yutang's Relationship to Christianity" in Qian Suoqiao ed. *The Cross-cultural Legacy of Lin Yutang: Critical Perspectives*, Chapter Three (Institute of East Asian Studies, University of California, Berkeley, 2016)。

[2] Lin Yutang, *From Pagan to Christian*, Cleveland: The World Publishing Company, 1959, p. 237.

[3] Lin Yutang, *From Pagan to Christian*, p. 237.

时代，自然科学对宇宙万物的物质性解释不可阻挡，即使对人的研究也要照搬自然科学的方法，不考虑任何价值因素，结果当然是人的精神领域一片空白。林语堂发现耶稣的教诲简洁明了，但重新拥抱耶稣并不一定要否定和抛弃"异教"的人文主义，比如林语堂先前对儒家和道家文化的人文主义阐释。相反，林语堂发现基督教和儒家、道家学说都有共同点，比如老子和耶稣有很多类似说法，耶稣称自己"柔和且卑微"，老子同样教人"以弱胜强""水往低处走"。然而，林语堂发现，尽管人文主义为人类文明作出了巨大贡献，现在要面对横行东西方的物质主义挑战，光有人文主义还不够。这是一个没有信仰的世界，一个对道德价值不屑一顾的世界。西方世界还相信民主和自由，但即使如此，他们对民主和自由都设置了歧视性限制。林语堂在此再次表露他心里的一块大疙瘩：

> 现在大家都公认：白人需要自由，黄种人需要吃饭。也就是说，白人根本不懂自由是人类普遍具有的本能，不只是盎格鲁-撒克逊人的精神欲望。现代专家一再告诉我们，亚洲人首先需要吃饭，他们不懂自由是什么意思，也不在乎……这只能证明这些西方观察家的脑袋是多么唯物、多么虚浮。[1]

为什么要重返基督教，林语堂自问道。他的答复是：我们真正该问的是，没有宗教，人类能生存吗？绝对不行。在林语堂看来，耶稣的教诲之所以既指向光明又强劲有力，是因为耶稣教导的方式起源于耶稣

---

[1] Lin Yutang, *From Pagan to Christian*, p. 227.

自身的榜样力量。他的教诲是一种简单的道德声音，充满爱和关怀，既温柔又坚定。林语堂从耶稣平易近人、自我奉献的榜样中获得强大的道德力量。林语堂认为，当人面对仇恨与暴力时，对付它的最佳办法就是守住对上帝的信仰，因为耶稣已经为我们启示，上帝就是爱，就是仁慈。"要让人从仇恨、暴力、狡诈中挣脱出来，除了基督教所教导的截然相反的价值与信念，我不知道还有什么能行，人文主义本身肯定不行。"[1]

"你们所作的，只要是作在我一个最小的弟兄身上，就是作在我的身上了。"林语堂在政论集《匿名》结尾处用耶稣的名言来作总结，"假如我们想要一个未来世界，其间人只是一个工具，只能'为国家献身'，我们可以做到；假如我们想要一个未来世界，其间穷人和出身卑微者不会受到压迫，我们也能做到。世界必须作出选择。"[2]

1　Lin Yutang, "Why I Came Back to Christianity", *Paesbyterian Life* (April 15, 1959), p. 15.
2　Lin Yutang, *The Secret Name*, New York: Farrar, Straus and Cudahy, 1958, p. 258.

第十二章

我话说完了，走了

回"家"定居台湾

1965年7月17日，林语堂在其纽约公寓提前庆祝七十寿辰，公寓墙上挂着蒋介石亲笔书写的"寿"字。二女儿一家也从香港飞到纽约庆贺。之后林语堂和廖翠凤和往年一样去欧洲旅游，继续庆祝，先到意大利米兰，在科莫湖度假，钓鱼——林语堂最大的爱好。[1] 几个月后又回到纽约。但次年1月25日，他们离开了纽约，这次就再也不回来了。[2] 他们于1966年1月30日到达香港。3月5日和香港作家聚会，林语堂说他还在庆祝七十大寿，到香港逗留。有人问他会不会选择香港

---

[1] 参见林语堂《可蘑途中》，《中央日报》，1965年8月9日。
[2] 林语堂于1966年1月22日给他的意大利出版商蓬皮阿里（Valentino Pompiani）致信，告诉他1966年1月25日以后的通信地址为：Flat 8-B, 55 Robinson Road, Hong Kong. 这应该是他二女儿林太乙在香港的住址，或者是太乙给父母临时租的公寓地址。

住下，他回答说还没有定，虽然他很喜欢香港。[1] 1966 年 4 月 5 日，林语堂去信港英政府入境处主任，声称他和妻子 1 月 30 日以访客身份入境香港，获准逗留三个月，但现在决定永居香港，按规定必须先离境再申请，现特写此函请求给予方便，在境内直接申请永居。但到了 7 月，林语堂夫妇已经决定移居台湾。可以肯定，林语堂移居台湾得到蒋介石（和宋美龄）的特邀和特许。林语堂夫妇先在台北阳明山上租了一个带泳池的别墅，台湾当局答应给他专门建一栋别墅，就在租屋的对街。这栋别墅由林语堂亲自设计，融合了中西建筑风格，比如有中式花园，用西式柱子，现在已经作为"林语堂故居"对外开放。别墅一年后落成时，林语堂夫妇邀请蒋介石和夫人宋美龄到舍饮茶，拍了很多合照，如今依旧挂在故居墙上。

林语堂在台湾定居后，曾做过专访，解释他到台湾定居的理由："我上年纪了，想回到自己的国家，和自己的人民住在一起。"他先是决定回到东方，最后在香港和台湾之间作选择，但香港是个殖民地，"这种感觉对我还是很重要，"他说，"在台湾，我们感觉回家了。台湾人说的话和我福建老家龙溪人说的话一模一样。"[2] 这些当然都是大实话。林语堂没说的是，他这次"到台湾重新发现'吾国与吾民'"（该专访的标题）肯定也是一种政治姿态。

林语堂在海外生活这么多年，早就是个世界公民，当然同时也是个中国人，年满七十古来稀，有落叶归根的想法再自然不过。但在五六十年代，对大多数华人来说，更不用说像林语堂这样的国际名人，

---

[1] 参见钟吾《与君一夕谈》，《当代文学》（香港），1966 年 4 月 1 日。

[2] Lu, L. "Lin Yutang Rediscovers 'My Country and My People' in Taiwan", Taipei: Free China Weekly, March 5, 1967.

要归"根"可不是那么简单的事情。林语堂"回家"到台湾定居也不是一件简单的"落叶归根"的事情。起码在五十年代初,林语堂想都没想过要到台湾。他倒是很想把新加坡当成家,到新加坡"归根",结果伤心而返。他也可以继续在纽约待下去,但到六十年代中,在纽约住下去好像越来越没意思了。在纽约最后八年(1957—1965),林语堂仍然不时受邀作演讲,但媒体对林语堂的关注度已经大不如前,和四十年代无法相比。经济上他虽然摆脱了之前的债务麻烦,但一直没能重返先前的"宽松的周转余地"。他在曼哈顿租住一套公寓(239 East 79th Street, Apartment 9L),靠版税为生,也就是说,他必须不断写作出书。年届七十,仍需靠写作谋生,这种生活方式是可以放弃的。

然而,林语堂生活在两个世界。当他的英语世界接近枯竭时,他可以换到中文世界,在晚年迎来另一个创作辉煌期。1964年11月,马星野从巴拿马返台湾,准备出任"中央"社总监。马星野曾是林语堂的学生,返台途中路经纽约,在晚宴上和林语堂重逢,便盛邀林语堂为《中央日报》写专栏。回台湾后,他仍持续花功夫劝说,请他们的共同朋友乔志高出面相劝,并保证专栏由林语堂全权负责,他想写什么就写什么,可以"无所不谈"。于是林语堂欣然承诺,1965年春天开始为《中央日报》写专栏文章。之前三十年,林语堂基本上没有中文创作。《中央日报》是当时台湾和海外华人社区销量最大的报纸,林语堂的散文每次刊出可面向成千上百万名读者。对一位作家来讲,这肯定是很令人兴奋的事,更何况林语堂是三十年后重操中文写作事业。既然已经和中文读者重续前缘,林语堂肯定很想重新回归于华人社区中文环境之中,这也应该是林语堂决定回台湾定居的重要原因之一。1966年到台湾定居时他已经为《中央日报》写专栏文章一年了,之后继续写了好几年,一共写了一百八十多篇文章。另外，回到中文世界后，林语堂还和香港中文大学出版社签约编撰《当代汉英词典》。这项巨大的工程林语堂殚精竭虑独自完成，再加上他文学上的散文创作，要是选择继续待在纽约肯定是不可能的。

但林语堂最后选择定居台湾仍显得有点突然。我们不清楚林语堂在香港申请永居是否遭拒，还是他自己选择放弃。其实林语堂定居台湾之前曾赴台好几次。1960 年 6 月《自由中国和亚洲》曾刊登林语堂一篇英文文章，提到他最近一次远东之行。[1] 他曾到台湾南部探亲，更从南部一路开车到台中，因为夫妇俩都懂闽南话，一路上还和当地老百姓聊天。他们看到老百姓的生活水平有大幅度提高，造了很多新房，每个村都建了卫生设施，女孩都涂口红，等等。台湾当局已经从大溃败中缓过气来，现代化建设搞得不错。林语堂写到他见了蒋介石，"谈了过半小时。他七十二岁，身体仍然很结实，主要是他的生活习惯既简朴又有规律。他看上去神态雍容，非常自信。讲到法国总统，他不是按中国人一般的发音叫'戴高乐'，而是按法语发音叫'德郭了'"。林语堂还提到当地人和新移民有摩擦，但这很正常，"新来的和晚到的互相竞争，都是中国人"，就像抗战时重庆人和"下江人"争一样。[2] 另外，林语堂夫妇至少还在 1964 年低调访问过台湾。现存有宋美龄于 1964 年 10 月 12 日给林夫人的一封短信，对没能在台北见到他们致歉："我很想叙

---

[1] 该文发表于 1960 年 6 月，文中没有给出访台的具体日期。据林太乙说，1958 年 11 月林语堂应马星野之邀访台两星期。参见林太乙《林语堂传》，第 289—290 页。但马星野在回忆林语堂时没提到这次邀请，并说他和林语堂真正接触起自 1964 年他邀林语堂为《中央日报》写专栏之时。参见马星野《回忆林语堂先生》，《传记文学》1977 年 12 月。

[2] Lin Yutang, "Taiwan: A Showpiece of Democracy", *Free China and Asia*, June, 1960, p. 15.

第十二章　我话说完了，走了

叙旧，听听你和你家人的近况。"[1] 其实1966年1月30日林语堂夫妇到香港之前，他们先在台湾逗留了四天，蒋介石于1月28日在高雄会见了林语堂夫妇和马星野夫妇。[2] 显然这次会见没有决定林语堂是否来台定居问题，因为林语堂后来曾试图申请香港永久居民。我们知道，胡适结束在纽约九年的流放生涯，于1958年返台出任"中研院"院长，这给当时退居台湾的国民党当局争取了不少正面的外界形象。但事实上，胡适赴台后给蒋介石带来很多麻烦，比如他公开反对蒋介石1960年连任第三届"总统"。胡适于1962年2月24日心脏病突发在台湾逝世。[3] 之后胡适被一致公认为自由中国知识界的领袖，蒋介石为这位一辈子批评他的人亲手写了一幅对联：新文化中旧道德之楷模，旧伦理中新思想之师表。理论上讲，蒋介石和当局应该乐意欢迎林语堂回到台湾，继承胡适在知识界的地位，为其外界形象加分。是否因为和胡适关系紧张、很不愉快，所以蒋介石在邀请林语堂回台定居时有所犹豫？是否宋美龄在得知林语堂夫妇有意回到华人世界定居，并考虑定居香港时出手相助？或许，林语堂自己的首选其实是香港，在回台定居问题上自己也有犹豫？

无论怎样，林语堂到台定居有个前提，即还是做作家，自由写作。也就是说，他不会担任任何公职，从而对当地政治基本上保持一定的超

1　Madame Chiang, "Letter to Mrs. Lin" (October 12, 1964). 这封信是自他们上次1953年11月通信后现存最早的一封。
2　参见秦贤次：《林语堂先生年表》，载正中书局主编《回顾林语堂》，台北：正中书局，1994年10月，第277页。
3　有关胡适晚年在台湾的情况，可参见胡颂平《胡适之先生年谱长编初稿》，台北：联经出版事业公司，1984年5月；以及周质平《现代人物与文化反思》，北京：九州出版社，2013年4月。

然姿态。当时林语堂接受《纽约时报》记者采访，声称他一辈子都没有为了政治而放弃做一个作家，到台湾定居后不断接到邀请出任要职，他一再拒绝，后来没办法，他不得不亲自求见蒋介石："见完后我出来，满脸笑容，所有官员都以为我搞定了某项要职。没人会想到我高兴的是蒋介石同意我不担任任何官职。"[1]

然而，即使在晚年定居台湾时，林语堂仍然是一位坚定的自由主义批评家，时刻关注中国的民主进程。六十年代的台湾当局并不是林语堂政治批评的主要对象。其晚年批评的焦点仍然集中于海峡对岸，炮火不减当年。

林语堂晚年文章中，很多是回忆往事，评价现代作家士人。贯穿这些文章的主题是讨论知识分子的"节气"或"骨气"问题。比如好几篇文章都谈到鲁迅，回忆他们在北京以及在上海时期的交往。林语堂忆鲁迅还是比较正面的，认为鲁迅是现代中国的大作家，思维敏锐，笔锋犀利，没人比得上，但他要做"青年导师"，于是被拖累了。林语堂看着鲁迅被一步步拉到左翼阵营，出任原本把他批得一塌糊涂的左翼作家的"盟主"。但总体来说，"鲁迅是一个比较有脊梁的人。其实他虽病死，也实在是气愤死的。鲁迅是给小猴子攒领抓须登在背上气死的"。但无论如何，林语堂仍然认为，即使在极端残酷的环境，也得有一个底线，也能看出一个文人作家的真正品格。

林语堂指出，斯大林曾经胁迫高尔基为他写传记歌功颂德，但高尔基就是没理睬，从而保持了最低限度的人格。相反，周作人是自己选择为日本军政府服务的。他并不需要那么做，要是他关起门来什么也不

---

[1] "Brief Encounter with Author Lin", *Sunday Post-Herald*, November 26, 1972.

理睬，日军不可能就把他拎起来给毙了。但是他选择出卖人格为日本军国主义服务。巴金坚持着自己的人格，虽然林语堂对巴金的文学创作并不十分看重；而林语堂很看重老舍的作品，但他发现老舍也正变得"肉麻"起来。[1] 现代中国知识分子，有这么多人最后连最基本的人格都难以坚持，林语堂认为值得反思，从中吸取教训。

林语堂的回忆还涉及两位自由派的知识分子：蔡元培和胡适。1962年2月24日胡适去世后不久，林语堂便写了篇纪念文章，称胡适为"一代硕儒，尤其是我们当代人的师表。处于今日东西文化交流的时代，适之先生所以配为中国学人的领袖，因为他有特别资格；他能真正了解西方文化，又同时有真正国学的根底，能直继江永戴东原的师承而发扬光大汉学的考据精神，两样齐全是不容易的"。胡适的伟大在于为整个一代人开启了新的范式，"在学问、道德方面，都足为我们的楷模"。当对岸在对胡适进行铺天盖地的批判运动时，他的态度只是一个"不在乎"。林语堂认为，这种"不在乎"的态度凸现其知识分子的"骨气"，比鲁迅要高出一个档次。[2] 到台湾后，林语堂专门前往胡适纪念馆瞻仰，并动情地披露当年胡适慷慨资助他留学的往事："他从未对我提起这件事，这就是他的典型作风。"[3] 林语堂还回忆说，胡适特别平易近人，交友甚广，以至林语堂在办《论语》时幽默地列了一条规矩：该杂志作者作文不能一口一个"我的朋友胡适之"。

林语堂还缅怀了蔡元培，说他也特别平易近人。其实，蔡元培乐意帮助人是出了名的，大家赐其美名曰"好好先生"：有人

---

[1] 参见林语堂《无题有感》，《中央日报》，1965年4月26日。
[2] 林语堂：《追悼胡适之先生》，《海外论坛》，1962年4月1日。
[3] 林语堂：《我最难忘的人物——胡适博士》，《读者文摘》，1974年10月。

请写序，他是有求必应；有人请写推荐信，他都慷慨相助，以至政府官员看到是蔡元培的推荐信便通常放一边不予理睬。他的夫人也说先生很随和，好伺候，做什么吃什么，从来不挑三拣四的。[1]但林语堂也讲到蔡元培性格中坚韧的一面，并回忆了他们初次见面时一个难忘的细节。新文化运动如火如荼之时，林语堂写了一篇关于中文索引的文章，跑到北大蔡元培办公室请求先生写篇序。他走进办公室后，猛然发现办公室中央玻璃橱窗里放着炸弹、手榴弹供展览！蔡元培早年从事革命事业，这是一个很有趣的注脚。[2]

至于台湾本岛的议题，林语堂对教育体制有话要说。"文革"中，大陆的大学基本上都关门了，台湾这边的学生报考大学可是火热得很，但林语堂认为台湾的教育制度很恐怖。台湾教育一切都是围绕"联考"：教育为考试、考试为升学。这样办教育后果严重："恶性补习"如雨后春笋，读书上学都变成应试式的"恶性读书"。林语堂列举中西方智慧来抵抗应试教育。从西方文化，他援引艾伯尔（Kenneth E. Eble）新著《完美的教育》（A Perfect Education），说明教育首要任务是要提起学生学习的兴趣和好奇心，让学生自己培养出"自我的生活——自我的感觉"。同时，他用孔子的例子，劝诫没考上大学的学生不用沮丧。他重新阐释《论语》说孔子"不试故艺"，实际意思应该是说"孔子不曾入学考试，所以多学别的技艺"。因而林语堂鼓励失学者，不上这种

---

[1] 林语堂：《记蔡孑民先生》，《中央日报》，1965年4月9日。林语堂自己在吃的方面则很挑剔，用他三女儿林相如的话说，"很难伺候"。参见林相如《忆父亲》，载正中书局主编《回顾林语堂》，第24页。

[2] 林语堂：《记蔡孑民先生》，《中央日报》，1965年4月9日。

应试式的大学也罢，正好可以自己多读点书，真正的书。林语堂提醒道，战前民国时期并没有这种联考升学制度，这种制度不免让人想起科举制。1905年废科举，这一举措象征着中国进入现代，而我们是不是要走回头路？[1] 林语堂南洋大学校长没做成，没能履行其教育理念，论台湾教育的这些文章可以帮我们窥探林语堂的教育理念。

林语堂在其《生活的艺术》中有一段论"晚年安逸"："假如人的一生能活得像一首诗，他的夕阳岁月应该是最幸福的……人生交响乐的大结局应该充满祥和、安逸，物质和精神上都充实而圆满。"[2] 据林语堂三女儿回忆，在台湾的岁月是他一生最幸福的日子。[3] 尤其是同当时大陆作家和知识分子相比，落差何止千里。《生活的艺术》最受美国读者青睐的一段乃林译金圣叹"人生三十三快事"。在台湾定居三年以后，林语堂写了"来台后二十四快事"，节录几项如下：

> 二、初回祖国，赁居山上，听见隔壁妇人以不干不净的闽南语骂小孩，北方人不懂，我却懂。不亦快哉！
>
> 三、到电影院坐下，听见隔座女郎说起乡音，如回故乡。不亦快哉！
>
> 五、黄昏时候，工作完，饭罢，既吃西瓜，一人坐在阳台上独自乘凉，口衔烟斗，若吃烟，若不吃烟。看前山慢慢沉入夜色

---

[1] 林语堂有关这一议题的文章包括：《失学解》(《中央日报》，1966年8月22日)，《论学问与知识》(《中央日报》，1966年10月24日)，《论恶性读书》(《中央日报》，1966年11月7日)，《恶性补习论》(《中央日报》，1966年11月21日)，《联考哲学》(《中央日报》，1967年3月6日)，《论大专联考亟应废止》(《中央日报》，1967年12月4日)。

[2] Lin Yutang, *The Importance of Living*, p. 194, 201.

[3] 林相如：《忆父亲》，载正中书局主编《回顾林语堂》，第24页。

林语堂（约）于1969年在阳明山故居阳台。台北林语堂故居藏。

的朦胧里,下面天母灯光闪烁,清风徐来,若有所思,若无所思。不亦快哉!

十三、看人家想攻击白话文学,又不懂白话文学;想提倡文言,又不懂文言。不亦快哉!

十四、读书为考试,考试为升学,升学为留美。教育当事人,也像煞有介事办联考,阵容严整,浩浩荡荡而来,并以分数派定科系,以为这是办教育。总统文告,提醒教育目标不在升学考试,而在启发儿童的心知及思想力。不亦快哉!

十五、报载中华棒球队,三战三捷,取得世界儿童棒球王座,使我跳了又叫,叫了又跳。不亦快哉!

廿二、台北新开往北投超速公路,履险如夷,自圆环至北投十八分钟可以到达。不亦快哉!

廿四、宅中有园,园中有屋,屋中有院,院中有树,树上见天,天中有月。不亦快哉![1]

共建人类精神家园

在知识层面上,林语堂一辈子努力的方向在于依赖东西方智慧共建一个新的世界文明,而他的大结局正好对此做出了总结性的阐发。他的中文专栏文章不仅进一步巩固其现代散文大家的地位,同时勾勒出中国现代性的跨文化展望,使之成为共建人类精神家园的强劲动力。另外,林语堂一生最后的精力花在编撰《当代汉英词典》,为促进中西文

---

[1] 林语堂:《来台后二十四快事》,《中央日报》,1969年9月1日。

化交流铺下一块坚实的砖。

　　林语堂在香港逗留期间曾接受香港一家报纸专访,他重申,"为了世界和平这一首要目标",东西方必须互相学习、取长补短。他表示民族主义是一种"原始的力量",会长期存在;假如"得到明智的疏导",民族主义对任何国家都是好事;但假如"被人恶意煽动,那它就是一种邪恶的、破坏性的力量"。林语堂对世界和平的前景谨慎乐观,人文主义对人自身界定了最基本的尊严感,再加上宗教信仰的帮助,世界和平还是可以期待的。[1] 林语堂最后一批中文文章中有许多篇幅,着重勾画出中国现代文化重建的范式。

　　林语堂来台定居后不久,当局推出中华文艺复兴运动。对此,林语堂当然表示赞同,但他也有自己的主张和想法。在《论文艺如何复兴法子?》一文中,他表示,提倡文艺复兴既及时又重要,但关键在于怎么去做。林语堂指出,梁启超著《中国近三百年学术史》曾明确弘扬戴震的哲学,认为它使中国文化踏上了复兴之路,就像欧洲文艺复兴那样,因为戴震用自己的"情感哲学"代替了先前的"理性哲学"。

　　对于文艺复兴运动怎么做,林语堂提出两点警告:首先,不能再去寻找所谓道统。提倡国学、遵循孔孟之教诲,这些都是应做的,但不应该再去把儒教奉为正统国教。汉代独尊儒术以来,儒教便一直走下坡路,不断萎缩。再者,我们再也不能重走宋代理学的路子。要是这么做等于全盘否定了新文化运动,而国民党对新文化运动的态度一直都是模棱两可的。林语堂列举孙中山,提醒大家孙中山是位革命家,他绝对

---

[1] "Author Sees World Peace: Dr. Lin Yutang Talks to Ernie Pereira", *Hongkong Standard*, March 25, 1966, p. 4.

不会同意去搞理学打坐那一套的:"你想中山先生肯静中坐禅'验喜怒哀乐未发气象'吗?"[1]

在林语堂看来,中国文化传统不仅对中国现代性转型,同时对世界文明都是宝贵的资源。但在西方现代性的影响下,我们对此首先得重新评估。有了西方引进的新知,中国得以考察自己的历史,从自己的文化传统中汲取有益的资源,以便同世界接轨并提升中国立于世界之地位。通过这种跨文化反思,我们惊诧地发现:宋代以来的理学道路肯定是走歪了。林语堂指出,中西思想主要区别在于:西方自亚里士多德以来探寻追求"真理"的逻辑-神学-科学的方法论,而中国自孔子以来走的是重在行道的智慧-本能-实用型之路。汉代独尊儒术以后,儒家学说几被劫持,到宋代又一大变,影响直至现代。以朱熹为首的宋儒受佛教刺激,把儒学转化为准玄学式的"理学"。总体来讲,佛教入侵儒学的后果是灾难性的。我们现在对照西方视角可知,理学的"格物致知"功夫没能发展出任何方法论,在西方却产生了笛卡尔的方法论。相反,宋儒受佛教影响,提出灭人欲,开出一套超级伪道德论,原先脚踏实地的儒学人文主义,现在变得像禅宗一样打坐冥思,练就自我反省、窥视内心的功夫。"修身"向来是儒学中心议题,但林语堂指出,西方没有儒学,却涌现了一大批伟人,如维多利亚时代英国的格莱斯顿(William E. Gladstone)、迪斯雷利(Benjamin Disraeli),以及美国的富兰克林和林肯,而清朝则根本找不到类似的人物。

"向来儒家,就是懦。"林语堂写道,"至少我少时所看见的村学究,没有一个不是畏首畏尾,踧踖不安,嗫嚅耳语,正襟危坐之辈。那

---

[1] 林语堂:《论文艺如何复兴法子》,《中央日报》,1967年1月9日。

里知道他们是为要明心见性'戒慎恐惧''常惺惺'为程朱所教来的？若说这些踧踖不安嗫嚅喔咿，说话吞吞吐吐，一生不曾看过张口大笑一回的老儒生是孔门的真弟子，我心里就不服。不必说不会踢足球，不会游泳，就是以六艺而论，射箭、骑马都不敢来。是孔子之所长，乃彼辈之所短，孔子之所短，乃彼辈之所长。"[1] 因此，文艺如何复兴呢？林语堂认为应该把儒学转化成一个活泼的、有生气的生命哲学，必须求本溯源，回归孔孟学说，发掘孔子的幽默和人文精神以及孟子的民主倾向。当然，这些本来就是林语堂三十年代以来所倡导与践行的，包括他在美国译介"孔子的智慧"都是这一思路。晚年在台湾，林语堂则特别强调戴震哲学的现代性。

戴震是清代反宋明理学的一面旗帜，他揭露理学灭人欲之虚伪，力图彰显孔孟之道之原味，为中国现代性的开启提供了重要的本土资源。戴震哲学的中心思想可用一句话概括："人生而后有欲，有情，有知。三者，血气心知之自然也。"林语堂强调戴震的"血气"之说，并明确表示不同意胡适把戴震的哲学归为"理智哲学"。胡适自己倾向于分析的、理智的传统，所以也把戴震视为同路，其实戴震哲学代表了中国哲学重本能、重实用的传统，在西方更接近卢梭的浪漫派传统。林语堂还重提二十年代张君劢和丁文江之间的"科玄之争"，胡适当时站在丁文江一边，对柏格森的"浩然之气"（elan vital）实在不曾了解——而这条思路对林语堂自己探寻"新的文明"的跨文化策略却相当重要。[2]

---

[1] 林语堂：《论东西思想法之不同（下）》，《中央日报》，1968年3月30日。
[2] 林语堂：《戴东原与我们》，《中央日报》，1967年1月23日。

第十二章　我话说完了，走了

晚年在台湾，有两件事林语堂特别在意：一件涉及中国语言，即汉字改良的问题；另一件有关中国文学，即《红楼梦》作者的问题。两件事分别体现了林语堂对中国文化现代性两个维度的不同态度，也是林语堂重建东西方文化蓝图的重要组成部分，这不仅是为了中国，也是为了世界。

汉字改良一直是中国现代文化转型的一件大事。中共 1949 年在大陆建立政权之前，简化汉字的努力未曾停过。自 1950 年代开始，中共政权开始采取一系列措施简化规范汉字，至今影响深远，不言而喻。林语堂的政治立场并没有影响他对中国文化现代化策略的看法。林语堂赞成汉字简体化，并不忌讳。1965 年 1 月 17 日，定居台湾前一年，林语堂和美国记者有一次专访，记者在谈访录证实道："有一件事他为中共拍手称好，即他们对繁体字进行简化规范。"[1] 1965 年 7 月 16 日和 19 日《中央日报》发表林语堂专栏文章《整理汉字草案》，敦促海外华人社区效仿大陆，对汉字现代化采取类似的措施。林语堂指出，整理简化汉字正是因为我们爱护汉字，所以必须采取改良措施使其符合现代需要。在探讨简化措施时，我们既要考虑汉字的美学功能，也要考虑其实际的工具功能。而要小学一年级学生学写"鞦韆"，而不是简化体的"秋千"，已经不是一个"美感"的问题。林语堂在文中提出了整理汉字的六点具体建议。发表该文时又专门写了一段"跋"：

此文系几年前旧稿，我想发表让大家注意。救救小孩子是

---

[1] Myra MacPherson, "Dr. Lin Shows Chinese Can Appreciate Humor", *Washington Evening Star*, January 17, 1965.

> 要紧，整理汉字，也是当务之急。我们注意这问题，是为什么？还不是为国文繁难，应替小孩子着想？……我想这汉字问题，也应本我们的眼光去整理，而且可以整理得比他们好。整理以后，字典上仍可列"古体"，如现在字典列"俗体"一样。若不为汉字前途及今日需要普及教育着想，只关在楼上，非圣贤之书不敢诵，那末这个问题根本不必讨论。大家开通一点吧！[1]

林语堂的呼吁在他来台定居后并没有得到多少回应。1969年3月29日至4月9日，国民党在台北召开"十全"大会。按林语堂的说法，大会最鼓舞人心的事要数蒋介石明确指明发展的目标在于科学现代化，同时，何应钦提出了要求研究处理简体俗字的方案。这一下林语堂看到了政治上的支持，遂一连写了好几篇文章再度阐述自己的理念。林语堂抱怨说，对此议题当局迟迟不作为，堕入官僚主义泥潭。对汉字不作现代化处理和"保存国粹"毫无相干，整理汉字简化汉字是我们要不要"科学现代化"的问题，是为了方便初学者、办公人员，是为了满足工业化社会的需求。不能说因为爱自己的花园，便让它杂草丛生，不予清理打扫。"康熙字典收录约略四万五千字，保存是已经保存了，却免不了其中三万五千字仍然为死字、僻字、别体字。三万五千字所保存的并非国粹，只是国渣。"[2] 林语堂还提议，在讨论设计简化字方案时，应该考虑汉字的美感功能，以避免过于极端。[3] 但关键问题是当局应该即刻

1　林语堂：《整理汉字草案（上）》，《中央日报》，1965年7月16日。《整理汉字草案（下）》，《中央日报》，1965年7月19日。
2　林语堂：《再论整理汉字的重要》，《中央日报》，1969年4月21日。
3　林语堂：《整理汉字的宗旨与范围》，《中央日报》，1969年5月26日。

着手处理该议题,因为林语堂担心,整个事情到头来只是空说一场,敷衍了事罢了。在他看来,改革阻力并不是所谓"好古",只是一个"懒"字。有学者批评说,有人不想搞汉字简体化,就像已经缠足的妇女不思求变,林语堂则回应道:"自己缠了足,想缠后代的足,这里头含有不少撒蒂斯姆的意味。少年遭了恶婆婆的虐待,现在轮到他们做婆婆了,若不狠心凌迟媳妇一下,岂不是白活了一世吗?"[1]林语堂提到汉字改良问题满怀激情,言词火辣,这是完全可以理解的,因为正如他在其一生几乎是最后的文字中悻悻地表明:"汉字的问题,我经过五十年的思考,并曾倾家荡产为之。"[2]事实却是,汉字简化方案如今已在大陆施行数十年,虽然林语堂并不一定赞同所实施方案的每一个细节。

林语堂对汉字改良的热忱关切贯穿其一生的文化实践,充分说明他努力促使中国文化走向现代化的倾向。同时,林语堂晚年有关《红楼梦》作者真伪问题的文章则说明他对中国文化走向现代的另一层面的关注,即对新文化运动所提倡的"疑古"之风的反思。1958年,为庆贺赵元任六十五岁寿辰之纪念文集出版,林语堂为该文集写了一篇长文:《平心论高鹗》。就此议题林语堂来台后又写了一系列文章,挑战红学界主流观点,即《红楼梦》后四十回为高鹗所著,因而是"伪作"。《红楼梦》现在被看作中国文学史上最伟大的小说,这种经典地位其实是由新文化运动胡适等人的推动而来。虽然《红楼梦》一出版便受读者喜爱,但那时"小说"地位低下,算不上文学的正统。新文化运动受西方文论影响,小说、戏剧和诗、文一起被确认为四大文类,《红楼梦》

---

[1] 林语堂:《汉字有整理统一及限制之必要》,《中央日报》,1969年12月8日。
[2] 林语堂:《联合报创用常用字的贡献》,《联合报》,1971年9月16日。

得到重新发现,被奉为中国小说四大名著之首。但与此同时,受到清学考证遗风以及现代科学实证方法的影响,胡适率先提出《红楼梦》后四十回非曹雪芹原作,乃高鹗冒充原作者"续作"。这一观点后由胡适的学生俞平伯发扬光大,成为红学界的定论,许多新文化学者(包括鲁迅)都持这一观点。

林语堂认为,说高鹗续作《红楼梦》基本上是出于现代的一种偏见,虽然是打着"科学方法"的名义。科学发现起于置疑的态度,这没错,但接下来的步骤更重要,即提出的观点要经得起核实,证据必须充分。林语堂认为胡适在这方面还是懂分寸的,他知道有多少证据说多少话。但俞平伯对高鹗的责难则完全是主观臆测,因为它不是用证据说话,而是反映了他自己的偏见,根据自己觉得原文应该如何如何发展得出自己的论断。结果俞平伯自己的"怀疑"变成了"真理",这个全因新文化运动的反传统风尚使然。在一片反传统的激昂氛围下,"疑古"很时髦。林语堂指出,中文的"补"字在此应指"修补""补订",而不是"增补"的意思。换句话说,高鹗是位杰出的编辑,他处理的是一份未曾编辑的手稿,其作者生前改过多次,死后流传的版本又不尽相同。中国人应该感谢有这样一位"高博士"(高鹗是位进士),为这本文学巨著做了出色的梳理整齐的编辑功夫,让这本小说有一个标准版本得以流传于世,而不是去指责他"续伪"后四十回。高鹗不是《红楼梦》的作者,《红楼梦》的作者只有一位——曹雪芹。

林语堂的主要论点是,从小说情节的发展结构看,而且更重要的是从文学的内在品质来看,《红楼梦》前八十回和后四十回是相当一致的。高鹗不可能"伪作"后四十回而达到如此效果,除非他的创作天才要比曹雪芹高出好几倍。世界文学中还没有这种先例,有谁能够成功续写像《红楼梦》这样一部结构如此复杂、气势如此磅礴的巨著。相比之下，胡适列出的那些"疑问"实在有点牵强附会。"适之是我的畏友，但是此等处穿凿实是穿凿。"[1]

在林语堂看来，《红楼梦》是中国文学文化的瑰宝，其作者问题当然很重要。质疑曹雪芹是不是该书的作者，或者贬低高鹗的作用都不是"科学的"做法，而只是新文化运动激进反传统的遗毒。"疑古"之风泛滥下，许多中国经典（包括《道德经》等）都可被看成"伪作"。林语堂指出，他青年时代也曾看到有西方文论说培根或马洛（Christopher Marlowe）才是莎士比亚作品的真正作者，但莎士比亚学者对此质疑却非常谨慎，没有轻易接受这种观点。[2] 林语堂的基本态度是，东西方要共同重建新的世界文明，必须对各自的文化传统具有批评的视野，但不是采取虚无主义的态度。

林语堂对汉字改良问题不只是"思考了五十年"，而是付诸实践，包括发明打字机和编撰汉英词典等大工程。同样，他对《红楼梦》作者问题的探究也不是纯学术性的，也有具体实践相伴随——几十年来他一直都在做《红楼梦》英译。写完《吾国与吾民》之后，林语堂便考虑接下来是不是可以做《红楼梦》英译，但这一想法和华尔希协商后被否决了（从市场角度看，这显然是明智的决定）。1953年12月19日，林语堂致宋美龄的信中写道："我现在正忙着译《红楼梦》，几个月之后可以脱稿，也许明年秋天出版。翻译真非易事，比创作还难。开始翻译时，脑筋里用中文思考，完了得花许多功夫修改润色，让英文读起来流

---

[1] 林语堂：《跋曹允中〈红楼梦后四十回作者问题的研究〉》，《中央日报》，1966年4月20日。
[2] 林语堂：《再论晴雯的头发》，《中央日报》，1966年3月21日。

畅。我不得不对原文进行删减，不然没有可能出版。就目前译文来看，印出来得有七百多页，厚厚一本书了。"[1] 不幸的是，林语堂英译的《红楼梦》一直未能出版。

我们现在知道，林语堂英译《红楼梦》是完工了的，因为最近其手稿在日本被发现。[2] 林语堂定居台湾后所写专栏文章里，有一篇《英译黛玉葬花诗》，显然是其未刊手稿的一部分：

Taiyu Burying the Flowers
From The Red Chamber Dream
Tsao Shuehchin
C. 1717-1763

花谢花飞飞满天	Fly, Fly, ye faded and broken dreams,
红消香断有谁怜	Of fragrance, cared for nevermore!
游丝软系飘春榭	Behold the gossamer entwine the spring towers,
落絮轻沾扑绣帘	And the catkins kiss the curtained door.
闺中女儿惜春暮	Here comes the maiden from out her chamber door.

---

[1] Lin Yutang, "Letter to Madame Chiang" (December 19, 1953).
[2] 参见《南开博士生在日本发现林语堂英译〈红楼梦〉手稿》，《红楼梦学刊》2015年7月25日。未刊手稿共859页，由打字机打出，扉页上写着：translated and edited by Lin Yutang（林语堂译编）。全稿共分7篇65章，每篇附有篇名，分别是：Boyhood, Youth's Morning, Tumult of Trumpets, Rumblings, The Deception, The Crash, Redemption。这本书稿是林语堂寄给日本译者佐藤亮一的，他把林语堂的英译本又译成日语，题为"ザ·红楼梦"。显然，林语堂这本简缩译本没能找到出版商，当时英美出版商似乎对林语堂自己的小说（如《红牡丹》）更感兴趣。

第十二章　我话说完了，走了

愁绪满怀无释处　　Whose secret no one shall share.
手把花锄出绣帘　　With hoe and basket she treads the fallen blossoms,
忍踏落花来复去　　　　And wanders back and forth in prayer.

柳丝榆荚自芳菲　　I smell the scent of elm seeds and the willow
不管桃飘与李飞　　　　Where once did blush the peach and pear.
桃李明年能再发　　When next they bloom in their new-made spring dress,
明年闺中知有谁　　　　She may be gone—no one knows where.

三月香巢已垒成　　Sweet are the swallows' nests, whose labors of love
梁间燕子太无情　　　　This spring these eaves and girders grace.
明年花发虽可啄　　Next year they'll come and see the mistress's home—
却不道　　　　　　　　To find her gone—without a trace.
人去梁空巢已倾

一年三百六十日　　The frost and cutting wind in whirling cycle
风刀霜剑严相逼　　　　Hurtle through the seasons' round.
明媚鲜妍能几时　　How but a while ago these flowers did smile
一朝漂泊难寻觅　　　　Then quietly vanished without a sound.

花开易见落难寻　　With stifled sobs she picks the wilted blooms,
阶前闷杀葬花人　　　　And stands transfixed and dazed hourlong,
独把花锄泪暗洒　　And sheds her scalding tears which shall be changed
洒上空枝见血痕　　　　Into the cuckoo's heartbreak song.

389

杜鹃无语正黄昏　　But the cuckoo is silent in the twilight eve,
荷锄归去掩重门　　　　And she returns to her lone home.
青灯照壁人初睡　　The flickering lamp casts shadows upon the wall,
冷雨敲窗被未温　　　　And night rain patters, bed unwarmed.

怪侬底事倍伤神　　Oh, ask not why and wherefore she is grieved,
半为伤春半恼春　　　　For loving spring, her heart is torn.
怜春忽至恼忽去　　That it should have arrived without a warning,
至又无言去不闻　　　　And just as noiselessly is gone.

昨宵庭外悲歌发　　I heard last night a mournful wail and I knew
知是花魂与鸟魂　　　　It was the souls of parting flowers,
花魂鸟魂总难留　　Harried and reluctant and all in a rush,
鸟自无言花自羞　　　　Bidding their last farewell hours.

愿奴胁下生双翼　　Oh, that I might take winged flight to heaven,
随花飞到天尽头　　　　With these beauties in my trust!
天尽头
何处有香丘　　　　'Twere better I buried you undefiled,
未若锦囊收艳骨　　　　Than let them trample you to dust.
一抔净土掩风流
质本洁来还洁去
强于污淖陷渠沟

第十二章　我话说完了，走了

尔今死去侬收葬	Now I take the shovel and bury your scented breath,
未卜侬身何日丧	A-wondering when my turn shall be.
侬今葬花人笑痴	Let me be silly and weep atop your grave,
他日葬侬知是谁	For next year who will bury me?

试看春残花渐落	Oh, look upon these tender, fragile beauties,
便是红颜老死时	Of perfumed flesh and bone and hair.
一朝春尽红颜老	The admirer shan't be there when her time is up,
花落人亡两不知	And the admired shall no longer care! [1]

跨文化翻译与理解并非易事，以林语堂的知名度，英译中国文学名著都无法出版，很能说明问题。要增进两个世界相互理解、共建"新的文明"，谈何容易！它需要东西方都有意愿、共同努力。"在哲学思想上东方并没有垄断权"，林语堂对上文提到的香港记者如是说。晚年林语堂虽然重回中文写作，但对西方当代的社会文化生活一直十分留意。他特别关注萨特及其存在主义思潮。林语堂说，二十来年前曾在纽约出版商克诺普夫（Knopf）的家里见过萨特："萨尔泰这个人，有他的身份。人极聪明，也有胆识，议论犀利，辩才甚佳。"[2] 林语堂阐述道，存在主义是西方哲学近百年来的一场轩然大波，不可一笑置之。他评价萨特的思想"是深奥、精致而近于妙悟的"，代表了法国思想的精髓。二战

---

[1] 林语堂：《英译黛玉葬花诗》，《中央日报》，1967 年 6 月 19 日。
[2] 林语堂：《从碧姬芭杜小姐说起》，《中央日报》，1965 年 12 月 6 日。

中萨特被关进监狱，德国人只让他读海德格尔，萨特却从此发展出了存在主义。林语堂解释道，存在主义风靡一时，说明战后西方文明笼罩在幻灭、绝望、苦痛、悲哀的气氛中，对人类生存的意义进行拷问，又找不到答案，故陷于思想家的悲哀愤慨。

这种哲学不是传统的追求真善美的哲学，但林语堂称萨特为"真正思想家"。他很清楚萨特的哲学继承了以海德格尔为代表的西方精致而深奥的形而上学传统。但对林语堂来说，存在主义在西方流行这一现象之所以重要，在于哲学又回到关注人的生活，关注现代人生的困境。林语堂同时也很欣赏萨特的女友西蒙娜·德·波伏瓦及其名著《第二性》所阐述的女权主义思想，尽管两人"都左的很"。萨特自称是马克思主义的"同路人"，但他也是位坚定的个人主义、自由主义者，匈牙利十月事件，萨特毫不犹豫站起来抗议。这种精神与担当正是人格尊严的体现，为林语堂所赞赏。

1968年，国际大学校长协会在韩国首尔庆熙大学召开第二次会议，林语堂应邀作英文演讲《共建人类精神家园》("Toward a Common Heritage of All Mankind")。这应该是林语堂最后一次公开演讲，他用这段话结尾："我要讲的都可归于一点：哲学必须关注人类生活的问题。在我看来，假如东方人能够增强科学真理和政治民主的意识，而西方哲学能够走下学术理论的象牙塔，重新关注人类社会和生存领域，也许我们可以重建一个比较不错的社会，人人得以安居乐业。"[1]

---

[1] Lin Yutang, "Toward a Common Heritage of All Mankind" (2nd Conference of the International Association of University Presidents, Kyung Hee University, Seoul, Korea, June 18-20, 1968. Unpublished manuscript, Dr. Lin Yutang House, Taipei).

第十二章　我话说完了，走了

我走了

林语堂在台湾的最后几年，全部精力都花在编撰《当代汉英词典》，以七十五岁的高龄，夜以继日地工作。繁重的编纂工作对健康肯定有影响。有一次，二女儿林太乙不得不从香港飞回台北，因为林语堂住院了，医生警告说已经发现中风的早期症状，必须好好休息。然而，他的手稿还没有校对完，家里又出了件大事。1971年1月19日，林语堂正和台北故宫博物院主任蒋复璁一起午餐，有人过来报告：也在台北故宫博物院工作的林语堂大女儿林如斯在其办公室上吊自尽。

林语堂有三个女儿——林如斯、林太乙、林相如，1936年和林语堂一起赴美，踏上了她们自己的跨文化旅程。如斯和太乙都成为有才华的作家，相如则成为化学教授。林语堂留学德国最后一年，廖翠凤怀上了林如斯，1923年回到厦门后不久便生了。在纽约她上过道尔顿学院（Dalton Academy）以及哥伦比亚大学。受父亲影响，林如斯很早就开始写作，先后发表了好几部英文作品，包括 *Dawn over Chungking*（《重庆黎明》）和 *Flame from the Rock*（《岩火》）。全家1940年回到战火纷飞的国内，但不久又返美。林如斯对此很不高兴，坚持要留下亲身投入抗战，随家返美后仍然坚持要回国参军，最后于1943年加入林可胜领导的医疗队服役。战后她和在昆明认识的一位中国医生一起回到纽约，两人准备结婚，但当全家邀请亲朋好友摆下订婚宴时，她却和别人私奔了。[1]1946年5月1日《纽约太阳报》曾报道林如斯和理查德·比欧乌（Richard Biow）两周前瞒着林语堂在波士顿罗斯·柯里

---

[1] 林太乙：《林语堂传》，第226页。

尔（Ross H. Currier）法官的家里结婚了。理查德的父亲是纽约一家广告公司的老板，他妹妹曾是如斯在纽约道尔顿学校的同学，两人因此认识相交。[1] 林语堂是纽约社交界名人，所以小报会登这种新闻，这对林语堂一家来说当然很尴尬，但林语堂还是和女婿一家保持了良好的关系。比如庄台公司档案有文件显示，林语堂的《唐人街一家》出版后，分别给理查德的父亲和母亲寄了赠本。新郎新娘结婚后前几年相处得还不错。廖翠凤1949年1月15日去信给华尔希夫妇，拉家常时写道："如斯和狄克过得很好，如斯看来很满意、很幸福。这对我们太重要了，我对此感到很欣慰。"林语堂1949年4月24日给华尔希的信中也提到："如斯和丈夫完全沉浸在幸福之中。他们现在住在纽霍普镇（New Hope）。今年夏天他们会到欧洲来旅游。"

但是幸福的日子没能持久。离婚后林如斯长期抑郁，一直没能走出阴影。1968年5月13日，她也离开纽约来到台湾，在台北故宫博物院担任英文翻译，自杀前刚刚完成一部译著：*Flower Shadows: 40 Poems from the T'ang Dynasty*（《唐诗选译》）。[2]

林如斯自杀一年后，林语堂作《念如斯》诗一首，以兹纪念：

1　"Chinese Girl on Honeymoon: Lin Yutang's Daughter and Husband Are Occupying Little Boston Flat", *The New York Sun*, May 1, 1946.
2　Adet Lin, *Flower Shadows: 40 Poems from the T'ang Dynasty*, Taipei: Chung Hwa Book Company, Ltd., 1970.

第十二章 我话说完了，走了

念如斯

语堂

东方西子
饮尽欧风美雨
不忘故乡情
独思归去

关心桑梓
莫说痴儿误
改妆易服
效力疆场三寒暑

尘缘语
惜花变作催花人
乱红抛落飞泥絮
离人泪犹可拭
心头事忘不得
往事堪哀强欢颜
彩笔新题断肠句

夜茫茫何是归处
不如化作孤鸿飞去

林语堂传：中国文化重生之道

六十一年三月七日 作[1]

大女儿自尽对林语堂和廖翠凤精神上的打击不小，他们的身体状况也每况愈下。之后两位老人便搬到香港居住，和三女儿住一起（二女儿和女婿也在香港），只是有事才偶尔回到台北的寓所。用林太乙的话说，她母亲"忘记了怎样才能笑，即使小孩来看她也不会笑。她整天提心吊胆，时刻注意父亲每一个举动，生怕他会中风。她的脸总是阴沉沉的，嘴巴紧闭着。两个人都像幽灵一样，看上去一下子老了许多"。[2] 但是林语堂还有工作没做完，他还要校对汉英词典手稿。凭着顽强的毅力，终于杀青校样，《林语堂当代汉英词典》于 1972 年 10 月出版。林语堂最后五年住香港期间基本停止了写作，但有一次例外。1975 年，美国西蒙斯学院（Simmons College）的安德森教授摘录林语堂英文著作中的警句，编了一本《林语堂精摘》，林语堂为此写了一篇简短的序言。这是林语堂最后发表的一篇作品，其中他写道：

> 我喜欢古时一位中国作家的话："古人本无须有所言，突然间情不自禁有所言，时而叙事，时而言情，言毕，萧然而去。"我也是情不自禁写了一点东西，现在要说的都说完了，我要走了。[3]

---

1 林语堂:《念如斯》，载林如斯《故宫选介》，台北：中华书局，1972 年，第 4 页。这应该是林语堂最后的中文作品。
2 Lin Taiyi, "My Father, Lin Yutang", *Reader's Digest*, February, 1991, pp. 140–141.
3 Lin Yutang, "Foreword", *Lin Yutang: The Best of an Old Friend*, ed. A. J. Anderson (New York: Mason/Charter, 1975), p. vii.

第十二章　我话说完了，走了

这篇序文写于 1975 年 5 月 19 日。是年 10 月林语堂在香港、台湾两地庆祝八十诞辰，许多亲朋好友和政界、文艺界要人莅临祝贺，林语堂非常高兴。台北的庆贺活动结束后回到香港，林语堂的健康状况急转直下。1976 年 3 月 26 日，林语堂突发心脏病，被送往香港玛丽医院。林太乙赶到医院时，他已被转到急救室。医务人员"试图把氧气罩套在他头上，被他推开……他的心脏停了又跳，来回九次，最后才停止，时间是 1976 年 3 月 26 日晚上 10 点整"。[1] 他的遗体被送往台北寓所，安葬在寓所后花园。

1976 年 3 月 27 日，《纽约时报》头版刊登报道《林语堂，学者－哲学家，去世，享年八十》，还算记得林语堂。其实当时美国人已经差不多忘了林语堂。今天也没多少人还记得林语堂，无论在哪一领域——文学、哲学或汉学界，也没多少人看重林语堂的地位。近年唯一一个领域林语堂常被提起的是亚美研究，它起源于美国少数民族政治话语，强调美国中心，林语堂的作品基本上是被当作该话语的"他者"而拿出来重提，而且主要集中于《唐人街一家》一本小说。林语堂要是地下有知，肯定得发出"会心的微笑"。

也是 1976 年，周恩来、朱德、毛泽东相继去世，唐山大地震震动全国。之后中国将进入改革年代。林语堂的著作一部一部"重见天日"，被重新发掘，不断重印。要是林语堂地下有知，看到他福建两个"故乡"争着抢夺他的"遗产"，也不管要是年轻一代了解了真正的林语堂全貌会是怎样，他的笑声肯定更加爽朗。

美国和中国都没有给林语堂封个桂冠，称他为"伟大的作家""伟

---

[1] Lin Taiyi, "My Father, Lin Yutang", *Reader's Digest*, February, 1991, pp. 142–143.

大的思想家"之类的。他也没有获得诺贝尔文学奖,虽然曾获多次提名。他也没有给自己写个墓志铭。但是,1966 年 2 月 14 日,当时他正在决定晚年在哪里安家,曾发表《译乐隐诗八首》。我想,语堂在天国的栖居也不过如此:

水竹之居	I love my bamboo hut, by water included,
吾爱吾庐	Where rockery o'er stone steps protruded;
石磷磷乱砌皆除	A quiet, peaceful study, small but fine:
轩窗随意	Which is so cozy,
小巧规模	So delightful,
却也清幽	So secluded.
也潇洒	
也宽舒	

阆苑瀛洲	No marble halls, no vermillion towers
金谷红楼	are quite so good as my secluded bowers.
算不如茅舍清幽	The lawn embroidered so with buttercups
野花绣地	Greets me in rain—
莫也风流	Or in shine—
也宜春	Or in showers.
也宜夏	
也宜秋	

第十二章　我话说完了，走了

短短横墙	A short, low wall, with windows hid by trees;
矮矮疏窗	A tiny, little pond myself to please;
忔憜儿小小池塘	And there upon its shady banks:
高低叠障	The fresh air—
绿水旁边	A little moon—
也有些风	A little breeze!
有些月	
有些凉	
懒散无拘	And how about a quiet life leading?
此等何如	From balcony watch the fish feeding,
倚阑干临水观鱼	And earn from moon and flowers a leisure life:
风花雪月	Have friendly chats—
赢得工夫	Some incense—
好炷些香	And some reading？
说些话	
读些书	
日用家常	For household use, some furniture decrepit.
竹儿藤床	Tis enough! the hills and water so exquisite!
靠眼前水色山光	When guests arrive, if there's no wine:
客来无酒	Put on the kettle—

清话何妨	Brew the tea—
但细烹茶	And sip it!
热烘盏	
浅烧汤	
净扫尘埃	O sweep thy yard, but spare the mossy spots!
惜尔苍苔	Let petals bedeck thy steps with purple dots.
任门前红叶铺阶	As in a painting! What's more wonderful:
也堪图画	Some pine trees—
还有奇哉	And bamboos—
有数株松	And apricots!
数竿竹	
数枝梅	
酒熟堪篘	When friend arrives that thou hast so admired,
客至须留	As by some idle nothing in common inspired,
更无荣辱无忧	Ask him to stay and throw away all cares:
退闲一步	And drink when happy—
著甚东西	Sing when drunk—
但倦时眠	Sleep when tired.
渴时饮	
醉时讴	

第十二章　我话说完了，走了

花木栽培　　　　　Let bloom in order pear and peach and cherry!
取次教开　　　　　The morrow lies in the gods, lap—why worry?
明朝事天自安排　　Who knows but what and when our fortune is?
知他富贵几时来　　And so be wise—
　且优游　　　　　　　Be content—
　且随分　　　　　　　Be merry!
　且开怀 [1]

---

[1] 林语堂:《译乐隐诗八首》,《中央日报》, 1966 年 2 月 14 日。

附录

林语堂全集书目 [1]

一、德文及德译中

1923

Altchinesiche Lautlehre. 莱比锡大学博士论文，1923年（未发表）

《海呐选译》，《晨报副镌》，1923年11月23日，第3—4版（署名：林玉堂）

《海呐歌谣第二》，《晨报副镌》，1923年12月31日，第3版（署名：林玉堂）

1924

《海呐选译》，《晨报副镌》，1924年2月2日，第3—4版（署名：林玉堂）

---

[1] 本编目得益于先前两本林语堂作品目录汇编：《当代作家研究资料汇编·林语堂卷》，秦贤次、吴兴文编，林语堂故居藏；以及 "Lin Yutang: A Bibliography of his English Writings and Translations" by Athur James Anderson, Appendix in *Lin Yutang: The Best of an Old Friend*, New York: Mason/Charter, 1975. 真正的《林语堂全集》应该如本编目所示，包括林语堂原著（中、英、德文）以及他自己所作的译文（英译中、中译英、德译中）。另外，本编目不包括他人所译的林语堂原著。我未能作详细统计，但可以估计，林语堂也许是中国文学史上至今为止其作品被译成最多种世界各种语言的作家。

《海呐选译》，《晨报副镌》，1924年2月3日，第4版（署名：林玉堂）
《译德文"古诗无名氏"一首》，《晨报副镌》，1924年4月9日，第3版（署名：林玉堂）
《戏论伯拉多式的恋爱》（译海呐诗），《晨报副镌》，1924年4月24日，第3版（署名：林玉堂）
《海呐春醒集第十七》，《晨报副镌》，1924年4月25日，第3版（署名：林玉堂）
《春醒集（第三十六）》，《晨报副镌》，1924年6月2日，第3版（署名：林玉堂）

1925

《海呐除夕歌》，《语丝》第十一期，1925年1月26日，第7—8版（署名：林玉堂）

二、中文

1917

《创设汉字索引制议》，《科学》，中国科学社发行，1917年10月，第三卷第十期，第1128—1135页（署名：林玉堂）

1918

《汉字索引制说明》（附蔡孑民先生序），《新青年》第四卷第二号，1918年2月15日，第128—135页（收入《语言学论丛》）（署名：林玉堂）
《论汉字索引制及西洋文学》，《新青年》第四卷第四号，1918年，第366—368页（署名：林玉堂）
《分类成语辞书编纂法》，《清华学报》，1918年（收入《语言学论丛》）（署名：林玉堂）

1923

《读汪荣宝歌戈鱼虞模古读考书后》，《国学季利》第一卷第三期，1923年7月，第465—474页（收入《语言学论丛》）（署名：林玉堂）
《国语罗马字拼音与科学方法》，《晨报副镌》，1923年9月12日，第1—3版（收入《语言学论丛》）（署名：林玉堂）
《科学与经书》，《晨报副镌》，1923年12月1日，第21—24页（署名：林玉堂）
《研究方言应有的几个语言学观察点》，《歌谣》增刊，第二十五号，1923年12月17日，第7—11页（收入《语言学论丛》）（署名：林玉堂）

1924

《赵式罗马字改良刍议》，《国语月刊》第二卷第一期，1924年2月，第1—22页（署名：林玉堂）

《北大研究所国学门方言调查会宣言书》，《歌谣》第四十七号，1924年3月16日，第1—3版（收入《语言学论丛》）（署名：林玉堂）

《再论歌戈鱼虞模古读》，《晨报副镌》，1924年3月16日，第1—2版（收入《语言学丛》）（署名：林玉堂）

《对于译名划一的一个紧急提议》，《晨报副镌》，1924年4月4日，第1—2版（收入《语言学论丛》）（署名：林玉堂）

《附记》，（董作宾：《为方言进一解》），《歌谣》第四十九号，1924年4月6日，第2—3版（署名：林玉堂）

《方言调查会方音字母草案》，《歌谣周刊》第五十五号，1924年5月18日，第1—6版（署名：林玉堂）

《方言标音实例》，《歌谣周刊》第五十五号，1924年5月18日，第7—16版（署名：林玉堂）

《征译散文并提倡"幽默"》，《晨报副镌》，1924年5月23日，第3—4版（署名：林玉堂）

《幽默杂话》，《晨报副镌》，1924年6月9日，第1—2版（署名：林玉堂）

《一个研究文学史的人对于贵推该怎样想呢？》，《晨报副镌》，1924年6月16日，第4版（标题改为《论泰戈尔的政治思想》收入《翦拂集》）（署名：东君）

《吃牛肉茶的泰戈尔——答江绍原先生》，《晨报副镌》，1924年6月27日，第3—4版（署名：东君）

《问竺震旦将何以答萧伯讷？》，《晨报副镌》，1924年7月15日，第3—4版（署名：东君）

《一个驴夫的故事》（诗），《晨报副镌》，1924年9月24日，第2—3版（署名：林玉堂）

《古有复辅音说》，《晨报副镌》（六周纪念增刊），1924年12月1日，第206—216页（署名：林玉堂）

《论土气与思想界之关系》，《语丝》第三期，1924年12月1日，第2—4版（署名：林玉堂）（标题改为《论土气》收入《翦拂集》）

1925

《谈理想教育》,《现代评论》(周刊),第一卷第五期,1925年1月10日,第8—12页(署名:林玉堂)(收入《翦拂集》)

《征求关于方言的文章》,《歌谣周刊》第八十四号,1925年3月29日,第1版(署名:林玉堂)

《方音字母表》,《歌谣周刊》第八十五号,1925年4月5日,第1版(署名:林玉堂)

《论性急为中国人所恶》,《猛进》第五期,1925年4月(署名:林玉堂)

《给玄同的信》,《语丝》第二十三期,1925年4月20日,第2—4页

《关于中国方言的洋文论著目录》,《歌谣周刊》第八十九号,1925年5月3日,第6—8页(收入《语言学论丛》)

《谈注音字母及其他》,《国语周刊》第一期,1925年6月14日,第5—8页(收入《语言学论丛》)

《话》,《语丝》第三十期,1925年6月8日,第1—3页

《汉代方音考(一)》,《语丝》第三十一期,1925年6月15日,第4—7页(重刊为:《汉代方音考序》,《厦门大学季刊》第一卷第三期,1926年10月,第1—8页)

《劝文豪歌》,《语丝》第三十一期,1925年6月15日,第13页

《丁在君的高调》,1925年6月24日(收入《翦拂集》)

《随感录》,《语丝》第四十八期,1925年10月12日,第6—8页(标题改为《回京杂感》收入《翦拂集》,有删改)

《谬论的谬论》,《语丝》第五十二期,1925年11月9日,第4—6页(标题改为《读书救国谬论一束》收入《翦拂集》,有删改)

《语丝的体裁》(通信),《语丝》第五十四期,1925年11月23日,第38—39页

《咏名流(附歌谱)》,《语丝》第五十四期,1925年11月23日,第41—42页

《Zarathustra 语录》,《语丝》第五十五期,1925年11月30日,第1—2页(收入《大荒集》)

《插论语丝的文体——稳健,骂人,及费厄泼赖》,《语丝》第五十七期,1925年12月14日,第3—6页(标题改为"论语丝文体"收入《翦拂集》,有删改)

《论骂人之难》,《国民新报副刊》,1925年12月19日(发表于《语丝》第五十九期,1925年12月28日,第7—8页)

《祝土匪》,《莽原》第一期,1926年1月10日,第1—5页(收入《翦拂集》)

《新韵建议》,《北京大学研究所国学门周刊》第一卷第九期,1925年12月,第1—3页(收入《语言学论丛》)

《新韵例言》,《北京大学研究所国学门周刊》第一卷第九期,1925年12月,第3—5页(收入《语言学论丛》)

1926

《鲁迅先生打叭儿狗图》,《京报副刊》,1926年1月23日,第7页(收入《翦拂集》)

《写在刘博士文章及爱管闲事图表的后面》,《语丝》第六十三期,1926年1月25日,第3—4页(标题改为《写在刘博士订正中国现代文坛冤狱表后》收入《翦拂集》)

《对于译莪默诗底商榷》,《语丝》第六十八期,1926年3月1日,第7—8页

《悼刘和珍杨德群女士》,《语丝》第七十二期,1926年3月29日,第1—2页(收入《翦拂集》)

《英语备考之荒谬》,《语丝》第七十四期,1926年4月12日,第6—8页(标题改为《论英文读音》收入《翦拂集》)

《打狗释疑》,1926年4月17日(收入《翦拂集》)

《图书索引之新法》,《语丝》第七十六期,1926年4月26日,第1—2页(收入《语言学论丛》)

《一封通信》,《京报副刊》第471期,第135—136页(收入《翦拂集》)

《"发微"与"告密"》,《京报副刊》第474期,1926年4月23日,第2—3页(收入《翦拂集》)

1927

《平闽十八洞所载的古迹》,《厦大国学研究院周刊》第一卷第二期,1927年1月12日,第12—13页

《七种疑年录统编》(与顾颉刚合编)

《天才乎——文人乎——互捧欤——自捧欤?》,《中央副刊》第五十八号,1927年5月21日

《谈北京》,《中央副刊》第六十五号,1927年5月28日

《萨天师语录(一)》,《中央副刊》第八十号,1927年6月13日(即《萨天师语录(二)》,《语丝》第四卷第十二期,1928年3月19日,第5—8页)(收入《大荒集》)

《西汉方音区域考》,《贡献》第一卷第二期,1927年12月15日,第1—8页（收入《语言学论丛》）

《西汉方音区域考》,《贡献》第一卷第三期,1927年12月25日,第15—20页（收入《语言学论丛》）

1928

《闽粤方言之来源》,《贡献》第一卷第九期,1928年2月25日,第3401—3408页（收入《国立中山大学语言历史研究所周刊》方言专号,第八集第八十五—八十七期合刊,1929年6月26日,第3—10页）（收入《语言学论丛》）

《哈第论死生与上帝》,《语丝》第四卷第十一期,1928年3月12日,第9—22页

《萨天师语录（三）》,《语丝》第四卷第十五期,1928年4月9日,第1—4页（收入《大荒集》）（双语）

《萨天师语录（四）》,《语丝》第四卷第二十四期,1928年6月11日,第1—6页（收入《大荒集》）

《左传真伪与上古方音（上）》,《语丝》第四卷第二十七期,1928年7月2日,第1—34页（收入《语言学论丛》）

《左传真伪与上古方音（下）》,《语丝》第四卷第二十八期,1928年7月9日,第1—14页（收入《语言学论丛》）

《萨天师语录（五）》,《语丝》第四卷第三十三期,1928年8月18日,第17—21页（收入《大荒集》）

《给孔祥熙部长的一封公开信》,《语丝》第四卷第三十八期,1928年9月17日,第41—43页

《古音中已遗失之声母》,《语丝》第四卷第四十二期,1928年10月29日,第1—14页（收入《语言学论丛》）

《子见南子》（A One-Act Tragicomedy）,《奔流》第一卷第六期,1928年11月30日,第921—953页（收入《大荒集》）

《翦拂集》,上海北新书局,1928年12月

1929

《冰莹从军日记序》,《春潮》月刊,第一卷第三期,1929年1月15日,第35—37页（收入《大荒集》）

《萨天师语录（六）》,《春潮》月刊，第一卷第四期，1929年3月15日，第35—39页

《关于"子见南子"的话》,《语丝》第五卷第二十八期，1929年8月23日，第92—96页（收入《大荒集》）

《〈新的文评〉序言》,《语丝》第五卷第三十期，1929年10月7日，第145—156页（收入《大荒集》）

《〈樵歌〉新跋》（与章衣萍先生信）,《语丝》第五卷第四十一期，1929年12月23日，第718—723页（收入《大荒集》）

1930

《支脂之三部古读考》,《国立中央研究院历史语言研究所集刊》第二本第二分，1930年2月23日，第137—152页（收入《语言学论丛》）

《英文语音辨微（一）》,《中学生》创刊号，1930年1月1日，第71—82页

《旧文法之推翻与新文法之建造》,《中学生》第八号，1930年9月1日，第1—7页（收入《大荒集》）

《论现代批评的职务》,收入《大荒集》（1934），第1—9页（双语）

1931

《学风与教育》,《中学生》第十一号，1931年1月1日，第5—12页（收入《大荒集》）

《汉字中之拼音字》,《中学生》第十一号，1931年1月1日，第205—214页（《国立中央研究院历史语言研究所集刊》，第二本第四号，1931年2月23日，第387—392页）（收《语言学论丛》）

《读书的艺术》,《中学生》第十二号，1931年2月1日，第15—22页（收入《大荒集》）

《英文学习法》,《中学生》第十五号，1931年5月1日，第41—56页（收入《大荒集》）

《英文学习法（续第十五号）》,《中学生》第十七号，1931年9月1日，第11—32页（收入《大荒集》）

1932

《中国文化之精神》,《申报月刊》，1932年7月15日，创刊号，第1—7页（收入《大荒集》）（双语）

《缘起》,《论语》第一期，1932年9月16日，第1—3页（无署名）

《悼张宗昌》,《论语》第一期,1932 年 9 月 16 日,第 4 页(双语)
《有驴无人骑》,《论语》第一期,1932 年 9 月 16 日,第 5 页
《中政会先生未学算法》,《论语》第一期,1932 年 9 月 16 日,第 5—6 页
《学者会议》,《论语》第一期,1932 年 9 月 16 日,第 6 页
《中大得人》,《论语》第一期,1932 年 9 月 16 日,第 6 页
《牛兰被审》,《论语》第一期,1932 年 9 月 16 日,第 6—7 页
《"图书评论"多幽默》,《论语》第一期,1932 年 9 月 16 日,第 7—8 页
《李石岑善言性与天道》,《论语》第一期,1932 年 9 月 16 日,第 8 页
《有不为斋随笔——读萧伯纳传偶识》,《论语》第一期,1932 年 9 月 16 日,第 26—29 页(收入《大荒集》)
《答青崖论幽默译名》,《论语》第一期,1932 年 9 月 16 日,第 44—45 页
《岁在壬申》,《论语》第二期,1932 年 10 月 1 日,第 47 页
《一国三公》,《论语》第二期,1932 年 10 月 1 日,第 47—48 页
《述而主义》,《论语》第二期,1932 年 10 月 1 日,第 48 页
《汤尔和识见》,《论语》第二期,1932 年 10 月 1 日,第 48 页
《蒋介石亦论语派中人》,《论语》第二期,1932 年 10 月 1 日,第 48—49 页
《马克思风》,《论语》第二期,1932 年 10 月 1 日,第 49 页
《中国何以没有民治》,《论语》第二期,1932 年 10 月 1 日,第 49—50 页
《阿芳》,《论语》第二期,1932 年 10 月 1 日,第 56—58 页(双语)
《语堂集句:"所学非所用,不知亦能行","自古未闻粪有税,而今只许屁无捐"》,《论语》第二期,1932 年 10 月 1 日,第 57—58 页
《跛童锡祜"卖国救国政策"》,《论语》第二期,1932 年 10 月 1 日,第 74—78 页
《编辑后记》,《论语》第二期,1932 年 10 月 1 日,第 78 页(无署名)
《说难行易》,《论语》第三期,1932 年 10 月 16 日,第 79 页
《思甘地》,《论语》第三期,1932 年 10 月 16 日,第 79 页
《奉旨不哭不笑》,《论语》第三期,1932 年 10 月 16 日,第 80—81 页
《申报新闻报之老大》,《论语》第三期,1932 年 10 月 16 日,第 81 页
《涵养》,《论语》第三期,1932 年 10 月 16 日,第 82 页
《半部韩非治天下》,《论语》第三期,1932 年 10 月 16 日,第 82—83 页(双语)
《我们的态度》,《论语》第三期,1932 年 10 月 16 日,第 85 页

《有不为斋随笔——读邓肯自传》,《论语》第三期,1932年10月16日,第101—106页(收入《大荒集》)
《答徐绪昌》,《论语》第三期,1932年10月16日,第107页
《答李宝泉》,《论语》第三期,1932年10月16日,第107—111页
《答×××小伙计》,《论语》第三期,1932年10月16日,第111—112页
《编辑后记》,《论语》第三期,1932年10月16日,第112页(无署名)
《吾家主席》,《论语》第四期,1932年11月4日,第113页
《汪精卫出国》,《论语》第四期,1932年11月4日,第113—114页
《今年大可买猪仔》,《论语》第四期,1932年11月4日,第114页
《你不好打倒你之下文》,《论语》第四期,1932年11月4日,第115页
《尊禹论》,《论语》第四期,1932年11月4日,第122页
《九疑》,《论语》第四期,1932年11月4日,第124—125页
《文章五味》,《论语》第五期,1932年11月16日,第145页
《谁握此苗》,《论语》第五期,1932年11月16日,第145—146页
《哀梁作友》,《论语》第五期,1932年11月16日,第146—147页(双语)
《陈、胡、钱、刘》,《论语》第五期,1932年11月16日,第147页
《孔子亦论语派中人》,《论语》第五期,1932年11月16日,第147—148页
《黏指民族》,《论语》第五期,1932年11月16日,第148页
《颜任光之幽默》,《论语》第五期,1932年11月16日,第171页
《刘熙亦幽默》,《论语》第五期,1932年11月16日,第171页
《有不为斋随笔——哥伦比亚大学及其他》,《论语》第五期,1932年11月16日,第175—178页(收入《大荒集》)
《编辑罪言》,《论语》第六期,1932年12月1日,第179页
《回也不愚》,《论语》第六期,1932年12月1日,第179—180页
《司法得人》,《论语》第六期,1932年12月1日,第180—181页
《寄怀汉卿》,《论语》第六期,1932年12月1日,第181页
《捐助义勇军》,《论语》第六期,1932年12月1日,第181—182页
《我的戒烟》,《论语》第六期,1932年12月1日,第190—192页(双语)
《编辑后记——论语的格调》,《论语》第六期,1932年12月1日,第209—210页
《脸与法治》,《论语》第七期,1932年12月16日,第211—212页(双语)
《新旧文学》,《论语》第七期,1932年12月16日,第212—213页

《赋得千都》,《论语》第七期,1932年12月16日,第213页
《会心的微笑》,《论语》第七期,1932年12月16日,第214页
《翻译之难》,《申报·自由谈》,1932年12月18日,第18页

1933

《新年的梦想》,《东方杂志》第三十卷第一号,1933年1月1日,第56—57页
《冬至之晨杀人记》,《申报·自由谈》,1933年1月1日,第23页(双语)
《新年恭喜》,《论语》第八期,1933年1月1日,第243—244页
《语堂谐句:"革命文人仁兄大雅嘱:革命尚未努力,同志仍须成功"》,《论语》第八
　　期,1933年1月1日,第244页
《又来宪法》,《论语》第八期,1933年1月1日,第244—245页
《得体文章》,《论语》第八期,1933年1月1日,第245—246页
《文章无法》,《论语》第八期,1933年1月1日,第246—247页
《十大宏愿》,《论语》第八期,1933年1月1日,第247页
《祝寿》,《论语》第九期,1933年1月16日,第291—292页
《笨拙记者受封》,《论语》第九期,1933年1月16日,第292—293页
《个人的梦》,《论语》第九期,1933年1月16日,第293页
《纸烟考》,《论语》第九期,1933年1月16日,第293页
《有不为斋随笔——谈牛津》,《论语》第九期,1933年1月16日,第310—313页
　　(收入《大荒集》)
《吃糍粑有感》,《论语》第十期,1933年2月1日,第323—324页(双语)
《刘铁云之讽刺》,《论语》第十期,1933年2月1日,第324—326页
《吸烟与教育》,《论语》第十期,1933年2月1日,第326—327页
《无题》,《论语》第十期,1933年2月1日,第327页
《"唔笃走嘘"》,《论语》第十期,1933年2月1日,第350页
《等因抵抗歌》,《论语》第十一期,1933年2月16日,第355—356页
《糍粑与糖元宝》,《论语》第十一期,1933年2月16日,第357—358页
《变卖以后须搬场》,《论语》第十一期,1933年2月16日,第358页
《适用青天》,《论语》第十一期,1933年2月16日,第359页
《强奸论语?——答支先生》,《论语》第十一期,1933年2月16日,第385页
《答平凡先生》,《论语》第十一期,1933年2月16日,第386页

《谈萧伯纳》，《申报·自由谈》，1933年2月17日，第16页

《谈萧伯纳（续）》，《申报·自由谈》，1933年2月18日，第19页

《谈萧伯纳（续）》，《申报·自由谈》，1933年2月19日，第18页

《天下第一不通文章》，《论语》第十二期，1933年3月1日，第387—388页

《萧伯纳与上海扶轮会》，《论语》第十二期，1933年3月1日，第388页

《萧伯纳与美国》，《论语》第十二期，1933年3月1日，第388—389页

《水乎水乎洋洋盈耳》，《论语》第十二期，1933年3月1日，第404—405页

《欢迎萧伯纳文考证》，《论语》第十二期，1933年3月1日，第412—413页

《有不为斋随笔——再谈萧伯纳》，《论语》第十二期，1933年3月1日，第422—425页（收入《大荒集》）

《军歌非文人做得的》，《论语》第十三期，1933年3月16日，第433—434页

《斯斐恩斯之谜》，《论语》第十三期，1933年3月16日，第434页

《论佛乘飞机》，《论语》第十三期，1933年3月16日，第434页

《谈言论自由》，《论语》第十三期，1933年3月16日，第451—453页（双语）

《中国究有臭虫否？》，《论语》第十四期，1933年4月1日，第465—467页（双语）

《卢本斯戴恩轶事》，《论语》第十四期，1933年4月1日，第495页

《国文讲话》，《申报·自由谈》，1933年4月14日，第13页

《编辑滋味》，《论语》第十五期，1933年4月16日，第505—506页

《说文德》，《论语》第十五期，1933年4月16日，第506页

《萨天师语录——萨天师与东方朔》，《论语》第十五期，1933年4月16日，第508—509页（双语）

《有不为斋随笔——论文（上）》，《论语》第十五期，1933年4月16日，第532—536页（收入《大荒集》）

《驳——答孤鸿先生》，《论语》第十六期，1933年5月1日，第545—547页

《答罗志希先生书》，《论语》第十六期，1933年5月1日，第584页

《梳、篦、剃、剥及其他》，《论语》第十七期，1933年5月16日，第586页

《金圣叹之生理学》，《论语》第十七期，1933年5月16日，第587页

《春日游杭记》，《论语》第十七期，1933年5月16日，第615—618页（双语）

《萧伯纳论读物》，《申报·自由谈》，1933年5月28日，第14页

《民众教育》，《论语》第十九期，1933年6月16日，第668页

《哈佛味》，《论语》第十九期，1933年6月16日，第668页

《郑板桥共产党》,《论语》第十九期,1933年6月16日,第668—669页
《上海之歌》,《论语》第十九期,1933年6月16日,第669—670页(双语)
《答灵犀君论〈论语〉读法》,《论语》第二十期,1933年7月1日,第708—709页
《不要见怪李笠翁》,《论语》第二十期,1933年7月1日,第709—710页
《思满大人》,《论语》第二十期,1933年7月1日,第730—732页(双语)
《谈女人》,《论语》第二十一期,1933年7月16日,第748页
《女论语》,《论语》第二十一期,1933年7月16日,第749—751页(双语)
《答此生先生》,《论语》第二十一期,1933年7月16日,第788—789页
《基础英文八百五十字》,《论语》第二十二期,1933年8月1日,第792—795页
《大暑养生》,《论语》第二十二期,1933年8月1日,第795—796页
《夏娃的苹果》,《论语》第二十二期,1933年8月1日,第796页
《为洋泾浜英语辩》,《论语》第二十三期,1933年8月16日,第836—838页(双语)
《说避暑之益》,《论语》第二十三期,1933年8月16日,第839—840页(双语)
《让娘儿们干一下吧!》,《申报·自由谈》,1933年8月18日,第17页(双语)
《白克夫人之伟大》,《论语》第二十四期,1933年9月1日,第880—881页
《婚嫁与女子职业》,《论语》第二十四期,1933年9月1日,第881—883页(双语)
《拿去我脸上的毛》,《申报·自由谈》,1933年9月10日,第23页
《论语周年秋兴有感》,《论语》第二十五期,1933年9月16日,第2页(无署名)
《世界标准英汉辞典之荒谬》,《论语》第二十五期,1933年9月16日,第3—4页(无署名)
《大荒集序》,《论语》第二十五期,1933年9月16日,第4—5页(无署名)
《论语录体之用》,《论语》第二十六期,1933年10月1日,第82—84页(无署名)
《可憎的白话四六》,《论语》第二十六期,1933年10月1日,第84—85页(无署名)
《我的话——论政治病》,《论语》第二十七期,1933年10月16日,第126—127页(双语)
《我的话——论文(下)》,《论语》第二十八期,1933年11月1日,第170—173页
《我的话——与陶亢德书》,《论语》第二十八期,1933年11月1日,第173页
《民国廿二年吊国庆》,《论语》第二十八期,1933年11月1日,第176页
《我的话——提倡俗字》,《论语》第二十九期,1933年11月16日,第214—218页
《论踢屁股》,《申报·自由谈》,1933年11月26日,第19页

《我的话——我怎样买牙刷》,《论语》第三十期,1933年12月1日,第258—262页（双语）

《答周劭论语录体写法》,《论语》第三十期,1933年12月1日,第299页

《秋天的况味》,《申报·自由谈》,1933年12月15日,第15页

《我的话——文字国（萨天师语录——其六）》,《论语》第三十一期,1933年12月16日,第303—304页

《我的话——有不为斋解》,《论语》第三十一期,1933年12月16日,第304—305页（双语）

《答钱克顺〈读了二十九期《提倡俗字》后的一封信〉》,《论语》第三十一期,1933年12月16日,第342—343页

《陈宋淮楚歌寒对转考》,《蔡元培先生六十五岁庆祝论文集》,国立中央研究院,1933年1月,第425—428页

《语言学论丛》,上海：开明书店,1933年

1934

《我的话——与德哥派拉书——东方美人辩》,《论语》第三十二期,1934年1月1日,第346—347页（双语）

《俗字讨论栏——答高植书》,《论语》第三十二期,1934年1月1日,第426页

《辞通序》,《申报·自由谈》,1934年1月9日,第14页

《我的话——论幽默（上篇、中篇）》,《论语》第三十三期,1934年1月16日,第434—438页

《我的话——怎样写"再启"》,《论语》第三十四期,1934年2月1日,第478—480页（双语）

《说潇洒》,《文饭小品》月刊,第一期,1934年2月5日,第5—8页

《论读书》,《申报月刊》第三卷第二期,1934年2月15日,第71—75页（收入《大荒集》）

《我的话——论幽默（下篇）》,《论语》第三十五期,1934年2月16日,第522—525页

《有不为斋随笔——宗教与藏府》,《论语》第三十五期,1934年2月16日,第525—526页

《答郭绳武"幽默与诗教"书》,《论语》第三十五期,1934年2月16日,第569页

《我的话——作文六诀序》,《论语》第三十六期,1934年3月1日,第574页
《林语堂启事》,《论语》第三十六期,1934年3月1日,第574页
《论笑之可恶》,《申报·自由谈》,1934年3月10日,第18页
《〈水浒〉西评》,《人言》周刊,第一卷第四期,1934年3月12日,第77页
《我的话——作文六诀》,《论语》第三十七期,1934年3月16日,第618—622页
《我的话——再与陶亢德书》,《论语》第三十八期,1934年4月1日,第661—662页
《我的话——发刊人间世意见书》,《论语》第三十八期,1934年4月1日,第662页
《跋徐訏'谈中西艺术'》,《论语》第三十八期,1934年4月1日,第685—686页
《伦敦的乞丐》,《文学》月刊,第二卷第四号,1934年4月1日,第630—631页(双语)
《慈善启蒙》,《文饭小品》月刊,第三期,1934年4月5日,第17—22页
《发刊词》,《人间世》第一期,1934年4月5日,第1页
《和岂明先生五秩寿诗原韵》,《人间世》第一期,1934年4月5日,第7页
《我的话——论西装》,《论语》第三十九期,1934年4月16日,第706—708页(双语)
《我的话——论语文选序》,《论语》第三十九期,1934年4月16日,第708页
《论以白眼看苍蝇之辈》,《申报·自由谈》,1934年4月16日,第14页
《编辑室语》,《人间世》第二期,1934年4月20日,第2页
《论谈话》,《人间世》第二期,1934年4月20日,第21—25页
《吴宓》,《人间世》第二期,1934年4月20日,第44—45页
《周作人诗读法》,《申报·自由谈》,1934年4月26日,第17页
《方巾气研究》,《申报·自由谈》,1934年4月28日,第17页
《方巾气研究》,《申报·自由谈》,1934年4月30日,第17页
《我的话——语录体举例》,《论语》第四十期,1934年5月1日,第750—752页
《方巾气研究(三)》,《申报·自由谈》,1934年5月3日,第20页
《胡适之》,《人间世》第三期,1934年5月5日,第41—42页
《我的话——俗字讨论撮要》,《论语》第四十一期,1934年5月16日,第792—795页
《答峇峇"穿中装才是怕老婆"书》,《论语》第四十一期,1934年5月16日,第833页
《答王静"卸西装法"书》,《论语》第四十一期,1934年5月16日,第833—834页
《答黄杰问'袁中郎尺牍'书》,《论语》第四十一期,1934年5月16日,第834页
《说小品文半月刊》,《人间世》第四期,1934年5月20日,第7页

《我的话——言志篇》,《论语》第四十二期,1934年6月1日,第836—838页(双语)
《母猪渡河》,《人间世》第五期,1934年6月5日,第8—9页
《纪春园琐事》,《人间世》第五期,1934年6月5日,第25—27页(双语)
《我的话——梦影》,《论语》第四十三期,1934年6月16日,第880—881页(双语)
《论作文》,《人言》周刊,第一卷第十八期,1934年6月16日,第355页
《大荒集》,上海生活书店,1934年6月(除以上所列外,另收入:《序》《机器与精神》《读书阶级的吃饭问题》《我所得益的一部英文字典》《西部前线平静无事序》《关于〈子见南子〉的文件》)
《我的话——假定我是土匪》,《论语》第四十四期,1934年7月1日,第924—926页(双语)
《我的话——行素集序》,《论语》第四十四期,1934年7月1日,第926页
《中国人之聪明》,《人间世》第六期,1934年7月5日,第6—7页
《论小品文笔调》,《人间世》第六期,1934年7月5日,第10—11页
《我的话——一张字条的写法》,《论语》第四十五期,1934年7月16日,第968—970页
《论玩物不能丧志》,《人间世》第七期,1934年7月20日,第6页
《说自我》,《人间世》第七期,1934年7月20日,第7页
《说本色之美》,《文饭小品》月刊,第六期,1934年7月31日,第1—4页
《我的话——山居日记》,《论语》第四十六期,1934年8月1日,第1017—1018页
《时代与人》,《人间世》第八期,1934年8月5日,第8—9页
《我的话——山居日记(续)》,《论语》第四十七期,1934年8月16日,第1056—1057页
《我的话——林语堂启事》,《论语》第四十七期,1934年8月16日,第1057页
《英人古怪的脾气》,《人间世》第九期,1934年8月20日,第15—17页
《论中西画》,收入《我的话——行素集》,上海时代图书,1934年8月,第68—71页
《跋〈牛羊之际〉》,收入《我的话——行素集》,上海时代图书,1934年8月,第163—164页
《我的话——有不为斋丛书序》,《论语》第四十八期,1934年9月1日,第1098—1100页
《无字的批评》,《人间世》第十期,1934年9月5日,第6—8页

《说浪漫》,《人间世》第十期,1934年9月5日,第15—16页
《四十自叙》,《论语》第四十九期,1934年9月16日,第6—7页
《大学与小品文笔调》,《人间世》第十一期,1934年9月20日,第5—6页
《罗素离婚》,《人间世》第十一期,1934年9月20日,第10—12页(双语)
《有不为斋丛书序》,《人间世》第十一期,1934年9月20日,第25—27页
《我的话——狂论》,《论语》第五十期,1934年10月1日,第87—89页
《辜鸿铭特辑编者弁言》,《人间世》第十二期,1934年10月5日,第26页
《有不为斋随笔——辜鸿铭》,《人间世》第十二期,1934年10月5日,第37—40页
《我的话——沙蒂斯姆与尊孔》,《论语》第五十一期,1934年10月16日,第134—135页
《说大足》,《人间世》第十三期,1934年10月20日,第8—9页
《怎样洗炼白话入文》,《人间世》第十三期,1934年10月20日,第10—18页
《关于本刊》,《人间世》第十四期,1934年11月5日,第15—16页
《我的话——一篇没有听众的演讲》,《论语》第五十三期,1934年11月16日,第227—230页(双语)
《我的话——今译美国独立宣言》,《论语》第五十四期,1934年12月1日,第270—272页(双语)
《有不为斋随笔——笑》,《人间世》第十六期,1934年12月5日,第23页
《有不为斋随笔——笔名之滥用》,《人间世》第十六期,1934年12月5日,第23—24页
《我的话——游杭再记》,《论语》第五十五期,1934年12月16日,第315—317页
《说个人笔调》,《新语林》第一期,第8—11页

1935

《我的话——跋西洋幽默专号》,《论语》第五十六期,1935年1月1日,第363页
《我的话——做文与做人》,《论语》第五十七期,1935年1月16日,第442—447页
《谈劳伦斯》,《人间世》第十九期,1935年1月20日,第33—36页
《我的话——思孔子》,《论语》第五十八期,1935年2月1日,第486—488页(双语)
《我的话——记元旦》,《论语》第五十九期,1935年2月16日,第530—531页(双语)
《我的话——裁缝道德》,《论语》第六十期,1935年3月1日,第578—579页(双语)
《小品文之遗绪》,《人间世》第二十二期,1935年3月5日,第42—45页

《哀莫大于心死》,《人间世》第二十三期,1935 年 3 月 20 日,第 44 页
《林语堂启事》,《论语》第六十二期,1935 年 4 月 1 日,第 674 页
《我的话——教育罪言》,《论语》第六十二期,1935 年 4 月 1 日,第 674—676 页
《还是讲小品文之遗绪》,《人间世》第二十四期,1935 年 4 月 5 日,第 35—36 页
《我的话——与徐君论白话文言书》,《论语》第六十三期,1935 年 4 月 16 日,第 722—725 页
《我的话——我不敢游杭》,《论语》第六十四期,1935 年 5 月 1 日,第 773—775 页（双语）
《谈中西文化》,《人间世》第二十六期,1935 年 5 月 5 日,第 37—41 页
《我的话——广田示儿记》,《论语》第六十五期,1935 年 5 月 16 日,第 822—824 页（双语）
《今文八弊（上）》,《人间世》第二十七期,1935 年 5 月 20 日,第 40—41 页
《今文八弊（中）》,《人间世》第二十八期,1935 年 6 月 5 日,第 38—40 页
《我的话——摩登女子辩》,《论语》第六十七期,1935 年 6 月 16 日,第 917—919 页（双语）
《今文八弊（下）》,《人间世》第二十九期,1935 年 6 月 20 日,第 36—38 页
《大义觉迷录》,《人间世》第三十期,1935 年 7 月 5 日,第 33—36 页
《我的话——竹话》,《论语》第六十九期,1935 年 8 月 1 日,第 1008—1010 页（双语）
《中国的国民性》,《人间世》第三十二期,1935 年 8 月 5 日,第 11—15 页
《我的话——论握手》,《论语》第七十二期,1935 年 9 月 16 日,第 1136—1137 页（双语）
《孤崖一枝花》,《宇宙风》第一期,1935 年 9 月 16 日,第 1 页
《无花蔷薇》,《宇宙风》第一期,1935 年 9 月 16 日,第 1 页
《姑妄听之》,《宇宙风》第一期,1935 年 9 月 16 日,第 2 页
《流浪者自传（引言）》,《宇宙风》第一期,1935 年 9 月 16 日,第 14 页
《烟屑》,《宇宙风》第一期,1935 年 9 月 16 日,第 38—39 页
《且说本刊》,《宇宙风》第一期,1935 年 9 月 16 日,第 53—54 页
《编辑后记》,《宇宙风》第一期,1935 年 9 月 16 日,第 55—56 页
《我的话——论语三周年》,《论语》第七十三期,1935 年 10 月 1 日,第 2 页
《不怕笔记》,《宇宙风》第二期,1935 年 10 月 1 日,第 57—58 页

《论裸体运动》,《宇宙风》第二期,1935年10月1日,第79—81页(双语)
《烟屑》,《宇宙风》第二期,1935年10月1日,第92页
《编辑后记》,《宇宙风》第二期,1935年10月1日,第98页
《所望于申报》,《宇宙风》第三期,1935年10月16日,第115—116页
《不知所云》,《宇宙风》第三期,1935年10月16日,第117页
《谈螺丝钉》,《宇宙风》第三期,1935年10月16日,第126—128页
《烟屑》,《宇宙风》第三期,1935年10月16日,第153页
《我的话——谈米老鼠》,《论语》第七十五期,1935年11月1日,第129—132页(双语)
《提倡方言文学》,《宇宙风》第四期,1935年11月1日,第172页
《说闲情》,《宇宙风》第四期,1935年11月1日,第173—175页
《再谈螺丝钉》,《宇宙风》第四期,1935年11月1日,第176—180页
《读书与看书》,《宇宙风》第五期,1935年11月16日,第219页
《救救孩子》,《宇宙风》第五期,1935年11月16日,第219—220页
《三谈螺丝钉》,《宇宙风》第五期,1935年11月16日,第224—227页
《姑妄听之》,《宇宙风》第五期,1935年11月16日,第221页
《写中西文之别》,《宇宙风》第六期,1935年12月1日,第269—270页
《四谈螺丝钉》,《宇宙风》第六期,1935年12月1日,第274—277页
《烟屑》,《宇宙风》第六期,1935年12月1日,第306页
《浮生六记英译自序》,《人间世》第四十期,1935年12月5日,第3—4页(双语)
《说耻恶衣恶食》,《宇宙风》第七期,1935年12月16日,第313—314页
《记翻印古书》,《宇宙风》第七期,1935年12月16日,第318—322页
《烟屑》,《宇宙风》第七期,1935年12月16日,第352—353页
《我的话——国事亟矣》,《论语》第七十八期,1935年12月16日,第256—257页

1936

《我的话——记隐者》,《论语》第七十九期,1936年1月1日,第302页
《关于北平学生一二九运动》,《宇宙风》第八期,1936年1月1日,第355—356页
《编辑后记》,《宇宙风》第八期,1936年1月1日,第422页
《外人之旁观者》,《宇宙风》第九期,1936年1月16日,第423页
《我的话——外交纠纷》,《论语》第八十期,1936年1月16日,第380—381页

《告学生书》,《宇宙风》第九期,1936年1月16日,第423页

《论躺在床上》,《宇宙风》第九期,1936年1月16日,第440—442页(双语)

《考试分数之不可靠》,《宇宙风》第十期,1936年2月1日,第471—472页

《论电影流泪》,《宇宙风》第十期,1936年2月1日,第475—477页(双语)

《编辑后记》,《宇宙风》第十期,1936年2月1日,第516页

《艺术的帝国主义》,《宇宙风》第十一期,1936年2月16日,第518—519页

《记性灵》,《宇宙风》第十一期,1936年2月16日,第525—526页

《姑妄听之》,《宇宙风》第十二期,1936年3月1日,第563页

《茵治论考试》,《宇宙风》第十二期,1936年3月1日,第565—566页

《冀园被偷记》,《宇宙风》第十二期,1936年3月1日,第567—569页

《编辑后记》,《宇宙风》第十二期,1936年3月1日,第609页

《谈复古》,《天地人》半月刊,第一期,1936年3月1日,第22页

《与又文先生论〈逸经〉》,《逸经》半月刊,第一期,1936年3月5日,第58—59页

《节育问题常识》,《宇宙风》第十三期,1936年3月16日,1—3页

《叩头与卫生》,《宇宙风》第十三期,1936年3月16日,第23—24页(双语)

《两部英文字典》,《宇宙风》第十三期,1936年3月16日,第75页

《姑妄听之》,《宇宙风》第十三期,1936年3月16日,第76页

《编辑后记》,《宇宙风》第十三期,1936年3月16日,第77页

《姑妄听之》,《宇宙风》第十四期,1936年4月1日,第80页

《吃草与吃肉》,《宇宙风》第十四期,1936年4月1日,第85—86页

《姑妄听之》,《宇宙风》第十五期,1936年4月16日,第128页

《游山日记读法》,《宇宙风》第十五期,1936年4月16日,第149—152页

《编辑后记》,《宇宙风》第十五期,1936年4月16日,第172页

《姑妄听之》,《宇宙风》第十六期,1936年5月1日,第176页

《跋众愚节字林西报社论》,《宇宙风》第十六期,1936年5月1日,第186—188页

《姑妄听之》,《宇宙风》第十七期,1936年5月16日,第225—226页

《编辑后记》,《宇宙风》第十七期,1936年5月16日,第269页

《古书有毒辩》,《宇宙风》第十八期,1936年6月1日,第269—270页

《申报的医药附刊》,《宇宙风》第十八期,1936年6月1日,第270—271页

《字林西报评走私》,《宇宙风》第十八期,1936年6月1日,第271—272页

《编辑后记》,《宇宙风》第十九期,1936年6月16日,第391页

《姑妄听之》,《宇宙风》第二十期,1936年7月1日,第396—397页
《编辑后记》,《宇宙风》第二十期,1936年7月1日,第445页
《关于京话》,《宇宙风》第二十二期,1936年8月1日,第506页
《编辑后记》,《宇宙风》第二十二期,1936年8月1日,第537页
《中国杂志的缺点(西风发刊词)》,《宇宙风》第二十四期,1936年9月1日,第583页
《临别赠言》,《宇宙风》第二十五期,1936年9月16日,第79—82页
《与友人书》,《谈风》半月刊,第一期,1936年10月25日,第8—12页
《抵美印象》,《宇宙风》第三十期,1936年12月1日,第326—329页(双语)
《课儿小记》,《宇宙风》第三十一期,1936年12月16日,第345—347页

1937

《悼鲁迅》,《宇宙风》第三十二期,1937年1月1日,第394—395页
《谈好莱坞》,《宇宙风》第三十七期,1937年3月16日,第1—3页
《自由并没有死》,《宇宙风》第四十三期,1937年6月16日,第298—300页
《关于〈吾国与吾民〉》,《宇宙风》第四十九期,1937年10月16日,第30—31页

1938

《海外通信》,《宇宙风》第五十七期,1938年1月11日,第330—331页

1939

《关于我的长篇小说》,《宇宙风》(乙刊)第十五期,1939年10月16日,第646—647页
《希特勒与魏忠贤》,《宇宙风》(乙刊)第十七期,1939年11月16日,第731—733页

1940

《我怎样写瞬息京华》,《宇宙风》第一百期,1940年5月16日,第102—103页
《论中国外交方略》,《大公报》,1940年7月23日(双语)
《谈西洋杂志》,《西洋文学》月刊,第二期,1940年10月1日,第164—166页

1941

《谈郑译〈瞬息京华〉》,《宇宙风》第一百十三期,1941年2月16日,第113—116页

1943

《论东西文化与心理建设》,《大公报》,1943年10月26日,第3版

1952

《苏小妹无其人考》,《天风》创刊号,1952年4月,第5—10页
《苏东坡与其堂妹》,《天风》第二期,1952年5月,第2—7页
《说SN-,说SF-》,《天风》第六期,1952年9月,第39页
《英译重编传奇小说弁言》,《天风》第七期,1952年10月,第2—5页(双语)

1958

《老庄考据方法之错误(演讲稿)》,《中央日报》二版,1958年10月28日
《平心论高鹗》,《中央研究院历史语言研究所集刊》(第二十九本下),1958年11月

1962

《追悼胡适之先生》,《海外论坛》杂志,1962年4月1日

1965

《谈丘吉尔的英文》,《中央日报》六版,1965年2月18日
《记周氏兄弟》,《中央日报》六版,1965年3月26日
《记纽约钓鱼》,《中央日报》六版,1965年4月2日
《记蔡孑民先生》,《中央日报》六版,1965年4月9日
《释雅健》,《中央日报》六版,1965年4月19日
《无题有感》,《中央日报》六版,1965年4月26日
《说孽相》,《台湾新生报》三版,1965年5月10日
《〈逃向自由城〉序》,《逃向自由城》,台北:中央通讯社,1965年
《闲话苏东坡》,《中央日报》三版,1965年5月17日
《记大千话敦煌》,《台湾新闻报》八版,1965年5月24日
《说雅健达》,《中央日报》六版,1965年5月31日

《与大千先生无所不谈》,《中央日报》六版,1965年6月14日
《介绍奚梦农》,《中央日报》六版,1965年6月28日
《毛姆和莫泊桑》,《中央日报》三版,1965年7月12日
《整理汉字草案(上)》,《中央日报》七版,1965年7月16日
《整理汉字草案(下)》,《中央日报》七版,1965年7月19日
《笑话得很》,《中央日报》六版,1965年7月26日
《论译诗》,《中央日报》十版,1965年8月2日
《可蘑途中》,《中央日报》三版,1965年8月9日
《瑞士风光》,《中央日报》六版,1965年8月16日
《说斐尼斯》,《中央日报》六版,1965年8月23日
《杂谈奥国》,《中央日报》六版,1965年9月6日
《苏东坡与小二娘》,《中央日报》六版,1965年10月4日
《国语的宝藏》,《中央日报》六版,1965年10月11日
《元稹的酸豆腐》,《中央日报》六版,1965年10月18日
《国语文法的建设》,《中央日报》六版,1965年11月2日
《续谈国语文法的建设》,《中央日报》六版,1965年11月8日
《从碧姬芭社小姐说起》,《中央日报》六版,1965年12月6日
《说萨尔特》,《中央日报》六版,1965年12月20日

1966

《说高本汉》,《中央日报》六版,1966年1月3日
《论碧姬芭社的头发》,《中央日报》六版,1966年1月10日
《论部首的改良》,《中央日报》六版,1966年3月7日
《谈趣》,《中央日报》六版,1966年3月14日
《再谈晴雯的头发》,《中央日报》六版,1966年3月21日
《说高鹗手定的红楼梦稿》,《中央日报》六版,1966年3月28日
《跋曹允中〈红楼梦后四十回作者问题的研究〉》,《中央日报》六版,1966年4月20日
《红楼梦人物年龄的考证》,《中央日报》六版,1966年5月2日
《恭喜阿丽西亚》,《中央日报》六版,1966年5月16日
《论大闹红楼》,《中央日报》六版,1966年5月30日

《俞平伯否认高鹗作伪原文》,《中央日报》六版,1966年6月6日
《论色即是空》,《中央日报》六版,1966年7月4日
《说戴东原斥宋儒理学》,《中央日报》六版,1966年7月11日
《忆鲁迅(一)》,《中央日报》六版,1966年7月18日
《忆鲁迅(二)》,《中央日报》六版,1966年7月19日
《说西洋理学》,《中央日报》九版,1966年7月25日
《论孔子的幽默》,《中央日报》九版,1966年8月1日
《论情》,《中央日报》九版,1966年8月8日
《失学解》,《中央日报》九版,1966年8月22日
《再论孔子近情》,《中央日报》六版,1966年8月29日
《回忆童年》,《传记文学》(九:2),1966年8月
《记鸟语》,《中央日报》六版,1966年9月19日
《论赤足之美》,《中央日报》六版,1966年9月26日
《近代中国文字之趋势》,《华侨日报》二张三页,1966年10月2日
《〈二十世纪人文科学〉序言》,《中央日报》九版,1966年10月10日
《论学问与知识》,《中央日报》六版,1966年10月24日
《论恶性读书》,《中央日报》六版,1966年11月7日
《恶性补习论》,《中央日报》六版,1966年11月21日
《论买东西》,《中央日报》六版,1966年12月26日
《无所不谈》一集,台北:文星书店,1966

1967

《论文艺如何复兴与法子》,《中央日报》六版,1967年1月9日
《温情主义》,《中央日报》六版,1967年1月16日
《戴东原与我们》,《中央日报》六版,1967年1月23日
《国语的将来》,《中国语文》(二十:1),1967年1月
《记身体总检查》,《中央日报》六版,1967年2月27日
《想念蔡元培先生》,《传记文学》(十:2),1967年2月
《联考哲学》,《中央日报》六版,1967年3月6日
《论守古与维新》,《中央日报》六版,1967年3月20日
《〈形音义综合大字典〉序》,《中央日报》六版,1967年3月27日

《无所不谈第二集序》,《中央日报》六版,1967年4月17日
《重刊〈语言学论丛〉序》,《中央日报》六版,1967年4月24日
《红楼梦自曹雪芹手笔》(演讲稿),《中央日报》五版,1967年5月5日
《喝！孟子！》,《中央日报》十版,1967年5月22日
《林语堂先生来函》,《中央日报》十版,1967年5月31日
《四十自述诗序》,《传记文学》(十：四),1967年5月
《再论红楼梦百二十回本——答葛赵诸先生》,《联合报》九版,1967年6月2日
《论解嘲》,《中央日报》十版,1967年6月12日
《记游台南》,《中央日报》十版,1967年7月3日
《介绍〈曲城说〉》,《中央日报》十版,1967年7月10日
《论台湾的英语教学》,《中央日报》十版,1967年7月17日
《再论姚颖与小品文》,《中央日报》九版,1967年8月7日
《伯娄伊大学革新译述》,《中央日报》九版,1967年8月21日
《连金成著〈文学与农业〉序》,《中央日报》九版,1967年9月4日
《谈钱穆先生之经学》,《中华日报》九版,1967年9月18日
《论他、她、它及'他她们'的怪物》,《中央日报》九版,1967年10月23日
《论言文一致》,《中央日报》九版,1967年11月13日
《论汉字中之变音变义》,《中央日报》九版,1967年11月20日
《论大专联考亟应废止》,《中央日报》九版,1967年12月4日
《无所不谈》二集,台北：文星书店,1967

1968
《论东西思想法之不同（上）》,《中央日报》九版,1968年2月12日
《论东西思想法之不同（中）》,《中央日报》九版,1968年3月4日
《论东西思想法之不同（下）》,《中央日报》九版,1968年3月30日
《整理国故与保存国粹》,《中华日报》二版,1968年3月20日
《〈林语堂自传〉序（上）》,《传记文学》(十二：3),1968年3月
《论做好一个人》,《中央日报》九版,1968年5月6日
《论英文轻读》,《中央日报》九版,1968年6月3日
《殷颖〈归回田园〉序》,《中华日报》九版,1968年6月13日
《〈帝王生活续篇〉序》,《中央日报》十二版,1968年7月28日

《语堂文集序言及校勘记》,《中央日报》九版,1968年8月3日
《论中外的国民性——八月廿五日教育部文化局"中华文化之特质"学术演讲》,《中央日报》九版,1968年8月26日
《说诚与伪》,《中央日报》九版,1968年10月14日
《怎样把英文学好——英语教学讲话之一》,《中央日报》九版,1968年11月11日
《上下形检字法缘起》,《中央日报》九版,1968年12月2日
《图书馆、书目与读书指导——"民国"五十六年十二月十日在中国图书馆学会第十五届年会演讲词节录》,《中国图书馆学会会报》第二十期,1968年12月

1969
《中国语辞的研究》,《中央日报》九版,1969年1月13日
《上下形检字法序言》,《故宫季刊》特刊1,1969年2月
《答庄练关于苏小妹》,《中央日报》九版,1969年2月5日
《台湾话中的代名词》,《中央日报》九版,1969年2月24日
《论今日台湾的国语读音之误》,《中央日报》九版,1969年3月18日
《再论整理汉字的重要》,《中央日报》九版,1969年4月21日
《整理汉字的宗旨与范围》,《中央日报》九版,1969年5月26日
《海外钓鱼乐》,《中央日报》九版,1969年6月23日
《介绍沈承〈祭震女文〉》,《中央日报》九版,1969年7月28日
《我的青年时代》,《幼狮文艺》一八八,1969年8月
《来台后二十四快事》,《中央日报》九版,1969年9月1日
《论有闲阶级的文学》,《中央日报》九版,1969年10月27日
《中国常用字之推行》(演讲稿),《中央日报》七版,1969年11月4日
《汉字有整理统一及限制之必要》,《中央日报》九版,1969年12月8日

1970
《说福禄特尔与中国迷》,《中央日报》九版,1970年1月12日
《论东西方幽默》(第卅七届国际笔会演讲稿),《中央日报》二、三版,1970年7月5日
《〈新闻常用字之整理〉序》,《联合报》九版,1970年9月1日

林语堂传：中国文化重生之道

1971

《联合报创用常用字的贡献》，《联合报》十五版，1971 年 9 月 16 日

1972

《念如斯》，载林如斯女士遗著《故宫选介》，台北：中华书局，1972 年，第 4 页

1974

《我最难忘的人物——胡适博士》，《读者文摘》，1974 年 10 月

林语堂信笺

"致胡适"，收入《胡适来往书信选》以及《胡适遗稿及秘藏书信》
"致蒋介石"（四封），林语堂故居藏

林语堂手迹

Straddling East and West: Lin Yutang, A Modern Literatus, The Lin Yutang Family Collection of Chinese Painting and Calligraphy, New York: The Metropolitan Museum of Art, 2007.

未发表著作

《为罗马字可以独立使用一辩》，1921 年 3 月 7 日（署名：林玉堂），中国社会科学院近代史研究所藏"胡适档案"，卷号 1416

《林语堂日记》，1929 年 1 月 1 日至 1932 年 1 月 20 日，私人收藏

三、英译中

1923

《答马斯贝哢(Maspero)论切韵之音》,(译高本汉[Bernhard Karlgren]原著),《国学季利》第一卷第三期,1923年7月,第475—503页(收入《语言学论丛》时加跋)(署名:林玉堂)

1926

《译莪默五首》,《语丝》第六十六期,1926年2月15日,第2—3页

1928

《戴密微印度支那语言书目》,[法]戴密微(Paul Demieville)著,《东方杂志》第二十五卷第六期,1928年3月25日,第71—81页(收入《语言学论丛》)

《安特卢亮评论哈代(译)》,《北新半月刊》第二卷第九期,1928年3月16日,第51—60页

《论静思与空谈》,[英]王尔德(Oscar Wilde)著,《语丝》第四卷第十三期,1928年3月26日,第1—7页

《论创作与批评》,[英]王尔德著,《语丝》第四卷第十八期,1928年4月30日,第1—6页

《批评家与少年美国》,[美]布鲁克斯(Van Wyck Brooks)著,《奔流》第一卷第一期,1928年6月20日,第41—61页

《Henrik Ibsen(易卜生)》,[丹麦]勃兰兑斯(Georg Brandes)著,《奔流》第一卷第三期,1928年8月20日,第431—481页

《新的批评》,译[美]斯宾加恩(Joel Elias Spingarn)著,《奔流》第一卷第四期,1928年9月20日,第617—638页

《国民革命外纪》,上海北新书局

1929

《法国文评(上)》,[爱尔兰]道登(Edward Dowden)著,《奔流》第二卷第一期,第1—16页

《法国文评(下)》,[爱尔兰]道登著,《奔流》第二卷第二期,第177—187页

《七种艺术与七种谬见》，[美]斯宾加恩著，《北新》月刊，第三卷第十二期，1929年6月16日，第47—53页

《印象主义的批评》，[英]王尔德著，《北新》月刊，第三卷第十八期，1929年9月16日，第65—70页

《批评家的要德》，《北新》月刊，第三卷第二十二期，1929年11月16日，第81—85页

《美学：表现的科学（上）》，[意]克罗齐（Bendetto Croce）著，《语丝》第五卷第三十六期，1929年11月18日，第433—445页

《美学：表现的科学（下）》，[意]克罗齐著，《语丝》第五卷第三十七期，1929年11月25日，第481—499页

《女子与知识》，[英]罗素夫人著，上海北新书局

《易卜生评传及其情书》，[丹麦]勃兰兑斯著，林语堂主编"现代读者丛书"第一种，上海春潮书局

《新俄学生日记》，[俄]奥格涅夫（N. Ognyov）著，与张友松合译，林语堂主编"现代读者丛书"第三种，上海春潮书局

1930

《新的文评》，[美]斯宾加恩等著，上海北新书局

1931

《卖花女》，[英]萧伯纳著，上海开明书店

1933

《两封关于文化合作的信》，《申报月刊》第二卷第七号，第65—69页

1934

《吃上帝的讨论》，收入《大荒集》，上海生活书店，1934年6月，第106—111页

《易卜生的情书》，收入《大荒集》，上海生活书店，1934年6月，第111—119页

《辜鸿铭论》，[丹麦]勃兰兑斯著，《人间世》第十二期，1934年10月5日，第27—32页

《女子与自杀》，[美]卡斯尔（Marian J. Castle）著，《人间世》第十六期，1934年12月5日，第3—4页

1935

《我的话——人生七记》，[英]莎士比亚著，《论语》第五十六期，1935年1月1日，第363—364页

《我的话——市场的苍蝇》，[德]尼采著，《论语》第五十六期，1935年1月1日，第364—365页

1936

《猫与文学》，[英]赫胥黎（Aldous Huxley）著，《人间世》第二十二期，1936年8月1日，第499—502页

1945

《啼笑皆非》，林语堂原著，与徐诚斌合译，重庆商务印书馆

1966

《基金委员会斗法宝记》，[美]巴克沃德（Art Buchwald）著，《中央日报》九版，1966年12月1日

四、英文

1914

"A Life in a Southern Village", *The St. John's Echo* (October, 1914): 20-28.

1915

"San-po", *The St. John's Echo* (October, 1915): 12-16.

1916

"China's Call for Men", *The St. John's Echo* (January, 1916): 13-17.

"Chaou-li, the Daughter of Fate", *The St. John's Echo* (March, 1916): 20-25; (April, 1916): 10-16.

"History of the Class of 1916", *The Johannean* (1916): 30-31.

"A Case of Johanitis", *The Johannean* (1916): 114-117.

1917

"Li: The Chinese Principle of Social Control and Organization", *The Chinese Social and Political Science Review* II (March 1917): 106-118.

1920

"The Literary Revolution and What Is Literature", *The Chinese Students' Monthly* Vol. 15, No. 4 (February 1920): 24-29.

"Literary Revolution, Patriotism, and the Democratic Bias", *The Chinese Students' Monthly* Vol. 15, No. 8 (June 1920): 36-41.

1924

"A Survey of the Phonetics of Ancient Chinese I", *Asia Major*, Vol. I, Fasc. I (January 1924): 134-146.

1925

"The Development of the Chinese Language", *The Chinese Social and Political Science Review*, Vol. 9 (July 1925): 488-501.

1927

"After the Communist Secession", *People's Tribune*, August 2, 1927.

"Upton Close on Asia", *People's Tribune*, August 3, 1927. (in *Letters of a Chinese Amazon and Wartime Essays*)

"Marxism, Sun-Yatsenism and Communism in China", *People's Tribune*, August 4, August 5, 1927. (in *Letters of a Chinese Amazon and Wartime Essays*)

"The Signs of the Times", *People's Tribune*, August 6, 1927. (in *Letters of a Chinese Amazon and Wartime Essays*, omitted first paragraph)

"The 'Free City' of Shanghai", *People's Tribune*, August 7, 1927.

"Bourbonism in the Nationalist Revolution", *People's Tribune*, August 9, 1927. (in *Letters of a Chinese Amazon and Wartime Essays*, omitted first paragraph)

"Russian Agrarian Laws", *People's Tribune*, August 10, 1927. (in *Letters of a Chinese Amazon and Wartime Essays*)

"On Making History", *People's Tribune*, August 11, 1927. (in *Letters of a Chinese Amazon and Wartime Essays*)

"Making China Safe for the Kuomintang", *People's Tribune*, August 12, 1927. (in *Letters of a Chinese Amazon and Wartime Essays*)

"A Berlitz School for Chinese", *People's Tribune*, August 13, 1927. (in *Letters of a Chinese Amazon and Wartime Essays*)

"Anti-Sinoism: A Modern Disease", *People's Tribune*, August 14, 1927. (in *Letters of a Chinese Amazon and Wartime Essays*, modified)

"The Kuomintang Organism", *People's Tribune*, August 16, 1927.

"The Call of the Siren", *People's Tribune*, August 17, 1927. (in *Letters of a Chinese Amazon and Wartime Essays*)

"'North China's' Alarming Development", *People's Tribune*, August 18, 1927. (as "The N. C. D. N. as a Bully" in *Letters of a Chinese Amazon and Wartime Essays*)

"V. K. Ting and Japan's Latest Escapade", *People's Tribune*, August 19, 1927. (in *Letters of a Chinese Amazon and Wartime Essays*)

"The Drama of a Broken Aeroplane Wing of Britain", *People's Tribune*, August 20, 1927. (as "Guerrilla Psychology: The Rape of the Broken Wing" in *Letters of a Chinese Amazon and Wartime Essays*, omitted first paragraph, last sentence modified)

"A Vanished Pleasure Garden", *People's Tribune*, August 21, 1927. (in *Letters of a Chinese Amazon and Wartime Essays*)

"Mr. Kung's Scheme for Checking Militarism", *People's Tribune*, August 23, 1927. (in *Letters of a Chinese Amazon and Wartime Essays*)

"More About the Shift-System of Military Organization", *People's Tribune*, August 24, 1927. (in *Letters of a Chinese Amazon and Wartime Essays*)

"A Footnote on Romanization", *People's Tribune*, August 25, 1927. (in *Letters of a Chinese Amazon and Wartime Essays*)

"Chinese Names", *People's Tribune*, August 26, 1927. (in *Letters of a Chinese Amazon and Wartime Essays*)

"Prohibited", *People's Tribune*, August 27, 1927.

"Farewell to Hankow", *People's Tribune*, August 28, 1927. (in *Letters of a Chinese Amazon and Wartime Essays*)

1928

"Some Results of Chinese Monosyllabism", *The China Critic*, I (November 15, 1928), pp. 487-490.

"Lusin", *The China Critic*, I (December 6, 1928), pp. 547-548.

1929

"Analogies Between the Beginnings of Language and of Chinese Writing", *The China Critic*, II (December 12, 1929), pp. 989-993.

The Kaiming English Books, 3 vols., Shanghai: The Kaiming Book Co., 1929.

1930

Letters of a Chinese Amazon and Wartime Essays, Shanghai: Commercial Press, 1930 (including the following additional essays: "Preface", "How the Nationalist Army Fought—The Story of the Honan Campaign", "Our Sunday-School 'Foreign Policy'", "Soldier Psychology and the Political Worker", "The Swaraji and Ourselves", "A Sad Confession", "Dr. Wakefield Explains Away the Boycott")

"The Function of Criticism at the Present Time", *The China Critic*, III (January 23, 1930), pp. 78-81. (bilingual)

"The Origin of the Modern Chinese Dialects", *The China Critic*, III (February 6, 1930), pp. 125-128.

"Miss Hsieh Ping-ing: A Study on Contemporary Idealism", *The China Critic*, III (February 27, 1930), pp. 197-200.

"My Experience in Reading a Chinese Daily", *The China Critic*, III (March 13, 1930), pp. 245-248. Also included in *The China Weekly Reader*, LII (March 30, 1930), pp. 178-181.

"The Danish Crown Prince Incident and Official Publicity", *The China Critic*, III (March 27, 1930), pp. 293-296.

"India Offering Her Left Cheek to Britain", *The China Critic*, III (May 22, 1930), pp. 485-487. Also included in *The China Weekly Reader*, LII (June 7, 1930), pp. 32-33.

"Marriage and Careers for Women", *The China Critic*, III (June 19, 1930), pp. 584-586. (Collected in *The Little Critic: First Series*) (bilingual)

"The Little Critic", *The China Critic*, III (July 3, 1930), pp. 636-637.

"The Little Critic", *The China Critic*, III (July 10, 1930), pp. 659-660.

"The Little Critic", *The China Critic*, III (July 17, 1930), pp. 684-685.

"The Little Critic", *The China Critic*, III (July 24, 1930), pp. 708-709. (as "Chesterton's Convictions" in *The Little Critic: First Series*)

"The Little Critic", *The China Critic*, III (July 31, 1930), p. 732.

"The Little Critic", *The China Critic*, III (August 7, 1930), pp. 755-756.

"The Little Critic", *The China Critic*, III (August 14, 1930), pp. 779-780. (as "A Hymn to Shanghai" in *The Little Critic: First Series*) (also: "Hymn to Shanghai", *The Atlantic*, Vol. CLVII [January 1936]: 109-110) (bilingual)

"The Little Critic", *The China Critic*, III (August 21, 1930), pp. 804-805. (as "If I Were a Bandit" in *The Little Critic: First Series*) (bilingual)

"The Little Critic", *The China Critic*, III (August 28, 1930), pp. 828-829. (as "If I Were a Bandit" in *The Little Critic: First Series*) (bilingual)

"The Little Critic", *The China Critic*, III (September 4, 1930), pp. 853-854. (as "Ah Fong, My House-Boy" in *The Little Critic: First Series*) (bilingual)

"The Little Critic", *The China Critic*, III (September 11, 1930), pp. 874-875.

"The Little Critic", *The China Critic*, III (September 18, 1930), pp. 900-901.

"Chinese Realism and Humor", *The China Critic*, III (September 25, 1930), pp. 924-926. (collected in *The Little Critic: First Series*)

"The Little Critic", *The China Critic*, III (September 25, 1930), pp. 926-928. (as "King George's Prayer" in *The Little Critic: First Series*)

"The Little Critic", *The China Critic*, III (October 2, 1930), pp. 951-952.

"Han Fei as a Cure for Modern China", *The China Critic*, III (October 9, 1930), pp. 964-967. (collected in *The Little Critic: First Series*) (bilingual)

"The Little Critic", *The China Critic*, III (October 9, 1930), pp. 971-972.

"The Little Critic", *The China Critic*, III (October 16, 1930), pp. 996-997. (as "On Chinese Names" in *The Little Critic: First Series*)

"The Little Critic", *The China Critic*, III (October 23, 1930), pp. 1020-1022. (as "More Prisons for Politicians" in *The Little Critic: First Series*)

"The Little Critic", *The China Critic*, III (October 30, 1930), pp. 1043-1044.

"The Little Critic", *The China Critic*, III (November 6, 1930), pp. 1068-1069.

"The Little Critic", *The China Critic*, III (November 13, 1930), pp. 1093-1095. (as "How I Became Respectable" in *The Little Critic: First Series*)

"The Little Critic", *The China Critic*, III (November 20, 1930), pp. 1119-1121. (as "My Last Rebellion Against Lady Nicotine" in *The Little Critic: First Series*) (bilingual)

"The Little Critic", *The China Critic*, III (November 27, 1930), pp. 1141-1143.

"The Little Critic", *The China Critic*, III (December 4, 1930), pp. 1165-1168. (as "Nanjing As I Saw It" in *The Little Critic: First Series*)

"The Little Critic", *The China Critic*, III (December 11, 1930), pp. 1190-1193. (as "Warnings to Women" in *The Little Critic: First Series*)

"The Little Critic", *The China Critic*, III (December 18, 1930), pp. 1214-1215.

"The Little Critic", *The China Critic*, III (December 25, 1930), pp. 1237-1239. (as "Once I Owned a Car" in *The Little Critic: First Series*)

1931

"Confucius as I Know Him", *The China Critic*, IV (January 1, 1931), pp. 5-9. (as "The Other Side of Confucius" in *The Little Critic: First Series*) (bilingual)

"The Little Critic (with apologies to Nietzsche)" *The China Critic*, IV (January 1, 1931), pp. 11-13. (as "Zarathustra and the Jester" in *The Little Critic: First Series*) (bilingual)

"The Little Critic", *The China Critic*, IV (January 8, 1931), pp. 34-37. (as "How to Write English" in *The Little Critic: First Series*)

"The Little Critic", *The China Critic*, IV (January 15, 1931), pp. 59-61. (as "The Scholarship of Jehovah" in *The Little Critic: First Series*)

"The Little Critic", *The China Critic*, IV (January 29, 1931), p. 108.

"The Little Critic", *The China Critic*, IV (February 12, 1931), pp. 153-155. (as "An Exciting Bus-Trip" in *The Little Critic: First Series*)

"The Little Critic: Do Bed Bugs Exist in China?" *The China Critic*, IV (February 19, 1931), pp. 179-181. (collected in *The Little Critic: First Series*) (bilingual)

"The Little Critic: An Open Letter to an American Friend", *The China Critic*, IV (February 26, 1931), pp. 203-205. (collected in *The Little Critic: First Series*)

"The Little Critic", *The China Critic*, IV (March 5, 1931), pp. 226-227. (as "A Pageant of Costumes" in *The Little Critic: First Series*) (bilingual)

"The Little Critic: What Liberalism Means", *The China Critic*, IV (March 12, 1931), pp. 251-253. (collected in *The Little Critic: First Series*)

"The Little Critic", *The China Critic*, IV (March 26, 1931), pp. 299-300. (as "On Funeral Notices" in *The Little Critic: First Series*)

"The Little Critic", *The China Critic*, IV (April 2, 1931), pp. 321-322.

"The Chinese People", *The China Critic*, IV (April 9, 1931), pp. 343-347. (collected in *The Little Critic: First Series*)

"The Little Critic", *The China Critic*, IV (April 9, 1931), p. 348.

"The Little Critic: What is Face?", *The China Critic*, IV (April 16, 1931), pp. 372-373. (collected in *The Little Critic: First Series*) (bilingual)

Reading in Modern Journalistic Prose. Shanghai: The Commercial Press, 1931.

The Kaiming English Grammar. Shanghai: The Kaiming Book Co., 1931.

1932

"The Little Critic: On Political Sickness", *The China Critic*, V (June 16, 1932), pp. 600-601. (collected in *The Little Critic: First Series*) (bilingual)

"The Spirit of Chinese Culture", *The China Critic*, V (June 30, 1932), pp. 651-654. (collected in *The Little Critic: First Series*) (bilingual)

"The Little Critic: The Opium Devil and the Red Sea", *The China Critic*, V (June 30, 1932), pp. 657-658.

"The Little Critic: A Quiet Hour of Exciting Talk", *The China Critic*, V (July 14, 1932), pp. 710-711.

"The Little Critic: A Letter to Chang Hsueh-liang, D. D.", *The China Critic*, V (July 28, 1932), pp. 770-771.

"The Little Critic: How I Bought a Tooth-Brush", *The China Critic*, V (August 18, 1932), pp. 850-851. (collected in *The Little Critic: First Series*) (bilingual)

"The Little Critic: The Facts of the Ruegg Trial", *The China Critic*, V (August 25, 1932), pp. 878-879.

"The Little Critic: In Memoriam of the Dog-Meat General", *The China Critic*, V (September 8, 1932), pp. 935-936. (collected in *The Little Critic: First Series*) (bilingual)

"The Little Critic: I Moved Into A Flat", *The China Critic*, V (September 22, 1932), pp. 991-992. (as "How I Moved Into a Flat" in *The Little Critic: First Series*)

"A Note on Chinese and Western Painting", *The People's Tribune*, III (October 1, 1932), pp. 153-156.

"The Little Critic: First Lesson in Chinese Language", *The China Critic*, V (October 6, 1932), pp. 1047-1049. (collected in *Confucius Saw Nancy and Essays About Nothing*) (bilingual)

"The Little Critic: In Praise of Liang Cho-iu", *The China Critic*, V (October 20, 1932), pp. 1104-1106. (bilingual)

"The Little Critic: For a Civic Liberty Union", *The China Critic*, V (November 3, 1932), pp. 1157-1158.

"The Little Critic: The Lost Mandarin", *The China Critic*, V (November 17, 1932), pp. 1219-1220. (collected in *The Little Critic: First Series*) (also in *Asia*, [June, 1934]: 366-367) (bilingual)

"The Little Critic: I Like to Talk with Women", *The China Critic*, V (December 1, 1932), pp. 1276-1277. (collected in *The Little Critic: First Series*) (bilingual)

"The Little Critic: The Chinese Mother", *The China Critic*, V (December 15, 1932), pp. 1332-1333.

"The Little Critic: I Committed a Murder", *The China Critic*, V (December 29, 1932), pp. 1386-1387. (collected in *The Little Critic: First Series*) (bilingual)

1933

"The Little Critic: A Funeral Oration on the League of Nations", *The China Critic*, VI (January 12, 1933), pp. 45-46. (collected in *The Little Critic: First Series*)

"The Little Critic: Thoughts on Gagging the Kitchen God", *The China Critic*, VI (January 26, 1933), pp. 99-100. (collected in *The Little Critic: Second Series*)(bilingual)

"The Little Critic: Animism As A Principle of Chinese Art", *The China Critic*, VI (February 9, 1933), pp. 154-155. (collected in *The Little Critic: Second Series*)

"The Little Critic: A Talk With Bernard Shaw", *The China Critic*, VI (February 23, 1933), pp. 205-206. (collected in *The Little Critic: Second Series*)

"The Little Critic: On Freedom of Speech", *The China Critic*, VI (March 9, 1933), pp. 264-265. (collected in *The Little Critic: Second Series*) (bilingual)

"The Little Critic: Letters to the Rulers of China", *The China Critic*, VI (March 23, 1933), pp. 311-313.

"The Little Critic: On Chinese and Foreign Dress", *The China Critic*, VI (April 6, 1933), pp. 359-360. (collected in *The China Critic: Second Series*) (bilingual)

"The Little Critic: Let's Leave Conscience Alone", *The China Critic*, VI (April 20, 1933), pp. 406-407. (collected in *The Little Critic: Second Series*)

"The Little Critic, The Monks of Hangchow", *The China Critic*, VI (May 4, 1933), pp. 453-454. (collected in *Confucius Saw Nancy and Essays About Nothing*) (bilingual)

"The Little Critic: Notes on Some Principles of Chinese Architecture", *The China Critic*, VI (June 1, 1933), pp. 549-550. (collected in *The Little Critic: Second Series*)

"The Little Critic: How We Eat", *The China Critic*, VI (June 15, 1933), p. 596. (collected in *The Little Critic: Second Series*)

"The Little Critic: Eros in China", *The China Critic*, VI (June 29, 1933), pp. 646-647. (collected in *The Little Critic: Second Series*)

"The Little Critic: What I Want", *The China Critic*, VI (July 13, 1933), pp. 693-694. (collected in *The Little Critic: Second Series*) (bilingual)

"The Little Critic: In Defense of Pidgin English", *The China Critic*, VI (July 27, 1933), pp. 742-743. (collected in *The Little Critic: Second Series*) (bilingual)

"The Little Critic: The Necessity of Summer Resorts", *The China Critic*, VI (August 3, 1933), pp. 766-767. (collected in *The Little Critic: Second Series*) (bilingual)

"The Little Critic: Should Women Rule the World?", *The China Critic*, VI (August 17, 1933), pp. 814-815. (collected in *The Little Critic: Second Series*) (bilingual)

"The Little Critic: Does the Coolie Exist?", *The China Critic*, VI (August 31, 1933), pp. 861-862. (collected in *The Little Critic: Second Series*)

"The Little Critic: Three Years Hence", *The China Critic*, VI (September 14, 1933), pp. 910-911.

"The Little Critic: What To Do With The American Wheat Loan", *The China Critic*, VI (September 28, 1933), pp. 962-963. (collected in *The Little Critic: Second Series*)

"The Little Critic: The Humour of Feng Yu-hsiang", *The China Critic*, VI (October 12, 1933), pp. 1009-1010. (collected in *A Nun of Taishan and Other Translations*)

"The Next War", *The China Critic*, VI (October 19, 1933), pp. 1023-1031. (collected in *The Little Critic: Second Series*)

"The Little Critic: What Is Chinese Hygiene?", *The China Critic*, VI (October 26, 1933), pp. 1058-1059. (collected in *The Little Critic: Second Series*)

"The Little Critic: An Open Letter to H. E. Chang Hsin-hai – The New Minister to Portugal", *The China Critic*, VI (November 9, 1933), pp. 1103-1105.

"The Little Critic: What I Have Not Done", *The China Critic*, VI (November 23, 1933), pp. 1140-1141. (collected in *The Little Critic: Second Series*) (bilingual)

"The Little Critic: An Open Letter to M. Dekobra – A Defense of Chinese Girls", *The China Critic*, VI (December 21, 1933), pp. 1237-1238. (collected in *The Little Critic: Second Series*) (bilingual)

1934

"The Little Critic: 'All Men Are Brothers'", *The China Critic*, VII (January 4, 1934), pp. 18-19.

"The Little Critic: How To Write Postscripts", *The China Critic*, VII (January 18, 1934), pp. 64-65. (collected in *The Little Critic: Second Series*) (bilingual)

"The Little Critic: Thinking of China", *The China Critic*, VII (February 1, 1934), pp. 112-113. (collected in *The Little Critic: Second Series*)

"The Little Critic: The Beggars of London", *The China Critic*, VII (March 29, 1934), pp. 305-306. (collected in *The Little Critic: Second Series*) (bilingual)

"The Little Critic: A Trip to Anhui", *The China Critic*, VII (April 12, 1934), pp. 354-355. (collected in *The Little Critic: Second Series*)

"The Little Critic: Spring In My Garden", *The China Critic*, VII (May 10, 1934), pp. 448-450. (collected in *The Little Critic: Second Series*) (bilingual)

"The Little Critic: A Day Dream", *The China Critic*, VII (June 14, 1934), pp. 567-569. (collected in *The Little Critic: Second Series*) (bilingual)

"The Little Critic: On My Library", *The China Critic*, VII (June 28, 1934), pp. 617-618. (collected in *A Nun of Taishan and Other Translations*)

"The Little Critic: Aphorisms On Art", *The China Critic*, VII (July 12, 1934), p. 686. (collected in *The Little Critic: Second Series*)

"The Little Critic: On Bertrand Russell's Divorce", *The China Critic*, VII (September 6, 1934), pp. 885-886. (collected in *The Little Critic: Second Series*) (bilingual)

"The Little Critic: Buying Birds", *The China Critic*, VII (October 4, 1934), pp. 979-981. (collected in *The Little Critic: Second Series*)

"The Little Critic: A Lecture Without An Audience – A Wedding Speech", *The China Critic*, VII (October 11, 1934), pp. 1002-1003. (collected in *Confucius Saw Nancy and Essays About Nothing*) (bilingual)

"The Little Critic: Write With Your Legs", *The China Critic*, VII (October 18, 1934), pp. 1024-1025. (collected in *Confucius Saw Nancy and Essays About Nothing*)

"The Little Critic: Age in China", *The China Critic*, VII (November 15, 1934), pp. 1122-1123. (collected in *The Little Critic: Second Series*)

"The Little Critic: 'I Am Very Fierce'", *The China Critic*, VII (December 6, 1934), pp. 1197-1198. (collected in *The Little Critic: Second Series*)

"The Little Critic: This Santa Claus Nonsense", *The China Critic*, VII (December 13, 1934), pp. 1218-1219. (collected in *The Little Critic: Second Series*)

"The Little Critic: Advice To Santa Claus", *The China Critic*, VII (December 20, 1934), pp. 1243-1244. (collected in *The Little Critic: Second Series*)

"Quality of the Chinese Mind", *Asia*, XXXIV (December, 1934), pp. 728-731.

1935

"The Little Critic: Our Tailor-Morality", *The China Critic*, VIII (January 10, 1935), pp. 41-42. (collected in *The Little Critic: Second Series*) (bilingual)

"How To Understand the Chinese", *The China Critic*, VIII (January 24, 1935), pp. 82-85. (collected in *The Little Critic: Second Series*) (also in *The China Weekly Review*, LXXI [February 2, 1935]: 336-337)

"The Little Critic: A Reply to Hirota in Pidgin", *The China Critic*, VIII (January 31, 1935), pp. 112-113.

"The Little Critic: New Year 1935", *The China Critic*, VIII (February 7, 1935), pp. 139-140. (bilingual)

"The Little Critic: How I Celebrated the New Year's Eve", *The China Critic*, VIII (February 21, 1935), pp. 187-188. (collected in *The Little Critic: Second Series*)

"The Little Critic: Hail! Sister Aimee MacPherson!", *The China Critic*, VIII (February 28, 1935), pp. 207-208. (collected in *The Little Critic: Second Series*)

"The Virtues of an Old People", *Asia*, XXXV (February, 1935), pp. 92-96. (Also condensed in *The Reader's Digest Reader,* edited by Theodore Roosevelt *et al.*, New York: Doubleday, Doran, 1940.)

"The Little Critic: Hirota and the Child – A Child's Guide to Sino-Japanese Politics", *The China Critic*, VIII (March 14, 1935), pp. 255-256. (Also as "Hirota Explains Sino-Japanese Relations to His Son: A Dialogue", *The China Weekly Reader*, LXXII [March 23, 1935]: 124.) (bilingual)

"The Little Critic: I Daren't Go To Hangchow", *The China Critic*, VIII (March 28, 1935), pp. 304-305. (collected in *The Little Critic: Second Series*) (bilingual)

"The Little Critic: Confessions of A Vegetarian", *The China Critic*, VIII (April 11, 1935), pp. 39-40. (collected in *The Little Critic: Second Series*)

"The Little Critic: Preface to Essays and Gibes on China", *The China Critic*, IX (May 9, 1935), pp. 133-134. (as "Preface" in *The Little Critic: First Series* and *The Little Critic: Second Series*)

"Some Hard Words About Confucius", *Harpers Monthly Magazine*, CLXX (May, 1935), pp. 717-726.

"The Little Critic: In Defense of Gold-Diggers", *The China Critic*, VIII (June 6, 1935), pp. 233-234. (collected in *The Little Critic: Second Series*) (bilingual)

"The Little Critic: Confessions of a Nudist", *The China Critic*, IX (June 20, 1935), pp. 281-282. (as "On Being Naked" in *Confucius Saw Nancy and Essays About Nothing*) (bilingual)

"The Little Critic: 'Lady Precious Stream'", *The China Critic*, IX (July 4, 1935), pp. 17-18.

"The Little Critic: A Bamboo Civilization", *The China Critic*, X (July 11, 1935), pp. 38-40. (bilingual)

"The Little Critic: A Suggestion for Summer Reading", *The China Critic*, X (July 18, 1935), pp. 63-64. (collected in *Confucius Saw Nancy and Essays About Nothing*)

"The Little Critic: On Rational Dress", *The China Critic*, X (July 25, 1935), p. 87.(collected in *Confucius Saw Nancy and Essays About Nothing*)

"The Little Critic: Honan Road", *The China Critic*, X (August 8, 1935), pp. 133-134. (collected in *Confucius Saw Nancy and Essays About Nothing*)

"The Little Critic: An Open Letter to Colonel Lindberg", *The China Critic*, X (August 15, 1935), pp. 158-159.

"The Little Critic: On Shaking Hands", *The China Critic*, X (August 22, 1935), pp. 180-181. (collected in *Confucius Saw Nancy and Essays About Nothing*) (bilingual)

"The Little Critic: The Monks of Tienmu", *The China Critic*, X (August 29, 1935), pp. 205-206. (collected in *Confucius Saw Nancy and Essays About Nothing*)

"A Tray of Loose Sands", *Asia*, XXXV (August, 1935), pp. 482-485.

"The Little Critic: The Silent Historian", *The China Critic*, X (September 5, 1935), pp. 229-230. (collected in *Confucius Saw Nancy and Essays About Nothing*)

"The Little Critic: On Mickey Mouse", *The China Critic*, X (September 19, 1935), pp. 278-280. (collected in *Confucius Saw Nancy and Essays About Nothing*) (bilingual)

"Feminist Thought in Ancient China", *T'ien Hsia Monthly*, I (September, 1935), pp. 127-150. (collected in *Confucius Saw Nancy and Essays About Nothing*)

"The Little Critic: Linolamb Cooperation", *The China Critic*, XI (October 24, 1935), pp. 85-87.

"The Way Out for China", *Asia*, XXXV (October, 1935), pp. 581-586.

"The Little Critic: On Lying in Bed", *The China Critic*, XI (November 7, 1935), pp. 134-136. (collected in *Confucius Saw Nancy and Essays About Nothing*) (bilingual)

"The Little Critic: On Crying at Movies", *The China Critic*, XI (November 14, 1935), pp. 158-159. (collected in *Confucius Saw Nancy and Essays About Nothing*) (bilingual)

"The Little Critic: On the Calisthenic Value of Kow-towing", *The China Critic*, XI (December 12, 1935), pp. 253-254. (collected in *Confucius Saw Nancy and Essays About Nothing*) (bilingual)

"The Little Critic: I Will Go to Abyssinia", *The China Critic*, XI (December 19, 1935), pp. 278-280. (also in *The China Weekly Review*, [January 4, 1936]: 166)

"The Little Critic: Sex Imagery in the Chinese Language", *The China Critic*, XI (December 26, 1935), p. 302. (collected in *Confucius Saw Nancy and Essays About Nothing*)

"The Aesthetics of Chinese Calligraphy", *T'ien Hsia Monthly*, I (December, 1935), pp. 495-507. (collected in *Confucius Saw Nancy and Essays About Nothing*)

"The Technique and Spirit of Chinese Poetry", *Journal of the North China Branch of the Royal Asiatic Society*, LXVI (1935), pp. 31-41.

"Preface to 'Six Chapters of a Floating Life'", *T'ien Hsia Monthly*, I (August, 1935), pp. 72-75. (bilingual)

The Little Critic: Essays, Satires and Sketches on China (First Series: 1930-1932). Shanghai: The Commercial Press, 1935.

The Little Critic: Essays, Satires and Sketches on China (Second Series: 1933-1935). Shanghai: The Commercial Press, 1935.

My Country and My People. New York: Reynal & Hitchcock, Inc. (A John Day Book), 1935.

1936

"The Little Critic: An Open Letter to Randall Gould", *The China Critic*, XII (January 2, 1936), pp. 14-16.

"The Little Critic: 'Oh, Break Not my Willow-Trees!'", *The China Critic*, XII (January 30, 1936), pp. 108-110. (collected in *Confucius Saw Nancy and Essays About Nothing*)

"The Little Critic: Let's Liquidate the Moon", *The China Critic*, XII (February 13, 1936), pp. 155-156. (collected in *Confucius Saw Nancy and Essays About Nothing*)

"The Little Critic: Why Adam Was Driven Out of the Garden of Eden", *The China Critic*, XII (February 27, 1936), pp. 205-206. (collected in *Confucius Saw Nancy and Essays About Nothing*)

"Contemporary Chinese Periodical Literature", *T'ien Hsia Monthly*, II (March, 1936), pp. 225-244.

"The Little Critic: If I Were Mayor of Shanghai", *The China Critic*, XII (April 23, 1936), pp. 85-87. (collected in *Confucius Saw Nancy and Essays About Nothing*)

"Can the Old Culture Save Us?", *Asia*, XXXVI (April, 1936), pp. 221-223. (as "Intellectual Currents in Modern China" in *Confucius Saw Nancy and Essays About Nothing*)

"The Little Critic: I Eat Cicadas", *The China Critic*, XII (May 14, 1936), pp. 155-156. (collected in *Confucius Saw Nancy and Essays About Nothing*)

"The Little Critic: On Sitting in Chairs", *The China Critic*, XII (May 28, 1936), pp. 204-205. (collected in *Confucius Saw Nancy and Essays About Nothing*)

"We Share the World Heritage", *Asia*, XXXVI (May, 1936), pp. 334-337. (as "Intellectual Currents in Modern China" in *Confucius Saw Nancy and Essays About Nothing*)

"The English Think in Chinese", *The Forum*, XCV (June, 1936), pp. 339-343. (collected in *Confucius Saw Nancy and Essays About Nothing*)

"The Little Critic: Preface to 'A Nun of Taishan'", *The China Critic*, XIV (September 3, 1936), pp. 231-232.

"First Impressions in America: Letter to a Chinese Friend", *Asia*, XXXVI (November, 936), pp. 743-745. (bilingual)

"China and the Film Business", *The New York Times*, November 8, 1936, X, p. 4.

"A Chinese Gives Us Light on His Nation", *The New York Times Magazine*, November 22, 1936, pp. 10-11, 19.

"China Uniting Against Japan", *The New York Times*, December 20, 1936, IV, p. 4.

"How to Pronounce Chinese Names", *The New York Times*, December 20, 1936, IV, p. 4.

"As 'Philosophic China' Faces Military Japan'", *The New York Times Magazine*, December 27, 1936, pp. 4-5, 14. Also included in *Scholastic*, XXX (April 17, 1937), pp. 11-12.

"The Last Empress and the Boxer Rebellion", *The Saturday Review*, October 10, 1936, pp. 5-6.

Confucius Saw Nancy and Essays About Nothing. Shanghai: The Commercial Press, 1936.

A History of the Press and Public Opinion. Shanghai: Kelly and Walsh, 1936. (also published by Chicago: The University of Chicago Press, 1936)

1937

"Why I Am a Pagan", *The Forum*, XCVII (February, 1937), pp. 83-88.

"China Prepares to Resist", *Foreign Affairs*, XV (April, 1937), pp. 472-483.

"A Chinese Sees America", *The Forum*, XCVII (May, 1937), pp. 316-318. Also include in *Opinions and Attitudes in the Twentieth Century*, Stewart S. Morgan and W. H. Thomas (eds), New York: The Ronald Press Company, 1938.

"The Importance of Loafing", *Harpers Monthly Magazine*, CLXXV (July, 1937), pp. 143-150.

"A Better Understanding of China", *Amerasia*, I (June, 1937), pp. 162-164.

"Captive Peiping Holds the Soul of Ageless China", *The New York Times Magazine*, August 15, 1937, pp. 4-5, 20.

"Can China Stop Japan in Her Asiatic March?", *The New York Times Magazine*, August 29, 1937, pp. 4-5.

"Letter to the Editor", *The New York Times*, September 10, 1937, p. 22.

"Letter to the Editor", *The New York Times*, September 23, 1937, p. 26.

"China's Dramatic Story: A Tale of Four Cities", *The New York Times Magazine*, October 3, 1937, pp. 4-5, 21-22.

"Can China Stop Japan?", *The China Weekly Reader*, LXXXII (October 30, 1937), p. 189.

"On Having a Stomach", *The Forum*, XCVII (October 3, 1937), pp. 195-199.

"Key Man in China's Future – the 'Coolie'", *The New York Times Magazine*, November 14, 1937, pp. 8-9, 17.

"World issues at stake", *Asia*, November, 1937, pp. 798-799.

"Disputing Mr. Hirota", "Letters to the Times", *The New York Times*, September 10, 1937.

"Our Far Eastern Policy", "Letters to the Times", *The New York Times*, September 23, 1937.

The Importance of Living. New York: Reynal & Hitchcock Inc., A John Day Book, 1937.

1938

"What America Could Do to Japan", *The New Republic*, XCIII (January 19, 1938), pp. 301-303.

"A Chinese Views the Future of China", *The New York Times Magazine*, January 30, 1938, pp. 6-7, 27.

"Contributions of East to West in Art", *Magazine of Art*, XXXI (February, 1938), pp. 70-76, 122, 124.

"Old Soochow: The Chinese Do Not Forget", *The Washington Post*, May 30, 1938, p. 5.

"Paradise Defiled", *Asia*, XXXVIII (June, 1938), pp. 334-337.

"Character Begins in the Home", *School and Home*, XIX, No. 65 (1938), p. 47.

"Oriental: A Chinese-American Evening", in *America Now: An Inquiry Into Civilization in the United States*, edited by Harold E. Stearns, New York: The Literary Guild of America, Inc., 1938.

"The Sino-Japanese Conflict", *The Far East Magazine*, 1938.

1939

"An Oriental Looks at Democracy", *Christian Science Monitor Weekly Magazine Section*, January 11, 1939, p. 5, 16.

"The Birth of a New China", *Asia*, XXXIX (March, 1939), pp. 173-188. Excerpts from a section added to the revised book *My Country and My People*.

"Faith of a Cynic", *The Nation*, CXLVIII (May 6, 1939), pp. 526-528, 530.

"Letter to the Editor", *The New York Times*, July 26, 1939, p. 18.

"The Real Threat: Not Bombs, But Ideas", *The New York Times Magazine*, November 12, 1939, pp. 1-2, 16. Also condensed in *The Reader's Digest*, XXXVI (January, 1940), pp. 31-32.

"The Far East in Next Door", *The China Monthly*, I (December, 1939), p. 6.

"I Believe", in *I Believe: The Personal Philosophies of Certain Eminent Men and Women of Our Time*, edited by Clifton Fadiman. New York: Simon and Schuster, 1939. Also included in *I Believe: Nineteen Personal Philosophies*. London: Unwin Books, 1962.

"Foreward", to *Chinese Hunter* by J. Wong-Quincey, New York: The John Day Company, 1939.

The Birth of a New China: A Personal Story of the Sino-Japanese War. New York: The John Day Company, 1939. A reprint of chapter ten of the revised and enlarged edition of *My Country and My People*.

Moment in Peking: A Novel of Contemporary Chinese Life. New York: The John Day Company, 1939.

1940

"Evading Personalities in China", *Asia*, XL (March, 1940), pp. 123-125.

"Japan Held Foiled by China's Courage", *The New York Times*, August 23, 1940, p. 7.

"Letter to the Editor", *The New York Times*, October 20, 1940, p. 8.

"Letter to the Editor", *The New York Times*, December 17, 1940, p. 24.

"Whither China's Diplomacy?", *China Quarterly*, Vol. 5, No.4 (Autumn, 1940).

With Love and Irony. New York: The John Day Company, 1940.

1941

"China Speaks to America", *The New Republic*, CIV (January 27, 1941), pp. 107-109.

"Singing Patriots of China", *Asia*, XLI (February, 1941), pp. 70-72. Also condensed in *The Reader's Digest*, XXXVIII (March, 1941), pp. 79-80.

"The Last of the Confucianists", *Esquire*, XV (March, 1941), p. 27, 122-123.

"Lin Yutang Deems Japan Desperate", *The New York Times*, June 8, 1941, p. 19.

"Letter to the Editor", *The New York Times*, July 31, 1941, p. 16.

"The Four-Year War in Review", *Asia*, XLI (July, 1941), pp. 334-341.

"A Sister's Dream Came True", *The Rotarian*, LIX (August, 1941), pp. 8-10.

"Letter to the Editor", *The New York Times*, September 21, 1941, p. 6.

"Dr. Lin Yutang Says China Can End Job", *The Milwaukee Journal*, June 8, 1941.

"A Reconstruction of the Golden Mean According to Confucius", *The Chinese Christian Student*, XXXI, Nos. 5-6 (April-May, 1941).

"Of Men And Books", in Northwestern University on the air, Vol. 1, No. 10 (December 6, 1941).

A Leaf in the Storm: A Novel of War-Swept China. New York: The John Day Company, 1941.

1942

"'Hold Singapore!' Lin Yutang Warns", *World-Telegram*, January 12, 1942.

"A Chinese Challenge to the West", *The New York Times Magazine*, February 22, 1942, p. 9, 38.

"The Chinese Gun at Nippon's Back", *The American Magazine*, CXXXIII (March, 1942), pp. 24-25, 112-113.

"Union Now With India", *Asia*, XLII (March, 1942), pp. 146-150.

"Letter to the Editor", *The New York Times*, May 31, 1942, p. 7.

"The War of Paradoxes", *Asia*, XLII (May, 1942), pp. 318-320.

"The Paradox of the Second World War", *The China Monthly*, III (May, 1942), pp. 7-9.

"China Old and New", *Publishers Weekly*, CXLI (June 13, 1942), pp. 2193, 2198.

"Letter to the Editor", *The New York Times*, July 19, 1942, p. 8.

"China Sets a Trend", *House & Garden*, XXCII (July, 1942), p. 11.

"The War About the Peace", *Free World*, III (July, 1942), pp. 107-112.

"India and the War for Freedom", *The New Republic*, CVII (August 24, 1942), pp. 217-218.

"Protest Against Criminal Sabotage of U.S. Bomber Aid to China", *The China Monthly*, III (September, 1942), p. 9.

"East and West Must Meet", *Survey Graphic*, XXXI (November, 1942), pp. 533-534, 560-561.

"When East Meets West", *The Atlantic*, CLXX (December, 1942), pp. 43-48.

"Aesop and Jean de la Fontaine: Fables", Lin Yutang, Jacques Barzun, Mark Van Doren in *The New York Invitation to Learning*, edited by Mark Van Doren, New York: Random House, 1942.

"India is United for Freedom", in *Freedom For India – Now!* By Pearl S. Buck, Lin Yutang, Krishnalal Shridharani, and others, New York: The Post War World Council, 1942.

"China Needs More Help To Avert Collapse", *PM Daily*, Vol. III, No. 157 (December 17, 1942), pp. 2-3.

The Wisdom of China and India, edited by Lin Yutang, New York: Random House, 1942. (also published separately as *The Wisdom of China* and *The Wisdom of India*)

1943

"Wanted: A Political Strategy for Asia", *The Nation*, CLVI (January 16, 1943), pp. 91-93.

"Geopolitics: Law of the Jungle", *Asia*, XLIII (April, 1943), pp. 199-202.

"The Search for Principles", *Free World*, V (June, 1943), pp. 495-497.

"The Future of Asia", *Asia*, XLIII (July, 1943), pp. 391-394.

"Letter to the Editor" (with Dorothy Canfield Fisher, Stuart Chase, Norman Thomas, Roger Baldwin, Frances Gunther), *The New York Times*, August 10, 1943, p. 18.

"The Meaning of the War", in *The University of Chicago Round Table*, Chicago: University of Chicago, August 29, 1943, pp.1-20.

"In Defense of the Mob", *Asia* XLIII (August, 1943), pp. 458-462.

"Gandhi Is Fighting For What George Washington Fought For!", in Towards Freedom, edited by Lin Yutang, Wendell Willkie, Jawaharlal Nehru, H. R. Luce and other writers, India: International Book House Ltd., November 17, 1943.

"Introductory Note", *An Exhibition of Modern Chinese Paintings*, New York: The Metropolitan Museum of Art, 1943.

1944

"A Talk With Japanese Prisoners", *Asia*, XLIV (November, 1944), pp. 484-487. This article, along with the next, appears in *The Vigil of a Nation*.

"Flying Over the Hump", *Asia*, XLIV (December, 1944), pp. 555-557.

"China's Fighting Shepherds", *The American Magazine*, CXXXVIII (December, 1944), p. 96.

"Some Impressions of India", *The Voice of India*, November, 1944, pp. 39-40.

The Vigil of a Nation. New York: The John Day Company, 1944.

1945

"Ancient Chengtu, City of Teahouse Culture", *Asia*, XLV (January, 1945), pp. 9-12. This article appears in *The Vigil of a Nation*.

"The Civil War in China", *The American Mercury*, LX (January, 1945), pp. 7-14. Adapted from *The Vigil of a Nation*.

"China and Its Critics", *The Nation*, CLX (March 24, 1945), pp. 324-327.

"Sad India", *American Federationist*, LII (March, 1945), p. 1.

"Conflict in China Analysed", *Far Eastern Survey*, XIV (July 18, 1945), pp. 191-195.

"Newly Invented Chinese Typewriter Has Sixty-Four Keys", *The Washington Post*, December 5, 1945, p. C1.

"Laotse and the Modern World", *The Biosophical Review*, Vol. VIII, No. 1, 1945.

1946

"Invention of a Chinese Typewriter", *Asia*, XLVI (February, 1946), pp. 58-61.

"The Chinese Sense of Humor", *The China Magazine*, XVI (July/August, 1946), pp. 37-42.

"Chinese Humor", *Asia*, XLVI (October, 1946), pp. 453-455.

"China's War on Illiteracy", *The Rotarian*, LXIX (November, 1946), pp. 12-14, 60-61.

"'The Educators' War About the Peace", in *Treasury For the Free World*, edited by Ben Raeburn, New York: Arco Publishing Company, 1946. Expanded version of "The War about the Peace", *Free World*, III (July, 1942), pp. 107-112.

"The Inner Man" in *The Treasure Chest: An Anthology of Contemplative Prose*, edited by J. Donald Adams, New York: E.P. Dutton & Company, Inc., 1946.

1947

"The Bull Headed Premier", *United Nations World*, I (May, 1947), pp. 32-35.

"Mao Tse-Tung's 'Democracy'", *China Magazine*, XVII (April, 1947), pp. 14-24.

"Mao Tse-Tung's 'Democracy'-II", *China Magazine*, XVII (May, 1947), pp. 15-16.

"Foreword", to *Mao Tse-Tung's "Democracy": A Digest of the Bible of Chinese Communism*, New York: Chinese News Service, 1947.

"Introduction", to *China's Destiny* by Chiang Kai-Shek, authorized translation by Wang Chung-Hui, New York: The MacMillan Company, 1947.

"Foreword", to *Made in China: The Story of China's Expression*, by Cornelia Spencer, New York: Alfred A. Knopf, 1947.

"Contentment", *The Philippines – China Cultural Journal*, April, 1947.

The Gay Genius: The Life and Times of Su Tungpo. New York: The John Day Company, 1947.

1948

"Introduction", to *All Men Are Brothers* [Shui Hu Chuan], translated from the Chinese by Pearl S. Buck, New York: The Limited Editions Club, 1948.

"Foreword", to *Contemporary Chinese Paintings: A Catalogue of an Exhibition Sponsored by the Chinese Art Research Society and the China Council for International Cultural Co-operation*, New York: The Metropolitan Museum of Art, 1948.

Chinatown Family. The John Day Company, 1948.

1949

"A Note on Laotse", *Eastern World*, III (March, 1949), pp. 18-20.

Peace Is in the Heart. London: Francis Aldor, 1949.

1950

"The Case For Sentiment", *Saturday Review of Literature*, XXXIII (July 8, 1950), pp. 7-8, 39. Excerpt from *On the Wisdom of America*.

"Do American Writers Shun Happiness?", *Saturday Review of Literature*, XXXIII (July 15, 1950), pp. 7-8, 38-40. Excerpt from *On the Wisdom of America*.

"A Chinese View of Formosa", *New York Herald Tribune*, September 8, 1950.

On the Wisdom of America. New York: The John Day Company, 1950.

1951

"Mercy", *Woman's Home Companion*, LXXVIII (May, 1959), pp. 34-35. Also included in *A Diamond of Years: The Best of the Woman's Home Companion*, edited by Helen Otis Lamont, New York: Doubleday & Company, Inc., 1961.

1953

The Vermillion Gate: A Novel of a Far Land. New York: The John Day Company, 1953.

1954

"A Man to Remember", *The Washington Post and Times Herald*, October 31, 1954, p. TA2.

1955

"Communists and Confucius", *Life*, XXXVIII (April 4, 1955), p. 81, 83-84.

"How a Citadel For Freedom Was Destroyed by the Reds", *Life*, XXXVIII (May 2, 1955), pp. 138-140, 145-146, 148, 153-154.

"Lanterns Gongs and Fireworks: A Chinese Philosopher Recalls His Childhood", *The UNESCO Courier*, No. 12, 1955.

Looking Beyond. Englewood Cliffs, N. J.: Prentice-Hall, Inc., 1955. (*Unexpected Island*. London: William Heinemann Ltd., 1955)

1957

Lady Wu: A True Story. London: William Heinemann Ltd., 1957. (New York: G. P. Putnam's Sons, 1965.)

1958

The Secret Name. New York: Farrar, Straus and Cudahy, 1958.

1959

"Why I Came Back to Christianity", *Presbyterian Life*, XII (April 15, 1959), pp. 13-15. Also condensed under the title *"My Steps Back to Christianity"* in *The Reader's Digest*, LXXV (October, 1959), pp. 58-61.

The Chinese Way of Life. Cleveland: World Publishing Company, 1959.

From Pagan to Christian. Cleveland: World Publishing Company, 1959.

1960

"Taiwan, a Showpiece of Democracy", *Free China and Asia*, VII (June, 1960), pp. 13-15.

"The Art of Cooking and Dining in Chinese", in *Secrets of Chinese Cooking* by Tsuifeng Lin and Hsiangju Lin, Englewood Cliffs, N. J.: Prentice-Hall, Inc., 1960.

"Foreword" to *Ten Years of Storm: The True Story of the Communist Regime in China* by Chow Chung-Cheng, translated and edited by Lai Ming, New York: Holt Rinehart & Winston, 1960.

"Confucius and Kang Yu-wei", Readers' forum in *The Asian Student*, June 11, 1960.

1961

"Chinese Letters Since the Literary Revolution", in *Perspectives: Recent Literature of Russia, China, Italy, and Spain*, Washington: The Library of Congress, 1961.

"Foreword" to *Chinese Literature: A Historical Introduction* by Ch'en Shou-Yi, New York: The Ronald Press, 1961.

The Red Peony. Cleveland: World Publishing Company, 1961.

1962

"Introduction", in *A Thousand Springs* by Anna C. Chennault, New York: Paul S. Eriksson, 1962.

The Pleasures of a Nonconformist. Cleveland: World Publishing Company, 1962.

1963

Juniper Loa. Cleveland: World Publishing Company, 1963.

1964
The Flight of the Innocents. New York: G. P. Putnam's Sons, 1964.

1969
"Foreword", to *Chinese Gastronomy* by Hsiang Ju Lin and Tsuifeng Lin, New York: Hastings House Publishers Inc., 1969.

1975
"Foreword", to *Florence Lin's Chinese Regional Cookbook* by Florence Lin, New York: Hawthorn Books, 1975.

"Foreword", to *Lin Yutang: The Best of an Old Friend*, edited by A. J. Anderson, New York: Mason/Charter, 1975.

Memoirs of an Octogenarian. Taipei: Mei Ya Publications, Inc., 1975.

Unknown Publication Source
Review of *Chinese Calligraphy* by Lucy Driscoll and Kenji Toda, *T'ien Hsia Monthly*.
"Strong Liquor in Literature"
"The Perpetual Circle"
"The Religious Significance of Chinese Bronzes and Jade"

Unpublished Works
Letters, at the John Day Company Archive deposited at Princeton University Library, USA

Letters, at Pearl S. Buck International, USA

Letters, at Dr. Lin Yutang House, Taipei

Speeches, at Dr. Lin Yutang House, Taipei

A Man Thinking, manuscript incomplete, at Dr. Lin Yutang House, Taipei

The Boxers, 116 typed pages, at Dr. Lin Yutang House, Taipei

Who Sows the Wind, 77 typed pages, at Dr. Lin Yutang House, Taipei

"Toward a Common Heritage of All Mankind", 2nd Conference of the International Association of University Presidents at Kyung Hee University, Seoul, Korea, June 18-20, 1968; Dr. Lin Yutang House, Taipei.

五、中译英

1930

"Letters of a Chinese Amazon", in *Letters of a Chinese Amazon and Wartime Essays*, Shanghai: Commercial Press, 1930.

1934

"The Little Critic: A Chinese Aesop", *The China Critic*, VII (September 13, 1934), pp. 907-908. (collected in *A Nun of Taishan and Other Translations*)

"The Little Critic: Unconscious Chinese Humour", *The China Critic*, VII (November 8, 1934), pp. 1098-1099. (collected in *A Nun of Taishan and Other Translations*)

"The Little Critic: A Cook-Fight in Old China", *The China Critic*, VII (November 22, 1934), p. 1148. (collected in *A Nun of Taishan and Other Translations*)

1935

"The Little Critic: The Humour of Mencius", *The China Critic*, VIII (January 3, 1935), pp. 17-18. (collected in *A Nun of Taishan and Other Translations*)

"The Little Critic: The Humour of Liehtse", *The China Critic*, VIII (January 17, 1935), pp. 65-66. (collected in *A Nun of Taishan and Other Translations*)

"The Little Critic: A Chinese Galli-Curci", *The China Critic*, IX (April 18, 1935), pp. 62-63. (collected in *A Nun of Taishan and Other Translations*)

"The Little Critic: The Epigrams of Chang Ch'ao", *The China Critic*, IX (April 25, 1935) pp. 86-87. (collected in *A Nun of Taishan and Other Translations*)

"The Little Critic: A Chinese Ventriloquist", *The China Critic*, IX (May 16, 1935), pp. 158. (collected in *A Nun of Taishan and Other Translations*)

"The Little Critic: The Donkey That Paid Its Debt", *The China Critic*, IX (May 30, 1935), pp. 205-208. (collected in *A Nun of Taishan and Other Translations*)

"The Little Critic: T'ang P'ip'a", *The China Critic*, IX (June 13, 1935), pp. 255-256. (collected in *A Nun of Taishan and Other Translations*)

"The Little Critic: 'Taiping' Christianity", *The China Critic*, X (September 26, 1935), pp. 301-302. (collected in *A Nun of Taishan and Other Translations*)

"The Little Critic: The Humor of Su Tungp'o", *The China Critic*, XI (October 3, 1935), pp. 15-17. (collected in *A Nun of Taishan and Other Translations*)

"The Little Critic: Chinese Dog-Stories", *The China Critic*, XI (October 17, 1935), pp. 64-65. (collected in *A Nun of Taishan and Other Translations*)

"The Little Critic: Some Chinese Jokes I Like", *The China Critic*, XI (November 21, 1935), pp. 180-182. (collected in *A Nun of Taishan and Other Translations*)

"Six Chapters of a Floating Life. A Novel by Shen Fu. Chapter 1. Translated by Lin Yutang", *T'ien Hsia Monthly*, I (August, 1935), pp. 76-101.

"Six Chapters of Floating Life. A Novel by Shen Fu. Chapter II. Translated by Lin Yutang", *T'ien Hsia Monthly*, I (September, 1935), pp. 208-222.

"Six Chapters of Floating Life. A Novel by Shen Fu. Chapter III. Translated by Lin Yutang", *T'ien Hsia Monthly*, I (October, 1935), pp. 316-340.

"Six Chapters of Floating Life. A Novel by Shen Fu. Chapter IV. Translated by Lin Yutang", *T'ien Hsia Monthly*, I (November, 1935), pp. 425-467.

1936

"The Little Critic: Chinese Satiric Humour", *The China Critic*, XII (January 9, 1936), pp. 36-38. (collected in *A Nun of Taishan and Other Translations*)

"The Little Critic: On Charm in Women", *The China Critic*, XII (March 5, 1936), pp. 231-233. (collected in *A Nun of Taishan and Other Translations*)

"The Little Critic: T'ao Yuanming's 'Ode to Beauty'", *The China Critic*, XII (March 26, 1936), pp. 300-301. (collected in *A Nun of Taishan and Other Translations*)

A Nun of Taishan (A Novelette) and Other Translations, translated by Lin Yutang, Shanghai: The Commercial Press, 1936.

1937

"The Vagabond Scholar, by T'u Lung, translated by Lin Yutang", *Asia*, XXXVII (November, 1937), pp. 761-764.

1938

The Wisdom of Confucius, edited and translated, with an introduction and notes by Lin Yutang, New York: The Modern Library, 1938.

1940

《汉英对照冥寥子游（The Travels of MingLiaotse）（一）》，《西风》第四十一期，1940年1月，第514—521页

《汉英对照冥寥子游（The Travels of MingLiaotse）（二）》，《西风》第四十二期，1940年2月，第628—631页

《汉英对照冥寥子游（The Travels of MingLiaotse）（三）》，《西风》第四十三期，1940年3月，第66—71页

《汉英对照冥寥子游（The Travels of MingLiaotse）（四）》，《西风》第四十四期，1940年4月，第174—181页

《汉英对照冥寥子游（The Travels of MingLiaotse）（五）》，《西风》第四十五期，1940年5月，第276—283页

《汉英对照冥寥子游（The Travels of MingLiaotse）（六）》，《西风》第四十六期，1940年6月，第390—393页

《汉英对照冥寥子游（The Travels of MingLiaotse）（七）》，《西风》第四十七期，1940年7月，第496—501页

《汉英对照冥寥子游（The Travels of MingLiaotse）（八）》，《西风》第四十八期，1940年8月，第606—611页

1942

"Laotse Speaks to Us Today, translation and comment by Lin Yutang", *Asia*, XLII (November, 1942), pp. 619-621.

"The Epigrams of Lusin, translation and comment by Lin Yutang", *Asia*, XLII (December, 1942), pp. 687-689.

1948

"Chastity", *Woman's Home Companion*, LXXV (November, 1948), pp. 18-19, 100-101, 104, 106-108.

The Wisdom of Laotse, edited and translated with an introduction and notes by Lin Yutang, New York: Random House, 1948.

1950

Miss Tu. London: William Heinemann Ltd., 1950.

1951
Widow, Nun and Courtesan: Three Novelettes from the Chinese Translated and Adapted by Lin Yutang. New York: The John Day Company, 1951.

1952
Famous Chinese Short Stories: Retold by Lin Yutang. New York: The John Day Company, 1952.

Widow Chuan: Retold by Lin Yutang, Based on Chuan Chia Chun, by Lao Xiang. London: William Hennemann Ltd., 1952.

1960
The Importance of Understanding: Translations From the Chinese. Cleveland: World Publishing Company, 1960.

1966
《译乐隐诗八首》,《中央日报》六版,1966年2月14日

1967
《英译黛玉葬花诗》,《中央日报》十版,1967年6月19日

The Chinese Theory of Art: Translations from the Masters of Chinese Art. New York: G. P. Putnam's Sons, 1967.

1968
《尼姑思凡英译》,《中央日报》九版,1968年7月1日

1972
Lin Yutang's Chinese-English Dictionary of Modern Usage. Hong Kong: The Chinese University Press, 1972. (New York: McGraw-Hill Book Company, 1973)

Unpublished Works
The Red Chamber Dream (A Novel of a Chinese Family), by Cao Xueqin, translated and edited by Lin Yutang.

后　记

　　这是一本林语堂传记，通过追溯林语堂一生的心路历程，来探索现代中国寻求重生的坎坷经历。可以说，这本书也是我自身精神知识上探寻自我的结果。按现在的说法，我是六〇后，但我更愿把自己看成是八十年代的人。我第一次听到林语堂的名字，要等到二十世纪八十年代所谓"文化热"盛行之时。八十年代的"文化热"好像是世纪初新文化运动的翻版，极力提倡"西化"，各种"西方理论"再次译介进来。我当时刚刚大学毕业，有幸接触到法国思想家米歇尔·福柯的著述，并悉心译介到汉语世界。同时在书店碰到一本书，叫《中国人》，是一个中国作家英文著述的汉译，这人的名字还从没听说过，叫林语堂。读完后印象深刻，感觉书中对中国、中国人的话语完全是一套新的说法，但当时还不知道如何消化。再说，我当时的兴趣是"西方理论"，一直到伯克利前几年都是如此。但随着在美国实地经验的积累，越来越觉得"西方理论"难以和不断增强的"情迷中国"无缝对接。理解现代中国必须有一个"中国声音"。初到伯克利留学，我很幸运在少数民族研究系找到了一份助教的工作，教英语阅读和写作，课堂上选用的教材是亚美文学作品。在那儿，我又碰到了林语堂。令我惊诧的是，有一本流行的亚美文学教科书，一方面把林语堂当成"华美文学作家"的先驱，另一方面以激烈的语调批评林语堂，不光是因为林语堂不符合华美作家应该以美国为归依的主旨，还因为林语堂的"政治不正确性"。我一头钻进伯克利图书馆，把林语堂所有的书籍（有的放在亚洲研究栏，有的放在美国研究档）全都借了出来。我感觉自己找到了一个"中国声音"，慢慢发现我的父辈、祖父辈到底干了什么，从而给我带来了一个"新中国"，让我茁壮成长。

这一发现过程花了二十多年，结了一点小小的果实。我的第一本书 *Liberal Cosmopolitan: Lin Yutang and Middling Chinese Modernity*，试图勾勒出"自由普世"作为中国现代性话语的另类声音，在中国现代文学文化批评的语境内突出彰显林语堂文学实践的意义。这本书是理论导向的跨文化批评，并不是传记。但该书完工之前我已意识到，我必须接着写一本林语堂传记，作为中国现代知识思想史的个案研究，也就是现在这本书。中间我还组织承办了一次林语堂国际学术研讨会，并编了一本论文集：*The Cross-cultural Legacy of Lin Yutang: Critical Perspectives*。

这一探索旅程让我受益匪浅，虽然只是一个人的旅程，基本上和我们这个时代的学术风尚背道而驰。我当然被告诫多次，所谓"单一作家研究"早就过时了。管他呢，我自己的发现是我自己的小宝藏，没有什么能比挖掘一段属于自己的历史更有欣慰感。虽说是一个人的旅程，但很幸运得到了许多同事和朋友的热情鼓励和支持，回看一路走来所

后记

结下的友情,很高兴在此略表谢意。

早在我写博士论文期间,叶文心教授就热情支持我的选题。许多年后我于2009年重回伯克利访问,她还是一样给我许多鼓励。1997年我在纽约巴纳德学院担任博士后研究员,那时尹晓煌首先告知我普林斯顿大学有庄台公司档案,没人查过,也许值得一看。这一指拨成了我研究过程的转折点。尹晓煌的友情让我获益良多。1997年在纽约,我还第一次见到了苏迪然,他的博士论文是第一部英文林语堂传记,之后我们的友好交谈一直延续到台湾和香港。2009年,我到哈佛大学担任富布赖特访问学者,曾和Charles Hayford、石静远、陈勇、余茂春先后畅谈林语堂,快哉!林语堂的三女儿林相如女士曾在华府家里热情接待我,还作了一次专访。纽约大都会艺术博物馆的刘晞仪也盛情接待我的到访,专门给我看了林语堂家庭收藏的绘画和书法。我还到访过普林斯顿大学周质平教授的办公室,看到墙上贴着林语堂在《纽约时报》发表的文章,感到很惊讶,心想还真有同道,有人关注那段历史。非常感谢周质平给我的鼓励与交流,特别是邀我于2014年赴普大就本书的有关章节作演讲,和普大师生交流。

在香港城市大学的岁月,我和陈建华经常交流,畅谈甚欢,他也给予我很多鼓励。香港中文大学的杨柳写了一篇有关林语堂宗教生活的博士论文,有许多新的发现,有机会和杨柳合作也是一件乐事。我的研究项目还得到城大两项基金资助。我和同事魏时煜合作,追踪林语堂的人生旅程,从中国到美国再到欧洲,拍摄到许多第一手场景和资料。2011年,感谢香港城市大学的慷慨资助,我组办了林语堂研究国际会议,我从与会者的交流中受益良多,感谢所有与会的林语堂研究专家,包括顾彬、陈子善、吕芳、彭春凌和Charles Laughlin。另外,我尤其要感谢城大张隆溪教授一路以来对我的慷慨支持和鼓励。

我的研究让我多次访问台湾，每次都是盛情满满，满载而归。台湾著名的林语堂研究专家秦贤次先生慷慨地把私藏的有关林语堂的珍贵原始资料和我分享，我既惊喜又感激。龙应台女士曾到城大做访问学者，有幸和她谈起我的林语堂研究，她便热情邀请我到台北林语堂故居做住馆学者一个月，收获不少。近年来我曾多次到访林语堂故居，在此感谢蔡佳芳女士以及馆内其他工作人员的盛情款待。林语堂故居允许我在书中刊印多张馆藏的照片资料，在此致谢。

虽然本研究项目早在我来英国纽卡斯尔大学之前已经开始，但我确是在纽卡斯尔完成的。在英国纽卡斯尔大学、杜伦大学、利兹大学，我就本研究项目作过演讲，得到新同事、新朋友的许多鼓励和宝贵意见，在此一并致谢。

最后，我想感谢吾妻王璐博士，不仅要随时听我唠叨"中国的故事"，还能即时指出我的错误。

谨以此书献给吾儿钱思齐（希望他长大后能读中文）。